"十二五"高职高专规划教材·财经管理系列

社会经济统计学原理

——以Excel为分析工具

（第2版）

主　编　谢翠梅　张永武
副主编　刘爱芝　林　楠
　　　　于　璐　毕　岸
参　编　安　琪　李雷雷　刘　帅
　　　　马晓聪　钟　鲁　于一恒

扫描二维码，下载App，可获取本书相关电子资源

北京交通大学出版社
·北京·

内容简介

统计学原理是研究如何收集、整理、分析统计数据，以帮助人们正确认识客观世界数量特征和数量规律的方法论学科。本课程是财务会计、经济管理类专业一门必修的“基础技能”课，是实践性、应用性较强的职业技能课程。

本书第1版自出版发行以来，得到全国多所大专院校师生的广泛好评，第2版在第1版的基础上进行了修订与完善。全书共8章内容，分别是总论、统计调查、统计整理、综合指标、抽样推断、时间数列分析、指数分析、相关分析与回归分析。每章都有任务驱动、引导案例、教学内容、课后训练等模块。本书引入Excel统计软件，每章都有Excel介绍及Excel中统计函数的应用，并用Excel图片进行详细的步骤演示。本书每章都配有大量的综合实训题，并提供了参考答案，使学生对所学理论知识进行系统的实践技能训练。本书还配有电子课件、习题参考答案等为教师授课提供帮助。

本书可作为高职高专院校财务会计、经济管理类专业的教材，也可作为其他专业的教学参考书；还可作为统计人员的业务培训教材。

图书在版编目（CIP）数据

社会经济统计学原理：以Excel为分析工具/谢翠梅，张永武主编．—2版．—北京：北京交通大学出版社，2015.9（2017.8重印）

（“十二五”高职高专规划教材·财经管理系列）

ISBN 978-7-5121-2320-5

Ⅰ．①社…　Ⅱ．①谢…　②张…　Ⅲ．①表处理软件-应用-经济统计学-高等职业教育-教材　Ⅳ．①F222

中国版本图书馆CIP数据核字（2015）第171245号

社会经济统计学原理——以Excel为分析工具

SHEHUI JINGJI TONGJIXUE YUANLI——YI Excel WEI FENXI GONGJU

策划编辑：王晓春
责任编辑：王晓春
出版发行：北京交通大学出版社　　电话：010-51686414
　　　　　北京市海淀区高梁桥斜街44号　　邮编：100044
印 刷 者：北京交大印刷厂
经　　销：全国新华书店
开　　本：185×260　印张：19.5　字数：487千字
版　　次：2015年9月第2版　2017年8月第3次印刷
书　　号：ISBN 978-7-5121-2320-5/F·1512
印　　数：4 001～6 000册　定价：36.00元

本书如有质量问题，请向北京交通大学出版社质监组反映。对您的意见和批评，我们表示欢迎和感谢。
投诉电话：010-51686043，51686008；传真：010-62225406；E-mail：press@bjtu.edu.cn。

第 2 版前言

社会经济统计学原理是研究“社会经济现象总体的数量特征和数量关系”，用科学的方法去搜集、整理、分析经济现象数据，并通过统计特有的统计指标和指标体系，表明所研究现象的规模、水平、速度、比例和效益等，以具体反映社会经济发展规律的一门学科。在我国当今所有制形式多样化的市场经济活动中，数据是一种重要的信息，统计方法作为数据搜集和分析的一种有效工具，已广泛应用于金融、证券、保险、投资、理财等社会科学和自然科学的各个领域。因此，学习和掌握统计的基本原理和方法已成为从事经济理论研究和社会管理工作的基本要求。

本书第 1 版自出版发行以来，得到全国多所大专院校师生的广泛好评，第 2 版在第 1 版基础上进行了修订与完善，吸收借鉴了部分读者来信提出的意见和建议，主要修订内容包括：对各章节中的实例数据进行了更新；对部分章节的内容进行了补充或删减；增加了Excel统计函数及数据分析的内容；对课后习题及答案进行了补充和修改。

本书有如下特点。

1. 体系科学　简明易懂

编者建立了“以统计工作任务为核心，以统计业务流程为主线，围绕统计岗位职业能力”的课程体系。本书共有 8 章内容，分别是总论、统计调查、统计整理、综合指标、抽样推断、时间数列分析、指数分析、相关分析与回归分析。每章都有任务驱动、引导案例、教学内容、课后训练等模块。教材内容着重介绍实用的统计理论，减少大量的数学公式推导和理论阐述，去繁取精，力求突出“理论够用、重在实操”和“简单明了、方便实用”的特色；本着“为社会经济管理服务，为开设专业课服务”的理念，增加了一些对学生专业学习和就业有实用价值的内容，使课程内容体系更科学、简明、通俗易懂。

2. 案例教学　激发兴趣

书中使用了国家权威部门最新发布的统计信息资料及经济生活中常见的实例。这些资料图文并茂、题材广泛，开阔学生视野、增加信息量，可以使学生感受到统计学的实用性和真实性。本教材每章都先引入案例，引导学生思考问题，然后介绍相关理论知识和方法，每个知识点都有相应的例题。统计理论联系实际，突出应用性，从而激发学生的学习积极性及探索知识的愿望，为将来更好地为经济管理工作服务打好基础。

3. 引入软件　动手操作

本书引入 Excel 统计软件，在每章都有 Excel 介绍及 Excel 中统计函数的应用，将教学内容中涉及的计算方法都用 Excel 图片进行有步骤的演示，既将学生从烦琐的数字运算中解脱出来，又培养和提高了学生的数据处理能力；实现了统计方法和计算机技术的结合，强化了学生统计信息现代化处理技能的培养和解决实际问题的能力。

4. 强化训练　巩固知识

本书每章都配有大量的综合实训题，并提供了参考答案，使学生对所学理论知识进行系统的实践技能训练；使学生亲身经历统计活动的基本过程，在收集、整理和分析数据的统计活动中，逐步学会用数据说话，运用统计思维分析和解决问题。通过综合训练，把学生所学的理论知识和方法转变为统计实用技能，实现高职高专培养技能型人才的目标。

5. 内容务实　针对性强

编者在研究课程体系和教学内容时，有针对性地结合国家统计局组织的“助理统计师”职业资格技能考试大纲，进行内容取舍，有的案例和训练题也是仿效历年助理统计师职业资格技能考试的基础理论部分进行编写的，使得学生学有目标，为将来就业工作打好基础。

6. 提供课件　帮助教学

本书还配有电子课件、习题参考答案等为教师授课提供帮助。

本书在编写过程中，参阅、引用了国内外专家、学者的有关著作、论文、案例，这些资料对本书的编写提供了很大的帮助，在此向相关文献的专家、学者表示诚挚的感谢！还有包括网络上各位专家、学者发表的观点和资料，也由于许多文献的作者或网址不详，无法一一注出，在此向他们表示诚挚的谢意！加之编者水平和精力有限，本书中的错误和疏漏之处在所难免，请广大读者不吝批评指正，以便本书不断完善。

编　者

E-mail：xcmxcm666@hotmail.com

2015 年 8 月

目　　录

第一章 总 论

【任务驱动】

本章是全书内容的纲，主要介绍统计的基本问题。要求掌握统计的研究对象、统计的特点、统计的研究方法；明确统计工作的任务、职能和统计工作过程；熟悉统计总体与总体单位、标志与统计指标的概念及分类，为进一步学习本课程打好基础。

引导案例

2015 年中国经济增长与就业预测

一、预计经济增长速度略有放缓

在基准情景下预测，2015 年实际 GDP 增长 7.1%，增速比 2014 年降低 0.3 个百分点；2015 年固定资产投资增长 12.8%，比 2014 年减速 2.7 个百分点；2015 年社会消费品零售总额增速保持在 12.2%，与 2014 年相比变化不大；出口增速从 2014 年的 6.1%上升至 2015 年的 6.9%，进口增速由 2014 年的 1.9%上升至 2015 年的 5.1%。

2015 年 GDP 增速有可能继续放缓的大背景是我国面临的“增长速度换档期、结构调整阵痛期和前期刺激政策消化期”的三期叠加效应。从供给面上来看，改革能够提高资源配置的效率和经济增长潜力，但劳动年龄人口的下降和劳动力成本的快速上升、环境资源对经济增长的约束加大、制造业“赶超效应”弱化导致生产率增速放缓等结构性因素仍会继续对经济增长潜力产生下行压力。

从需求面来看，影响 2015 年经济增长的两个主要原因是：国际经济复苏等因素使我国出口增长略有加速；2014 年以来的商品房销售疲弱导致 2015 年房地产开发投资继续减速，而房地产投资的减速及其对相关行业的负面溢出效应会抑制经济增长。虽然出口加速有利于经济增长，但房地产投资减速导致的经济下行压力难以为出口加速所完全对冲。

二、预计城镇就业将保持稳定

在基准情景下预计 2015 年的经济增速有所放缓，但城镇就业情况将保持基本稳定。由于我国经济正由制造业主导逐步向服务业转型，而服务业的劳动密集程度高于制造业，服务业在经济中占比的提高意味着每个百分点的 GDP 增长将创造比以前更多的就业岗位，经济吸纳就业的能力将提高。2008—2013 年，我国 GDP 增速从 9.6%下降到 7.7%，降低了 1.9 个百分点，但受益于产业结构转型，我国第三产业占 GDP 比重从 41.8%上升到 46.1%，增加了 4.3 个百分点，使得我国每年城镇新增就业人数基本保持稳定。目前求人倍率[①]明显高于 1 也支持这个判断。

给定目前的经济结构及各产业的劳动密集程度和就业弹性，我们预计，假设第三产业占 GDP 比重在 2015 年能提高 1 个百分点，7.1%的 GDP 增速可以创造的城镇新增就业岗位将与 2014 年预计的水平基本相当。另外，统计局发布的数据显示，2013 年我国劳动年龄人口比 2012 年减少 244 万人，下降约 0.3%。依据人口结构与总和生育率的估算表明，未来我国劳动年龄人口下降是长期持续。在此背景下，假设城镇化速度和劳动参与率不出现大幅变化，7.1%的 GDP 增长意味着 2015 年的城镇失业率不会出现明显恶化，甚至可能继续改善。

（资料来源：http：//www.askci.com/finance/2014/12/15/111853o22e.shtml）

讨论与思考

1. 说说案例中是通过哪些指标来预测我国 2015 年经济增长的?
2. 结合案例明确什么是统计，统计的研究对象是什么，统计研究有什么意义。

【教学内容】

第一节　统计的含义和特点

一、统计的含义

“统计”的英文表述为 statistics，一切客观事物都有质量和数量两个方面的属性，统计是着重对事物的数量方面进行调查研究，通过数字资料的搜集、整理和分析研究，从数量上来认识客观现象总体的现状和发展过程，研究事物的数量变化的规律。

统计的这种认识活动，说明了统计的基本含义是对客观现象总体数量方面进行数据的搜集、整理、分析的研究活动。同时统计还有 3 个具体含义：统计工作、统计资料、统计学。

（一）统计工作

统计工作是统计的实践过程，是运用统计理论方法从事统计设计、统计调查、统计整理、统计分析的工作过程，其成果是统计资料。例如，各级统计部门对所属地区的工业、农业及贸易业等方面的数据资料，进行搜集、整理、分析，以研究经济发展的本质和规律等活动的工作都是统计工作。

（二）统计资料

统计资料是统计工作过程中取得的反映客观事物实际状况和变化过程的数据资料，以及与之相关的其他实际资料的总称。统计资料是统计工作的成果，包括初次获得的原始数据资料和经过加工、整理、分析后的次级资料。统计资料大都以统计年报、统计图表、统计报告、统计年鉴等为信息载体，例如，国家统计局每年发表的统计公报中的有关农业、工业和

① 求人倍率是劳动力市场在一个统计周期内有效需求人数与有效求职人数之比，它表明了当期劳动力市场中每个岗位需求所对应的求职人数。理论上求人倍率可以反映一个统计周期内劳动力市场的供需状况，当求人倍率大于 1，说明职位供过于求；如果求人倍率小于 1，说明职位供不应求。

建筑业、固定资产投资、国内贸易、对外经济、交通、邮电和旅游、金融、证券和保险、教育和科学技术、文化、卫生和体育、环境保护、人民生活和保障等方面的各种具体数字资料，都是反映我国国民经济和社会发展情况的统计资料。

（三）统计学

统计学是对统计工作实践的理论概括和科学总结，是研究和阐明如何对统计资料进行搜集、整理和分析的理论与方法的科学。统计学的具体门类很多，有社会经济统计学、数理统计学和自然领域方面的统计学（如生物统计学、气象统计学等）。本书研究的是在认识社会经济现象方面的一些原理、原则和方法，属于社会经济统计学的内容。

统计工作、统计资料和统计学三者之间存在着密切的联系。统计工作是基础，统计资料和统计学都是在统计实践的基础上产生和发展的。统计资料来源于统计工作实践，没有统计实践就没有统计资料，同时统计资料又服务于统计实践，没有一定数量的、积累起来的统计资料，新的统计工作将难以做好。统计学是对统计实践活动的理论抽象和总结，理论来源于实践，但又反过来指导统计实践活动，使统计实践活动更科学、更有效，使取得的统计资料更符合客观实际，更具有使用价值。

二、统计学的研究对象及特点

社会经济统计的研究对象是社会经济现象总体的数量方面，包括现象总体的数量表现、现象之间的数量对比关系和现象质变的数量界限。因此，社会经济统计具有如下几方面的特点。

（一）数量性

从哲学的意义出发，任何事物都存在质和量两个方面，是质和量的统一。统计是从量的方面对社会经济现象进行观察研究的，即统计的认识对象是社会经济现象的数量方面。虽然统计是研究社会经济现象的数量方面的，但它对现象数量方面的研究并不是孤立进行的，而是在质与量的相互联系中来研究量经济现象。

社会经济现象的数量方面，具体指的是它的规模、水平、结构、比例关系、差别程度、普遍程度、发展速度、平均规模和水平、平均速度等。总的来说可以概括为以下 3 个方面。

1. 经济现象的数量特征

经济现象的数量特征是指反映社会经济现象的总规模、总水平或工作总量。例如，2014 年中国 GDP 首破 60 万亿元，达到 636 463 亿元，全社会消费品零售总额 262 394 亿元，全年固定资产投资（不含农户）502 005 亿元等都是反映经济现象的数量特征。

2. 数量之间的对比关系

数量之间的对比关系是指反映社会经济现象的内部结构、比例关系、相关关系等。例如，2014 年全年国内生产总值 636 463 亿元，按可比价格计算，比上年增长 7.4%。分季度看，一季度同比增长 7.4%，二季度增长 7.5%，三季度增长 7.3%，四季度增长 7.3%。分产业看，第一产业增加值 58 332 亿元，比上年增长 4.1%；第二产业增加值 271 392 亿元，增长 7.3%；第三产业增加值 306 739 亿元，增长 8.1%。从环比看，四季度国内生产总值增长 1.5%。

3. 质变的数量界限

在统计工作中，通过对各种数量方面、数量对比关系的分析研究，找出社会经济现象质变的数量，用其来反映事物发展变化的规律性。例如，企业工人产量计划完成与未完成有质的差别，计划完成程度 100%就是质与量互变的界限；居民生活收入的贫困线、温饱线、小康线的数量界限等。

统计研究社会经济现象的数量方面，不同于其他专业的数量研究，它是在质的规定性下研究事物的量，也就是说，必须先对研究对象的范围加以明确的规定，才能准确统计事物的数量。例如，在统计职工的工资总额时，就不能只简单地把发到职工手里的钱加起来，而必须先认识到工资是国家（单位）在一定时期内实际支付给职工的劳动报酬，在掌握了工资的含义、计算原则、计算内容和计算方法等的基础上，才能进行具体的数字计算并得到准确的数据。

（二）总体性

统计认识社会经济现象的数量方面必须是对总体现象的认识，而非对个体现象的认识。因为，只有通过对总体的数量方面的观察，才能发现现象存在的共性和规律性。例如，人口统计不是要了解和研究个别人，而是要反映一个国家或一个地区有多少人口，男女比例，各种年龄、民族职业的人口有多少，出生，死亡率多少，平均寿命等方面的数量认识；研究城镇居民的消费水平，虽然每个居民消费水平可能存在差距很大、情况各异，但所有居民的消费水平的变化却是有规律的，因此，统计研究虽然是从调查个别事物开始的，但并不是研究个别事物的具体情况，而是要对所有个体的资料加以汇总分析，找出其相同的、本质的、有规律性的东西。因此，统计对个体现象进行观察的目的，就是为了认识总体的数量特征，认识客观现象的规律性。

（三）具体性

统计所研究的总体数量是现象在具体时间、地点和条件下的数量，而不是抽象的量。例如，2014 年年末，全国大陆总人口（包括 31 个省、自治区、直辖市和中国人民解放军现役军人，不包括香港、澳门特别行政区和台湾省以及海外华侨人数）136 782 万人，全年全国粮食总产量达到 60 710 万吨，全年全国居民人均可支配收入 20 167 元。显然，这些数据不是抽象的量，它们之间的关系也不是抽象的数量关系，都有其自身的内在含义和一定的时间、地点和条件。如果抽掉具体的内容，不是在一定的时间、地点和条件下进行研究，那就不能说明任何问题，也就失去统计的意义。当然，统计在研究现象的数量表现时，要广泛地应用到数学方法，并遵循一定的数学规则，如可以通过建立数学模型来表现具体现象之间量的关系。统计研究总体数量必须从个体入手来研究，如人口统计必须从了解每一个人的情况开始，然后经过分组、汇总、计算等工作过渡到说明人口总体数量方面的情况；物价统计必须从了解每种商品价格变动情况开始，达到对于物价总体数量变动情况的认识。

（四）社会性

统计研究对象的社会性表现为 3 个方面：一是统计的认识对象是社会经济现象的数量方面，是人类有意识的社会活动的产物，统计数据总是与人们的利益密切相关，反映着人与人以及人与物之间的相互关系，因而统计本身也就有了社会性；二是社会经济现象的数量变化将受到所处社会的政治经济政策、文化背景、宗教、法律等诸多因素的变动影响，因此，社会经济统计是为不同的社会制度及其阶级利益服务的；三是从事统计活动的人们常常有不同的观点、不同的立场、运用不同方法的分歧，这就使得社会经济统计的研究对象也具有社会性。

综上所述，社会经济统计的研究对象是社会经济现象总体的数量方面，其研究目的是要认识经济现象的本质的发展变化规律。统计学为统计工作如何从数量方面正确反映社会经济现象的规律提供完整的方法。因此，社会经济统计是一门阐明如何搜集、整理、分析和提供社会经济现象总体数量方面资料的方法论科学。

三、统计的职能

统计职能是指统计在社会经济管理中所具有的功能。统计工作作为国家管理系统的重要组成部分，同时兼有信息、咨询和监督 3 种职能。

（一）信息职能

统计的信息职能就是全面正确地反映国民经济和社会发展的水平、规模、结构、布局、速度、比例和效益，预测其发展趋势，阐明经济和社会发展的规律，为各级党政领导决策、进行有效的宏观调控和科学管理提供依据，为社会各界提供信息服务。

统计的信息职能是统计工作最基本的职能，数据的准确、丰富、系统和反应灵敏，既是对统计信息的基本要求，也是衡量统计信息质量的重要标志，准确的统计数据是统计的生命，因此，不断提高统计数据质量，也就成为优化统计信息职能最重要的内容。

（二）咨询职能

统计的咨询职能是指利用已掌握的统计信息资源，运用科学的分析方法和先进的技术手段，深入开展综合分析和专题研究，为科学决策和管理提供各种可供选择的建议和对策方案。统计的咨询职能是统计信息职能的深化和发展，通过由此及彼、由表及里、去粗取精、去伪存真地对统计数据进行加工整理，探求事物之间内在联系的规律性。当前，要以科学的发展观为指导，紧密围绕现阶段国民经济发展的目标和任务，广泛深入地进行定量分析和研究，及时为各级领导提供科学、可行的咨询意见，更好地服务于社会。

（三）监督职能

统计的监督职能根据统计调查和统计分析，及时、准确地从总体上反映经济、社会和科技的运行状态，并对其实行全面、系统的检查，监督和预警，以促使国民经济按照客观规律的要求持续、稳定、协调地发展。

监督职能是统计职能的最高体现和升华。是通过信息反馈来检验决策方案是否科学、可行，并及时对决策执行过程中出现的偏差提出改进意见。统计的监督职能是在信息职能、咨询职能基础上的进一步拓展。只有提高信息职能和咨询职能的质量，才能强化统计的监督职能。

统计的 3 种职能构成了一个有机整体，是统计优质服务不可分割的 3 个方面。信息职能是统计工作最基本的职能，是统计咨询、统计监督职能得以有效发挥的前提，没有统计信息，统计咨询和统计监督就无从谈起；反之，统计咨询和统计监督又是统计信息职能的延续和深化。只有把三者结合起来，才能充分体现和发挥统计工作在宏观调控和微观管理中的重要作用。

第二节 统计工作过程和研究方法

一、统计工作的基本任务

《中华人民共和国统计法》规定：统计的基本任务是对国民经济和社会发展情况进行统计调查、统计分析，提供统计资料和统计咨询意见，实行统计监督。就企业统计而言，其工作任务主要有以下几方面：

（1）建立和健全企业原始记录和统计台账制度，及时、全面、系统地搜集、整理企业统计资料；

（2）为上级主管部门和政府统计机关提供准确的统计资料；

（3）运用企业统计资料开展经济分析，为提高企业经济效益搞好统计咨询；

（4）对企业计划执行情况进行检查、分析，实行统计监督。

二、统计工作过程

统计工作是以客观事物总体的数量特征作为其研究内容，为了实现其研究目的和任务，从理论上讲，一项完整的统计工作可分为 4 个阶段，即统计设计、统计调查、统计整理和统计分析。

（一）统计设计

统计设计是统计工作的首要阶段，是根据统计研究对象的特点和研究的目的、任务，对统计工作的各个方面和各个环节的通盘考虑和安排。其基本任务是制订出各种统计工作方案，是统计工作过程不可缺少的重要环节之一，是统计工作的指导依据。统计设计所制订的方案包括统计指标体系、统计分类目录、统计报表制度、统计调查方案、统计汇总或整理方案以及统计分析方案等诸多方面的内容。统计设计之所以必要，是因为统计是一项需要高度集中统一的工作，没有预先的科学的设计，没有具体的工作规范，就难以达到预期的目的。因此，只有事先进行统计设计，才能做到统一认识、统一步骤、统一行动，使统计工作有秩序地协调进行，保证统计工作的质量。统计设计在统计工作中具有决定性的作用。

（二）统计调查

统计调查是根据统计研究的对象和目的要求，根据统计设计的内容、指标和指标体系的要求，有计划、有目的、有组织地搜集统计原始资料的工作过程，是定量认识的阶段。统计用数字说话，而各种统计数字都直接来自于统计调查，管理者和决策者都需要根据大量翔实的统计信息进行管理和决策，科研工作者也需要根据统计调查得到的资料进行科学研究。调查是统计的基础，没有调查，就没有发言权。调查的方式方法主要有统计报表制度、普查、抽样调查、典型调查和重点调查等。

（三）统计整理

统计整理是指根据统计研究的目的，将统计调查得到的原始资料（和次级资料）进行科学的分类和汇总，使其条理化、系统化的工作过程。这个阶段的主要任务就是为统计分析阶段准备能在一定程度上说明总体特征的统计资料。但在实际工作中，统计整理与统计调查和统计分析并非总是截然分开的，而是相互交织在一起的，它是统计调查的继续，也是统计分析的开始。统计调查和统计整理都是一种定量认识活动。

（四）统计分析

统计分析是统计认识过程的最后阶段，是在统计整理的基础上，根据研究的目的和任务，利用科学的统计分析方法，对统计研究对象的数量方面进行计算、分析的工作过程。统计认识的结论要从分析中得出，因此，这一阶段虽然是对统计资料的计算分析，但其目的却是要揭示统计研究的对象的状况、特点、问题、规律性等，所以这是统计认识的定性阶段。

因此，从认识的顺序来看，统计设计、统计调查、统计整理和统计分析这4个阶段，是从定性认识开始，经过定量认识，再到定性认识的循环往复的过程，即定性认识（统计设计）→定量认识（统计调查和统计整理）→定性认识（在定量认识的基础上进行的统计分析）的过程。统计工作过程的4个阶段是相互联系、不可分割、依序进行的。在实际工作中，只有做好每一阶段的工作，才能保证整个统计工作高质、高效地完成。

三、统计学的研究方法

统计学有自己的研究方法。这里所讨论的是统计学研究中使用的最基本的方法。

（一）大量观察法

大量观察法是统计学（包括数理统计学、经济统计学、社会统计学等）中的特有方法。它是指统计在研究社会经济现象等的数量方面时，必须对总体现象中的全部或足够多数的个体进行观察，以达到对现象总体数量特征及其规律性的认识。社会经济总体现象是复杂性的，它是在各种错综复杂的因素影响下形成的，总体中的个体之间存在着数量上的差异，如果统计仅对少数个体进行观察，就会失之偏颇，得不出合乎实际的结论来。概率论证明：随着观察次数（个体）的逐步增多，样本指标和总体指标之间的离差将缩小，样本平均数将逐步逼近总体平均数，样本的分布将逐步趋同于总体的分布。因此，只有被观察的个体“足够多”的时候，才能消除偶然因素影响造成的误差，样本对总体才有足够的代表性，用样本指标推断总体指标时，才具有较高的可靠性。“足够多”意味着样本容量要比较大，理论认为，样本容量30以上为大样本。但在实际中，人们为了确保统计结果的可靠性，往往选取更多的个体进行观察，具体数目可由抽样原理计算确定。

（二）统计分组法

统计分组既是统计资料整理的方法，也是统计分析的基础。根据统计研究目的的不同，可以选择不同的分组标志将总体划分为若干不同部分或组的一种统计方法。通过统计分组，可以提示现象的不同类型，研究现象总体的内部构成及内容数量关系。

（三）综合指标法

综合指标法是根据大量观察获得的资料，计算、运用各种综合指标，以反映总体一般数量特征的统计分析方法。通常使用的综合指标主要有总量指标、相对指标、平均指标、变异指标等，在这些指标的基础上展开统计分析的具体形式有对比分析、平均分析、变异分析、动态分析、指数分析、抽样推断分析和经济模型分析（包括相关分析、回归分析、平衡分析和预测分析）等。

（四）抽样推断法

抽样推断法，是指按照随机原则从总体中选择一小部分单位进行调查，并根据登记结果对总体的数量特征作出有一定正确性和一定把握性的估计的统计方法。这种方法主要用于难以进行全面调查的场合（如总体规模巨大或总体为无限总体等）和不宜或不能进行全面调查的场合（如对部分工业品质量性能的破坏性试验等）。当然在可以进行全面调查或进行其他非全面调查的场合，抽样调查仍然具有其独特的特点。例如，人口调查，可以用普查的方法取得全面资料，也可以用抽样的方法推断全面的情况。抽样推断所依据的虽然是少数单位的情况，但其目的却在于取得总体的数量特征。目前，抽样的方法在经济、社会、医疗卫生、体育、科研等许多领域都得到了广泛的应用，而且在各种非全面统计调查方法中居于主导地位。

以上几种统计方法相互联系，相辅相成，构成了一个完整的统计研究方法体系。

第三节　统计学的基本概念

一、统计总体与总体单位

（一）统计总体

统计总体是指具有某种共同性质的许多个别事物构成的整体，简称总体。例如，要研究全国乡镇工业企业发展情况，全国的乡镇工业企业就组成为一个总体。这些乡镇工业企业尽管资产规模、产品品种、技术力量、设备状况、经济效益等各不相同，但它们都是乡镇企业，都是工业生产单位，向社会提供工业产品或劳务服务，在这方面具有共同性，或称同质性，是统计总体赖以形成的客观基础。总体具有以下 3 个特征。

1. 大量性

总体的大量性是指总体应该由许多足够数量的同质性单位构成，而不能只有个别或少数单位。这是因为研究总体数量特征的目的是要揭露现象的规律性。而事物的规律性，特别是社会经济现象的规律性只有在大量现象的汇总综合中才能显示出来，个别单位的现象有很大的偶然性，而大量现象的总体则相对稳定，表现出共同性的倾向，这就是现象的必然性。

根据总体大量性的特点，总体可以分为有限总体和无限总体两类。无限总体是指包括的单位很多，以至无限的总体。例如，要研究海洋鱼类，海洋鱼类就是无限总体。又如在一条自动化加工的连续生产线上制造某种零件，这些零件可以被假定为永远不停地被制造出来，也属于无限总体。有限总体规模和范围相对较小，是由有限个单位事物构成的总体。例如，一个国家的人口，一定时期内生产的产品等。社会经济统计中，大多数属于有限总体，可以采用全面调查，也可以用非全面调查。对无限总体，只能采用抽样调查来推断总体的情况。

2. 同质性

总体的同质性是指构成总体的各个单位至少具有某一方面相同的性质，它是将总体各单位结合起来的基础也是总体的质的规定性。同质性又是相对的，它是根据研究目的而定的，目的不同确定的总体就不同。例如，研究企业职工的工资水平，全体企业职工构成总体，凡属企业职工都是同质的。但如果研究困难职工的工资水平，并确定困难线在年收入 8 000 元以下，那么工资水平在这个界限上的职工就属于不同质的了。

3. 差异性

总体各个单位除了具有某种或某些共同的性质以外，在其他方面则各不相同，具有质的差别或量的差别。正因为差异是普遍存在的，才有必要进行统计研究，是统计的前提条件。总体中各个单位之间具有差异，是由于各种因素错综复杂作用的结果，所以有必要采用统计方法加以研究，才能表明总体的数量特征。

(二) 总体单位

构成总体的每一个别事物或基本单位就是总体单位，也称个体。原始资料最初就是从各个总体单位取得的，所以总体单位是各项统计数字最原始的承担者。例如，研究全国乡镇工业企业发展情况时，全国的乡镇工业企业就组成为一个总体，每一个乡镇工业企业则是一个总体单位，将每个工业企业的某些数量特征加以登记汇总，就取得全国乡镇工业企业的统计资料。

总体与总体单位不是固定不变的，而是随着研究目的和任务的不同而相互转化，原来的总体可能成为总体单位。例如，要研究我国的煤炭生产情况，则全国所有的煤炭企业就构成统计总体，每一个煤炭企业就是总体单位。如果要研究某一煤炭企业的生产情况，则该煤炭企业是总体，每一个矿区（井）是总体单位。

二、标志与标志表现

(一) 标志

标志是反映总体各单位属性特征和数量特征的名称。每个总体单位从不同方面考察都具有许多属性和特征。例如，每个工业企业是总体单位，则经济类型、企业规模、职工人数、利润额等都是标志；如果每个工人是总体单位，则性别、工种、文化程度、技术等级、年龄、工龄、工资等就是标志。标志可以从以下几方面进行分类。

1. 按标志的性质，可分为品质标志和数量标志

(1) 品质标志。说明总体单位属性特征的名称是品质标志，它只能用文字来表现不能用数值来表示。例如，企业的所有制形式、所属部门；职工的姓名、性别、文化程度等。

(2) 数量标志。说明总体单位数量特征的名称是数量标志，只能用数字来表现。如企业的人数、工资总额、总产值、利润额、劳动生产率；职工的年龄、工资、工龄等。

2. 按标志变异情况，可分为不变标志和可变标志

(1) 不变标志。指某一标志在各个总体单位的具体表现都相同。例如，由全民所有制企业所组成的总体中，企业的所有制形式就是不变标志；女同学总体中性别是不变标志；90 分以上同学是总体，成绩是不变标志等，不变标志是形成总体的依据。

(2) 可变标志。指某一标志在各个总体单位的具体表现不完全相同。例如，全民所有制企业总体中，企业的职工人数、年生产能力、固定资产、利润、税金等都是可变标志；女同学中的年龄不同，身高不同，考试成绩不同等。可变的品质标志和可变的数量标志是统计分组和统计核算与分析研究的基础，我们可以在同质总体中，按照某种可变标志将总体分成若干部分，然后再进行深入细致的分析研究。总体的同质性和总体的变异性是进行统计分析的前提条件。

（二）标志表现

标志特征在各个单位的具体表现叫作标志表现。一般来讲，每个总体单位都有相同的标志，我们可以通过不同的标志表现来区别一个单位与另一个单位。例如，每一个企业都有所有制形式这个标志，但其具体表现却有国有企业、集体企业、股份合作企业、私营独资企业、中外合资经营企业等多种形式。性别是品质标志，性别的标志表现为男和女；职业是品质标志，职业的标志表现为工人、医生、农民、教师等。

数量标志表现为标志值又叫变量值，如年产量是数量标志，具体在甲企业的年产量为 160 万吨，乙企业的年产量为 280 万吨；工人日产量是数量标志也是一个变量，工人日产量分别为 22 件、25 件、23 件……这些日产量数值就是标志值，标志值也称变量值。

三、变异和变量

（一）变异

某一标志在各个总体单位的标志表现有差别称为变异。例如，年龄这个数量标志，在每个人身上表现为不同的年龄；性别这个品质标志，具体表现在每个人身上有男、女之别，这些差异，就称为变异。有变异才有统计。

（二）变量

可变的数量标志称为变量，变量所表现的具体数值称为变量值。例如，在某市所有居民组成的统计总体中，某人的年收入 4 万元，其中“年收入”为变量，“4 万元”为变量值。不变的数量标志称为常量或参数。变量不能相加平均，而变量值则可以加总平均。

变量可以从以下几个角度进行分类。

1. 按变量值是否连续，可分为连续变量和离散变量

（1）连续变量。连续变量的两个相邻变量值之间可以无限分割，也就是可取无限多个数值。例如，人的身高和体重；企业的固定资产、年利润额；零件的尺寸、气象上的温度和湿度等。连续变量的数值需要通过测量或计算的方法取得。一般以时间、重量、长度、面积、体积、货币等形式计量的变量都是连续型变量。年龄是连续变量，在实际中作为离散变量。

（2）离散变量。离散变量的数值都是以整数断开的，如人数、企业数、设备台数等只能取整数，不可取小数，其数值的取得必须用计数方法取得。

2. 按变量的性质，可分为确定性变量和随机变量

（1）确定性变量。确定性变量是指影响变量值变化的因素是确定可控的变量，确定性因素使变量值沿着一定的变动方向呈上升或下降趋势。例如，圆的面积随半径的长短而变化，变化关系是确定的，因此圆的面积是确定性变量；又如推广良种、提高土质、合理施肥、加强水利建设、加强田间管理等确定性因素会影响农作物的产量逐年增加，这时的农作物“产量”就是确定性变量；小孩身高在正常情况下随着年龄增长而增高，则小孩身高是确定性变量。

（2）随机变量。随机变量是指变量值的变化是受许多不确定因素影响。随机性因素的影响作用是随机的、偶然的，会使变量值的大小变化没有一个确定的方向。例如，用同一台设备加工一批零件，因受温度、振动等多种因素的影响，其尺寸测量的结果不完全相同，带有随机性，故零件的尺寸是随机变量；中奖号码、人的寿命、亩产量等都是随机变量。

四、统计指标

（一）统计指标的概念

统计指标是反映统计总体数量特征的概念和数值。例如，2014 年年末，全国大陆总人口（包括 31 个省、自治区、直辖市和中国人民解放军现役军人，不包括香港、澳门特别行政区和台湾省以及海外华侨人数）136 782 万人，比上年年末增加 710 万人。全年出生人口 1 687 万人，人口出生率为 12.37‰；死亡人口 977 万人，人口死亡率为 7.16‰；人口自然增长率为 5.21‰，比上年提高 0.29 个千分点。从性别结构看，男性人口 70 079 万人，女性人口 66 703 万人，总人口性别比为 105.06（以女性为 100），出生人口性别比为 115.88。统计指标有时也仅指反映总体数量特征的概念，即指标名称，如国内生产总值、商品销售总额等。

一个完整的统计指标应该由 5 个要素构成。

（1）指标名称。它体现指标的含义、指标口径和计算方法等。数量名称反映事物质的规定性，如人口数、职工人数、工农业总产值、货运量、劳动生产率、单位产品成本等。

（2）指标数值。它是根据一定的统计方法对总体各单位标志值进行综合的结果。指标名称和指标数值是构成统计指标的基本要素，体现了事物质的规定性和量的规定性两方面的特点。指标名称，是用来反映社会经济现象的科学概念，反映了社会经济现象质的规定性；指标数值，是用来反映社会经济现象的实际数量，反映社会经济现象量的规定性。

（3）时间。即统计指标所属的时间，它可以是某一时期，也可以是某一标准时点。

（4）地点。即指标所属的空间范围，如某国家，某企业等。

（5）计量单位。例如，甲企业（地点）2014 年（时间）的年利润额（指标名称）为 369（指标数值）万元（计量单位）。

任何一个统计指标都必须具备这 5 个要素才具有现实的明确的经济意义，其中，指标名称和指标数值是最基本的要素。

（二）统计指标的种类

统计指标可以从以下几个角度来分类。

1. 按反映总体的数量特点不同，可分为数量指标和质量指标

（1）数量指标。数量指标是反映社会经济现象总体规模和总水平的统计指标，用统计绝对数表示。例如，职工人数、工农业总产值等。由于数量指标总是反映经济现象的总规模、总水平或工作总量，所以又称为总量指标，其数值的大小与总体所包括的范围有直接关系。

（2）质量指标。质量指标是说明社会经济现象的相对水平或平均水平的统计指标。一般用相对数或平均数表示。例如，职工平均工资、单位产品成本、劳动生产率、工人出勤率等，其数值大小不随总体范围大小而增减。质量指标是数量指标的派生指标，即用两个数量指标相除而得，相除所得的结果是相对数或平均数。

2. 按作用和表现形式不同，可分为总量指标、相对指标和平均指标

（1）总量指标。总量指标是反映总体总规模、总水平或工作总量的指标，一般用绝对数表示。例如，人口总数、企业数、工资总额、国内生产总值、商品流转额、进出口贸易总额等。其数量大小随总体范围大小而增减。数量指标是认识现象总体的起点。

（2）相对指标。相对指标是两个有联系的统计指标相比较的比率，说明总体内部结构、

比例、变化程度和强度等。例如，计划完成程度、人口密度、产品合格率、男女比例、人均产量等。

(3) 平均指标。平均指标是说明总体单位一般水平的指标。例如，工人平均工资、工人平均产量、学生平均成绩等。

3. 按作用功能不同，可分为描述指标、评价指标和预警指标

(1) 描述指标。描述指标是用于反映社会经济现实状况，反映社会生产活动过程和结果的统计指标。例如，土地面积指标、科技力量指标、国民生产总值、固定资产、居民平均生活费收入与支出等。这类指标提供对社会经济情况的基本认识，是统计信息的主体。

(2) 评价指标。评价指标是用于对社会经济行为的结果进行比较、评估、考核，以检查其工作质量和经济效益的统计指标。例如，劳动生产率、国民收入增长速度、固定资产交付使用率等，这类指标一般要和计划、预测或其他定额相比较，才能确定经济行为的优劣程度。

(3) 预警指标。预警指标是用于对宏观经济进行监测，并根据指标数值的变化，预报国民经济即将出现的异常状态、突发情况以及某些结构性障碍等的统计指标。例如，社会消费积累率、物价指数、失业率、汇率等，通常利用国民经济关键性指标或敏感性指标建立监测指标体系，以发挥预测警报作用。

(三) 指标与标志的联系与区别

1. 指标和标志的联系

(1) 汇总关系。指标的数值是由相应的总体单位的数量表现汇总、计算而得到的，没有总体单位的标志表现，就没有总体的指标数值。总体各单位标志值的大小及其变化直接影响总体指标数值的大小及其变化。例如，某地区工业企业利润额（统计指标）是由该地区每一个工业企业（总体单位）的利润额（数量标志）的具体数值汇总而成的。

(2) 转换关系。由于统计研究目的不同，总体和总体单位变化，则反映总体的指标和反映总体单位的标志也随之变化。例如，当把某企业作为统计总体时，其产量、产值、职工人数、工资总额都是统计指标；当把该企业作为总体单位时，其产量、产值、职工人数就成了数量标志，反之亦然。

2. 指标和标志的区别

(1) 说明对象的范围大小不同。指标说明总体特征的，如全班的分数，全厂的工资额；标志说明总体单位特征的，每个人的分数，每个人的工资。

(2) 表示方法不同。指标都是用数值的，质量指标也是用数值来表示的；而标志分品质标志和数量标志，品质标志不能用数值表示。

五、统计指标体系

(一) 统计指标体系的概念

统计指标体系是由一系列相互联系的用以反映所研究的现象各方面相互依存和相互制约关系的统计指标所组成的有机整体。社会经济现象是一个复杂的有机整体，现象之间存在着复杂的各种联系，要全面反映客观经济现象整体，描述事物发展的全过程，只有一个统计指标是不够的，需要采用统计指标体系。例如，为了反映企业生产经营活动的全貌，需要设立产量、产值、品种、质量、职工人数、工资总额、劳动生产率、原材料、设备、财务成果等

多项指标，因此形成了工业企业统计指标体系。

（二）统计指标体系的分类

1. 国家统计指标体系

国家统计指标体系综合反映国民经济和社会发展情况。例如，国内生产总值（GDP）、国民生产总值、国民收入、积累额、消费额、总投入、总产出、总投资等最高层指标。

2. 地区和部门的统计指标体系

地区和部门的统计指标体系是中层的，如山东省、广东省、黑龙江省等，粮食部门、冶金部门、商业部等。设计这类体系要考虑各地区、各部门特点，对本部门本地区的社会管理服务和检查监督，又要充分考虑全局要求和纵、横两方面的联系。

3. 基层统计指标体系

基层统计指标体系是指各企业、事业单位的指标体系。企业、事业单位是社会基层单位，也是整个统计工作的基础，它的指标体系有双重任务，既是为本单位管理服务、监督，同时要符合部门、地区以至整个国民经济和社会的指标体系的要求。

（三）指标体系的形式

1. 积的联系形式

例如：粮食总产量＝亩产×播种面积

销售额指数＝销售量指数×单价指数

总成本＝单位成本×产品数量

2. 和的形式

例如：全部产品数量＝合格品数量＋不合格品数量

粮食总产量＝各品种产量之和

3. 因素关系的联系形式

因素关系的联系形式是指多个有联系的指标组成的整体。例如，反映一个企业指标体系可以是由产量、产值、利润、工资总额、劳动生产率、机器设备、设备能力等指标组成。

第四节　Excel 应用软件简介

Excel 是美国微软公司开发的 Windows 环境下运行的电子表格系统。Excel 集数据的编辑、整理、统计分析、图表绘制于一身。微软公司先后推出了 Excel 97、Excel 2000、Excel 2002、Excel 2003、Excel 2007 等不同版本，随着版本的不断提高，Excel 的数据处理功能和操作的简易性不断加强。

一、Excel 在统计原理学习中的作用

Excel 2007 是一款功能强大的电子表格制作软件，它和 Word、PowerPoint、Access 等组件一起，构成了 Office 2007 办公软件的完整体系。Excel 不仅具有强大的数据组织、计算、分析和统计功能，还可以通过图表、图形等多种形式形象地显示处理结果，更能够方便地与 Office 2007

其他组件相互调用数据，实现资源共享。在统计原理学习中的作用具体如下。

（一）创建统计表格

Excel 2007 的制表功能就是把用户所用到的数据输入到 Excel 2007 中以形成表格。在 Excel 2007 中实现数据的输入时，首先要创建一个工作簿，然后在所创建的工作簿的工作表中输入数据。

（二）进行数据计算

在 Excel 2007 的工作表中输入完数据后，还可以对用户所输入的数据进行计算，如进行求和、求平均值、求最大值及最小值等。此外，Excel 2007 还提供强大的公式运算与函数处理功能，可以对数据进行更复杂的计算工作。

（三）建立多样化的统计图表

在 Excel 2007 中，可以根据输入的数据来建立多样化的统计图表，以便更加直观地显示数据之间的关系，让用户可以比较数据之间的变动、成长关系以及趋势等。

（四）分析与筛选数据

当用户对数据进行计算后，就要对数据进行统计分析。例如，可以对数据进行排序、筛选，还可以对数据进行数据透视表、单变量求解、模拟运算表和方案管理统计分析等操作。

（五）打印数据

当使用 Excel 电子表格处理完数据之后，为了能够让其他人看到结果或作为材料进行保存，通常都需要进行数据打印操作。进行打印操作前先要进行页面设置，然后进行打印预览，最后才进行打印。其中，打印预览是为了能够更好地对结果进行打印而提前查看打印效果的方法。

二、Excel 2007 的界面介绍

Excel 2007 的工作界面颜色更加柔和，更贴近于 Windows Vista 操作系统。如图 1-1 所示。

图 1-1 Excel 2007 工作界面

Excel 2007 的功能强大，本书由于受篇幅的限制，只能结合每章的内容进行简要的介绍。

【课后训练】

一、填空

1. “统计”一词的含义是________、________、________。
2. 社会经济统计学的研究对象是________。
3. 标志是说明________的特征的，分为________标志和________标志。
4. 要研究工业企业生产经营状况时，全部工业企业就构成________，而每一个工业企业则是________。
5. 工人的年龄、工资、工龄，属于________标志，而工人的性别、民族、工种，属于________标志。
6. 设备台数、工人人数属于________变量，而身高、年龄、体重属于________变量。
7. 统计工作过程可分为________、________、________、________ 4 个阶段。
8. 从标志与统计指标的对应关系来看，标志通常与________相同。
9. 变量按其取值的连续性可分为________和________两种。
10. 标志按其特征的不同，可以分为品质标志与________。
11. 统计指标一般由指标名称和________两部分构成。
12. 如果一个变量是以整数形式取值，该变量被称为________变量，如果它在一个区间内可取无穷多个值，该变量称为________变量。
13. 当我们研究某市居民户的生活水平时，该市全部居民户便构成________，每一居民户则是________。
14. 统计研究运用大量观察法是由于研究对象的________和________所决定的。
15. 构成总体的个别事物称为________。
16. 表示单位属性方面特征的标志是________，而表示单位数量方面特征的标志是________。
17. 研究某市居民生活状况，该市全部居民便构成了________，居民家庭的收入是________。
18. 某市职工人数普查中，该市全部职工人数是________，每一个职工是________。
19. 说明总体单位属性和特征的名称是________，反映总体数量特征的名称是________。
20. 从个人奖金最高额、最低额，企业奖金总额和人均奖金额等方面研究某企业奖金的分配情况，该项研究中统计指标是________，变量值是________。

二、单项选择

1. 社会经济统计的研究对象是（　　）。

   A. 抽象的数量特征和数量关系

   B. 社会经济现象的规律性

   C. 社会经济现象的数量特征和数量关系

D. 社会经济统计认识过程的规律和方法

2. 构成统计总体的个别事物称为（　　）。

A. 调查单位　　B. 标志值　　C. 品质标志　　D. 总体单位

3. 对某城市工业企业未安装设备进行普查，总体单位是（　　）。

A. 工业企业全部未安装设备　　B. 工业企业每一台未安装设备

C. 每个工业企业的未安装设备　　D. 每一个工业企业

4. 标志是说明总体单位特征的名称（　　）。

A. 它有品质标志值和数量标志值两类　　B. 品质标志具有标志值

C. 数量标志具有标志值　　D. 品质标志和数量标志都具有标志值

5. 下列属于统计总体的是（　　）。

A. 某地区的粮食总产量　　B. 某地区的全部企业

C. 某商场全年商品销售额　　D. 某地区全部职工人数

6. 工业企业的设备台数、产品产值是（　　）。

A. 连续变量　　B. 离散变量

C. 前者是连续变量，后者是离散变量

D. 前者是离散变量，后者是连续变量

7. 几位学生的某门课成绩分别是 67 分、78 分、88 分、89 分、96 分，“学生成绩”是（　　）。

A. 品质标志　　B. 数量标志　　C. 标志值　　D. 数量指标

8. 在全国人口普查中，（　　）。

A. 男性是品质标志　　B. 人的“年龄”是变量

C. 人口的平均寿命是数量标志　　D. 全国人口是统计指标

9. 下列指标中属于质量指标的是（　　）。

A. 社会总产值　　B. 产品合格率　　C. 产品总成本　　D. 人口总数

10. 指标是说明总体特征的，标志是说明总体单位特征的，（　　）。

A. 标志和指标之间的关系是固定不变的

B. 标志和指标之间的关系是可以变化的

C. 标志和指标都是可以用数值表示的

D. 只有指标才可以用数值表示

11. 统计指标按所反映的数量特点不同可以分为数量指标和质量指标两种。其中数量指标的 表现形式是（　　）。

A. 绝对数　　B. 相对数　　C. 平均数　　D. 百分数

12. 离散变量可以（　　）。

A. 被无限分割，无法一一列举　　B. 按一定次序一一列举，通常取整数

C. 连续取值，取非整数　　D. 用间断取值，无法一一列举

13. 某工人月工资 3 500 元，则“工资”是（　　）。

A. 数量标志　　B. 品质标志　　C. 质量指标　　D. 数量指标

14. 下列属于数量标志的是（　　）。

A. 职工的工龄　　B. 职工的性别　　C. 职工的政治面貌　　D. 职工的籍贯

15. 社会经济统计学属于社会科学的（ ）。

A. 实验论和理论性的学科　　B. 方法论和应用性的学科

C. 系统论和全面性的学科　　D. 信息论和社会性的学科

16. 某人的民族是汉族，则汉族是（ ）。

A. 数量标志表现　B. 品质标志表现　C. 统计总体　D. 总体单位

17. 研究某市工业企业生产设备使用状况，统计总体为（ ）。

A. 该市全部工业企业　　B. 该市每一工业企业

C. 该市全部工业企业每一台设备　　D. 该市工业企业全部生产设备

18. 某组五名学生考试分数分别为 60、96、85、92、98，这 5 个数字是（ ）。

A. 指标　B. 标志　C. 变量值　D. 变量

19. 要了解某班 40 个学生的学习情况，则总体单位是（ ）。

A. 40 个学生　　B. 每一个学生

C. 每一个学生的成绩　　D. 40 个学生的成绩

20. 某学生某门课考试成绩为 90 分，则“成绩”是（ ）。

A. 品质标志　B. 变量值　C. 变量　D. 标志值

三、多项选择

1. 统计一词的含义是（ ）。

A. 统计设计　B. 统计调查　C. 统计资料　D. 统计工作

E. 统计学

2. 对某市工业企业状况进行调查，得到以下资料，其中统计指标是（ ）。

A. 该市工业企业职工人数 400 000 人　　B. 某企业职工人数 4 000 人

C. 该市工业企业设备台数 75 000 台　　D. 全市工业企业产值 40 亿元

E. 某企业产值 20 万元

3. 统计的特点可概括为（ ）。

A. 社会性　B. 数量性　C. 总体性　D. 具体性

E. 变异性

4. 国家统计系统的功能或统计的职能有（ ）。

A. 信息职能　B. 咨询职能　C. 监督职能　D. 决策职能

E. 协调职能

5. 在全国人口普查中，（ ）。

A. 全国人口总数是统计总体　　B. 男性是品质标志表现

C. 人的年龄是变量　　D. 每一户是总体单位

E. 人口的平均年龄是统计指标

6. 在工业普查中，（ ）。

A. 工业企业总数是统计总体

B. 每一个工业企业是总体单位

C. 全部工业企业固定资产总额是统计指标

D. “职工人数”一词是离散变量

E. “机器台数”一词是连续变量

7. 下列各项中，属于统计指标的有（　　）。

A. 2009 年全国人均国内生产总值　　B. 某台机床使用年限

C. 某市年供水量　　D. 某地区原煤生产量

E. 某学员平均成绩

8. 下列统计指标中，属于质量指标的有（　　）。

A. 工资总额　　B. 单位产品成本　　C. 出勤人数　　D. 人口密度

E. 合格品率

9. 下列各项中，属于连续型变量的有（　　）。

A. 基本建设投资额　　B. 岛屿个数

C. 国民生产总值　　D. 居民生活费用价格指数

E. 就业人口数

10. 总体、总体单位、标志、指标间的相互关系表现为（　　）。

A. 没有总体单位就没有总体，总体单位离不开总体而存在

B. 总体单位是标志的承担者

C. 统计指标的数值来源于标志

D. 指标是说明总体特征的，标志是说明总体单位特征的

E. 指标和标志都是用数值表示的

11. 人口普查中，（　　）。

A. 全国人口数是指标　　B. 全国人口的男女比例是标志

C. 每一户是总体单位　　D. 每一个人是总体单位

E. 全国文盲率是质量指标

12. 对某市工业企业进行调查，则（　　）。

A. 该市工业企业总数是总体　　B. 该市全部工业企业是总体

C. 该市工业企业总产值是指标　　D. 该市工业企业总产值是数量标志

E. 每个工业企业的总产值是数量指标

13. 要研究某局所属 30 个企业职工的工资水平，则（　　）。

A. 总体是某局所属 30 个企业　　B. 总体单位是每一个职工

C. 总体是 30 个企业的全部职工　　D. 总体是 30 个企业的全部职工工资

E. 总体单位是每一个企业

14. 下列指标中（　　）是质量指标。

A. 工人劳动生产率　　B. 产品产量

C. 设备利用率　　D. 利润额

E. 新产品数量

15. 下列属于品质标志的有（　　）。

A. 职工人数　　B. 性别　　C. 企业经济类型　　D. 文化程度

E. 工资

四、判断题

1. 社会经济统计的研究对象是社会经济现象总体的各个方面。（　　）

2. 统计调查过程中采用的大量观察法，是指必须对研究对象的所有单位进行调查。（　）
3. 总体的同质性是指总体中的各个单位在所有标志上都相同。（　）
4. 个人的工资水平和全部职工的工资水平，都可以称为统计指标。（　）
5. 一个统计总体可以有多个指标。（　）
6. 社会经济统计学的研究对象是社会经济现象的数量方面，但它在具体研究时也离不开对现象质的认识。（　）
7. 品质标志表明单位属性方面的特征，其标志表现只能用文字表现，所以品质标志不能直接转化为统计指标。（　）
8. 品质标志说明总体单位的属性特征，质量指标反映现象的相对水平或工作质量，二者都不能用数值表示。（　）
9. 职工的文化程度在标志的分类上属于品质标志，职工的平均工资在指标的分类上属于质量指标。（　）
10. 总体单位是标志的承担者，标志是依附于总体单位的。（　）
11. 标志和指标是两个根本不同的概念，两者没有任何联系。（　）
12. 标志是说明总体特征的，指标是说明总体单位特征的。（　）
13. 在全国工业普查中，全国企业数是统计总体，每个工业企业是总体单位。（　）
14. 统计研究客观事物现象，着眼个体的数量特征，而不是研究整体事物的数量特征。（　）
15. 统计指标有的用文字表示，称为质量指标；有的用数量表示，称为数量指标。（　）
16. 在一定的条件下，统计总体与总体单位存在着变换关系。（　）
17. 把企业100个职工的工资加起来，除以职工的人数100，这是对100个变量求平均。（　）
18. 某市全部商店为总体，则每一个商店为总体单位，某市全部商品零售额是数量标志。（　）
19. 数量指标的表现形式是绝对数，质量指标的表现形式是相对数和平均数。（　）
20. 数量指标是由数量标志汇总而来，质量指标是由品质标志汇总而来。（　）

五、思考题

1. 统计一词的含义有哪些？
2. 统计研究的基本方法有哪些？
3. 总体与总体单位有何区别和联系？
4. 统计的基本职能有哪些？举例说明。
5. 统计工作一般分为哪几个阶段？

六、综合训练

1. 在日常生活中，我们经常会接触到“统计”这一术语。例如：

(1) 王老师是教统计的；

(2) 他干了几十年统计工作了；

(3) 据统计，11月份居民消费价格指数上涨4.8%；

(4) 请班长统计一下全班同学上周的请假情况。

要求：指出上述资料中“统计”一词的含义分别是什么。

2. 2014 年 1—6 月份，某省实现生产总值 18 645.9 亿元，同比增长 13.6%；工业企业实现主营业务收入 42 645.0 亿元，增长 30.2%；实现利润 2 873.7 亿元，增长 46.7%；实现利税 4 533.1 亿元，增长 40.3%；城镇居民人均可支配收入 9 796 元，增长 10.6%，城镇在岗职工平均工资 15 376 元，增长 12.9%。

要求：

(1) 根据以上资料，指出哪些是总量指标，哪些是质量指标。

(2) 说明“统计”在社会经济管理中的作用。

3. 到实训室上机启动 Excel，在教师指导下了解 Excel 界面的构成；熟悉菜单和命令；学会建立工作表、编辑单元格、数据的查找与替换等；掌握公式的创建与编辑等，为以后各章 Excel 的学习打好基础。

第二章 统计调查

【任务驱动】

本章讲述关于统计工作第二阶段——统计调查中的理论和方法。要求理解统计调查的概念和种类，掌握统计调查方案的制订和统计调查的基本方法，学会调查问卷的设计，能根据调查目的和客观实际情况，正确地采用调查方法，组织搜集正确、及时、全面、系统的统计调查资料。

引导案例

大学生生活状况调查分析

中国扶贫基金会发布了专门针对“在校期间基本生活费用难以达到学校所在地最低伙食标准，且无力缴纳学费及购置必要学习用品，日常生活没有经济保障”的“贫困女大学生”生活状况问卷调查结果，结果显示：在一般的综合性院校，特困女大学生的比例达到了8%。其中，38.1%的特困女大学生每个月从家里得到的生活费在100元以下；15.7%的特困女大学生来自独生子女家庭，25.3%的特困女大学生来自城市家庭。

一、15.7%的贫困女大学生来自独生子女家庭

接受调查的贫困女大学生中，19.4%来自农业大学，6.6%来自林业大学，6.6%来自医科大学，15.3%来自师范大学，52.2%来自综合大学。在此次调查的高校贫困女大学生中，有25.3%的贫困生来自城市家庭，其余74.7%来自农村。

二、93.7%的贫困女大学生月生活费不足200元

贫困女大学生的生活消费水平都很低，无力缴纳学费及购置必要学习用品，日常生活没有经济保障。调查显示，贫困女大学生的父母每月能支付给她们的生活费在100元以下的有38.1%，100～200元的有44.3%，在200元以上的仅为17.6%。贫困生每月生活费支出在51～100元的占28.7%，支出在101～150元的有37.9%，200元以下的比例总共达93.7%。

在吃饭以外的消费上，有13.7%的贫困女大学生根本没有经济能力购买学习用品，49.8%的贫困女大学生每月个人学习用品支出只能在20元以下。高达56.6%的贫困女大学生没有购买服装的经济能力，还有25.2%的贫困女大学生每月服装支出只能在20元以下。65.9%的贫困女大学生无力购买化妆品，还有31.5%的贫困女大学生月支出能力只能在20元以下。

三、84.7%的贫困女大学生承受经济困难的压力

因为贫困，女大学生们承受着巨大的压力，业余生活有诸多阻碍。调查显示，贫困女大学生中84.7%承受着家庭经济困难的压力；60.2%承受着学费书费上升的压力；48.5%承

受着生活费上升的压力；42.0%承受着学习紧张的压力；还有 28.1%承受着考试不理想的压力和怕与同学谈论钱方面事情的压力。

四、仅有 4.1%的贫困女大学生赞成谈恋爱

因为经济贫困的环境的压力，谈恋爱对贫困女大学生来说成了奢侈品。调查显示，仅有 4.1%的贫困女大学生持赞成态度；有 34.7%的贫困女大学生认为无所谓；有 26.8%的贫困女大学生不赞成；还有 34.4%的贫困女大学生甚至都没有想过这个问题。

在接受帮助的问题上，86.1%的贫困女大学生在生活中遇到困难时，愿意接受他人的帮助。82.5%的贫困女大学生希望在学费上得到帮助，40.3%的贫困女大学生希望在生活费上得到帮助，38.2%的贫困女大学生希望得到培训，24.2%的贫困女大学生希望得到心理指导。

五、73.0%的贫困女大学生籍贯在非西部地区

此次调查发现，来自非西部地区的女大学生和来自西部地区的学生一样贫困。有 27.0%的贫困女大学生籍贯在西部地区，有 73.0%的贫困女大学生籍贯在非西部地区。

非西部地区的贫困女大学生生活困难，靠勤工俭学勉强维持的比例为 47.2%，高于西部地区 5.6 个百分点；西部地区贫困女大学生生活紧张，手中的钱用心计划，可以维持的比例为 45.6%，高于非西部地区 4.8 个百分点。

（资料来源：http：//www.yjbys.com/ResumeMaker/show－73698.html）

讨论与思考

1. 例中是通过什么方法进行调查的？这种调查方法有什么特点？步骤是怎样的？
2. 什么是专门调查？专门调查有哪几种？分别有什么特点？
3. 案例中根据调查得来的资料是怎样进行分析的？

第一节 统计调查概述

一、统计调查的意义

（一）统计调查的概念、意义

统计调查就是按照调查目的和任务的要求，采用科学的调查方法，有组织、有计划、有步骤地搜集统计资料的工作过程。统计调查是统计工作的第一个阶段，担负着提供基础资料的任务，是统计工作的基础环节，是认识事物的起点。如要了解工业企业生产和经济效果情况，就要调查搜集产品品种、产量、产值、质量、劳动生产率、原材料、燃料、动力消耗，成本、利润、流动资金等资料。所以，统计调查是决定整个统计工作质量的重要环节，又是统计整理和统计分析的前提。

在统计调查这一工作过程中取得的统计资料有两类：一类是原始资料，即直接从被调查者那里得到的、尚未经任何加工处理的第一手资料；一类是次级资料，即以前调查取得的、经过加工并能在一定程度上反映总体现象特征的第二手资料。作为一个相对独立的工作阶段，统计调查的主要任务是搜集原始资料。

例如，我国第二次全国土地调查是我国法定的一项重要制度，是全面查实查清土地资源的重要手段。第二次全国土地调查作为一项重大的国情国力调查，目的是全面查清目前全国土地利用状况，掌握真实的土地基础数据，建立和完善土地调查、统计和登记制度，实现土地资源信息的社会化服务，满足经济社会发展及国土资源管理的需要。整个调查工作是从2007年1—6月开展本次调查的有关准备工作，完成调查方案编制、技术规范制订，以及试点、培训和宣传等工作，全面部署第二次全国土地调查。2007年7月—2009年6月，各地组织开展调查和数据库建设。其中，至2008年上半年基本完成东部地区调查；至2008年年底基本完成中部地区及西部重点城市调查；至2009年上半年，完成全国调查工作。2009年下半年，各地对调查成果进行整理，并以2009年10月31日为调查的标准时点，统一进行变更调查数据更新，向国土资源部汇交成果，由国土资源部汇总形成第二次全国土地调查基本数据。第二次全国土地调查的主要内容包括：在全国范围内利用遥感等先进技术，以正摄影像图为基础，逐地块实地调查土地的地类和面积，掌握全国耕地、园地、林地、工业用地、基础设施用地、金融商业服务、开发园区、房地产以及未利用土地等各类用地的分布和利用状况；逐地块调查全国城乡各类土地的所有权和使用权状况，掌握国有土地使用权和农村集体土地所有权状况；调查全国基本农田的数量、分布和保护状况，对每一块基本农田上图、登记、造册；建立互联共享的覆盖国家、省、市（地）、县四级的集影像、图形、地类、面积和权属为一体的土地调查数据库；建立土地资源变化信息的调查统计、及时监测与快速更新机制。

（二）统计调查的要求

统计调查是统计工作的一项基础活动，统计调查取得的统计资料的质量的高低，不仅直接影响统计资料的整理，而且影响统计分析结论的正确性。因此，在整个统计工作过程中，统计调查的作用举足轻重，它关系到整个统计工作的成败。这就客观上提出了对统计调查资料的要求。

1. 准确性

准确性是指统计调查所得到的统计资料要符合客观实际，真实可靠，尽量避免人为因素所可能造成的消极影响。准确性是统计资料的生命，如果统计资料不真实，必将给统计工作造成不良影响。统计资料的准确性主要不是技术性问题，而是涉及是否坚持统计制度和纪律，坚持实事求是，如实反映情况的原则问题。在我国，统计立法的核心就是保障统计资料的准确性、客观性和科学性。各种社会团体和经济组织，都要依据《中华人民共和国统计法》的有关规定，提供真实的统计资料，不允许虚报、瞒报、拒报、伪造、篡改统计资料。各级组织和每一位公民都有义务如实提供国家统计资料。因为只有基于准确可靠的统计信息，才能得到对客观事物的正确认识。

2. 及时性

及时性是指统计调查要按时完成资料的搜集和上报任务，以充分发挥统计资料的时间价值。统计获取和提供各类信息都必须注重时效性。实际上，自古以来人们对于信息的时效性一直有很高的要求，因为它是人们运筹帷幄、决胜千里的基本保证。统计调查的目的是取得满足各级各类决策者需要的统计信息，所以各项统计资料必须及时，不延误时间。否则，统计资料就失去了它的时效性，失去了它的价值。在信息化的今天，统计资料的迅速、及时显得更为重要。

3. 全面性

统计调查取得全面资料，一是要调查单位的完整，做到调查单位不重复、不遗漏，以保证反映被研究现象整体的面貌；二是要做到搜集的项目齐全，调查项目不仅要具有层次性，而且要紧密衔接，富于逻辑联系，也就是必须要系统和完整，该有的调查项目就必须有，该调查的单位就必须调查，并且应保证各调查项目之间要有必要的逻辑联系，不仅要达到统计调查资料最大的开发利用价值，而且要确保达到对社会经济现象总体特征的正确认识。

4. 系统性

大多数统计调查工作本身具有连续性，调查项目在时间上有连贯性，才能反映事物的规律。例如，调查每月的产量，得到年产量数据；不同的年产量可以进行对比分析，反映动态发展变化情况等。

对统计调查资料的准确、及时、全面、系统等方面的要求，是相互联系、相辅相成的，不能孤立地、片面地去理解。强调统计资料的及时性，更要强调它的准确和全面，任何虚假的、残缺不全的“统计资料”，都是没有价值的，甚至是有害的；而准确、全面、系统的统计资料必须及时提供才能发挥其应有的作用，为此应避免“放马后炮”。组织统计调查要注意把四者辩证地结合起来，以准为基础，做到准中求快，准中求全。

二、统计调查的种类

经济现象是错综复杂的，由于统计研究的现象的性质和统计研究的任务不同，要具体情况具体分析，采用各种不同的调查方式。统计调查的方式按照不同的标志有不同的分类，若将这些分类进行排列，可以归纳为统计调查方式体系，这里仅就常见的一些统计调查做些阐述。

（一）按搜集资料的组织方式不同，可分为统计报表制度和专门调查

1. 统计报表制度

统计报表制度是按照国家统一规定的调查要求与文件（指标、表格形式、计算方法等）自下而上的提供统计资料的一种报表制度。统计报表一般由国家或地方政府授权的有关部门统一设计、印发、收回和管理，具有法律效力，如由各企业、事业单位向上级机关和统计部门报送的各类业务报表、劳动工资报表等。统计报表按报送周期的长短可分为年报、半年报、季报、月报等。从统计报表涉及的范围看，有全面统计报表和非全面统计报表两种。

2. 专门调查

专门调查是指为了研究某一专门问题或事物发展的某一方面而专门组织的调查。例如为了研究全国人口问题而专门组织的人口调查，为研究农业问题而专门组织的农业调查，为研究环保问题而专门组织的环保调查等。从调查的组织方式来看，专门调查包括普查、抽样调查、典型调查、重点调查等。

（二）按调查所涉及的调查单位的多少不同，可分为全面调查和非全面调查

1. 全面调查

全面调查是对被调查对象中所有的调查单位全部进行调查，其主要目的是要取得总体的全面、系统、完整的总量资料。例如，要了解全国人口的数量及其详细的分布状况，就必须对全国的全部人口进行调查。另外农业普查、工业普查等都必须全面调查。全面统计报表是全面调查的一种形式。全面调查只适合于有限总体，不能用于无限总体。全面调查能够掌握

调查对象全面的、完整的统计资料，说明所要研究问题的全貌。但需要花费较多的人力、物力和财力，做起来比较困难，又由于调查单位多，参加调查工作的人多，容易发生调查性误差，因而调查内容只限于最重要、最基本的项目。

2. 非全面调查

非全面调查是对被调查对象中一部分单位进行调查，如重点调查、典型调查、抽样调查和非全面统计报表等。在统计实践中，非全面调查是应用非常广泛的调查方式，随着我国市场经济的不断深入和管理体制的进一步改革，非全面调查将会得到更为广泛的应用。这种调查既适用于有限总体，也适用于无限总体。例如，为了研究出生婴儿的性别比，在全国抽选一定数量的医院、保健院，对其出生婴儿的性别进行调查登记就可以了。并不一定要对全国每一个出生婴儿全部进行调查登记。

全面调查和非全面调查各有其不同的特点和适用场合。为了了解国情、国力，掌握国民经济和社会发展的基本情况，就必须对国民经济各部门和各地区的全面情况进行调查，以便准确地对国民经济实施宏观管理，这就需要全面调查来完成。但全面调查往往涉及的面较广，调查单位较多，因而需要花费大量的人力、物力、财力和时间。因此，除非是必需，一般应使用非全面调查而不使用全面调查，它可以用较少的力量较快地取得所需的资料，并可根据调查资料推断全部总体的情况。全面调查和非全面调查是以调查对象所包括的单位范围不同来区分的，而不是以最后取得的结果是否反映总体特征的全面资料而言的。

（三）按调查登记在时间上是否具有连续性，可分为经常性调查和一次性调查

1. 经常性调查

经常性调查又叫连续性调查，是指随着调查现象发展变化而连续不断地进行登记，以获得事物全部发展变化过程及结果资料，如产品产量、质量、原材料、燃料、动力消耗、出勤、劳动工时等，就要逐日、逐月、逐季连续地登记而取得的。如果登记时间间断也就漏报数据了。对时期现象要进行经常调查才可以得到现象正确、完整、连续的资料。

2. 一次性调查

一次性调查是不连续登记的调查，它是对事物某一时刻或某一瞬间的状态进行登记。例如，我国先后进行的人口普查，1953 年、1964 年、1982 年、1990 年的调查时点都是 7 月 1 日零时，2000 年和 2010 年的调查时点都是 11 月 1 日零时；再如固定资产总量、生产设备数量、耕地面积等在一定时期内变动不大，不必经常调查。这种调查方式适用于时点现象，因为时点现象在一段时期内的变化量相对较小，故不需经常登记。一次性调查又分为定期和不定期两种。定期调查是每隔一段固定时期进行一次调查，如每月末统计库存量，每五年一次的投入产出调查等。不定期调查是时间间隔不完全相等，而且间隔很久才调查一次。一次性调查其主要目的是获得事物在某一时点上的水平、状况的资料。

（四）按统计调查搜集资料方法不同，可分为询问调查法、观察法、实验调查法

1. 询问调查法

询问调查法在具体运用时，可以根据调查者与被调查者相距的空间远近、联系的难易程度，分为访问调查法、邮寄调查法、电话调查法和计算机辅助调查法。

（1）访问调查法。访问调查法是指调查者与被调查者直接见面，询问有关问题以收集数据的调查方式。询问时，通常是按规定的顺序发问，单个交谈、集体座谈，也可设计调查问卷让被调查者自填。这种方法的优点是灵活性强，能够根据被调查者的具体情况，进行深入询问，

从而获得较多的资料。询问调查法还可以使调查者能够随时观察到被调查者的心理反应，进而有助于判断被调查者的真实想法和所回答问题的准确程度。缺点是由于被调查者的语言表达能力有较大的差异，有时会影响到调查结果的可靠性，也会在一定程度上削弱其客观性。

（2）邮寄调查法。邮寄调查法是指调查者将事先拟订好的调查问卷邮寄给被调查者，由被调查者根据要求填写后寄回的一种调查方式。邮寄调查的范围空间大，可以不受调查者所在地区的限制，只要是在通邮地区，都可以被选定为调查的对象。此外，被调查者有充足的时间考虑问题，也可以避免询问调查中可能受到调查人员倾向性意见的影响。邮寄调查法的不足是回收率低，且回收的时间较长等。

（3）电话调查法。电话调查法是指调查者借助电话工具向被调查者进行询问，以了解被调查者信息的一种调查方式。这种方式有助于节省调查时间和调查的费用。电话调查的不足在于当以电话簿为基础进行随机抽样时，存在着母体不完整的缺点，同时，电话调查也不容易得到被调查者的合作。

（4）计算机辅助调查法。随着现代信息网络的迅速发展，越来越多的统计资料可以通过网上调查获得，一是利用互联网向被调查者发出调查问卷或表格，被调查者通过网络反馈信息；二是利用互联网的媒体功能，通过网络收集二手资料。与传统调查方法相比较，网上调查具有费用少、速度快、范围广等优点。

2. 观察法

观察法是指调查机关派出调查人员到调查对象所在的场地进行观察、点数、计量或用仪器测量和记录现场情况的调查方法。简言之，它是调查人员亲自到现场点数、计量的方法。观察法的优点是调查人员亲自参加计量、点数和了解情况，故而可以加强统计调查人员的感性认识，有利于统计分析。观察法的缺点是要耗费大量的人力、物力、财力和时间，同时也无法用于对历史情况的研究。因此，观察法一般适用于非全面调查。

3. 实验调查法

实验调查法是指通过某种实践活动的验证去收集有关资料的一种调查方法。此法起源于自然科学的实验求证。实验法的优点是能够获取较准确的信息和丰富的资料，便于决策。其缺点是要花费较多的人力、物力、财力和时间。

第二节 统计调查方案的设计

统计调查是一项复杂的系统工程，涉及面广，为了使整个统计调查统一组织、统一计划、统一步骤、统一标准、有条不紊地进行，圆满完成调查任务，在统计调查之前必须制定一个纲领性文件，这就是统计调查方案，统计调查方案是统计设计在调查阶段的具体化，是统计设计的一项重要内容。一个完整的统计调查方案应包括以下几个方面的内容。

一、确定调查目的

制订调查方案的首要问题是明确调查目的和任务，不同的研究目的和任务，决定不同的调查对象、调查内容和调查方法。确定调查目的一般有两种出发点：一是从调查任务出发，根据调查任务来确定调查目的，可以抓住现实中最重要、最本质的问题；二是从调查对象的实际出发，根据调查对象的实际情况，将需要与可能有机结合，收集可能收集到而且需要的资料，避免收集可能得到但不需要的资料及需要但不可能得到的资料，以免浪费人力、物力和时间。

例如，2010 年我国第六次全国人口普查的目的是查清 2000 年以来我国人口数量、结构、分布和居住环境等方面的变化情况，为科学制定国民经济和社会发展规划，统筹安排人民的物质和文化生活，实现可持续发展战略，构建社会主义和谐社会，提供真实准确、完整及时的人口统计信息支持。在设计统计调查目的时，应尽量的简明扼要。

例如，我国进行第二次全国经济普查的标准时点是 2008 年 12 月 31 日，时期资料为 2008 年度，主要目的是全面调查了解我国第二产业和第三产业的发展规模及布局；了解我国产业组织、产业结构、产业技术的现状以及各生产要素的构成；摸清我国各类企业和单位能源消耗的基本情况；建立健全覆盖国民经济各行业的基本单位名录库、基础信息数据库和统计电子地理信息系统。通过普查，进一步夯实统计基础，完善国民经济核算制度，为加强和改善宏观调控，科学制定中长期发展规划，提供科学准确的统计信息支持。

二、确定调查对象和调查单位

（一）调查对象

调查对象就是某项调查中需要调查研究的社会经济现象的总体，它是由性质相同的许多个别单位组成的。确定调查对象，首先要根据调查目的，并对研究现象进行认真分析，掌握其主要特征，科学地规定调查对象的含义；其次明确规定调查对象总体的范围，划清它与其他社会经济现象的界限。只有调查对象的含义确切、界限清楚，才能避免登记的重复或遗漏，保证统计资料的准确、完整。例如，某市失业人口调查，就应把“失业人口”的界限划清，以保证统计数字的准确性。

（二）调查单位

调查单位是构成调查对象的各个单位，是调查项目的承担者。调查单位可以是一个企业、一个事业单位，也可以是一个人，甚至是一件产品。

例如，2010 年第六次人口普查普查的对象是我国境内的自然人，如常住人口、港澳台侨人员、外籍人员；在境外但未定居的中国公民，如驻外使馆人员、出国留学人员、外派劳务人员。已在国外定居的中国公民不属于普查对象；来华出差、旅游等短期停留的外籍人员也不普查。例如，要对某省大学教育状况进行调查，那么该省所有大学就构成调查对象，即调查总体，而其中的每一所大学，都是调查单位。若调查目的是要了解全省大学生的学习和生活情况，则全省所有大学的大学生就是调查对象，而每一个大学生就是调查单位。

理解调查单位时，应注意它和填报单位的关系。填报单位是负责向上级机关或统计部门报告统计资料的单位，它和调查单位有时一致，有时不一致。例如，在工业普查中，调查单位和填报单位是一致的，都是具体的每一个工业企业；而在工业企业设备状况的普查中，调查单位和填报单位就不一致，前者是指工业企业每一台设备，而后者则是设备所在的每个工业企业。

三、确定调查项目编制调查表

（一）确定调查项目

在明确了调查目的和调查对象后，就需要确定调查什么，即拟定调查项目，将调查项目编制在调查表里。

调查项目是指所要调查的内容，拟定调查项目就是要确定向调查单位登记什么标志。

例如，2010 年第六次全国人口普查主要内容是人口和住户基本情况，包括姓名、性别、年龄、民族、户口登记状况、受教育程度、行业、职业、迁移流动、社会保障、婚姻、生育、死亡、住房情况等。此次普查对象与 10 年前的普查不同，首次纳入了外籍人口。例如，要了解某市国有企业的生产经营情况，我们就需搜集各企业职工人数、职工工资、工业总产值、工业增加值、销售额、利润、劳动生产率、税收等相关方面的资料。出现在调查表上的这些"方面"就是调查项目，即说明调查单位特征的数量标志、品质标志及其他有关情况。

确定调查项目，一定要根据调查目的和被调查对象本身的特点来定，在设计调查项目时，要注意以下几点。

（1）调查项目的选择，应以"少而精"为原则。拟定的项目应当是满足调查目的所必需的，可有可无的项目或备而不用的项目不应列入。

（2）拟定调查项目应本着需要与可能的原则，凡与调查目的无关的或可有可无的项目必须删除，得不到答案或答案不圆满的项目不要列入；只能列出能得到确切答案的项目。

（3）调查项目的各项内容，应有严密的逻辑关系，以便相互核对，检验其结果正确与否。

（4）对项目的解释要明确、具体，不能模棱两可。

（5）调查项目中所提的问题要是被调查者愿意回答的问题，尽量避免被调查者的抵触情绪，否则即使被调查者回答了，也会得出不尽意不实的答案。

（6）要明确规定调查项目的答案形式（如文字式、数字式、是否式等），注意本次调查项目与过去同类调查项目之间的衔接，以便进行动态对比。

（二）编制调查表

将拟定好的调查项目在一定的表格上列示出来，就形成了调查表。调查表就是承载调查项目的统计表格，在调查表上，调查项目应按照一定的逻辑顺序和技术要求合理地排列。一份调查表能将调查资料清晰、有条理地表示出来，不仅便于搜集和登记资料，而且便于调查后对统计资料的汇总、整理和分析。

调查表一般分为两种：单一表和一览表。如果在一张调查表上只登记一个调查单位的资料和有关情况，有多少个调查单位就需要多少份调查表，这样的调查表就是单一表。单一表所列示的项目比较详细，适用于登记项目多而调查单位分散的情况，如我国的工业企业定期统计报表、学生登记表等。相应地，如果在一张调查表上同时登记若干个调查单位的资料和有关情况，这样的调查表就是一览表。一览表适用于登记项目相对较少，可以对多个单位集中登记的情况，便于合计和核对差错，如人口普查登记表便是一览表。一览表的优点是每一个调查单位的共同事项只需登记一次，可以节省人力和时间，但不能容纳较多的项目。

调查表由表头、表体、表脚 3 个部分组成。

1. 表头

表头在表的中间主要部位标明调查表的名称，左上角填写报告单位的名称、地址、隶属关系、经济类型等。表名要力求简明，填写单位名称要写全称，地址也应详尽。右上角应注明表号、制表机关、批准或备案机关和批准备案文号。这些项目通常不用于统计分析，只在核实和复查调查单位时用。

2. 表体

表体是调查表的主体部分，它表现为表格形式，由主语和谓语组成包括统计调查所要说明的客观现象的项目、栏号、计算单位等。其结构的基本形式呈“干”字形，按一般习惯，调查表的纵列叫作“栏”，横行叫作“行”。

3. 表脚

表脚一般填写调查人员或填报人的姓名、签章、填报日期等，有的还要填写报告单位负责人的姓名、签章等，用以明确责任，发现问题，便于查询。

调查表拟定以后，为了保证调查资料的科学性和统一性，需要编写填表说明和指标解释，其内容包括每个指标的含义、计算范围和计算方法、分类目录及应注意的事项等。

四、确定调查时间、调查地点，选择调查方式和调查方法

（一）调查时间

调查时间是调查资料所属的时间。如果是时期现象，就要明确规定资料所反映的调查对象为从何年月日起至何年月日止的资料，如调查 2014 年的产量，调查时间就是 1 年（2014 年 1 月 1 日至 2014 年 12 月 31 日）；如果调查的是时点现象，就要规定统一的标准时点，如我国第六次人口普查的调查时间是 2010 年 11 月 1 日零时，我国进行第二次全国经济普查的标准时点是 2008 年 12 月 31 日，时期资料为 2008 年度。

（二）调查期限

调查期限是调查工作的时间，包括搜集资料和报送资料的整个工作所需要的时间。为了保证资料的时效性，对调查期限的规定要尽可能短。

例如，第六次人口普查登记工作从 2010 年 11 月 1 日开始，11 月 10 日前结束，调查期限为 10 天。再如，某管理局要求所属企业在 2015 年 1 月 5 日前上报 2014 年工业总产值资料，则调查时间是从 2014 年 1 月 1 日—2014 年 12 月 31 日，调查期限 2015 年 1 月 1—5 日，共 5 天。又如，某管理局要求所属企业在 2015 年 1 月 2 日前上报 2014 年末产成品库存资料，则调查时间是 2014 年 12 月 31 日，调查期限是 2015 年 1 月 1—2 日，共 2 天。

（三）确定调查地点

调查地点是指调查资料在什么地点接受调查。多数情况下，调查地点和调查单位是一致的。例如，工业企业生产经营情况调查，其统计报表就是在工业企业的所在地编制的。但有吋二者不一致，若调查单位处于流动状态，或者某些地区间存在交叉状况，这就是一个必须有明确规定的问题。例如，人口普查，因其调查单位是不断流动的人，就必须规定是按户籍所在地登记、按常住人口登记、还是按现有人口登记。

（四）选择调查方式和方法

在统计调查方案中，还要规定采用什么样的调查方式方法取得统计资料。

统计调查方式，包括报表调查、普查、重点调查、典型调查和抽样调查 5 种形式。在设计统计调查方案时，要根据调查对象和研究任务，选择哪一种调查方式，还是结合使用哪几种调查方式。所谓调查方法，是指搜集统计资料的具体方法。主要包括直接观察法、访问法、报告法、问卷法和卫星遥感法等。具体如下。

1. 直接观察法

直接观察法是指由调查人员到现场对调查对象直接进行观察和计量，以取得原始资料的一种调查方法。例如，对工业品的质量和设备进行现场实测；对农作物的产量进行实割实测等。其优点是取得的资料准确性较高，缺点是需要较多的人力、物力和财力。

2. 访问法

访问法是指由调查人员携带调查表向被调查者逐项询问，将答案填入表内的一种调查方法。访问法既可以是对每个调查单位访问登记，也可以是对集体访问登记。例如，人口普查中，可以是对每一个人逐项访问登记，也可以对一个家庭、一个集体户进行访问登记。其优点是取得的资料比较准确，并且还可以了解到一些生动具体的情况，缺点是耗费的人力和时间比较多。

3. 报告法

报告法即报表法，报告法是指由报告单位根据原始记录和核算资料，按照统计调查机关颁发的统一的表格和要求，按一定的报送程序提供统计资料的方法。其优点是：从调查者的角度来说，比较省时省力；从被调查者的角度来说，可以促使其建立健全原始记录制度，加强基层统计工作。缺点是在经济利益多元化的条件下容易发生虚报、漏报、瞒报现象。

4. 问卷法

问卷法是指以答卷形式提问，由被调查者自愿回答的一种搜集资料的调查方法。这种方法多用于对主观指标的调查，习惯上叫作“民意测验”。如果运用得好，对了解民意有重要作用。但问卷必须精心设计，问题要提得简明扼要，填写答案不需要很多时间，或者设计标准答案以便汇总整理。同时调查程序必须严密，能够保证为被调查者保密（一般采取不记名形式），否则会影响问卷的回收率和答案的质量。

5. 卫星遥感法

卫星遥感法是指利用卫星高度分辨辐射计提供的地面农作物绿度资料，来估算农作物产量的一种调查方法。这种方法如果运用得好，可以达到投入少、速度快、准确性也比较高的要求。

五、制订调查的组织实施计划

一项较大规模统计调查的顺利实施，需要有一套严密细致的工作组织系统与之匹配，主要包括以下几方面。

（一）成立调查领导机构

我国历次人口普查、工业普查、农业普查等，都成立了专门的领导机构，负责组织和协调整个统计调查工作。

（二）配备调查人员

通常统计调查的业务人员是从统计业务部门抽调的，他们是统计调查的业务指导员，对统计调查的成败有至关重要的影响作用，同时还要通过他们培训调查员。

（三）对调查意义的宣传

进行广泛宣传的目的在于使更多的人了解和认识开展调查的目的、任务和意义，取得调查单位的理解和支持，对统计调查来说这是很重要的。

（四）调查人员的培训

一项大规模的统计调查单靠统计部门是难以完成的，需要动员社会各界人士参与。这些业务人员的素质，直接影响统计源头的信息质量。因此，对调查员的培训是必不可少的。

（五）各种文件及调查表格的印刷、调查经费的筹集和管理等

调查组织工作准备就绪，就要进行调查方案、调查问卷、调查表、宣传材料等的组织印刷。大型统计调查需要专门进行调查经费的预算和筹集，由专门的调查领导机构负责组织和协调整个统计调查工作。

第三节　统计调查方式

一、统计报表制度

（一）统计报表制度的概念

统计报表制度是我国定期取得统计资料的基本调查组织形式。它是按照国家统一规定的表格形式，统一的报送程序和报送时间，自上而下布置，自下而上逐级提供基本统计资料的一种统计报告制度。执行统计报表制度，是各地区、各部门、各基层单位必须向国家履行的一种义务。目前，是我国政府部门获得统计资料最重要的方式之一。

（二）统计报表制度的特点

1. 统计报表制度是国家获得统计资料的重要途径

以基层单位日常业务的原始记录和统计台账为基础，要求规范、完善、使获得的资料具有可靠的基础，保证资料的统一性，便于在全国范围内汇总、综合。

2. 统计报表制度是根据行政手段执行的报表制度

统计报表制度是社会主义市场经济体制下国家对国民经济和社会发展情况进行计划管理和宏观控制的重要工具之一。它要求有关部门和统计人员严格遵守统计法规，加强管理。统计报表要力求简单，不得滥发，更不许虚报、瞒报，要防止漏报，以保证统计资料的质量。要求严格按统计法规贯彻执行，要有100%的回收率。填报的项目和指标相对稳定，以便完整地积累资料，进行历史对比，反映经济发展和社会发展的规律。

3. 统计报表制度为各级领导制定计划、方针、政策提供统计资料

统计报表制度报送统计资料是采用层层上报、逐级汇总的方式，以满足各级管理部门和统计机关对资料的需要。

4. 花费大量人力、物力、财力，逐级上报汇总，使资料取得时间较长

统计报表制度需要一个庞大的组织系统。它要求各基层单位有完善的原始记录和统计台账等良好基础，特别是要建立一支熟悉业务的统计人员队伍。

5. 现今市场经济，所有制形式多样，统计报表制度的执行有难度

例如，企业利润、农业产品产量、居民收入、人口数量等是报表制度难以取得的资料。

（三）统计报表制度的基本内容

1. 总则部分

总则部分包括统计机构、队伍、职责、职权、纪律、原始记录、资料整理管理、统计分析、质量检查、报表管理等内容。

2. 表式部分

表式部分是由国家统计部门或业务主管部门根据研究的任务与目的而专门设计制定的统计报表表格的形式，用于搜集统计资料。它是统计报表制度的主体。

3. 填表说明

填表说明是对统计报表的统计范围、指标解释等作出的具体规定。

（四）统计报表的分类

1. 按内容和实施范围不同，统计报表分为国家统计报表、部门统计报表和地方统计报表

（1）国家统计报表。也称国民经济基本统计报表，由国家统计部门统一制发，用以反映全国性的经济和社会发展的基本情况，包括农业、工业、基建、物资、商业、外贸、劳动工资、财政等方面最基本的统计资料。

（2）部门统计报表。是为了适应本部门业务管理需要而制定的专业统计报表，在本系统内实行，用以搜集有关部门的业务技术资料。

（3）地方统计报表。是针对地区特点而补充规定的地区性统计报表，它是为本地区的计划和管理服务的。

2. 按调查范围不同，统计报表分为全面统计报表和非全面统计报表

（1）全面统计报表要求调查对象中的每个单位都填报。

（2）非全面统计报表要求调查对象中的一部分单位填报。

3. 按报送周期长短，统计报表分为短期报表和长期报表

（1）短期报表。短期报表包括日报、旬报、月报。要求资料迅速上报，填报项目较少。由于时效性强，上报迅速、项目少，也称之为进度报表。

（2）长期报表。长期报表包括季报、半年报、年报。要求资料全面、完整、填报项目较多，特别是年报，具有总结一年来情况的性质，既反映经济和社会现象的综合情况，又检查各项经济方针、政策、计划的贯彻执行情况。

4. 按报送方式不同，统计报表可以分为电信报表和邮寄报表

（1）电信报表。电信报表包括电话、电报、传真、电子邮件和网络传输等方式。

（2）邮寄报表。邮寄的报表可以是纸张表，也可以是数据软盘和光盘。

在各种统计调查方法中，统计报表仍是一种搜集基本统计资料的基本的、传统的方法。但由于报表制度的内容较固定，且必须经过统一的报送与汇总程序，中间环节增多，因而取得资料要花费较多时间。采用的报送方式，要取决于统计任务的紧迫性、时效性和报送条件。目前电信和计算机网络飞速发展，现代化信息传输手段的使用，使得统计调查资料的报送速度空前快捷，真正具有了时效性。

（五）统计报表的资料来源

统计报表的资料来源于基层单位的原始记录、统计台账和企业内部报表。

1. 原始记录

原始记录是基层单位通过一定的表格形式，对生产经营活动的具体内容和状况所做的最初的数字和文字记载。是未经加工整理的第一手资料。如当日的生产记录、出勤记录、工时记录、现金收支凭证、库存记录等。原始记录不仅为统计报表提供数据，而且也是基层单位进行自身经营管理的手段。例如，产品入库单，如表2-1所示。

表2-1　产品入库单

编号：　　　　年　月　日

品　名	型　号	包装规格	生产日期	数　量	单　价	金　额

采购员签字：　　　　复核人签字：　　　　库管员签字：

注：一式三联。一联成品库存根，一联交生产部，一联交财务部。

2. 统计台账

统计台账是将零散的原始记录依时顺序经常进行登记，并定期进行总结的账册，如工业企业的工时台账、设备台账、产量台账、出勤台账等。产品产量台账如表2-2所示。

表2-2　产品产量台账

车间　　　　年　月　日

产品名称									
计量单位									
本月产量	计划								
	实际	当日	累计	当日	累计	当日	累计	当日	累计
日期	1								
	2								
	⋮								
	31								

3. 企业内部报表

企业内部报表是企业根据原始记录和统计台账，经过汇总计算后编制的，它是企业内部各职能部门和企业领导取得统计资料的一种形式，也是搞活企业、实行科学管理、提高企业经济效益的主要信息来源。它只在企业内部实行，是编制基本统计报表和专业统计报表的基础。

二、专门调查

专门调查有普查、重点调查、典型调查和抽样调查4种。

（一）普查

1. 普查的概念

普查是为了某种特定目的而专门组织的一次性、全面调查。一个国家或一个地区为详细地了解某项重要的国情、国力而专门组织的一次性、大规模的全面调查，如我国2010年组织实施的第六次全国人口普查。目前，我国所进行的普查主要有人口普查、农业普查、工业普查、第三产业普查、基本单位普查等。

2. 普查的特点

(1) 普查是专门组织的调查。普查是为了了解和研究某一问题，而专门组织的围绕该问题进行的调查。它需要成立普查领导机构，配备一定数量的普查人员，对调查单位搜集资料。

(2) 普查是一次性调查。普查是用来调查时点现象的，所取得的资料是反映现象在一定时点上的总量和总体的各种构成情况的，它常根据实际需要和调查对象本身的特点，每隔较长一段时间才进行一次。例如，我国进行了 6 次全国人口普查，分别是 1953 年、1964 年、1982 年、1990 年、2000 年、2010 年，每 10 年左右进行一次。由于普查工作量很大，涉及调查单位很广，调查员队伍庞大，调查经费开支较大，有时需要两三年才能取得最终结果。

(3) 普查是全面调查。即对调查对象中包括的所有调查单位无一遗漏地进行调查。普查比任何其他调查方式、方法所取得的资料更准确、全面、系统；例如，全国人口普查，就需对中华人民共和国的每一位公民都进行调查。

(4) 当总体很大时，普查需要花费大量人力、物力、组织工作繁重。

(5) 有些现象不能进行普查，如破坏性的产品质量检验。

3. 普查的组织形式

普查的组织形式一般有以下两种。

(1) 成立专门的普查机构，配备一定的普查人员，对调查单位进行直接登记。例如，2010 年的人口普查，国务院成立第六次全国人口普查领导小组，负责人口普查的组织和实施。普查领导小组办公室设在国家统计局，具体负责人口普查的日常组织和协调。地方各级人民政府也设立相应的普查领导小组及其办公室，认真做好本地区普查工作。并充分发挥街道办事处和居民委员会、乡镇政府和村民委员会的作用，广泛动员和组织社会力量积极参与并认真配合做好普查工作。

(2) 利用调查单位的原始记录和核算资料，颁发一定的调查表格，由填报单位进行填报，如库存物资普查等。普查工作一般是采用“逐级布置，逐级汇总”的办法，需要花费大量的时间，随着电子计算机的发展与普及，资料汇总的时间将大大缩短。当调查任务紧迫时，为了满足国家的紧急需要，可以组织快速普查。快速普查是一种特殊形式的普查，是采用“越级布置，越级上报”的办法，即组织普查的最高机构可以越过一切中间环节，直接将调查方案下达到被调查的基层单位；基层单位越过一切中间环节，以电讯方式或直接将普查资料上报组织普查工作的最高机构，进行集中汇总，达到缩短整理时间的目的。快速普查一般适用于调查内容少，涉及范围小、时效性强的项目。

4. 组织普查的原则

普查是一项规模很大、任务很繁重的调查活动，所以在普查过程中，要注意以下问题。

(1) 规定统一标准时点。普查标准时间是指普查资料所属的时间，即规定某日或某日的某一时刻作为登记普查对象有关资料的统一时间。规定标准时点是为了保证普查资料的准确性，使得资料都能反映同一时点的情况，避免重复和遗漏。而标准时点的选择则应根据研究现象的特点和实际条件来定。例如，2016 年我国将开展第三次全国农业普查，普查的标准时点为 2016 年 12 月 31 日，时期资料为 2016 年度资料。

(2) 规定统一普查项目。普查项目一经规定，不准任意改变或增减，以免影响汇总、综合，降低资料质量。同一种普查，每次的项目和指标应力求一致，并按一定的周期进行，以便更好地进行历次调查资料的对比分析及观察某种现象变化发展的规律。

(3) 确定统一的普查期限。在普查范围内各调查单位或调查点应尽可能同时进行普查，并尽可能在最短的期限内完成，以便在方法上和步调上保持一致性，以保证资料的准确性和时效性。例如，我国第五次人口普查，调查登记期限规定在10天内完成。在普查范围内，各调查单位或调查点应同时展开调查，以保证在最短的期限内完成资料的搜集，确保资料的准确性。

(4) 组织培训普查队伍。大型的普查由于参与的人多、调查项目复杂，必须对普查员进行培训。

(5) 重大普查应进行试点。普查大都是重大国情国力普查，在调查前要制订科学的普查方案。判断方案是否可行，普查过程中可能出现哪些问题，需要将方案先在试点单位实施运行，找到缺点，总结经验，并修正补充调查方案，以便在普查工作全面展开时不出现大的失误。

(二) 重点调查

1. 重点调查的概念

重点调查是一种非全面调查，它是在调查对象中，选择一部分重点单位进行调查来认识总体基本情况的一种调查方法。重点调查主要适用于那些反映主要情况或基本趋势的调查，如市企业调查队在对全市近百户亏损企业进行的专项调查基础上，选择其中10户由亏转盈的企业进行重点调查。例如，要了解全国的钢铁生产情况，只对为数不多的大型钢铁企业进行调查，即可对全国钢铁产品的品种、质量、产量等变化情况作出基本的分析。

2. 重点调查的特点

(1) 可以用较少的人力和时间，取得反映总体基本情况的资料。重点单位一般来说都有较好的统计条件，调查可以取得比较好的效果；由于重点单位数量少，调查的内容就可以多一些，调查研究也可以深入、细致一些。我国有相当一部分重点调查已经纳入国家统计报表制度，逐级按月、季、年上报。例如，重点市职工工资总额构成情况季报、重点市工业企业主要经济指标电讯月报、重点工业交通运输企业能源消耗季报、重点市物价统计制度等。

(2) 根据重点调查资料不可能得到现象总体数量，也不能推断总体。

3. 重点单位的选择

(1) 根据调查任务确定重点单位。基本标准是所选出的重点单位的标志值必须能够反映所研究总体的基本情况。一般来说，选出的单位要尽可能少些，而其标志值在总体中所占的比重要应尽可能大些。

(2) 重点单位不是固定不变的。对不同问题的重点调查，或同一问题不同时期的重点调查中，重点单位不是一成不变的，要随着情况的变化而随时调整。

(3) 选中的单位应是管理健全、统计基础工作较好的单位。由于重点调查所涉及的调查单位较少，所以可节省较多的人力、物力、财力和时间，以较高的时效取得调查总体基本情况的资料。目前我国有相当一部分重点调查已经纳入国家统计报表制度，逐级按月、季、年上报。例如，重点市职工工资总额构成情况季报、重点市工业企业主要经济指标电讯月报、重点工业交通运输企业能源消耗季报统计制度等。

4. 重点调查的组织形式

根据研究问题的不同需要，重点调查可以采取一次性调查，也可以进行定期调查。一次性调查适用于临时调查任务。定期调查适用于经济性调查任务，可以颁发定期报表，由选择的重点单位填报，定期观察一些重点单位的主要技术经济指标的完成情况及其变动。

（三）典型调查

1. 典型调查的概念

典型调查也是一种非全面调查，它是从众多的调查研究对象中，有意识地选择若干个具有代表性的典型单位进行深入、周密、系统地调查研究，以认识事物发展变化规律的一种调查方式。

2. 典型调查的特点

（1）它是个别的深入细致的调查。调查单位是根据研究目的和任务，在对现象总体进行全面分析的基础上，有意识地选择出来的。而且典型调查是一种深入、细致的调查方式，通过深入、细致的调查研究，既可以收集有关的数字资料，又可以掌握具体、生动的情况，研究事物发生、发展的过程，探索事物发展变化的规律性。

（2）可以补充全面调查的不足。全面调查的总体单位多，调查项目不细，在全面调查基础上选择典型单位深入细致的调查，总结经验、找出不足，以补充全面调查。

（3）选“典”受主观意识影响。

（4）不能利用典型资料推断全体。在特殊情况下可以估算总体，但误差很大，而又不能计算出来。

3. 选“典”方法

（1）解剖麻雀式。对总体单位不进行整理，在总体中直接选“典”，对个别典型单位进行详细的调查研究。根据调查目的确定典型单位。调查目的不同，确定的典型单位也不同。如果调查目的是为了取得成功的经验或失败的教训，可以选择好的或差的单位作典型；如果调查的目的是为了了解一般数量表现，可以选择中等的单位作为典型；如果调查的目的是研究新生事物，可以选择那些能反映新生事物特性的单位作为典型。例如，为研究新形势下高等职业技术人才培养的教育教学经验，在全国高等职业院校中，有意识地选择几所在高等职业技术人才培养上取得成功经验的院校，对其进行深入细致地调查研究，并把他们的先进经验向全国推广。那么，被选取的院校就是典型单位，为此进行的调查就是典型调查。

（2）划类选典式。先将所研究的总体按研究的有关标志划分为几个类型组，以减少类型组中各单位的差异，然后再在各类型中选择典型单位进行调查研究，这种调查称为划类选典式典型调查。选择典型单位还要考虑研究对象本身的特点。如果调查对象各种特征参差不齐，不易找到具有代表性的典型单位，可采取“划类选典”的方法，只有这样，调查结果才能比较全面地反映被调查现象的特点。

（四）抽样调查

1. 抽样调查的概念

抽样调查是按照随机原则从总体中抽出一部分单位进行调查，从而用这部分单位的数量特征来推断全部总体的数量特征的一种调查方法。例如，要了解某地区城镇居民人均消费水平，可从总体（该地区城镇居民家庭）中选取一部分单位（居民户）来进行调查，然后用这一部分居民户的人均消费水平来推断整个地区的城镇居民人均消费水平。

2. 抽样调查的特点

（1）随机抽样。所谓随机原则是指从总体中抽取一个单位时，总体中每一个单位被抽取的机会或概率是完全相同的。也就是说，哪个单位抽中与否，纯粹是偶然的，与调查者的主观判断无关。坚持随机原则是为了保证抽样的客观性，提高被抽取的单位对总体的代表性。

（2）只调查总体中一部分单位，从数量上推算总体。全面调查是掌握总体数据，但当总体单位很多时，花费人力、物力、时间；抽样调查是对总体的一部分单位实施调查，计算各种数量指标数值，并用这些指标数值推断总体相应的指标数值，这是抽样调查区别于其他调查方式的显著特点之一。

（3）有抽样误差，但能控制。抽样调查是非全面调查，用局部推断总体，推断结果不可避免地存在误差。但抽样误差是可以在推断之前事先估计出来的，也可以采取一定的措施加以控制，从而保证抽样推断结果的可靠性，所以，抽样调查具有经济性、时效性、准确性、灵活性等特点。

抽样调查和重点调查都是专门组织的非全面调查，具有调查单位少，省时省力，在选取调查单位时不受主观因素的影响等相同特点。但二者之间有明显的区别。首先是调查单位的意义和取得方式不同，重点调查是选择为数不多但标志量占总体标志总量绝大比重的单位进行调查；抽样调查中的样本单位是按照随机原则从研究总体中抽取的，具有较高代表性。其次，二者研究目的不同。重点调查是为了了解现象总体的基本情况，但不能推断总体总量；抽样调查的目的在于以样本量来推断总体总量。再次，适用场合不同。重点调查适用于部分单位能比较集中地反映所研究的项目或指标的场合；抽样调查最适合于不能或很难进行全面调查，而又需要全面数值的场合，在能进行全面调查的场合也有独到的作用。

抽样调查是非全面调查中最完善、最有科学依据的调查方式。抽样调查的理论与方法详见第五章。

总之，不同的统计调查方式各有其特点和作用。在实际工作中，并非单用一种方式方法，而是多种方式方法的结合运用。这是因为国民经济和社会发展情况复杂，国民经济门类众多，必须应用多种多样的统计调查方法，才能搜集到丰富的统计资料；任何一种统计调查方法，都有它的优越性与局限性，各有不同的实施条件，只用一种统计调查方法，不能满足多种需要。例如，人口普查时采取普查和抽样调查相结合的方法。

第四节　统计调查问卷的设计

近几年，问卷调查不仅成为市场调查中的重要环节之一，也是其他调查中搜集资料的一种主要方式。

一、统计调查问卷的含义

统计调查问卷又称调查表或询问表，它是调查者根据调查目的和要求所设计的，由一系列问题、调查项目、备选答案、说明等组成的一种调查工具。问卷可以是表格式、卡片式或簿记式。统计调查问卷是调查者向被调查者了解情况，搜集调查数据一种调查常用的方法。

二、统计调查问卷搜集资料的特点

1. 内容标准化

因为调查问卷中提出问题，由调查者调查可供选择的答案，便于资料的汇总、整理和分析。

2. 调查面广

统计调查问卷可涉及的内容多，并可利用大传播媒体（如报纸、杂志、网格），传播快。

3. 直接性

问卷法可以直接从民众中得到对某一经济现象、某一问题的看法，科学性、民主性强。所以，这种方法在西方国家被应用于政治选举、商业推销、经济预测等。

三、统计调查问卷的类型

市场调查问卷的类型因调查内容、对象和调查要求的不同而有所差别，一般有两种划分方法。

（一）按调查问卷的外在形式，统计调查问卷可分为调查表和调查文卷两种类型

1. 调查表

将要调查的项目编制成调查表，调查时直接将调查内容填入表中。调查表包括单一表和一览表两种。

（1）单一表。单一表是指内容只由一个被调查人填写或回答的调查表。由于只填写一个被调查者的情况，因此可容纳较多的调查项目。单一表的基本结构包括表头、表体和表脚。其中表头包括客套语、对填表者的鼓励等；表脚包括填表说明和必要的注释等。

（2）一览表。一览表是指内容包括若干个被调查者意见或基本情况的调查表。由于涉及的被调查者比较多，所以调查的项目比较少。该表适用于集中调查。这种调查省时、省力、省钱，易于实施，便于统计。但难以了解得具体、详尽。所以调查中用得比较少。

2. 调查文卷

调查文卷是指采用访问调查法记录被调查对象的实际情况、意见、建议等的文卷。同调查表相比，调查文卷能容纳更多的调查项目，能通过文字和被调查者进行交流，说明问题更具体，而且能搜集更系统、更详细的资料。这是在市场调查中经常采用的方式。

（二）按调查对象的调查内容不同，统计调查问卷可分为以下3种类型

（1）商业调查问卷。

（2）顾客情况调查问卷。

（3）产品市场调查问卷等。

（三）据调查所用的方法不同，统计调查问卷可分为访问式调查问卷和自填式调查问卷

1. 访问式调查问卷（他记式）

访问式调查问卷是由调查者向被调查者提问，然后依据被调查者的回答填写调查问卷。这种方法应答率、完整率较高；但费用高、压力大、可能拒答、谎答等。

2. 自填式调查问卷（自记式）

在发达国家多采用这种方法，因为尊重隐私权。被调查者可以如实表达、资料可靠；但应答率、完整率降低，而且不一定独立完成，会影响到质量。

根据传递方式不同统计调查问卷还可分为报刊问卷、邮政问卷、送发问卷、访问问卷等。

四、问卷的基本结构

（一）开头部分

开头部分包括：题目、问候语、填写说明、调查项目、问卷编号等内容。

1. 题目

统计调查问卷的题目是用简短的几个字概括整个问卷的全部内容。题目要精确、简练，概括性强，且富有感染力。

2. 问候语（说明信）

说明信是问卷的开头部分，尤其在自填式问卷中，写好问候语很重要，可激发被调查者的积极性，是问卷调查取得成功的必要保证。要求语气亲切、诚恳礼貌，表明对被调查者的参与和合作表示感谢，有时还需要将奖励的方式、方法及奖金、奖品等问题讲述清楚。一般要说明调查者的身份、调查的目的、调查结果的使用与保密措施等。例如，一份“公众医疗保险意识问卷”中的问候语如下。

女士、小姐、先生：

您好！我是××市场调查公司的访问员，我们正在进行一项有关公众医疗保险意识方面的调查，目的是想了解人们对医疗保险的看法和意见，以便更好地促进医疗保险事业的发展。您的回答无所谓对错，只要真实地反映了您的情况和看法，就达到了这次调查的目的。希望您能积极参与，我们对您的回答完全保密。调查要耽搁您一些时间，请您谅解。谢谢您的支持与合作！

3. 填写说明

明确填写问卷的要求和方法。在自填式问卷调查中，要有明确的填表说明，让被调查者知道如何填写问卷，如何将问卷返回到调查者手中。可集中在问卷的前面，也可分散在各有关问题的前面。例如，填写要求可以写为：

- 请您在所选择答案的题号上画圈
- 对只许选择一个答案的问题只能画一个圈；对可选择多个答案的问题，请在你认为合适的答案上画圈
- 需填写数字的题目在留出的横线上填写
- 对于表格中选择答案的题目，在所选择的栏目内画钩
- 对注明要求您自己填写的内容，请在规定的地方填写上您的意见

4. 调查者和被调查者的项目

调查者项目主要包括调查者的姓名、工作单位及调查日期等。这些项目主要是为了明确

责任和方便查询。

被调查者项目主要包括被调查人的姓名、性别、年龄、文化程度、职业、家庭住址、联系电话以及本人在家庭中的地位等。设置这些项目的目的主要是为了便于日后查询。有些项目对分析研究也很有用处。调查人员可以根据调查目的有针对性地选择被调查者项目。

5. 问卷的编号

每份问卷的编号主要用于识别问卷、调查者、被调查者姓名和地址等，以便于问卷回收、校对检查、更正错误。

（二）主体部分

问卷的主体部分是调查事项的问题和可供选择的答案。是调查问卷的核心内容。问题的内容取决于调查的目的和调查的项目，提出问题的形式一般有开放式问题和封闭式问题两种。

1. 开放式问题

开放式问题是设置问卷时不确定任何答案，要求被调查者根据问题写出描述性的情况和意见。民主、生动；但难于量化处理，受被调查者的水平能力影响较大。

2. 封闭性问题

封闭性问题是设置问卷时预先备有答案可供被调查者进行选择。答案标准、便于量化处理、易选答案，误差小；但创造性受约束。

设计问卷问题时开放式问题和封闭性问题二者可以结合应用。

（三）背景资料部分

给被调查者提供有关背景资料是为了让被调查者答卷时进行分类、比较分析，以便搜集到更准确、更详细的调查资料。

五、问卷的设计程序

设计问卷是整个调查活动的第一步，根据调查目的、资料整理和分析的需要，经过初步探索、设计初稿、试用和修改几个环节来完成。将调查内容化成具体问题，进行问卷问题与答案的设计，通过试点调查的结果对问卷进行修改。具体步骤如下。

1. 事前准备

事前准备即初步探索。设计一份调查问卷，应该有充分的准备，从多个不同的角度来考虑问卷的设计。需要调查了解被调查者的个性，文化程度、理解能力、道德标准、生活习惯、职业、家庭背景等情况，做到心中有数；需要对该调查问题的背景、市场行情等信息进行分析；需要对阻碍调查问卷的多种因素有明确的认识。因此，设计一份科学合理的调查问卷，要考虑很多因素的影响，做好充分的准备，才能设计出好的问卷，取得被调查者的积极合作，最终取得真实、准确的调查资料。

2. 设计初稿，即问卷设计

问卷设计包括所要提问的问题的设计、问题答案的设计、提问顺序的设计以及问卷的版面格式的设计等。

把被调查者作为问卷设计的出发点，忌问卷设计得太长，问题太多，需要填答的量太大，忌问卷中要求被调查者进行难度较大的回忆和计算。确定调查所需的资料、所采用的方式和方法以及资料汇总和分析的方法。这些直接影响到问卷的格式和要求。例如，采用电话调查，问卷中的问题不宜太多，用词要简单；邮寄调查中的措辞要谨慎，以防词意的可能偏差，等等。

3. 试用和修改，即事后检查

问卷设计初稿完成后，不能马上实施调查，需要先做小规模试验性的访问，并逐一讨论，用以发现设计上的不足并进行修改。主要应考虑以下几个方面：

(1) 问卷格式是否适合，并作必要改进；

(2) 调查员调查方式是否正确，并作必要改进；

(3) 求证抽样设计是否适当，加以改良；

(4) 调查编组是否合理，作必要的人员调整；

(5) 调查成本为多少，以为成本控制参考。

试调查时常采用小规模调查问卷的形式进行，样本数有 10 人乃至几十人不等，通常是整个抽样样本数的 5%～10%。试调查另一意义是可作为训练没有经验的调查员之用，使调查员对实际调查工作有一个初步的准备，包括心理上的准备，使其有一个熟悉的过程。

4. 定稿打印

问卷设计、修改好后，则可根据调查的总体单位数多少来确定打印数量，并将打印的问卷进行编号，以便查收问卷。

六、统计调查问卷问题的设计形式

总体而言，问卷中所拟答案要有穷尽性，避免重复和相互交叉，拟定的答案要编号。问卷中的问题类型有开放式、封闭式两种（见图 2-1）。

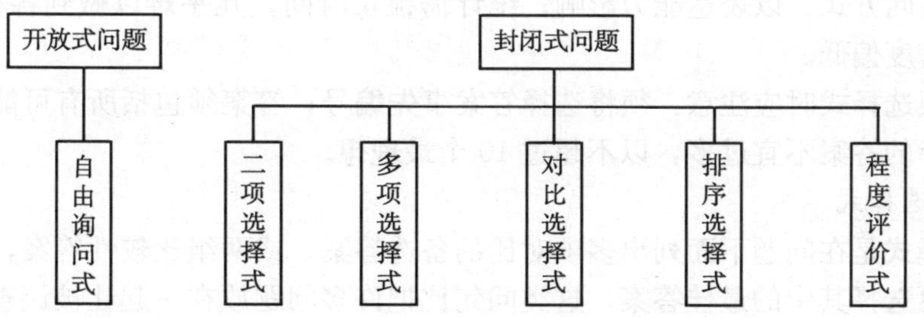

图 2-1　统计调查问卷问题类型

(一) 开放式问题

开放式问题只提问不设答案，允许被调查人用自己的话来回答问题，被调查者可以不拘形式，任意发挥。一般来说，因为被调查的回答不受限制，所以开放式问题常常能揭露出更多的问题，但开放式问题在进行统计整理时比较费时。开放式问题需要被调查者用文字形式表达自己的看法，若其不合作，就影响了调查结果的全面性和准确性。例如："请说出您所知道的口香糖牌子。""在学校提供的服务中，哪些您喜欢，哪些您不喜欢，还需要增加哪些服务？”

（二）封闭式问题

封闭式问题包括所有可能的回答，让被调查者从中选择一个答案，答案标准化，易回答、因为封闭式问题规定了回答的方式，使数据编码、使调查后的统计整理分析变得很容易，封闭式问题常用于描述性研究。设计封闭式问题有以下几种形式。

1. 二项选择式（是非式）

可供选择的答案用“是”与“不是”，“有”与“没有”。例如：

- 您家有汽车吗？有（ ） 没有（ ）
- 除了喝开水外，您还喝饮料吗？是（ ）否（ ）

这类问题的答案通常是互斥的，调查结果统计得到“是”与“否”的比例，由于回答项“是”与“否”之间没有任何必然的联系，因此得到的只是一种定性分析，说明不同回答所占比例，比例大的部分影响力和重要性比较大。优点是便于回答与统计；缺点是不便于调查人员了解形成答案的原因。

2. 多项选择式

能较全面地反映被调查者的看法，易于整理与统计。但设计应注意选择的答案不宜太多。例如：

- 请问您在购买小轿车时，主要考虑哪些因素？（选出您认为合适的答案）
  价格（ ） 款式（ ） 品牌（ ） 耗油量（ ） 售后服务（ ）
  维修费用（ ）乘坐舒适（ ） 行驶平稳（ ）
- 您通常饮用哪些种类饮料？
  啤酒（ ） 香槟（ ） 咖啡（ ） 茶（ ） 可乐（ ） 果汁（ ） 奶类（ ） 豆浆（ ） 矿泉水（ ）

多项选择式优点是拟定问题不受拘束，较其他访问方式容易。对回答者不限制回答范围，可探悉其建议性意见；缺点是对不能明确回答者，大都回答“不知道”等含糊之词。调查受调查员访问方式，以表达能力影响；统计需很长时间，几乎难以做到各种精细的分析，记分困难，信度偏低。

使用多项选择式时应注意：须将选择答案事先编号；答案须包括所有可能情况，但避免重复；被选择的答案不宜过多，以不超过10个最理想。

3. 对比选择式

对比选择式是在问题下面列出多项对比的备选答案，或两组比较性答案，请被调查者根据自己的意愿选择其中的最佳答案。这类问句比把许多问题放在一起让被调查者比较更简便容易，并可获得有针对性的具体资料。例如：

- 在下列左、右两边不同类型的饮料中，您喜欢哪一种？

果汁	（ ）	可乐	（ ）
含糖	（ ）	不含糖	（ ）
含酒精	（ ）	不含酒精	（ ）
瓶装	（ ）	易拉罐装	（ ）

4. 排序选择式

被调查者依据爱好和认识程度对所列出的答案一次选出。也可由表示不同等级的形容词组成排列。询问方式一般有以下几种：

（1）下面几项最重要的是哪一项；

（2）下面各项中，请将你认为重要的选出两项或三项、四项；

（3）下面各项中，请把你认为重要的选出若干项（无限制选择法）；

（4）将下列各项，按重要的次序，注上号码（顺序填充法）；

（5）将下列各项分为极其重要、稍微重要、不大重要、一点儿也不重要4种（等级分配法）；

（6）“A与B哪一个重要?”“B与C哪一个重要?”（对比法）。例如：

- 您在购买这种品牌的电视机时，主要考虑哪些因素？（请以“1”“2”“3”等作为评价的顺序填在括号内）

  产品的品牌（　　）　价格合理（　　）　售后服务（　　）　外形美观（　　）　维修方便（　　）

- 请按顺序注明您常用的牙膏品牌（其中1表示最常用的，2表示次常用的，依此类推）。

  两面针（　　）　云南白药（　　）　高露洁（　　）　冷酸灵（　　）

5. 程度评价选择

用打分（百分或十分）、定等级以评价事物的好坏。在此须定出等级的标准。设计问卷时常用“很好”“较好”“一般”“较差”“差”一类的回答来表述。例如：

- 您对这款轿车是否感到满意？

  非常满意（　　）　比较满意（　　）　一般（　　）　不太满意（　　）　不满意（　　）

- 请问您觉得空调器的价格如何？

  贵（　　）　适中（　　）　便宜（　　）

七、问卷设计应注意的问题

问卷所需要的资料，由若干个提问的具体项目及问题所组成。从整体上看，一份问卷的问题应是必要的，可要可不要的问题不要加入。问题不宜太多，否则使被调查者感到厌烦，影响整体调查的质量。在设计提问项目时要注意以下几点。

1. 调查问卷开头设计

一般来说，问卷的开头都要向受访者简要介绍问卷的背景。这段文字口吻要亲切，态度要诚恳。问卷的正式内容开头几个问题，通常是被调查者的基本资料，如姓名、年龄、职业、通讯地址等；若调查对象是经销商，则基本资料应包括企业名称、注册资金、年销售额等。但开头都应简洁明快，很快进入正题。

2. 命题排序要合理科学

调查问卷命题排列的顺序必须按普通人的思考顺序，由简单到复杂，由表面直觉到深层思考；关于受访者本身的问题，不宜放在问卷开头，如教育程度，经济收入，家中耐用消费品数量等；使用提示方式回答时，要注意提示顺序，在不同的问卷中作合理的顺序变换保证回答的客观性。例如：

● 您喜欢什么形状的车把（山地自行车）？

A. 平把　B. 燕形把　C. 羊角把　D. 牛角把　E. 其他

如果几个选择项提示顺序相同，位于前面的项占优势，使回答者容易先入为主，因此需要准备几种选择项顺序不同的调查表以便交互向受访者提示，保证回答尽量客观、真实。

3. 调查命题应避免含糊不清

所谓调查命题含糊不清，就是调查命题的含义不清楚，不明确，或有歧义，缺乏针对性，所以对实际调查工作并无指导意义。例如："您对××商场的印象如何？"这些问题过于笼统，很难达到预期效果。可具体提问："您认为××商场商品品种是否齐全？营业时间是否恰当？服务态度怎样？"等。

4. 注意调查中应回避的问题

如果所调查的是某类消费品的市场情况以及被调查的厂牌在整个市场中的地位，为了避免影响受访者的反应，在开始询问时应尽量不让受访者知道所要调查的厂牌是什么以及委托调查，执行调查的公司名称，如个人收入问题、个人生活问题、政治方面的问题等，可能遭到拒绝。私人问题，最好采用间接提问的方法，如"您每月的收入是多少"，可用下列给出的范围代替："2 000 元以下、2 000～3 000 元、3 000～4 000 元、4 000～5 000 元、5 000 元以上"。

5. 调查命题的概念抽象或专业

调查问卷的设计者必须先通过操作化过程，避免用不确切、不鲜明的词句，要将所研究的概念或变量变为具体可测的指标，如"促销效果""分销渠道""消费时间特征"等术语，对于某些消费者，不易接受。还有如"普通""经常""一些"等，以及用一些形容词，如"美丽""著名"等。这些词语，各人理解往往不同，在问卷设计中应避免或减少使用。例如："您是否经常购买洗发液？"回答者不知经常是指多长时间。可以改问："您多长时间购买一瓶洗发液？"又如："您是否经常抽名牌香烟？"被调查者也很难回答，即使做出了回答，意义也不是太大，因为即使是公认的名牌香烟，价格相差也很大。可以改为："您抽的香烟价格一般在：A. 5 元以下　B. 5～10 元　C. 10～20 元　D. 20 元以上"。

6. 避免使用引导性的提问

设计人员如果提出的问题不是"折中"的，而是暗示出调查者的基本观点倾向和见解，问题带有倾向性，力求使回答者跟着这种倾向回答，这种提问就是"引导性提问"，合格的问卷应该是中立的、客观的，问卷中不应带有某种倾向性。例如："消费者普遍认为××品牌的冰箱好，您的印象如何？"这种引导性的提问会导致两个不良后果：一是被调查者不假思索就同意问题中暗示的结论，直接敷衍了事；二是由于引导性提问大多是引用权威或多数人的态度，被调查者会产生"从众"心理。另外，对于一些敏感性问题，在引导性提问下，被调查者不愿表达他本人的想法等。因此，这种提问是调查的大忌，常常会引出和事实相反的结论。

7. 避免提问可能令人难堪的问题

问卷中的问题提法不妥，让被调查者难以回答，或出现尴尬局面，问卷的命题提法应合情合理，否则影响调查问卷的顺利进行。例如："您是否离过婚？离过几次？谁的责任？"

等，在这种情况下，往往要考虑调查方法的重新设计。

8. 问句要考虑时效性

时间过久的问题容易使人遗忘，逼迫被调查者做过长时间的回忆，往往会使其产生抵制调查的心态。例如："您前年家庭的生活费支出是多少？用于食品、衣服的费用分别为多少？"除非极细心的被调查者，否则很少有人能回答上来。一般可问："您家上月生活费支出是多少元？"显然，这样缩小时间范围可使问题回忆起来较容易，答案也比较准确。

9. 应避免问题与答案不协调

对于封闭式问题，问题和答案是一个不可分割的整体，避免问题与答案不一致，二者必须相互配合，避免使用双重含义问题，一个问题只应问一件事情。例如："您经常看哪个栏目的电视节目？A. 经济生活　B. 电视红娘　C. 电视商场　D. 经常看　E. 偶尔看　F. 根本不看"。在这个问题中A、B、C是电视栏目节目，而D、E、F就不是电视栏目节目了。

10. 调查问卷长短，以简短为佳

问卷的长短，可以因受访者对主题的关心程度、询问场所、调查对象类型、调查员训练程度而定，以不超过30个问题为宜。而美国的调查机构，一般限制访问时间为15分钟。

第五节　撰写统计调查报告

一、撰写统计调查报告的意义

（一）统计调查报告的含义

统计调查报告是调查人员对某种事物或某个问题进行深入细致的调查后，根据统计学的原理和方法，经过认真分析研究以文字、图表等形式将调查研究的过程、方法和结果表现出来的一种书面报告形式。调查报告是人们对某一情况、事件、经验或问题经过深入细致的调查研究而写成的书面报告，它反映了人们通过调查研究找出某些事物的规律，并提出相应的措施和建议，是社会调查实践活动的成果。

（二）统计调查报告的特点

1. 运用统计分析方法

统计调查报告是运用一整套统计特有的科学分析方法，如对比分析法、动态分析法、因素分析法、统计推断等分析方法，结合统计指标体系，全面、深刻地研究和分析社会经济现象的发展变化。

2. 数字语言和文字语言相结合

统计调查报告基本特色是运用大量的统计数据进行分析，如运用统计表和统计图等，结合文字语言进行分析，这样使得调查报告证据确凿，说明问题有理有力。

3. 定量分析与定性分析相结合

统计分析报告从数量方面来表现事物的规模、水平、构成、速度、质量、效益等情况，注重定量分析，并把定量分析与定性分析结合起来。

4. 准确性和时效性

准确是统计分析报告乃至整个统计工作的生命。统计分析报告的准确性除了数字准确，不能有丝毫差错，情况真实，不能有虚假之外，还要求论述有理，不能违反逻辑；观点正确，不能出现谬误；建议可行，不能脱离实际。统计分析报告具有很强的时效性。失去了时效性，也就失去了实用性，统计分析报告写得再好，也成了无效劳动。要保证统计分析报告的时效性，统计人员要有“一叶知秋”“见微知著”的敏感，要有争分夺秒的时间观念，要有连续作战的工作作风。争取“雪中送炭”，避免“雨后送伞”，把统计分析报告提供在领导决策之前和社会各界需要之时。

5. 针对性和实用性

针对企业、各级党政领导和社会各界关心的难点、热点、焦点问题进行分析，只有这样才有的放矢，针对性强。统计分析报告是统计工作的最终成果，它不但包含了统计数据反映的信息；更为重要的是，它还能进行分析研究，能进行预测，能指出工作中的不足和问题，能提出有益于今后工作的措施和建议，从而直接满足党政领导和社会各界在了解形势、制定政策、编制计划，经营管理、检查监督、总结评比、科研教学等方面的实际需要。

（三）统计调查报告的功能

统计调查报告的功能体现在以下 3 点。

1. 调查报告是调查工作的最终成果

调查活动是一个有始有终的活动，它从制订调查方案、搜集资料、加工整理和分析研究，到撰写并提交调查报告，是一个完整的工作程序，缺一不可。所以，调查报告是调查成果的集中体现。

2. 调查报告是从感性认识到理性认识飞跃过程的反映

调查报告比起调查资料来，更便于阅读和理解，它能把死数字变成活情况，起到透过现象看本质的作用，使感性认识上升为理性认识，便于更好地指导实践活动。

3. 调查报告是为各部门管理者、为社会、为企业服务的一种重要形式

一份好的调查报告，能对各项活动提供有效的导向作用，同时对各部门管理者了解情况、分析问题、制定决策和编制计划以及控制、协调、监督等各方面都起到积极的作用。

二、统计调查报告的种类

根据调查研究报告的性质、内容、用途、读者对象等方面的不同，可将调查报告分为各种不同类型。

（一）普通社会调查报告与学术性调查研究报告

1. 普通调查报告

普通调查报告往往以政府决策部门领导、各类实际工作部门人员以及社会中的普通读者为对象，以了解和描述社会现实情况、解决实际社会问题为主要目的。

2. 学术性调查研究报告

学术性调查研究报告则主要以专业研究人员为读者对象，着重于对社会现象的理论探讨，即分析各种社会现象之间的相互关系和因果关系，以及通过对实地调查资料的分析或归纳，达到检验理论或建构理论的目的。

（二）描述性调查报告与解释性调查报告

1. 描述性调查报告

描述性调查报告着重于对所调查的现象进行系统、全面的描述，其主要目标是通过对调查资料和结果的详细描述，向读者展示某一现象的基本状况、发展过程和主要特点。对于那些以弄清现状、找出特点为目的的社会调查来说，描述性调查报告是其表达结果的最适当的形式。

2. 解释性调查报告

解释性调查报告的着眼点则有所不同，它的主要目标是要用调查所得资料来解释和说明某类现象产生的原因，或说明不同现象相互之间的关系。这类报告中虽然也有一些对现象的描述，但一方面这种描述不像描述性报告那样严谨，那样详细；另一方面，这种描述也仅仅是作为合理解释和说明现象原因及关系的必要基础或前提而存在，即为了解释和说明而作必要的描述。

从写作要求来看，描述性调查报告强调内容的广泛和详细，要求面面俱到，同时十分看重描述的清晰性和全面性，力求给人以整体的认识和了解。而解释性调查报告则强调内容的集中与深入，看重解释的实证性和针对性，力求给人以合理且深刻的说明。

（三）综合性调查报告与专题性调查报告

1. 综合性调查报告

综合性调查报告多用于反映某一总体各方面的情况，或某一现象各方面的内容。综合性调查报告力求全面，篇幅往往比较大，综合性调查报告主要是描述性的。

2. 专题性调查报告

专题性调查报告多用于针对某一专门问题或某一特定现象所进行的分析和研究。专题性调查报告则力求鲜明突出，针对性强，篇幅相对要小一些，专题性调查报告则更多地属于解释性的。

三、统计调查报告的撰写步骤

（一）确立主题

调查报告的主题就是调查报告所要表达的中心问题，它是整个调查报告的灵魂。明确而适当的主题的确立，是整个调查报告撰写过程顺利开展的前提，在一般情况下，调查报告的主题就是该项调查的主题，即调查报告所要反映的中心问题也就是整个调查的中心问题，二者往往是一致的。

（二）拟定提纲

主题确立后，不可马上动笔写调查报告，而应先构思好调查报告的整体框架，并进一步将这种框架转变为具体的写作提纲。如果说主题是调查报告的魂，那么这种提纲就是调查报告的骨架。写作提纲的主要作用是理清思路，明确调查报告内容，安排好调查报告的整体结构，为实际写作打下基础。拟定写作提纲的方法是对调查报告的主题进行分解，并将分解后的每一部分进一步具体化。

（三）选择材料

调查报告所用的材料通常包括两方面的内容：一种是从调查中得到的各种数据、表格、事例等客观材料；另一种是在这些客观材料的基础上通过分析、综合、概括所形成的观点、认识、建议等主观材料。二者相互联系、互相依赖，共同构成填充调查报告“骨架”的“血肉”。

（四）撰写调查报告

撰写时通常要从头到尾一气呵成，而不要经常地在一些小的环节上停下来推敲修改，以免耽误过多时间。这样做的好处是便于整个调查报告紧紧围绕所确立的主题来展开，使得调查报告在整体思想、体系结构、内容形式、行文风格等方面都前后一致，浑然一体。当调查报告全文写完后，再反复地从头阅读、审查和推敲每一个部分，认真地修改好每一个细节，使调查报告不断丰富和完善。

四、调查报告的格式

要撰写好一份出色的调查报告，必须了解调查报告的特点，掌握整个调查报告的撰写步骤、报告的结构和撰写方法，使调查报告在实际工作或理论研究中发挥应有的作用。

调查报告的格式一般是由标题、导言、正文、结尾、附件及参考文献等几部分组成。

（一）标题

标题应是画龙点睛之笔，它必须准确揭示调查报告的主题思想，做到题文相符。标题要简单明了，高度概括，具有较强的吸引力。标题形式主要有下列几类。

1. 陈述式

陈述式标题即直接在标题中陈述调查的对象及调查的问题，如《关于消费者产品品牌忠诚度的调查》《当前大学生思想状况调查》。

2. 结论式

结论式标题即用某种结论式的语言或警句、格言、判断句等作标题，如《择友不当是青少年犯罪的重要原因》。

3. 问题式

问题式标题即以一个问题作为标题，这类标题的突出特点是十分吸引人们的注意力，有利于调动人们进一步阅读的欲望，普通调查报告更经常地采用这种标题，用于非专业刊物上发表的调查报告，也较多地采用这类标题，如《农村老年人是怎样生活的》。

标题的写法灵活多样，一般有单标题和双标题两种。单标题就是调查报告只有一行的标题。一般是通过标题把被调查单位、调查内容明确而具体地表示出来。双标题由主标题和副标题共同构成调查报告的标题，主标题多以提问式和结论式表达，而副标题则以陈述式表达，如《为了造福子孙后代——××县封山育林调查报告》，无论是普通调查报告还是学术性调查研究报告，都可采用这种形式的标题，因而这也是各类报刊发表的调查报告中十分常见的一种标题形式。

（二）导言

一般的统计调查报告的第一部分称作导言，它的主要任务是向读者简要地介绍整个调查的有关背景。其中，最主要的内容包括调查的目的、调查的内容、调查的对象、调查的时间、地点、调查的方法，简要说明调查结果的主要发现、结论和建议。导言的具体写法有下列几种常见的方式。

(1) 直述式，即开门见山，平铺直述，直接把调查的目的、内容、对象、范围等一一写出。

(2) 悬念式，即先描述某种社会现象和社会问题，然后对这种社会现象和问题产生的原因、它的影响等提出一系列疑问，最后介绍调查的基本情况。

(3) 结论式，即在描述现象、提出问题的同时，直接写出结论。

（三）正文

正文是调查报告的主要部分。正文部分必须准确阐明全部有关论据，包括问题的提出，引出的结论，论证的全部过程，分析研究问题的方法等。论述部分主要分为基本情况部分和统计分析部分。

1. *基本情况部分*

基本情况部分是根据调查得来的资料，真实地描述客观事实，但不等于对事实的简单罗列，而应该是有所提炼。主要有以下 3 种方法。

(1) 事先对调查数据资料及背景资料做客观的介绍说明，然后在分析部分阐述对情况的看法、观点或分析。

(2) 首先提出问题，提出问题的目的是要分析问题，找出解决问题的办法。

(3) 先肯定事物的一面，由肯定的一面引申出分析部分，又由分析部分引出结论，循序渐进。

2. *统计分析部分*

统计分析部分是调查报告的主要组成部分。在这个阶段，要对资料进行质和量的分析，通过分析，了解情况，说明问题和解决问题。分析有以下 3 种情况。

(1) 原因分析。是对出现问题的基本成因进行分析，如对××牌产品滞销原因分析，就属这类。

(2) 利弊分析。是对事物在社会经济活动中所处的地位、起到的作用进行利弊分析等。

(3) 预测分析。是对事物的发展趋势和发展规律作出的分析。

此外，统计分析论述部分的层次段落一般有以下 4 种形式。

① 层层深入形式。各层意思之间一层深入一层，层层剖析。

② 先后顺序形式。按事物发展的先后顺序安排层次，各层意思之间有密切联系。

③ 综合展开形式。先说明总的情况，然后分段展开，或先分段展开，然后综合说明，展开部分之和为综合部分。

④ 并列形式。各层意思之间是并列关系。

总之，论述部分的层次是调查报告的骨架，它在调查报告中起着重要作用，撰写调查报告时应注意结合主题的需要，采取相应写法，充分表现主题。

（四）结尾

结尾部分是调查报告的结束语，好的结尾，可使读者明确题旨，加深认识，启发读者思考和联想。结尾一般有以下 4 种形式。

1. 概括全文

经过层层剖析后，综合说明调查报告的主要观点，深化文章的主题。

2. 形成结论

在对真实资料进行深入细致的科学分析的基础上，得出报告结论。

3. 提出看法和建议

通过分析，形成对事物的看法，在此基础上，提出建议和可行性方案。

4. 展望未来

说明意义通过调查分析展望未来前景。

最后，写明作者名称，如果是联合调查，亦应标明。在作者名称下面写清年月日。

结尾部分在写作上的具体要求是：语言要精练，陈述要明确，可以简明扼要地列出几点，清晰地表明调查研究的主要结果，以及研究者的看法和观点。

（五）附件及参考文献

1. 附件

附件是指调查报告正文包含不了或没有提及，但与正文有关必须附加说明的部分。它是对正文报告的补充或是更详尽的说明。包括数据汇总表及原始资料背景材料和必要的工作技术报告，如为调查选定样本的有关细节资料及调查期间所使用的文件副本等。如果部分内容很多，应有详细的工作技术报告加以说明补充，附在调查报告的最后部分的附件中。

2. 参考文献

调查研究报告通常要在报告的末尾列出参考文献。这些文献是研究者在从事这项研究过程中所阅读、评论、引证过的文献。这样做一方面体现了科学的、实事求是的研究态度，另一方面也为同一领域的研究者提供了一个参考的文献索引。

五、撰写书面调查报告的基本要求

（一）实事求是

调查报告作为调查研究的成果，最基本的特点就是尊重客观实际，用事实说话。只有深入调查研究，力求弄清事实，摸清原因，才能真实地反映事物的本来面目。

撰写调查报告必须掌握大量的第一手材料。要深入群众，了解调查对象各方面的材料，包括正面的、反面的，直接的、间接的，历史的、现实的，弄清它的来龙去脉，为分析研究提供大量的事实依据。要善于对调查得来的资料作认真的分析与研究。对掌握的大量材料作“去粗取精、去伪存真、由此及彼、由表及里”的处理，要透过表面现象，看到事物的真面目，抓住它的本质，从而得出正确的判断和结论。

（二）符合经济规律及有关政策的规定

经济活动有其特有的规律性。因而，要摸清市场规律，及时掌握现象的变化，研究其变化的原因，加深对现象的认识，同时，密切注意各个时期党和国家有关方针政策的变化，结合调查目的，深入分析研究，可以使问题剖析得更加透彻，使调查报告更加真实、准确。

（三）观点与数据要结合运用

调查报告的独特风格就是以调查资料为依据，而资料中数据资料显得尤为重要，数据资料具有很强的概括力和表现力。用数据证明事实的真相往往比长篇大论更能使人信服。在调查中，常常会碰到有的问题、观点，用很多叙述都难以表达清楚，而用一个数字、一个百分比，往往使事物的全貌一目了然。但运用数据要适当，过少不能说明问题，使调查报告，空洞无物，失去特色；过多地堆砌数字又太烦琐，反而使人眼花缭乱，不得要领。所以，恰当地运用调查数据，可以增强调查报告的科学性、准确性和说服力。

（四）主题突出，结构严谨，条理清楚，文字简洁

调查报告还必须做到主题突出，结构严谨，条理清楚，文字简洁，同时，尽量用表格、图表、照片或其他可视物品来补充正文中关键的信息。直观可视的图表等对帮助报告撰写人和读者之间进行交流很有好处，也可以增强报告的明了程度和效果。

一篇好的调查报告，必须有数字、有情况、有分析，既要用资料说明观点，又要用观点统帅资料，二者应紧密结合、相互统一。通过定性分析与定量分析的有效结合，达到透过现象看本质的目的，从而研究现象的发展、变化过程及其规律性。

第六节 Excel 中数据的录入及统计表的绘制

Microsoft Excel 是美国微软公司开发的 Microsoft Office 办公套装软件的重要组成部分，是一个通用的电子表格制作软件，广泛应用于统计表制作，计算和整理分析数据。要正确熟练地使用 Excel 软件，首先要熟悉其工作界面，然后学习工作表的基本操作，掌握最基本的对单元格、行、列、工作表和统计表的编辑。

一、启动 Excel

要使用 Excel，与其他软件一样，首先要将其启动。一般的启动方法有两种。

1. *常规启动方法*

初学者可以按照常规的方法启动，首先单击“开始”按钮，从“开始”菜单中选择“程序”，在打开的子菜单中选择“Microsoft Office”，打开其子菜单，单击“Microsoft Office Excel”，即可进入 Excel 工作界面。

2. *设置桌面快捷方式*

如果经常使用 Excel，可以在桌面上设置快捷方式，快捷方式的设置方法如下，同样是选择“开始”｜“程序”｜“Microsoft Office”路径，用鼠标右击“Microsoft Office Excel”选项，在弹出的菜单中选择“发送到”｜“桌面快捷方式”选项即可在桌面上显示 Excel 的图标，即设置了Excel的快捷方式。启动 Excel 时，双击桌面上的快捷方式图标即可启动 Excel。如图 2-2 所示。

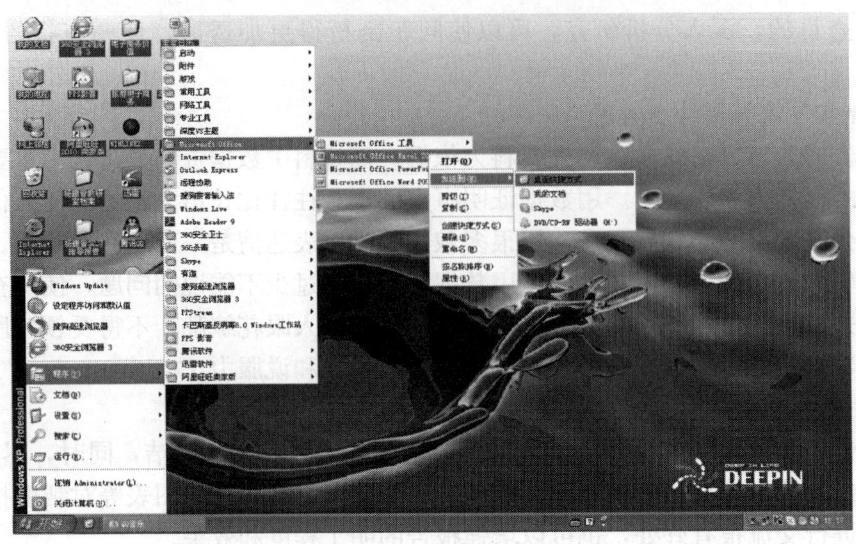

图 2－2　启动 Excel

二、统计表内容的创建和编辑

（一）认识对象

在编辑工作表内容之前，要先选择将要编辑内容的单元格。这就包括对单个单元格、单元格区域、行或列、整个工作表的不同选择，下面介绍几种对象的选择方法。

1. 单元格

单击该单元格或按箭头键，移至该单元格，如图 2－3 所示。

	A	B	C	D
1				
2				
3				
4				
5				
6				
7				

图 2－3　选择一个单元格

2. 单元格区域

单击该区域中的第一个单元格，然后拖至最后一个单元格即可选中该单元格区域，若单元格区域较大，则可以先选择该区域中的第一个单元格，按 F8 键，再单击此区域的最后一个单元格，即可选中此区域，如图 2－4 所示。

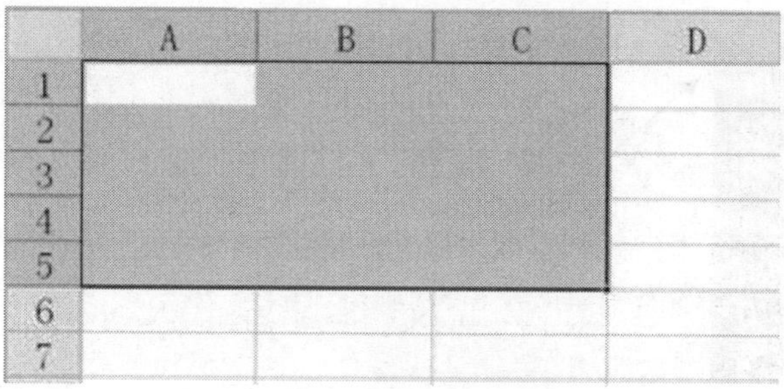

图 2-4 选择单元格区域

3. 表格列

将光标移至列标题或列的上边缘，将出现向下的光标，就可以选中该列，如图 2-5 所示。

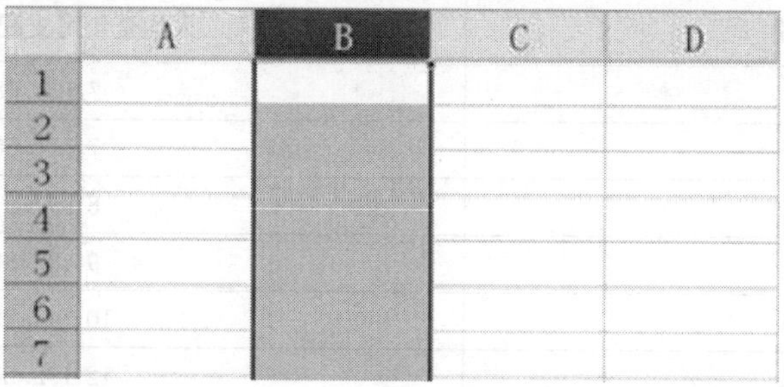

图 2-5 选择表格中的一列

4. 表格行

将光标移至行标题或行的上边缘，将出现向右的光标，就可以选中该行，如图 2-6 所示。

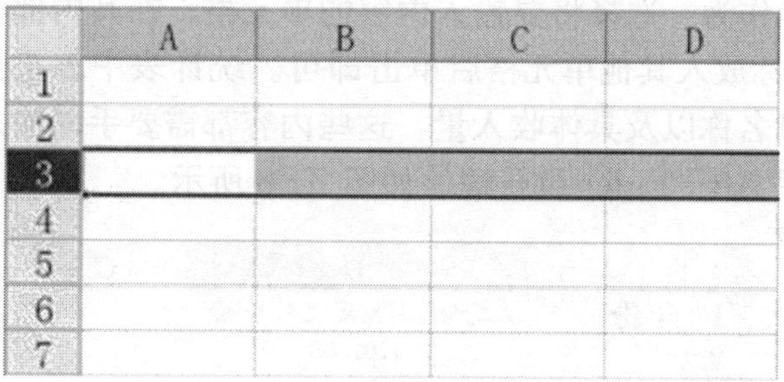

图 2-6 选择表格中的一行

5. 整个工作表

单击工作表区行标题和列标题交汇处的全选按钮即可选中整个工作表，如图 2-7 所示。

（二）输入数据

要对数据进行分析编辑，其前提是要输入数据，最基本的操作为手动输入，在单元格内输入想要处理的数据内容，如果数据有一定的规律性时，Excel 可以完成自动输入的任务，提高数据输入效率。下面以表 2-3 为例，介绍两种输入方法。

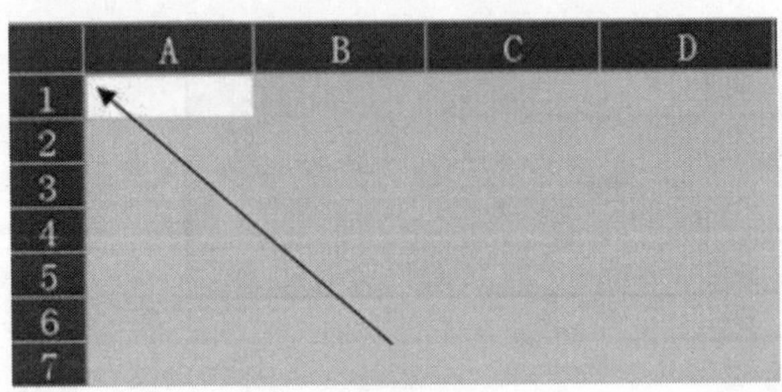

图 2-7 选择整个工作表

表 2-3 山东省 2001—2008 年人均全年可支配收入统计表

年 份	人均全年可支配收入/元
2001	7 101.08
2002	7 614.50
2003	8 399.91
2004	9 437.80
2005	10 744.79
2006	12 192.24
2007	14 264.70
2008	16 305.41

1. 手动输入

手动输入的一般操作为：选择将要输入内容的单元格，在其内部输入相应数据后，单击 Enter 键结束，或将光标放入其他单元格后单击即可。统计表中表头部分的“年份”“人均全年可支配收入”项目名称以及具体收入量，这些内容都需要手动输入，在一个单元格要将文字变成两行，可以用 Alt+Enter 组合键。如图 2-8 所示。

	A	B	C
1	年份	人均全年可支配收入（元）	
2		7101.08	
3		7614.5	
4		8399.91	
5		9437.8	
6		10744.79	
7		12192.24	
8		14264.7	
9		16305.41	

图 2-8 手动输入数据

2. 自动填充

在序号、日期等内容的输入过程中，往往有一定的规律性，表 2-3 中“年份”项目的具体内容，是按顺序有规律的排列输入，逐个输入效率较低，尤其是在输入工作量较大时。这时，可以选择 Excel 自动填充功能进行操作，让 Excel 根据已建立的模式自动建立日期或时间段序列，并填充到相应的区域。具体方法如下。

在 A2 单元格内输入 2001，将光标移至 A2 单元格右下角，待光标变成黑色十字样式后，同时按下 Ctrl 键，黑色十字右上角出现小加号，这时将鼠标向下拖动，直到年份截止单元格即 A9 停止，实现年份自动填充，如图 2-9 所示。

	A	B	C
1	年份	人均全年可支配收入（元）	
2	2001	7101.08	
3	2002	7614.5	
4	2003	8399.91	
5	2004	9437.8	
6	2005	10744.79	
7	2006	12192.24	
8	2007	14264.7	
9	2008	16305.41	

图 2-9　自动填充

3. 设置单元格格式

在完成输入内容后，统计表在形式上往往并不美观或合理，这就需要对统计表的内容进行各种编辑和设置。

1）行或列的插入或删除

统计表的内容有时需要适当增加或减少某些整行或整列的内容。如要在统计表记录的首行加入"山东省 2002—2008 年人均全年可支配收入统计表"标题，并删除 2001 年人均全年可支配收入记录，具体方法如下。

（1）插入行或列。选择将要插入标题的行，此处为第 1 行，或者选择第 1 行中的任意一个单元格。选择菜单栏的"插入"，打开"行"或"列"命令，即可在所选行的位置插入新的一行或一列，其他内容依次向下移动。或者第一步进行完毕后，右击鼠标选择"插入"命令，同样可以实现插入一行或一列。在新的一行第一个单元格 A1 内输入"山东省 2002—2008 年人均全年可支配收入统计表"文字即可，如图 2-10 所示。

A1　　山东省2002－2008年人均全年可支配收入统计表

	A	B	C
1	山东省2002－2008年人均全年可支配收入统计表		
2	年份	人均全年可支配收入（元）	
3	2001	7101.08	
4	2002	7614.5	
5	2003	8399.91	
6	2004	9437.8	
7	2005	10744.79	
8	2006	12192.24	
9	2007	14264.7	
10	2008	16305.41	

图 2-10　插入行或列

(2) 删除行或列。选择 2001 年记录所在的行，即第 3 行，或者选择第 3 行中的任意一个单元格。选择菜单栏的“编辑”|“删除”|“整行”或“整列”命令，或右击鼠标，选择“删除”命令，删除所选行或列，其他内容依次向上移动补齐，如图 2-11所示。

1	山东省2002—2008年人均全年可支配收入统计表		
2	年份	人均全年可支配收入（元）	
3	2002	7614.5	
4	2003	8399.91	
5	2004	9437.8	
6	2005	10744.79	
7	2006	12192.24	
8	2007	14264.7	
9	2008	16305.41	

图 2-11 删除统计表中行或列记录

2) 单元格的合并与拆分

在表格布局中，有些单元格的内容往往会跨行或跨列显示，就需要进行单元格的合并操作，而某些较大的单元格则需要拆分以减小其所占空间，进行单元格的拆分操作。以图 2-11 为例，单元格 A1 中“山东省 2002—2008 年人均全年可支配收入统计表”因文字较多，同时占用了 B1 单元格，因此，需要将 A1 和 B1 两个单元格合并。具体方法如下：

① 选择需要合并的单元格区域 A1:B1；

② 单击工具栏中的合并单元格按钮，即可完成对所选区域的合并，合并后单元格的名称为合并区域第一个单元格名称，此处为 A1。同样方法可以将统计表中的列合并。如图 2-12所示。

3) 统计表修饰

统计表的修饰有多方面，主要介绍如下。

(1) 文字修饰。统计表中文字可以从对齐方式、文字字体、颜色、大小等多个方面进行修饰。

	A	B	C
1	山东省2002—2008年人均全年可支配收入统计表		
2	年份	人均全年可支配收入（元）	
3	2002	7614.5	
4	2003	8399.91	
5	2004	9437.8	
6	2005	10744.79	
7	2006	12192.24	
8	2007	14264.7	
9	2008	16305.41	

图 2-12 单元格的合并

① 加粗。选择标题所在单元格 A1，单击工具栏中 B 按钮，实现文字加粗，如图 2－13 所示。

	A	B	C
1	山东省2002—2008年人均全年可支配收入统计表		
2	年份	人均全年可支配收入（元）	
3	2002	7614.5	
4	2003	8399.91	
5	2004	9437.8	
6	2005	10744.79	
7	2006	12192.24	
8	2007	14264.7	
9	2008	16305.41	

图 2－13　文字加粗

② 内容居中。选中统计表所有单元格，单击工具栏中 按钮，实现文字居中对齐，如图 2－14所示。

	A	B	C
1	山东省2002—2008年人均全年可支配收入统计表		
2	年份	人均全年可支配收入（元）	
3	2002	7614.5	
4	2003	8399.91	
5	2004	9437.8	
6	2005	10744.79	
7	2006	12192.24	
8	2007	14264.7	
9	2008	16305.41	

图 2－14　文字居中

③ 字体设置。选择需要设置字体的单元格，此处选中统计表所有单元格，单击工具栏中字体设置栏目，实现字体设置。如图 2－15 所示。

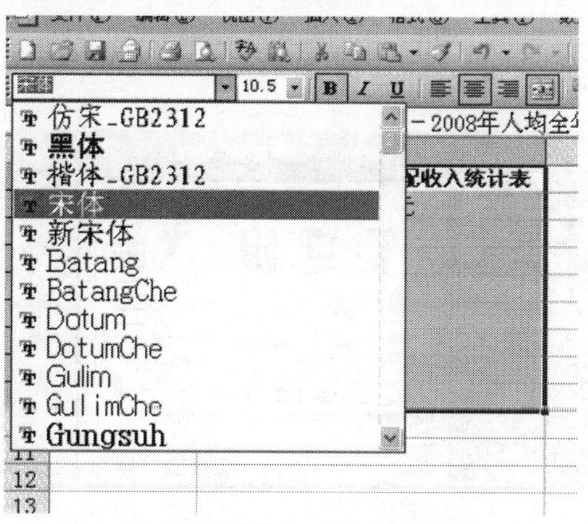

图 2－15　字体设置

④ 字体颜色设置。选择需设置字体的单元格，此处全部选中，单击工具栏中的[A]按钮，进行字体颜色设定。Excel 统计表字体的默认颜色是黑色。如图 2-16 所示。

	A	B	C
1	山东省2002—2008年人均全年可支配收入统计表		
2	年份	人均全年可支配收入	
3	2002	7614.5	
4	2003	8399.91	
5	2004	9437.8	
6	2005	10744.79	
7	2006	12192.24	
8	2007	14264.7	
9	2008	16305.41	

图 2-16　字体颜色设置

(2) 统计表边框设置。表格边框可以更清楚地划分统计表内容的范围，具体方法如下。

选择统计表范围，右击鼠标，选择“设置单元格格式”命令，如图 2-17 所示。在弹出的对话框中，单击“边框”选项卡，在“预置”项目中选择“外边框”“内部”两项，如图 2-18所示，也可设置其他项目或默认原始设置，单击“确定”按钮，达到统计表边框设置的目的，如图 2-19 所示。

	A	B	C
1	山东省2002—2008年人均全年可支配收入统计表		
2	年份	人均全年可支配	
3	2002	7614.	
4	2003	8399.9	
5	2004	9437.	
6	2005	10744.	
7	2006	12192.	
8	2007	14264.	
9	2008	16305.	

图 2-17　设置单元格格式

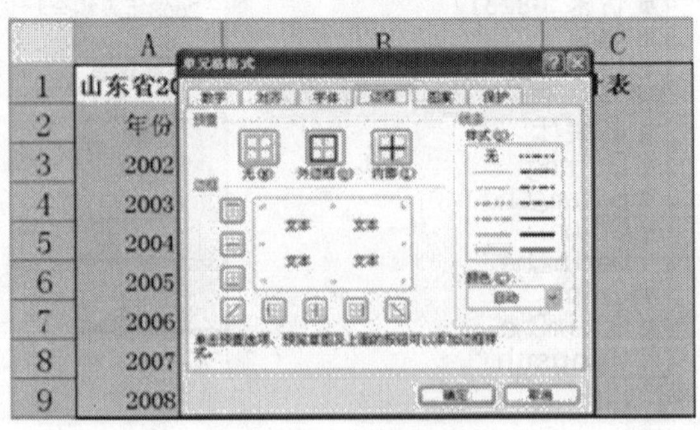

图 2-18　预置项目

	A	B	C
1	山东省2002—2008年人均全年可支配收入统计表		
2	年份	人均全年可支配收入（元）	
3	2002	7614.5	
4	2003	8399.91	
5	2004	9437.8	
6	2005	10744.79	
7	2006	12192.24	
8	2007	14264.7	
9	2008	16305.41	

图 2-19　表格边框效果

【课后训练】

一、填空

1. 统计调查的基本要求是________、________、________、________。
2. 统计调查按其组织形式不同，可分为________和________；按调查对象所包括的范围不同，可分为________和________；按调查登记的时间是否连续，可分为________和________。
3. 询问调查法在具体运用时，可以根据调查者与被调查者相距的空间远近、联系的难易程度分为________、________、________、________。
4. 统计数据的采集方法主要有________、________、________。
5. 统计调查方案的内容一般包括________、________、________、________和________。
6. 若要调查某地区工业企业职工的生活状况，调查对象是________，调查单位是________。
7. 调查表分为________和________。
8. 我国统计报表按其内容和实施范围分为________、________、________。
9. 专门调查主要有________、________、________、________。
10. 统计调查报告的格式一般是由________、________、________、________和________5部分构成。

二、单项选择

1. 在对总体现象进行分析的基础上，有意识地选择若干具有代表性的单位进行调查研究，这种调查方法是（　　）。

   A. 抽样调查　　B. 典型调查　　C. 重点调查　　D. 普查

2. 经常性调查与一次性调查的划分依据是（　　）。

   A. 调查的组织形式不同　　B. 调查登记的时间是否连续

   C. 调查单位包括的范围是否全面　　D. 调查资料的来源不同

3. 啤酒厂对连续生产的啤酒进行质量检验和控制，一般采用（　　）。

   A. 普查　　B. 重点调查　　C. 抽样调查　　D. 典型调查

4. 专门组织的一次性全面调查是（　　）。
A. 统计报表　B. 普查　C. 重点调查　D. 典型调查
5. 下列调查属于全面调查的是（　　）。
A. 快速普查　B. 重点调查　C. 典型调查　D. 抽样调查
6. 调查十多个大型钢铁企业，就可以了解我国钢铁生产的基本情况，这种调查方式是（　　）。
A. 普查　B. 重点调查　C. 典型调查　D. 抽样调查
7. 我国第六次人口普查的标准时间是（　　）。
A. 2010年12月31日零时　B. 2010年12月31日12时
C. 2010年11月1日12时　D. 2010年11月1日零时
8. 要了解某批灯泡的平均使用寿命，宜采用（　　）方式。
A. 重点调查　B. 抽样调查　C. 直接调查　D. 全面调查
9. 典型调查的"典型单位"是（　　）。
A. 工作搞得很好的单位　B. 工作中出现问题最多的单位
C. 具有举足轻重地位的单位　D. 具有代表性的少数单位
10. 我国进行职工家庭生活情况调查采用的调查方法是（　　）。
A. 统计报表　B. 普查　C. 重点调查　D. 抽样调查
11. 对某地区商业网点的从业人员状况进行调查，调查对象是（　　）。
A. 所有商业网点　B. 每一个商业网点
C. 所有从业人员　D. 每一个从业人员
12. 下列资料属于原始记录的是（　　）。
A. 统计台账　B. 个人生产记录　C. 汇总表　D. 整理表
13. 调查单位与报告单位的关系是（　　）。
A. 二者是一致的　B. 二者有时是一致的
C. 二者没有关系　D. 调查单位大于报告单位
14. 重点调查的重点单位是指（　　）。
A. 这些单位在全部单位中处于举足轻重的地位
B. 这些单位占全部单位数的绝大比重
C. 这些单位的标志总量占总体标志总量绝大比重
D. 这些单位是重点部门或企业
15. 全国人口普查中，调查单位是（　　）。
A. 全国人口　B. 每一个人　C. 每一户　D. 年龄
16. 对百货商店工作人员普查，调查对象是（　　）。
A. 各百货商店　B. 各百货商店全体工作人员
C. 一个百货商店　D. 每位工作人员
17. 某市工业企业2008年生产经营成果年报呈报时间规定在2009年1月31日，则调查期限为（　）。
A. 一日　B. 一个月　C. 一年　D. 一年零一个月
18. 抽样调查和重点调查都是非全面调查，两者的根本区别在于（　　）。

A. 灵活程度不同　　B. 组织方式不同

C. 作用不同　　D. 选取单位的方式不同

19. 下列采集数据的方法中，不属于采集原始数据方法的是（　　）。

A. 入户访谈法　　B. 探索性调查　　C. 邮寄询问法　　D. 观察法

20. 调查项目的承担者是（　　）。

A. 调查对象　　B. 调查项目　　C. 调查单位　　D. 填报单位

21.《统计法》规定，统计调查应当以（　　）为主体，搜集、整理基本统计资料。

A. 周期性普查　　B. 经常性抽样调查　　C. 全面报表　　D. 行政记录

22. 在非全面调查中，必须按随机原则取得调查单位数据的调查方式是（　　）。

A. 非全面统计报表　　B. 抽样调查　　C. 重点调查　　D. 典型调查

23. 对我国各铁路交通枢纽的货运量进行的调查，属于（　　）。

A. 重点调查　　B. 典型调查　　C. 抽样调查　　D. 普查

24. 统计工作的基础是（　　）。

A. 统计设计　　B. 统计调查　　C. 统计整理　　D. 统计分析

25. 调查单位和调查对象是个体和总体的关系。如果调查对象是全部工业企业，则调查单位是（　　）。

A. 每一工业企业中的每个职工　　B. 每一工业企业中的厂长

C. 每一工业企业中的每个车间　　D. 每一工业企业

三、多项选择

1. 抽样调查和重点调查的共同点是（　　）。

A. 两者都是非全面调查　　B. 两者都是一次性调查

C. 两者都按随机原则选取单位　　D. 两者都按非随机原则选取单位

E. 两者都可以用来推断总体指标

2. 统计指标设计的基本要求是（　　）。

A. 指标名称必须有正确的含义　　B. 指标名称必须有正确的理论依据

C. 指标结构必须完整　　D. 要有明确的计算口径范围

E. 要有科学的计算方法

3. 统计调查的方式有（　　）。

A. 统计报表制度　　B. 普查　　C. 重点调查　　D. 典型调查

E. 抽样调查

4. 典型调查（　　）。

A. 是全面调查　　B. 是专门组织的调查

C. 是一种深入细致的调查　　D. 调查单位是有意识地选取的

E. 可用采访法取得资料

5. 第六次全国人口普查规定登记每一常住人口 2010 年 11 月 1 日零时的有关情况。则（　　）。

A. 人口的“年龄”是统计标志　　B. 这是专门组织的一次性全面调查

C. 该时间是调查资料所属的标准时间　　D. 该时间是完成调查登记工作的最后期限

E. 调查单位是每户居民家庭

6. 统计调查方案中的调查时间是指（　　）。

A. 时期现象资料所属的起止时间　B. 时点现象资料所属的标准时点
C. 调查工作进行的时间　D. 公布调查结果的时间
E. 调查期限

7. 统计调查报告的特点有（　　）。

A. 运用统计分析方法　B. 数字语言和文字语言相结合
C. 定性分析和定量分析相结合　D. 准确性和时效性
E. 针对性和实用性

8. 在工业设备普查中，（　　）。

A. 工业企业是调查对象　B. 工业企业的全部设备是调查对象
C. 每台设备是填报单位　D. 每台设备是调查单位
E. 每个工业企业是填报单位

9. 某地区进行企业情况调查，则每一个企业是（　　）。

A. 调查对象　B. 总体　C. 调查单位　D. 调查项目
E. 填报单位

10. 统计调查按组织方式的不同可分为（　　）。

A. 全面调查　B. 非全面调查　C. 专门调查　D. 统计报表制度
E. 定期调查

11. 重点调查（　　）。

A. 是全面调查　B. 是非全面调查　C. 是专门调查　D. 是随机调查
E. 可用于一次性调查

12. 统计调查方案的主要内容有（　　）。

A. 确定调查的目的和任务　B. 确定调查项目和调查表
C. 确定调查对象和调查单位　D. 确定调查时间和地点
E. 编制调查工作的组织实施计划

13. 一次性调查可以有（　　）。

A. 统计报表制度　B. 普查　C. 重点调查　D. 典型调查
E. 抽样调查

14. 原始资料是指（　　）。

A. 尚需汇总整理的资料　B. 已经过初步加工整理的资料
C. 需要由个体过渡到总体的资料　D. 能够说明总体特征的资料
E. 初级资料

15. 对炮弹射程的检验要采取（　　）。

A. 全面调查　B. 非全面调查　C. 抽样调查　D. 重点调查
E. 典型调查

四、判断题

1. 重点调查的重点单位是根据当前的工作重点来确定的。（　　）
2. 调查单位和填报单位在任何情况下都不可能一致。（　　）
3. 如果调查的间隔时间相等，这种调查就是经常性调查。（　　）

4. 调查时间是调查工作所需的时间。（　）

5. 全面调查是指对调查单位的各个方面都进行调查登记。（　）

6. 重点调查与抽样调查的目的是一致的，即都是通过对部分单位的调查，来达到对总体数量特征的认识。（　）

7. 制订调查方案的首要问题是确定调查目的和任务。（　）

8. 统计报表是一切国家搜集统计资料的主要方式。（　）

9. 一般当调查项目较多而调查单位较少时，应采用一览表形式。（　）

10. 以原始记录和核算资料为依据，逐级向上提供统计资料的方法称为采访法。（　）

11. 直接观察法不能用于对历史资料的搜集。（　）

12. 重点调查中的重点单位是标志值较大的单位。（　）

13. 进行全面调查只会产生登记性误差，没有代表性误差。（　）

14. 普查是比较容易取得全面统计资料的一种调查方法。（　）

15. 重点调查是按照随机性原则，在调查对象中选取一部分重点单位进行的调查。（　）

16. 所有统计计算和统计研究都是在原始资料搜集的基础上建立起来的。（　）

17. 抽样调查是非全面调查中最完善、最有科学依据的方式方法，因此它适用于完成任何调查任务。（　）

18. 全面调查和非全面调查是根据调查结果所得的资料是否全面来划分的。（　）

19. 在统计调查中，调查标志的承担者是调查单位。（　）

20. 通过调查宝钢、鞍钢等几个大型钢铁生产基地的生产情况进行调查，以掌握全国钢铁生产的基本情况。这种调查属于非全面调查。（　）

五、思考题

1. 人口普查中为什么要规定统一的标准时点？

2. 调查对象与调查单位的关系是什么？

3. 一个完整的统计调查方案一般包括哪些内容？

4. 为什么在实际统计工作中要多种调查方法结合运用？

六、综合训练

1. 将班级学生分为几个学习小组，每小组结合我们学生校园生活情况确定统计调查目的，结合实际，编制一份统计调查方案，设计一份调查问卷，实地调查，写出调查分析报告。

2. 学习 Excel 统计表的编制，手动输入数据、自动填充数据、字体设置、颜色设置；统计表边框设置，统计表修饰等。

第三章 统计整理

【任务驱动】

本章讲述统计资料整理中的有关理论和方法。要求了解统计资料整理的意义、内容和步骤；明确统计分组的意义、分组的类型和经济统计中使用的分组方法；掌握分配数列的一些基本概念，以及变量数列的编制方法；熟悉统计表的构成和编制方法、各种统计图的绘制等，熟练掌握Excel中整理的统计函数，并学会用Excel的图表工具编制统计表、绘制统计图。

引导案例

令人头疼的上市公司年报数据

上市公司的经营业绩与其股票价格、市场价值息息相关，因此反映上市公司经营业绩的定期公开披露的中期会计报告、年度会计报告就成为社会各界密切关注的重要信息之一。对所有上市公司的财务报告进行统计整理和分析，把握上市公司整体的经营状况、经营业绩的水平和变化趋势，无论是对投资选择，还是政府的决策与监督，都是不可或缺的。

面对大量的财务报告数据信息如何进行统计整理与分析，这对于投资者、投资咨询人员或是理论界研究者，都具有实际的指导意义。

某年末，沪、深两市共有上市公司949家。这些上市公司分布在13个行业部门。根据中国证监会的《上市公司分类指引》中规定的分类方法，其中制造业共有578家，占60.91%。总股本1 938亿元，占62.73%，制造业是上市公司最集中的行业。

对纷繁数据进行不同分类、分组、汇总、综合、分析、归纳、推断，显示上市公司财务报告中的主要财务指标的分布形态和主要特性，寻找财务指标之间的相互关系和表现规律。

一、对上市公司年报财务数据统计分析的对象

将制造业560家上市公司的数据分析分解为8个财务指标：总资产、净利润、主营业务收入、股东权益、每股收益、净资产收益率、每股净资产和股东权益比率。其中，前4个为反映资产、收益方面的总量指标，后4个为反映盈利能力、业绩水平的相对指标。

二、数据的初步分析——制造业上市公司行业结构

在制造业中，生产不同产品的企业或公司，具有不同的规模，占有不等的资源要素，它们的总股本、净利润、净资产收益率必然存在很大的差异。为了深入认识总体，首先要对制造业按其经济活动的特点进行行业分类。根据《上市公司分类指引》将制造业进一步分为

10个行业种类，编码为C0，C1，C2，…，C9。分类统计属于定名测定。从上述资料经计数整理后即可得到如表3-1所示的分布数列。

表3-1　制造业上市公司行业分布

代　码	行业分类	上市公司数	比重/%
C0	食品、饮料	48	8.57
C1	纺织、服装、皮毛	45	8.04
C2	木材、家具	2	0.36
C3	造纸、印刷	16	2.86
C4	石油、化工	130	23.21
C5	橡胶、塑料	10	1.79
C6	金属、非金属	96	17.14
C7	机械、仪表、设备	151	26.96
C8	通信、电子	51	9.11
C9	其他	11	1.96
合　计		560	100.00

这是一个品质标志分组的分布数列。从该数列中可以知道上市公司的行业结构。560个制造业上市公司中，27%是机械、仪表、设备制造业（包括汽车、船舶、摩托车、家电等）；23%是石化类行业；而冶金、钢铁等金属非金属类公司占17%；通信、电子类占9%。所以，制造业上市公司中传统产业占了较大比重。这些行业中大部分是国有或国有控股企业，是国企改革中率先建立现代企业制度进入资本市场的排头兵。行业的分布也体现了国家的产业政策导向，在该年新发行的A股中，大盘股和高科技股明显增多，有力地支持了国企改革和高科技企业的发展，推动了上市公司的行业结构优化。

三、设计总资产分布数列

表3-2给出了制造业560家上市公司总资产的分组统计数据。

表3-2　560家上市公司总资产分组统计

分组/万元	频　数	频率/%
75 000以下	209	37.32
75 000～150 000	192	34.29
150 000～225 000	64	11.43
225 000～300 000	33	5.89
300 000～375 000	18	3.21
375 000～450 000	15	2.68
450 000～525 000	4	0.71

续表

分组/万元	频　数	频率/%
525 000～600 000	2	0.36
600 000～675 000	4	0.71
675 000～750 000	6	1.07
750 000～825 000	2	0.36
825 000～900 000	1	0.18
900 000～975 000	3	0.54
975 000～1 050 000	1	0.18
1 050 000 以上	6	1.07
合　计	560	100.00

四、绘制总资产分布直方图

绘制的总资产分布直方图如图 3-1 所示。

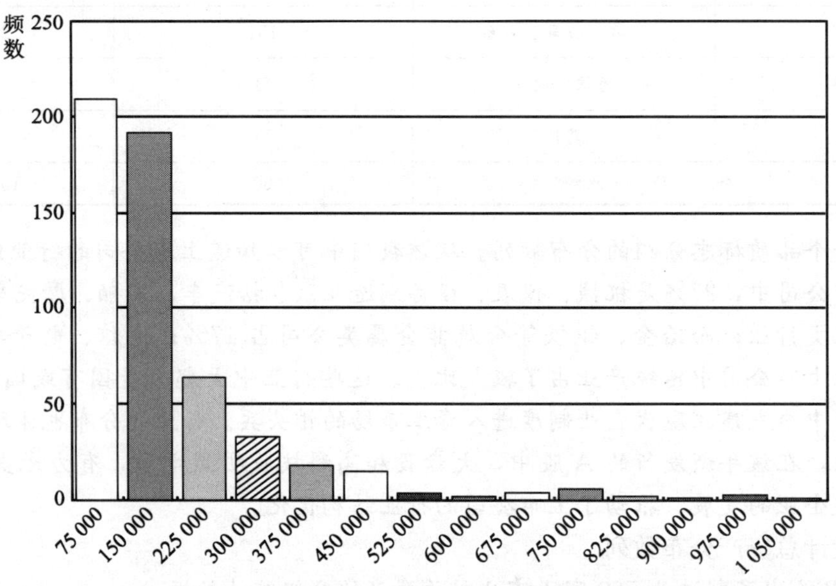

图 3-1　总资产分布直方图

从图表中可以知道，制造业中，总资产 8 866 亿元，平均规模在 15 亿元左右。82%的上市公司总资产在 22.5 亿元以下，100 亿元以上的只有 1%。在各行业中，总资产规模最大的是 C8——通信、电子行业 20.3 亿元，最低的是 C2——木材、家具业 6.38 亿元；另外，C4——石油、化工，C5——橡胶、塑料，C6——金属、非金属的总资产规模在平均水平之上。

庞大的数据在通过统计整理之后变得有章可循，数据与图表配合体现了事物或现象的本质及其依存因素。对于投资者、投资咨询人员或是理论界研究者把握上市公司整体的经营状况、经营业绩的水平和变化趋势，无论是对投资选择，还是政府的决策与监督，都是不可或缺的。

（资料来源：上市公司年报数据分析案例［EB/OL］．(2007-01-01)［2015-07-14］．http：//jpk2007. sxftc. edu. cn/tjx/xuexiyuandi/anlijx/anli. doc/anli2. doc)

讨论与思考

1. 什么是统计整理？结合案例说说统计整理有什么意义。
2. 什么是统计分组？案例中是按什么标志进行分组的？
3. 什么是分配数列？有几种形式？怎样编制分配数列？
4. 怎样编制统计表和绘制统计图。

【教学内容】

第一节 统计整理概述

一、统计整理的意义

（一）统计数据整理概念

统计数据整理就是根据统计研究的任务与要求，将调查所得到的大量原始资料进行科学的加工、分类、汇总，使之条理化、系统化，得出能够反映总体综合特征的统计资料的工作过程。

（二）统计整理的意义

统计整理的意义可以从下面几个方面来理解。

1. 能深刻地认识事物

通过统计调查所搜集到的资料，只是一些个别单位的分散的、不系统的原始资料，所反映的问题常常是事物表面的现象，不能深刻地揭示事物的本质，更不能从量的方面反映事物发展变化的规律，因此有必要对原始资料进行统计资料整理。例如，人口普查中搜集到的人口资料，只能说明每一个人的具体情况，诸如每个人的姓名、性别、年龄、文化程度等。必须通过对人口总体中每个人的资料进行整理、分组、汇总等加工处理后，才能得到人口总体的综合情况，从而了解人口总体的规模、结构、增减变动状况等，达到对人口总体的全面系统的认识。因此，统计整理是实现由对个别现象的认识过渡到对总体现象的认识，由对事物表象的认识过渡到对其本质与内在联系的全面深刻认识，由感性认识上升到理性认识的过程，是达到统计研究目的的重要环节。

2. 是统计分析的前提

统计整理的正确与否、质量好坏，将直接影响统计对社会经济现象数量描述的准确性和数量分析的真实性。不恰当的加工整理往往使调查得来的丰富、准确、全面的资料失去应有的价值，从而歪曲事情的真相，使人们得出错误的结论。可见，统计数据整理既是统计调查的继续和深化，同时又是统计分析的基础和前提，具有承前启后的作用。

3. 对已经加工过的资料进行再加工，有利于对比分析、制订计划、预测

由于在不同时期统计资料整理的目的不同，对统计分组的标志选择也就有差异，在统计工作中经常要用到过去的资料，需要按现有的研究目的将原来经过整理的资料进行再分组整理。

二、统计整理的步骤

统计整理是一项细致而周密的工作，既包括理论问题，又包括综合汇总的技术问题，必须有组织、有计划地进行。由于手工整理、电子计算机整理的技术条件不同，具体步骤有差异，但基本步骤是一致的，主要包括以下几个方面。

（一）设计统计整理方案

统计整理方案主要分两部分：一是根据统计研究的目的，把已经确定的统计指标体系、统计分组体系具体地设计到统计表中，并且要详细规定整理、综合的方法；二是根据统计调查所取得的原始资料的多少和整理表、综合表的要求，计算工作量，制订出具体可行的工作计划，包括人力的组织、设备的条件、经费的来源，每个工作环节的责任制及其相互衔接的办法，等等。一些重大的统计工作如人口普查、经济普查，统计整理方案中还应该包括一些工作细则，如原始资料的审核细则、计算机数据处理细则等。

（二）调查资料的审核、订正

统计调查过程中，由于种种原因难免会发生一些差错。为了保证统计资料的质量，在统计资料进入数据处理之前，必须对统计资料进行审核。审核的内容主要如下。

1. 资料的完整性

审核资料的完整性，一是检查调查表是否都已收齐；二是要检查调查表中所填写的项目有无遗漏、是否齐全等。对于不完整的资料，应采取适当的措施加以补救，避免出现大的数据偏差。

2. 资料的准确性

对于资料准确性的审核，包括以下两方面。

（1）计算检查。利用平衡或加总关系审核调查表或报表中各项数字在计算方法和结果上有无差错，计量单位有无与规定不符的地方等。发现调查资料数据有差错后，要分不同情况及时纠正处理：属于填报错误的，要通知填表人或填报单位重新填报；属于汇总错误的，应根据情况予以修正。

（2）逻辑检查。即检查调查资料各项目之间的关系是否合乎逻辑，有无不合理或相互矛盾的现象。例如，人口调查中，少儿年龄段的居民不应有婚姻情况，人口数量不应小于家庭户数；工业调查中，工业总产值应大于工业净产值，全年产值应大于每个季度的产值，等等。

3. 资料的及时性

审核调查资料是否按规定的时间报送，是否及时报送；如未按规定时间或未及时报送要检查其原因。

（三）统计数据的分组和汇总

应按照调查提纲的要求，抓住最基本的、最能说明问题本质特征的标志对统计资料进行分组和加工整理，这是整个统计整理工作的核心内容，在统计分组的基础上通过计算机或手工将原始资料的各种标志值进行汇总、计算出各组的总体单位数和合计数，计算出各组的指标数值和综合指标数值。统计汇总有逐级汇总和集中汇总两种基本组织形式。例如，我国的人口普查，仅仅了解人口总数是不够的，通过分组了解人口的年龄构成、文化程度构成、民族构成、地区分布等，对于制定政策、制定规划、科学研究等具有十分重要的意义。

（四）对汇总后的调查资料审核

对整理好的资料再一次进行审核，改正汇总过程中所发生的各种差错。汇总后审核可以从以下几方面进行。

1. 复计审核

复计审核是对每个指标数值进行复核计算。

2. 表表审核

表表审核即审核不同统计表上重复出现的同一指标数值是否一致，对统计表中互有联系的各个指标数值，则审核它们之间是否衔接和符合逻辑性。

3. 表实审核

表实审核即对汇总得到的指标数值，与了解的实际情况联系起来进行检查。

4. 对照审核

对照审核即对某些统计、会计、业务 3 种核算都进行计算的指标数值，应进行相互对照检查，看数字是否相同，以便从中发现可能出现的错误。在审核过程中发现错误时，应查明原因，及时更正。

（五）编制统计表、绘制统计图

统计表和统计图是表现统计资料的两种主要方式。统计表使统计资料的表现更加明白、清晰；统计图是表现统计资料的另一种更直观、更形象的手段。通过统计表或统计图把整理好的统计资料用统计表或统计图的形式表现出来，以简明扼要地表现社会经济现象在数量方面的具体特征和相互关系。

综上所述，设计整理方案、对原始资料进行审核是整理的前提，统计分组是统计整理的基础，统计汇总是统计整理的中心环节，编制统计表或绘制统计图是统计整理的结果。

第二节　统 计 分 组

统计整理的主要工作内容是对调查得到的资料进行分组、汇总和计算，其中统计分组是最基本的，是保证分类、汇总科学合理的基础。

一、统计分组的概念

统计分组是根据统计研究的目的和研究对象的特点，将统计总体按照一定的标志区分为若干个组成部分的一种统计方法。总体中的这些组成部分称为“组”，也就是大总体中的小总体。

统计分组是在统计总体内部进行的一种特定分类，它同时具有两方面的含义：对总体而言是“分”，即将总体分为性质相异的若干部分；对个体而言是“合”，即将在某些方面性质相同的个体组合起来。

例如，2015 年 1 月 20 日上午，国家统计局发布 2014 年度宏观经济数据，其中与人口相关数据如下：2014 年末，全国大陆总人口（包括 31 个省、自治区、直辖市和中国人民解放军现役军人，不包括香港、澳门特别行政区和台湾省以及海外华侨人数）136 782 万人，比上年末增加 710 万人。全年出生人口 1 687 万人，人口出生率为 12.37‰，死亡人口 977

万人，人口死亡率为 7.16‰，人口自然增长率为 5.21‰，比上年提高 0.29 个千分点。性别结构如表 3－3 所示。

表 3－3　2014 年年末全国大陆人口性别构成统计表

性别	人口数/万人	比重/%
男	70 079	51.2
女	66 703	48.8
合计	136 782	100.0

在这一分组过程中，全国人口这一总体被分解为男 70 079 万人、女 66 703 万人两组，这是分的过程；与此同时，这一过程也可以看成是总体中的每一个人按照性别特征组合成两组的过程。对同一总体研究的角度不同，可以选择不同的标志进行分组。例如，对全国人口的总体进行分组，除了可以选择性别标志外，还可以按居住地点、年龄、文化程度、职业、收入等标志进行不同分组。

二、统计分组的作用

（一）区分事物的不同性质

通过统计调查取得的资料，往往是大量的、零散的、不系统的资料，直接观察调查资料，人们很难了解到社会经济现象的基本情况和特点。运用统计分组法把现象总体划分为不同类型组之后进行研究，才能知道该现象总体由哪些类型构成，各类型的状态、关系及变化等问题，才能真正地认识了解这一社会现象，使研究得以深入，发现统计资料的特点与规律。例如，我国经济分为公有制经济和非公有制经济两大类型，公有制经济包括国有及国有控股经济和集体经济，非公有制经济包括个体经济、股份制经济、外商及港澳台商投资经济；人口划分为城镇人口和农村人口；社会产品划分为生产资料和消费资料两大类；工业划分为重工业和轻工业两大类型；农业分农、林、牧、副、渔等都是统计中重要的分组。

（二）反映总体内部结构

现代科学早已证明研究对象的性质和特点，发生和发展的规律性均源于其现象内部的结构。事物的结构不同，性质不同，功能不同，发展变化的规律也不同。所以，研究问题必须研究其结构，而现象的内部结构在量的方面就体现为部分在整体中所占比重和部分与部分之间的比例，其科学地计算当然必须建立在统计分组之上。例如，在人口统计中，我们除了掌握全部人口的总数量外，还要按照性别、年龄、民族、文化程度等标志把人口总体区分为各种不同的组，汇总计算各组的各种标志值，来丰富、完善对人口总体的认识；将居民户按年收入分组，可以观察居民贫富差距，以及富裕、贫穷户分别所占的比重。可以说，没有分组，就无法观察总体的内部结构。

（三）分析现象之间的数量依存关系

一切社会经济现象，彼此间都是相互联系、相互依存的。一种现象的表现，既是其他有关社会现象相互作用的结果，同时又对其他现象产生影响。例如，在进行经济分析时，选择收入与恩格尔系数作为分组依据，可发现，随着居民家庭人均可支配收入水平的提高，其恩格尔系数在不断下降；企业经营分析选择广告投入力度与销量作为分组依据，同样存在着随着广告投放力度的加大，产品销量增多的关系；耕地深度和收获率存在依存关系；儿童身高和平均体重有依存关系等。要揭示和研究现象之间的关系及其影响与作用程度，可以首先将总体按某一个标志分组，同时观察和分析另外的标志在这种分组下的实际情况，以揭示现象之间的联系、依存和制约的关系。

三、分组标志的选择

任何社会现象客观上都有许多不同的标志。分组标志是将具有同一性质的数据划归为一类，将不同性质的数据列入不同组的依据。正确选择分组标志对统计分组的科学性和资料整理的准确性能产生重大影响，所以选择分组标志是统计分组的核心问题，因此在选择分组标志时，一定要突出各个个体在该标志下的性质差别，其他方面的差别不必在此标志下体现出来。如学生按性别分组，则“性别”就是分组标志；人口总体按年龄分组，则“年龄”就是分组标志。对同一总体的资料根据不同的标志进行分组，会产生不同的结论，为确保分组后的各组能够正确反映总体内部特征和规律性，选择分组标志时，应遵循以下原则。

1. 根据统计研究的目的与任务选择分组标志

在对社会经济现象进行研究时，可以根据不同的研究目的或任务而从不同的角度进行研究，相应的要选择不同的分组标志进行分组。例如，以某班级学生为总体进行研究时，这个研究对象就有很多标志，如姓名、性别、年龄、学习成绩、民族、籍贯、身高、体重等，在具体研究过程中到底应该采用哪种标志进行分组，就要看研究的目的。如果研究的目的是要了解学生的学习状况，就必须选择学生的学习成绩作为分组标志；如果研究的目的是要了解学生的来源构成，就要以学生的籍贯作为分组标志。

2. 选择最能反映事物或现象本质的特征作为分组标志

由于社会经济现象复杂多样，具有多种的特征，因此在选择分组标志时，往往可以遇到既可以使用这种标志，又可以使用另一种标志的情况。这就需要根据明确的统计研究的目的，根据被研究对象的特征，选择最主要的、最能反映事物本质特征的标志进行分组。例如，研究农村居民生活水平高低情况，反映生活水平的标志有家庭人口数、土地占有量、家庭年收入、平均每人年收入等众多指标，相比较而言，平均每人年收入更能反映生活水平的高低，更能反映现象的本质特征，因为，即使家庭年收入水平较高或者土地占有量较大，但如果家庭人口数很多的话，其生活水平也不会很高。

3. 根据现象所处的历史条件或经济条件来选择标志

任何事物都是随着时间、地点等条件的变化而发生性质变化。标志具有一定的时效性，即使是研究同类现象，也要视具体时间、地点、条件的不同而选择不同的分组标志。例如，研究工业企业规模，可供选择的标志很多，有生产能力、职工人数、固定资产价值、总产值等。新中国成立初期，生产技术条件不发达，企业主要是劳动密集型企业，以职工人数作为分组标志与当时的生产力水平是相适应的。而当前，高科技的发展，使资金密集型企业越来越多，以生产能力或固定资产价值作为分组标志更符合我国工业生产的实际。

此外，在选择分组标志时，还要遵循科学性、穷尽性和互斥性 3 个原则。

科学性原则是指统计分组首先要根据统计研究的目的，突出反映客观现象在各个方面存在的差异。穷尽性原则是指统计分组必须保证总体的每一个单位都能归入其中的一个组，各个组的单位数之和等于总体单位总数，总体的指标必须是各个单位相应标志的综合。互斥性原则是指统计分组必须保证总体的每一个单位只能属于其中的一个组，不能出现重复统计的现象，否则，就必然会影响到统计资料的真实性。

四、统计分组的种类

(一) 按使用的分组标志的性质不同，统计分组分为品质标志分组和数量标志分组

1. 品质标志进行分组

按品质标志分组是指选择反映现象属性特征的品质标志作为分组标志，并在品质标志的变异范围内划分各组界限，将总体分为若干性质不同的组成部分。按品质标志分组多数是比较容易的，当分组标志确定后，各组界限也随之确定，并能将所有单位既不遗漏又不重复地归入各组中。例如，人口按性别分组，只可分为男、女两组，而且界限很分明。但有些现象，当分组的品质标志确定后，各组组限的确定则比较复杂。例如，产品按用途分类，生产按行业分类，劳动者按职业分类等，都是比较复杂的分组。对于这些复杂的统计分组，各有关部门制定了统一的分类标准和目录，如《工业部门分类目录》《国民经济行业分类和代码》《工业产品目录》《经济类型划分规定》等，供全国各地区、各部门、各单位分类时使用，以保证各种分类的统一性和完整性。可按照分类标准的规定进行分组。

2. 按数量标志进行分组

按数量标志分组是指选择反映现象数量特征的数量标志作为分组标志，并在数量标志的变异范围内划分各组界限，将总体分成若干性质不同的组成部分。按数量标志分组的结果形成变量数列。在统计整理和统计分析中，变量数列应用得相当广泛，以此来观察某种指标的变动及其分布情况。

数量标志在分组中的应用表现为不等的变量值，按数量标志分组，不仅要看出各组现象的数量差异，而且要通过各组的数量变化研究、确定各组质的特征，其中涉及变量的类型、变量值的大小、变化范围大小等问题。在对同一个调查资料按数量标志进行分组的过程中，不同的分组人员确定的组数和各组之间的界限都可能不同，分组结果自然不同，这就有可能导致人们对同一个事物有了不同的认识。分组不恰当，一方面不能反映出事物本身所具有的内在结构，另一方面也不能反映事物的本质和规律性。这就要求组数和组限的确定要恰当、科学。在选择数量标志分组过程中，对于总体应分为多少组，各组的界限怎样确定，这是一个比较复杂的问题。例如，将企业按产量计划完成程度分组，要突出刚好完成计划的 100% 的数量界限；将学生总体按学习成绩分组，应选择 60 分作为数量界限。因此，要根据被研究现象本身的内在特点和研究任务来确定各组的数量界限，使分组的数量界限能够区别现象性质上的差别。一个好的分组结果应该能够正确反映现象本身所有的数量分布特征，科学地实现同质的组合和异质的分解。

（二）按使用的分组标志多少不同，统计分组分为简单分组和复合分组

1. 简单分组

简单分组是只用一个标志对总体进行分组。只能反映现象在某一标志特征方面的差异情况，而不能反映现象在其他标志特征方面的差异。例如，将企业职工按性别和工龄分组。如表 3-4 和表 3-5 所示。

表 3-4　某企业工人性别构成情况

性　别	人数/人	频率/%
男	120	60
女	80	40
合　计	200	100

表 3-5　某企业工人工龄构成情况

工龄/年	人数/人	频率/%
10 以下	90	45
10～20	40	20
20 以上	70	35
合　计	200	100

平行分组体系是指对同一总体按两个或两个以上的标志分别进行简单分组而形成的分组体系，又称并列分组，平行分组体系能从多个方面说明总体的特征，从广度上分析研究总体现象。例如，将某企业工人分别按性别和工龄分组，将其平行摆放在一张表中，形成并列分组体系，如表 3-6 所示。

表 3-6　某企业工人构成情况（1）

<table>
<tr><th colspan="2">分　组</th><th>人数/人</th><th>频率/%</th></tr>
<tr><td rowspan="3">性　别</td><td>男</td><td>120</td><td>60</td></tr>
<tr><td>女</td><td>80</td><td>40</td></tr>
<tr><td>合　计</td><td>200</td><td>100</td></tr>
<tr><td rowspan="4">工龄/年</td><td>10 以下</td><td>90</td><td>45</td></tr>
<tr><td>10～20</td><td>40</td><td>20</td></tr>
<tr><td>20 以上</td><td>70</td><td>35</td></tr>
<tr><td>合　计</td><td>200</td><td>100</td></tr>
</table>

2. 复合分组

复合分组是对同一总体按两个或两个以上标志进行层叠分组或进行交叉分组。进行复合分组时，要注意先按主要标志分组，再按次要标志分组。例如，某企业职工先按性别分组，在此基础上再按工龄等标志进行分组，如表 3-7 所示。由复合分组形成的体系称为复合分

组体系。复合分组体系的特点是，每一次分组除了要固定本次分组标志对分组结果的影响外，还要固定前一次或前几次分组标志对分组结果的影响。各个分组标志之间有主次之分。当利用的分组标志很多时，可以进行交叉分组。如表 3 - 8 所示。

表 3 - 7　某企业工人构成情况（2）

<table>
<tr><th colspan="2">分　组</th><th>人数/人</th><th>频率/%</th></tr>
<tr><td colspan="2">总　计</td><td>200</td><td>200</td></tr>
<tr><td rowspan="4">男</td><td>工龄 10 年以下</td><td>52</td><td>43</td></tr>
<tr><td>工龄 10～20 年</td><td>26</td><td>22</td></tr>
<tr><td>工龄 20 年以上</td><td>42</td><td>35</td></tr>
<tr><td>合　计</td><td>120</td><td>100</td></tr>
<tr><td rowspan="4">女</td><td>工龄 10 年以下</td><td>38</td><td>48</td></tr>
<tr><td>工龄 10～20 年</td><td>14</td><td>17</td></tr>
<tr><td>工龄 20 年以上</td><td>28</td><td>35</td></tr>
<tr><td>合　计</td><td>80</td><td>100</td></tr>
</table>

表 3 - 8　某企业工人构成情况表（3）

单位：人

性　别	工龄 10 年以下	工龄 10～20 年	工龄 20 年以上	合　计
男	52	26	42	120
女	38	14	28	80
合　计	90	40	70	200

分组体系与分组相比，过程和标志更为复杂，在统计分组中，更加全面深入地研究观察总体，往往需要使用多个分组标志来表现总体的不同性质，形成一系列相互联系、相互补充、有一定层次的分组体系，从不同角度描述总体。复合分组体系可以从不同角度了解总体内部的差别和关系，因而比平行分组体系更能全面、深入地研究分析问题。但是也要注意，平行式分组体系中，每增加一种标志，分组总数只增加一种；复合分组体系中，每增加一种标志，分类组别增加一个等级，分组总数也相应地增加一倍。复合分组的组数等于各简单分组组数的连乘积，如果复合分组的选择的标志过多的话，就会使复合分组体系过于庞大，每组的总体单位数越分越少，也更不容易反映现象的本质特征，制表也不方便。

第三节　分 配 数 列

统计分组的目的，是为了进一步汇总计算各组的总体单位数和指标数值，以说明总体的分布情况和内部构成，分配数列是进行统计分组的必然产物，是统计整理结果的一种重要表现形式，也是统计描述和统计分析的重要内容。它可以表明总体的分布特征和内部结构，并为研究总体中某种标志的平均水平及其变动规律提供依据。

一、分配数列的概念和种类

（一）分配数列的概念

分配数列是在统计分组的基础上，将总体的所有单位按组归类整理，并按一定顺序排列，形成总体单位数在各组间的分布，这个数列称为分配数列，又称分布数列或次数分布。

分配数列由组名（各组的品质属性或变量值）和次数两个要素组成。其中分布在各组中的总体单位数表现为绝对数称为次数或频数，表现为相对数即各组次数与总次数之比的比重称为比率或频率。分配数列的形成是统计整理的结果，通过分配数列，可以说明总体的分布特征和构成情况，并可在此基础上进一步研究总体内部结构特点、分析总体某一标志的平均水平，探究未来发展趋势。

（二）分配数列的种类

根据分组标志的特征不同，分配数列分为品质分配数列和变量分配数列两种。

1. 品质分配数列

按品质标志分组形成的分配数列叫作品质分配数列，简称品质数列，也叫属性分布数列。如表 3-9 所示。

表 3-9　2014 年年末全国大陆人口性别构成情况

性　别	人口数/万人	比重/%
男	70 079	51.2
女	66 703	48.8
合　计	136 782	100.0
组名	次数	频率

2. 变量分配数列

按数量标志分组所编制的分配数列叫作变量分配数列，简称变量数列。变量数列可用来观察总体中不同变量值在各组的分布情况。由于变量有离散型和连续型两种，在编制变量数列时按变量的表示方法和分组方法不同，可以分为单项式分配数列和组距式分配数列两种。

二、变量分配数列

（一）单项式分配数列

单项式变量数列简称单项数列，是指将数列中的每个组只用一个变量值表示的数列。适用于变量值个数较少、变动范围较小的离散型变量。如表 3-10 中，变量值的数目较少并可一一列举，因此可编制单项式数列。例如，某专业同学分布情况以年龄为分组标志所编制的变量数列，如表 3-10 所示。

表 3-10　某专业学生年龄分布情况

年龄/周岁	学生数/人	占总人数的比重/%
19	30	10.0
20	70	26.7
21	80	23.3
22	60	20.0
23	30	10.0
24	30	10.0
合　计	300	100.0

一般地，只有离散型随机变量在取值不多且变量值的变动范围不大时，才适合编制单项数列，连续变量不能编制单项数列。当变量值变动幅度很大时，如果仍采用单项数列，就势必会出现组数太多，不便于分析问题，也难以反映总体的分布趋势，这时就需要采用组距数列。

（二）组距式分配数列

1. 组距式分配数列的概念

组距式变量数列简称组距数列，它是数列中的每个组用一定数值区间范围来表示。适用于变量值的变动幅度很大，变量值的个数很多，不能一一列举的情况。对中国农村居民按纯收入分组就可编制组距式变量数列，表 3-11 即是一个连续型变量的组距式分组表。

表 3-11　某地农村居民年纯收入情况

年纯收入/元	户数/户	频率/%
5 000 以下	320	5.7
5 000～10 000	680	12.0
10 000～15 000	920	16.4
15 000～20 000	1 600	28.6
20 000～25 000	1 100	19.6
25 000～30 000	750	13.4
30 000 以上	240	4.3
合　计	5 610	100.0

（1）组限。表示各组界限的变量值称为组限，组限可分为下限和上限。如 25 000～30 000—组中的 25 000 和 30 000 都称为组限。

（2）下限。每组最小值称为下限。如 25 000～30 000 一组中的 25 000 称为下限。

（3）上限。每组最大数值称为上限。如 25 000～30 000 一组中的 30 000 称为上限。

（4）组距。每组上、下限之间的距离或差数称为组距。组距＝｜上限－下限｜。如 25 000～30 000 一组中的组距为 5 000。

(5) 组中值。上下限之间的中点数值称为组中值。用来代表各组变量值的平均水平。

$$组中值=\frac{上限+下限}{2}$$

$$无下限组的组中值=上限-\frac{邻组组距}{2}$$

$$无上限组的组中值=下限+\frac{邻组组距}{2}$$

例如，25 000～30 000 一组中的组中值为 27 500。5 000 以下一组的组中值为 2 500，30 000以上一组的组中值为 32 500。

通过组距式分组以后，把各组内部各单位的次要差异抽象掉了，而把各组之间的主要差异突出出来，这样，各组分配的规律性可以更容易显示出来。根据这个道理，如组距太小，分组过细，容易将属于同类的单位划分到不同的组，因而显示不出现象类型的特点；但如果组距太大，组数太少，会把不同性质的单位归并到同一组中，失去区分事物的界限，达不到正确反映客观事实的目的。因此，组距的大小、组数的确定应根据研究对象的经济内容和标志值的分散程度等因素，不可强求一致。

2. 组距变量数列种类

(1) 根据组距是否相等来分，组距式分配数列分为等距分组数列和不等距分组数列。

① 等距分组数列。等距分组数列是各组保持相等的组距，也就是说各组标志值的变动都限于相同的范围。表 3－11 即是等距数列，中间各组组距都是 5 000。

② 不等距分组数列。不等距分组数列又叫异距数列，是各组组距不相等的分组。表 3－12 即是异距数列。

表 3－12　某地儿童年龄分布情况

儿童按年龄分组/岁	人数/人	比重/%
1 以下（婴儿）	1 560	0.75
1～2（幼儿）	3 620	1.73
3～6（学龄前儿童）	32 560	15.55
7～15（少年儿童）	169 420	80.94
16～17（青少年）	2 160	1.03
合　计	209 320	100.00

统计分组时采用等距分组数列还是不等距分组数列，取决于研究对象的性质特点。在标志值变动比较均匀的情况下宜采用等距分组数列。等距分组数列便于各组单位数和标志值直接比较，也便于计算各项综合指标。在标志值变动很不均匀的情况下宜采用不等距分组数列。不等距分组数列有时更能说明现象的本质特征。

通过组距分组后，掩盖了分布在各组内单位的实际变量值。为了反映分布在各组中变量值的一般水平，往往用组中值作为各组变量值的代表值。组中值是每组下限与上限之间的中点数值。实际工作中大多数资料并非均匀分布，所以组中值作为各组的代表值只是一个近似值。

(2) 根据组限数值是否重叠，将组距式分配数列分为离散式分组数列和连续式分组数列。

① 离散式分组数列。每组上限（或下限）同相邻组下限（或上限）只用整数相互衔接、各组组限不重叠。如职工人数、企业数、生猪存栏头数、机器台数、商业网点数等这些离散变量可以编制组限是不重叠式，连续变量不能编制组限是不重叠式。如表 3－12 某地儿童年龄分布情况即是离散式分组数列。

② 连续式分组数列。每组上限（或下限）同时又是相邻组的下限（或上限），即指组距数列中的变量是连续型变量，其相邻组的上限、下限应使用同一数值表示，即组限要重叠。表 3－11 某地农村居民年纯收入情况即是连续式分组数列。离散变量的组限可以是重叠的也可以不重叠，连续变量只能编制组限是重叠式的。当某总体单位的变量值刚好是组限时，如果没有特殊规定，统计整理遵循“上限不在内”原则，如在表 3－11 中年收入刚好是20 000元的住户应归在 20 000～25 000 一组里，而不是 15 000～20 000 一组中。

(3) 根据首尾两组形式，将组距式分配数列分为封口式和开口式分组数列。

①封口式分组数列。首尾两组或一组用一数值区间范围表示。当变量值集中，无特大、特小极端数值时，可以编制封口式分组数列。

②开口式分组数列。首尾两组或一组没有上限或下限，用“多少数值以上”或“多少数值以下”的形式表示。表 3－11 中的首组即用“5 000 以下”，尾组用“30 000 以上”表示。一般地，变量值较分散，有极端数值时，可用开口式，避免有的组没有次数。

三、分配数列的编制

（一）品质数列的编制

以某企业 50 名工人分为 5 个班组为例，工人基本情况如表 3－13 所示。

表 3－13　某企业某年 6 月份职工情况统计

姓名编号	性　别	班组编号	学　历	月工资/元
1	男	1	研究生	4 100
2	女	3	本　科	3 601
3	男	3	本　科	3 420
4	女	1	本　科	3 420
5	女	5	本　科	2 571
6	男	4	专　科	2 823
7	男	3	本　科	2 729
8	女	1	本　科	3 571
9	女	2	本　科	2 497
10	女	5	研究生	3 420
11	男	4	本　科	3 497

续表

姓名编号	性　别	班组编号	学　历	月工资/元
12	女	2	专　科	1 823
13	男	5	本　科	2 571
14	男	5	本　科	2 729
15	女	5	研究生	3 420
16	男	1	专　科	1 700
17	女	5	研究生	2 542
18	男	4	专　科	2 497
19	女	1	专　科	1 950
20	女	5	本　科	3 468
21	女	3	本　科	2 729
22	女	1	专　科	2 450
23	女	2	专　科	2 729
24	女	5	本　科	2 571
25	男	4	本　科	2 729
26	女	5	研究生	3 497
27	女	2	专　科	1 823
28	女	1	专　科	2 542
29	女	1	本　科	2 776
30	女	3	专　科	2 650
31	男	4	本　科	2 601
32	男	2	研究生	3 542
33	男	5	本　科	2 468
34	女	2	专　科	1 729
35	女	2	专　科	2 680
36	女	5	本　科	3 571
37	女	1	专　科	2 601
38	男	3	本　科	2 571
39	男	2	本　科	3 497
40	男	4	专　科	1 860
41	女	2	研究生	2 571
42	女	4	本　科	2 971
43	女	1	本　科	3 542
44	男	5	专　科	2 403
45	女	1	专　科	2 650
46	女	4	专　科	2 750
47	女	3	本　科	2 729
48	女	4	研究生	3 497
49	男	4	研究生	4 200
50	女	3	本　科	3 800

编制品质数列的步骤如下：

① 按品质标志学历分组，编制整理表；

② 将总体单位按组归类整理，计算总次数、频率。如表 3 - 14 所示。

表 3 - 14 某企业职工学历分布情况

学　历	职工数/人	频率/%
研究生	9	18
本　科	24	48
专　科	17	34
合　计	50	100

（二）变量数列的编制

变量数列分单项数列和组距数列两种，下面分别介绍这两种形式变量数列的编制方法。

1. 单项式变量数列的编制

编制单项式变量数列必须满足两个前提条件：一是变量是离散型变量；二是变量值变动范围不大。以表 3 - 13 为例，要求根据上述资料编制以班组为标志分组的单项变量数列。

根据表 3 - 13 资料分析，职工班组编号是离散变量，且变量值的具体表现是 1、2、3、4、5 共 5 个不同的变量值，所以可以编制单项式变量数列。如表 3 - 15 所示。

表 3 - 15 某企业职工班组分布情况

班组序号	职工数/人	频率/%
1	11	22
2	9	18
3	8	16
4	10	20
5	12	24
合　计	50	100

2. 组距式变量数列的编制

当变量值的变动幅度很大的情况下，采用单项变量数列会造成组数太多，不便于对数据特征分析，难以发现总体单位在各组的分布趋势，这样就需要编制组距式变量数列。编制组距式变量数列应具备两个前提条件：一是变量是连续型变量；二是变量值比较多。以表 3 - 13 为例说明工人工资组距式变量数列的编制步骤如下。

（1）将表 3 - 13 工人工资的原始资料按其数值大小排列。只有把得到的原始资料按其数值大小排列顺序，才能看出变量分布的集中趋势和特点，找出最大值和最小值，确定变量值的变动范围，为计算全距、组距和组数作准备。

（2）确定全距。全距是变量值中最大值和最小值的差数（或距离），又称极差，一般用符号 R 表示。确定全距，主要是确定变量值的变动范围和变动幅度。

$$R=\text{最大变量值}-\text{最小变量值}=4\ 200-1\ 700=2\ 500$$

（3）确定组距和组数。组距的大小和组数的多少，是互为条件和互相制约的。对一个具体的分组对象而言，其全距一定，组距大，组数就少；组距小，组数就多。那么，在组距数列中，究竟分多少个组，组距多大为好，美国学者 Sturges 于 1926 年提出了一种计算组数的公式，在总体单位数不是较少或较多时，可供参考使用。用 n 表示总体单位数，用 k 表示组数，则公式为

$$k=1+\frac{\lg n}{\lg 2}$$

对结果用四舍五入的办法取整数即为组数。在实际工作中，一般是先确定组距，再根据全距和组距确定组数。确定组距时，除了要考虑组距的大小，还要明确整个组距数列是采用等距还是异距分组。在确定组距时，必须考虑原始资料的分布状况和集中程度，注意组内统计资料的同质性，尤其是对带有根本性的质量界限，绝不能混淆，否则就失去了分组的意义。在实际应用中，组距最好是 5 或 10 的整数倍。在表 3－13 中，根据资料分析用等距分组，组距为 500，则组数计算公式为

$$\text{组数}=\frac{\text{全距}}{\text{组距}}=\frac{2\ 500}{500}=5\text{ 组}$$

（4）确定组限和组限的表示形式。组限是各组变量值的极端值，组限要根据变量的性质来确定，如果变量值相对集中，无特小的极端数值时，则首尾组采用封口式；如果变量值相对比较分散，为了不出现空白组，更好地反映分布情况，则首尾组应采用开口式；在采用封口式时，做到最小组的下限略低于或等于最小变量值，最大组的上限略高于或等于最大值。

组限的表示形式还有重叠组限和不重叠组限。连续型变量由于其不能一一列举，任何两个具体数值之间都有无穷多个数值，组限必须重叠，采用重叠组限时，习惯上规定各组不包括其上限，即所谓“上限不在内”原则。而对于离散型变量，根据具体情况可采用不重叠组限也可采用重叠组限的表示方法。表 3－13 中，“月工资”是连续变量，要编制组限是重叠的。

（5）编制组距变量数列。经过统计分组，明确了全距、组距、组数和组限及组限表示方法以后，就可以把变量值归类排列，最后把各组单位数综合后填入相应的各组次数栏中，有时还应根据需要计算各组的频率，也列入表中，如表 3－16 所示。

表 3－16　某企业职工工资分布情况

将职工按月工资分组/元	职工数/人	频率/%
2 000 以下	6	12
2 000～2 500	5	10
2 500～3 000	22	44
3 000～3 500	9	18
3 500 以上	8	16
合　计	50	100

四、次数分布

(一) 次数分布的含义

次数也称频数，是分布在每组的总体单位数。把各个类别及其相应的频数全部列出来就是频数分布或称次数分布。频数分布用表格和图形的形式表现出来称次数分布表和次数分布图。

次数密度，就是单位组距内分布的次数，又称为频数密度。计算公式为

$$次数密度=\frac{次数}{组距}$$

标准组距次数，即选定数列中某一合适的组距作为标准组距，用标准组距除以各组组距，得各组组距折合为标准组距的系数，再将各组的折合系数分别乘各组的次数，即可得各组的标准组距次数。

次数密度与标准组距次数其实质是相同的，它们都是对异距数列进行分析的重要指标。两者计算上的联系表现为

标准组距次数=次数密度×标准组距的乘积

(二) 次数分布的主要类型

社会经济现象的复杂性，决定了在分组基础上形成的次数分布的类型也不一样，概括起来主要有钟形分布、U 形分布和 J 形分布 3 种。

1. 钟形分布

钟形分布的特征是“中间多，两边少”，这类分布是以平均值为中心的，越接近中心，分配的次数越多，离中心越远，分配的次数越少，其曲线就像一口古钟。许多现象的分配数列的分布属于钟形分布，如人的身高、体重、农作物产量、商品市场价格等。如图 3-2 所示。

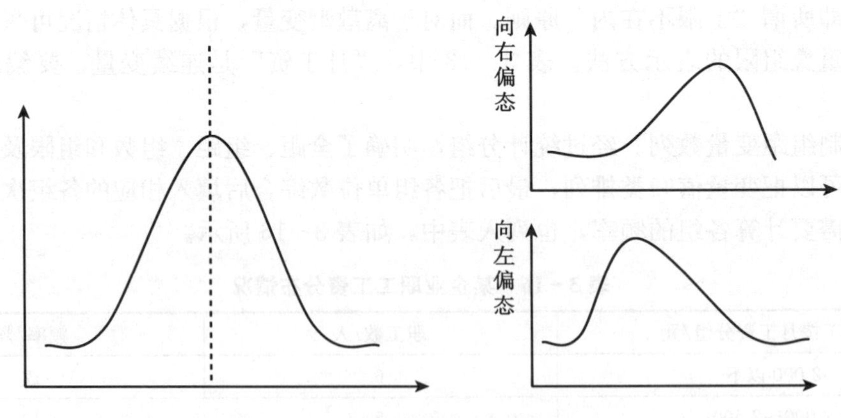

图 3-2 钟形次数分布

2. U 形分布

U 形分布的特征是“两头多，中间少”，呈 U 形，与钟形分布正好相反。这类分布是以平均值为中心的，越接近中心，分配的次数越少，离中心越远，分配的次数越多。例如，人口死亡率的分布就是 U 形分布。人口中的新生婴儿和老年人死亡率高，中年人死亡率低。

如图 3－3 所示。

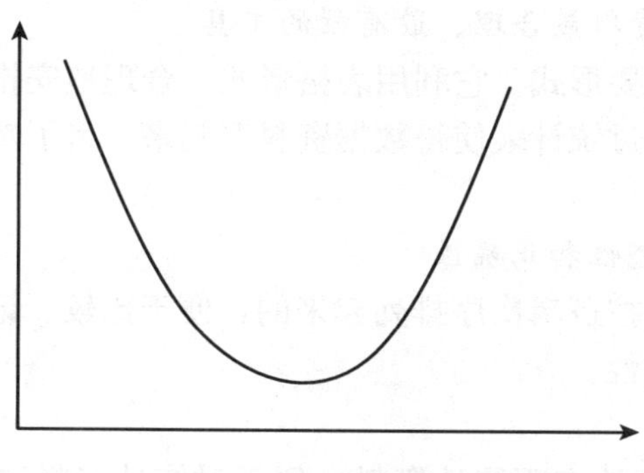

图 3－3　U 形次数分布

3. J 形分布

在社会经济现象中，也有一些总体的分布呈 J 形，J 形分布有正 J 形和反 J 形分布两种，正 J 形分布的次数是随着变量值的增大而增多，如图 3－4 所示；反 J 形分布的次数是随着变量值的增大而减少，如图 3－5 所示。

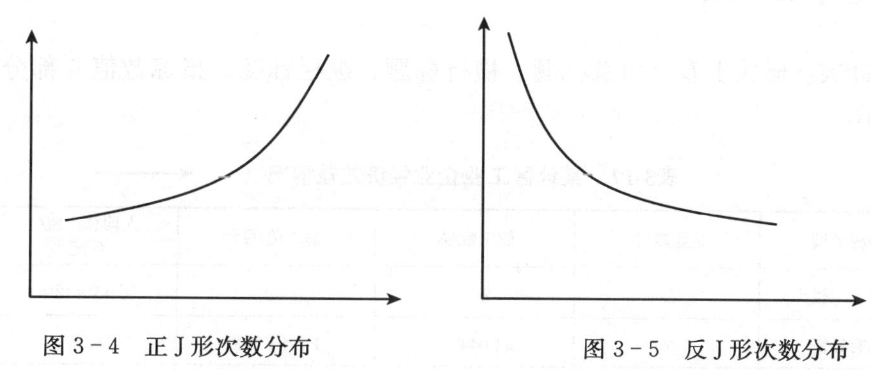

图 3－4　正 J 形次数分布　　　图 3－5　反 J 形次数分布

第四节　统　计　表

通过统计整理得到的反映社会经济现象总体特征的综合资料，是统计工作的初步成果，需要运用一定的形式将其展示出来，以便于人们分析和利用，统计表就是表现统计资料的一种基本形式。

一、统计表的概念、作用

（一）统计表的概念

统计表是用纵横交叉的线条绘制的用以表现统计资料的表格。统计表将整理汇总得出的统计数据资料按照一定的结构和顺序，排列在一定的表格之内。

（二）统计表的作用

利用统计表，可以科学合理地显示统计资料，研究客观现象之间的关系，方便人们阅读。其具体作用如下。

1. 统计表是表现统计资料最合理、最有效的工具

统计表是统计整理的重要形式。它利用表格形式，合理地安排统计资料，清晰、简明地反映出现象总体的特征。通过统计表使得数据资料看起来一目了然，系统化、条理化、简明易懂。

2. 易于检查数字的完整性和正确性

统计表中各项指标都是按逻辑次序排列起来的，便于比较、记忆、发现错误和遗漏，易于检查数字的完整性和正确性。

3. 便于计算分析

统计表通过科学、合理地表现统计资料，便于对统计资料进行对照比较和分析，有利于计算统计分析指标。在统计分析报告中使用统计表，能节省文字叙述篇幅，达到简明易懂、紧凑有力的分析效果。统计表还是汇总和积累统计资料，进行统计分析的重要工具。

二、统计表的结构

（1）统计表从形式上看，由总标题、横行标题、纵栏标题、指标数值 4 部分构成，如表 3 - 17所示。

表3-17 某地区工业企业经济效益情况 ←—— 总标题

经济类型	企业数/个	职工数/人	总产值/百元	人均总产值/百元
甲 栏	①	②	③	④=③÷②
国有经济	4	11 044	1 796 858.8	162.7
集体经济	6	2 883	330 103.5	114.5
其他经济	5	803	71 707.9	89.3
合 计	15	14 730	2 198 670	149.3

（图注：纵栏标题——表头各栏名称；横行标题——国有经济、集体经济、其他经济各行名称；指标数值——表中各数值；主词——经济类型列；宾词——其余各列。）

① 总标题。总标题是统计表的名称，用以概括说明统计表中全部资料的内容，一般位于表的上端中部。

② 横行标题。横行标题是统计表横行的名称，用来表示各组的名称，一般位于表的左方。

③ 纵栏标题。纵栏标题是统计表纵栏的名称，用来表示总体的统计指标或分组标志的名称，一般位于表的上方。

④ 指标数值。指标数值是统计指标的具体数值表现，位于各横行标题与各纵栏标题的交叉处，每一个数值的含义都由横行标题和纵栏标题共同限定。

（2）从统计表内容上看，统计表由主词和宾词两部分构成。

① 主词。主词是统计表所要说明的总体，它可以是总体的各个组或各个单位的名称，一般排列在表的左方。

② 宾词。宾词是说明总体的各种统计指标，包括指标名称和指标数值，一般排列在表的右方。但需要说明的是：主词和宾词的位置不是固定不变的，必要时可以调换位置。

三、统计表的种类

（一）按其作用不同来分，统计表分为调查表、整理表、分析表

1. 调查表

调查表是指在统计调查中用于登记、搜集原始资料的表格，所以表中所列一般是总体单位的标志。

2. 整理表

整理表是在统计汇总或整理过程中使用的表格和用于表现统计整理结果的表格，所以表中所列一般是反映总体的指标。

3. 分析表

分析表是在统计分析中用于对整理所取得的统计资料进行定量分析的表格。它常与整理表结合在一起的，是整理表的扩展。

（二）按主词分组情况不同来分，统计表可分为简单表、分组表和复合表 3 类

1. 简单表

简单表是指主词未经分组的统计表。通常用以表现 3 种数列资料，即时间数列、空间数列和指标数列。如表 3-18 所示。

表 3-18 某地区 2007—2014 年某产品的产量

年　份	产品产量/万件
2007	561
2008	642
2009	698
2010	746
2011	842
2012	893
2013	970
2014	1 230

2. 简单分组表

简单分组表是指主词按一个标志进行分组或按两个及两个以上标志进行平行分组的统计表。在研究总体的内部结构和分布状况以及现象之间的依存关系时，大多采用简单分组表。表 3-19 是简单表，表 3-20 是平行分组表，又称为并列分组表。

表 3-19 2010 年 1—2 月北京社会消费品零售额

按行业分组	社会消费品零售额/亿元	比重/%
批发零售贸易业	713.1	88.0
餐饮业	74.7	9.2
其他行业	22.3	2.8
合　计	810.1	100.0

资料来源：新华网。

表 3-20 2014 年年末全国人口数及其构成

指　标	年末数/万人	比重/%
全国总人口	136 782	100
其中：城镇	74 916	54.77
乡村	61 866	45.23
其中：男性	70 079	51.2
女性	66 703	48.8
其中：0～15 周岁（含不满 16 周岁）	23 957	17.5
16～59 周岁（含不满 60 周岁）	91 583	67
60 周岁及以上	21 242	15.5
其中：65 周岁及以上	13 755	10.1

资料来源：http：//www.ocn.com.cn/shujuzhongxin/201503/nacav24153420.shtml.

3. 复合分组表

复合分组表是指主词按两个或两个以上的标志进行层叠分组的统计表。利用复合分组表可以从多个方面反映总体的内部状况，因而可更深入地对总体进行观察研究。如表 3-21 所示。

表 3-21 某高校 2014 年在校学生情况

学生构成	学生人数/人
大学本科	8 400
男	4 800
女	3 600
大学专科	6 000
男	3 100
女	2 900
合　计	14 400

四、统计表的编制原则

为使统计表能科学反映研究对象的本质和特点，充分发挥其说明和分析问题的作用，同时为了标准化和美观，统计表编制时要遵循科学、实用、简练、美观的原则，要符合以下要求。

（1）统计表的各种标题，特别是总标题的表述，应十分简明、确切地概括表的内容。另外，还应写明资料所属的时间和空间范围。

（2）统计表的内容应简明扼要，且具有系统性。强调简明扼要是要避免庞杂，使人一目了然；强调系统性是要求统计表的内容要有整体性、层次性和逻辑性。

（3）统计表中主词各行及宾词各栏的排列，应有一个合理的顺序。一般应按先局部后整体的原则进行排列，即先列各分组，后列总计。当没有必要列出所有各组时，可以先列总计而后列出其中一部分重要数值。

（4）将复合分组列在横行标题时，应在第一次分组的各组组别下退一字填写第二次分组的组别。此时，第一次分组的组别就成为第二次分组的各组小计，依此类推。若复合分组列在纵栏标题时，应先按第一次分组的组别列为各大栏，再按第二次分组的组别将各大栏分别分为各小栏。

（5）统计表纵栏较多时，为便于阅读，可编栏号。习惯上在主词和计量单位各栏用（甲）、（乙）、（丙）、（丁）等文字标明，宾词各栏用（1）、（2）、（3）、（4）等数码编号。各栏统计数字间有一定关系的，也可用数学符号表示。

（6）国际上规范的统计表是“三线表”，统计表上、下两端应以粗线或双线绘制，表中其他线条应以细线绘制。统计表左、右两端习惯上均不画线，采用“开口”表示。统计表通常应设计成长方形表格，长宽之间应保持适当的比例，过于细长、过于粗短的表格均应尽量避免。

（7）文字应书写工整、字迹清晰；数字应填写整齐，数位对准。当数字为“0”时应写出来，如不应有数字要用符号“—”表示；当缺某项数字或可略而不计时用符号“…”表示；当某项资料应免填时，用符号“×”表示。统计表中的数字部分不应留有空白。当某数值与相邻数值相同时，仍应填写，不应用“同上”“同左”“〃”等字样或符号代替。

（8）统计表中的数字资料都要注明计量单位。计量单位应按统计制度的规定填写，不得另设不同的计量单位。为使统计表阅读方便，计算单位应按如下方法表示：当各指标数都以同一单位计量时，就将计量单位写在统计表的右上角；当同栏指标数值以同一单位计量时，而各栏的计量单位不同时，则应将单位标写在各纵栏标题的下方或右方；当同行统计资料以同一单位计量，而各行的计量单位不同时，则可在横行标题后添列一计量单位栏，用以标明各行的计量单位。

（9）对于某些需要特殊说明的统计资料，应在统计表的下方加注说明。例如，统计资料的来源、填表时间、制表人、审核人等。

第五节 统 计 图

一、统计图的概念

统计图是根据经过整理的统计数字资料，运用几何图形或具体事物的形象绘制的表现研究对象数量关系和数量特征的图形。统计图利用几何图形或具体事物的形象来表现统计资料，是人们用来展示统计整理结果的另一种常用形式，与统计表相比，能达到鲜明醒目、一目了然、形象具体、通俗易懂、便于理解的效果。统计图把统计表中的数字形象化，利用几何图形反映数量间的对比关系。作为数字的语言，统计图比统计表更明确、更具体、更生动有力。但图形只能起示意作用，数量之间的差异被抽象化了。因此，统计图需要与统计表结合应用。

二、统计图的构成

各种统计图的表现形式虽不同，但每幅图都是由若干个有机联系和相互配合的部分构成。

（一）图题

图题是统计图的标题、名称。它表明统计图的内容、时间、地点等，一般写在图的上面或下面。图号是统计图按照类别或次序的编号。

（二）图目

图目是说明总体中单位或组的名称，或是说明总体各指标的名称。一般写在纵轴的侧面和横轴的下面。表明不同类别、地点、时间等的文字或数字。

（三）图线

图线是构成统计图底景的线。图线有以下几种。

1. 基线

基线又叫零点线，是统计图的基准线，是图的横轴、纵轴的线。是全图最粗的线。

2. 轮廓线

轮廓线是固定图形范围的线。要比基线细些，或省略。

3. 指导线

指导线是由各比度点引出的线。辅助读者观察和比较图示资料的线。分纵、横指导线，比轮廓线细，是图中最细的线。

4. 断裂线

断裂线是将图纸或图形的一部分，双重水波纹线横截或纵截，表示删除或省略的意思，用来调整图面大小。

（四）图尺

图尺是在图中测定指标数值大小的标尺部分。也称尺度和比度尺，有尺度点、尺度线（一般用纵、横轴作为尺度线）、尺度数、尺度单位。

（五）图形

图形是根据统计资料绘成的各种图形。是图的主体部分。如柱形图、条形图、饼图等。

（六）图注

图注是关于统计图的注解和说明部分。包括图例、说明、资料来源等。

（七）其他

为了增强图示效果，在图形上配置的图画、照片、装饰、标语和口号等。

三、统计图的种类

统计图的形式大体分为以下几类。

（一）几何图

几何图是用线和形来表现统计资料的图形。主要有条形图、面积图（平面图）、体积图

(立体图)、线形图。

线形图是以线形的斜度和升降来标明现象的变动，提示现象的发展趋势，分析现象的依存关系和分配情况外，其余各种几何图都是以图形的长短、多少、面积或体积大小，来表示现象间对比关系与总体结构的，其中线形图和条形图按一定的设计，可以用来检查计划的执行情况。

（二）象形图

象形图是利用事物的形象来表现统计资料的图形。这类图形实质上是几何图的变形，它也是以图形的大小、多少来表示统计资料，进行现象间的对比和分析。

（三）统计地图

它是在地图上利用点、线、面或具体形象等标志，来比较各指标大小的统计图。表明现象在地区上分布情况。

四、Excel 中统计图的绘制

以表 3-22 某班 30 位学生的统计学考试成绩为依据，利用 Excel 表格中的图表向导绘制统计图，其步骤如下。

(1) 将表 3-22 中的 30 名学生的统计学考试成绩分为 5 组，分别为 60 以下、60～70、70～80、80～90、90～100，整理出次数分布表，如图 3-6 所示。

表 3-22　某班 30 位学生的统计学考试成绩

单位：分

92	68	78	83	84
76	94	82	83	85
79	63	99	56	77
76	84	68	63	52
89	88	66	85	86
77	68	86	55	86

	A	B	C	D
1	成绩	成绩分组/分	人数/人	频率/%
2	92	60以下	3	10
3	68	60-70	6	20
4	78	70-80	6	20
5	83	80-90	12	40
6	78	90-100	3	10
7	83	合计	30	100
8	84			

图 3-6　学生成绩次数分布表

（2）选中 B3:C7，单击图表向导，在“图表向导”对话框的“图表类型”中选择需要的图表类型，如柱形图、饼图等，在子图表类型中选择适当的类型，此处以柱形图为例，如图 3－7所示。

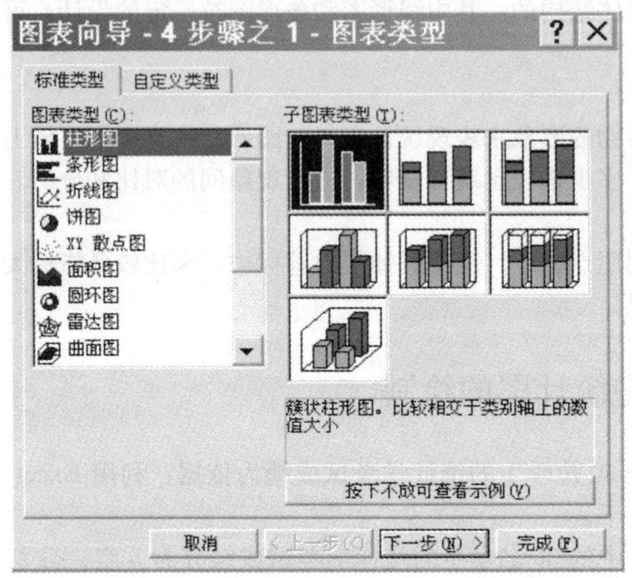

图 3－7　“图表向导”对话框

（3）单击“下一步”按钮，进入“图表源数据”对话框，填写数据区域：＝sheet1!＄B＄3:＄C＄7（选中 B3:C7 区域），选中系列产生在“列”。然后单击“系列”，填写分类 X 轴标志：＝sheet1!＄B＄3:＄B＄7（选中 B3:B7 区域），单击“下一步”按钮，在图表选项中，单击“标题”，在“图表标题”框中输入“学生统计学原理考试成绩统计图”，在“分类 X 轴”框中输入“考试成绩分组（分）”，在数值 Y 轴框输入“学生数（人）”，再根据需要设置“坐标轴”“网格线”“图例”“数据标志”“数据表”等，单击“完成”按钮即可完成统计图的绘制，如图 3－8所示。

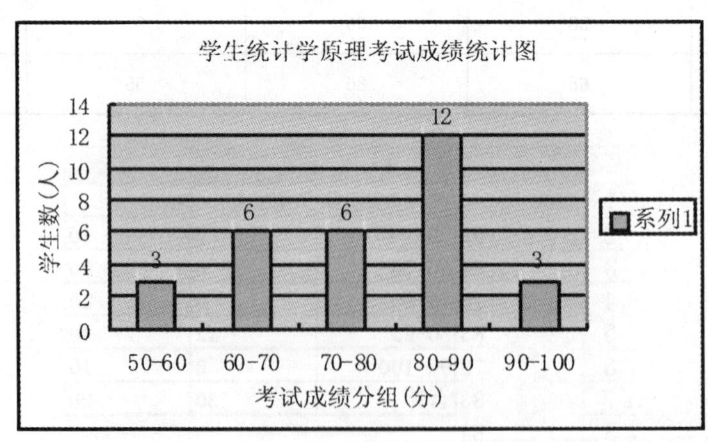

图 3－8　某班学生统计学考试成绩次数分布

(4) 图3-8格式可以调整，例如，如果要消除各个分类间距（各个直方形中间的间距），则双击直方形打开“数据系列格式”对话框或“数据点”对话框，单击“选项”页签，将分类间距调整为0，如果希望将各组数据用不同颜色表示，也可以选择“依数据点分色”，如图3-9所示，单击“确定”按钮，调整图表大小即可。

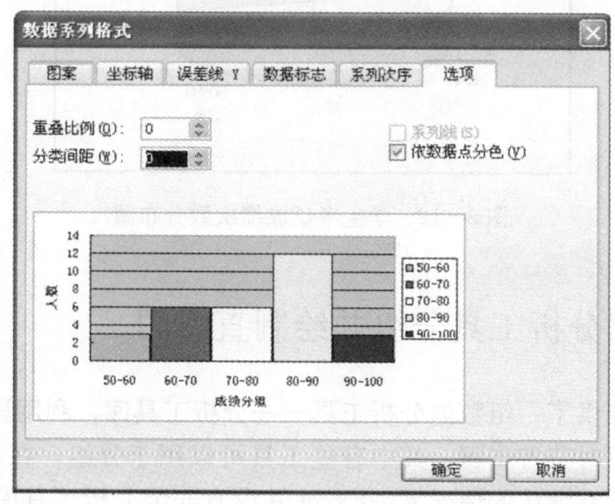

图3-9 “数据系列格式”对话框

也可以调整图表类型。例如，要将柱形图变成饼图，右击图3-9的柱形图，弹出快捷菜单，如图3-10所示，选中“图表类型”，选择“饼图”，如图3-11所示，编制出学生考试成绩饼形结构图，如图3-12所示。

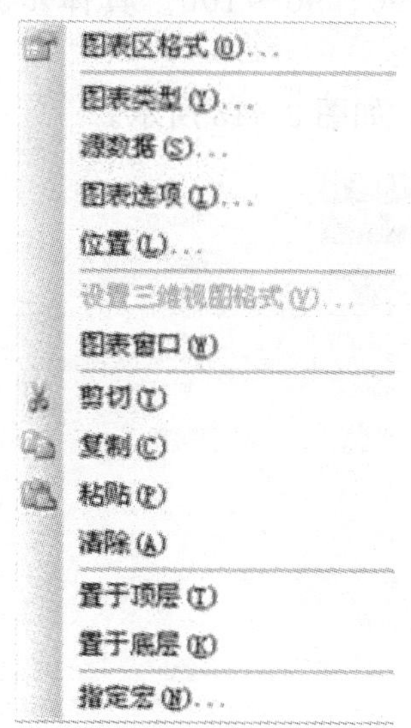

图3-10 右击弹出的菜单

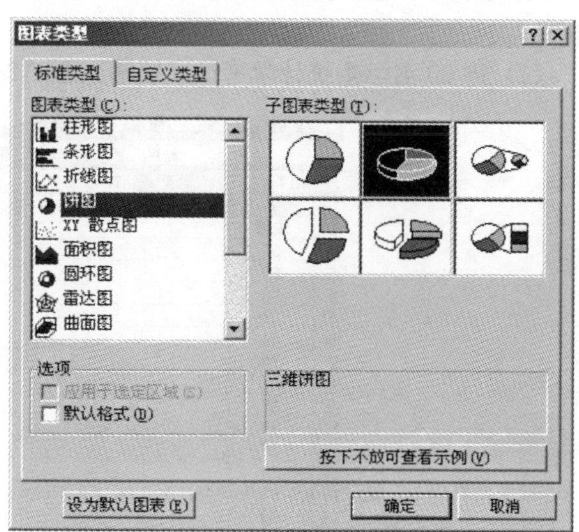

图3-11 图表类型饼图

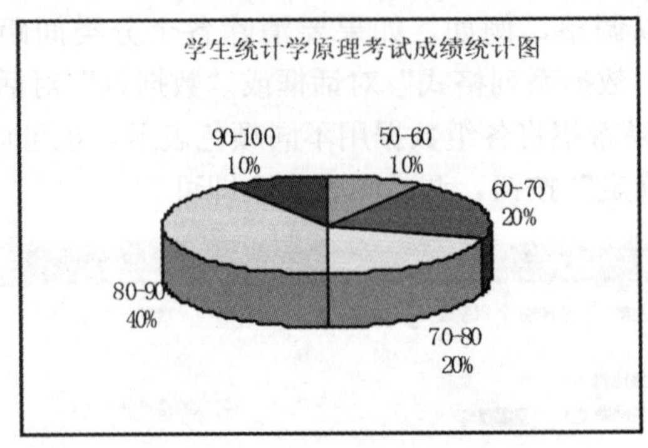

图 3-12　学生考试成绩次数分布图

五、利用数据分析工具分组并绘制直方图

Microsoft Excel 提供了一组数据分析工具——分析工具库，利用该组工具可以在建立复杂统计或进行工程分析时节省步骤。其中有些工具可以用于分组，在产生输出表格的同时，还可以绘制图表。由于在默认的情况下，Excel 并没有安装分析工具库，因此在使用数据分析工具之前，必须先安装分析工具库。方法是单击“工具”菜单下的“加载宏”命令，在“加载宏”对话框中选择“分析工具库”后单击“确定”按钮即可，这样工具菜单中就多了“数据分析”命令。

现仍以表 3-22 某班 30 位学生统计学考试成绩为例，准备将这 30 名学生的统计学考试成绩分为 5 组，分别为 60 以下、60～70、70～80、80～90、90～100。具体步骤如下。

（1）将 30 名学生统计学考试成绩输入至 A2～A31 单元格中，如图 3-13 所示。

宋体　12　B I U　%

A17　　fx 76

	A	B	C	D	E	F	G
1	成绩						
2	92						
3	68						
4	78						
5	83						
6	84						
7	76						
8	94						
9	82						
10	83						
11	85						
12	79						
13	63						
14	99						

图 3-13　某班学生统计学考试成绩数据输入界面

（2）为将样本单位按组归类，还需输入分组标志；但只能按组的“边界值”（输入每组最大值，且遵循“上组限不在内”原则）分组，不能有非数值的字符（如“××以下”“不足××”之类）。本例将 59、69、79、89、100 五个数据分组输入 B2:B6，如图 3-14 所示。

图表区

	A	B	C	D	E	F
1	成绩	成绩分组（分）				
2	92	59				
3	68	69				
4	78	79				
5	83	89				
6	84	100				
7	76					
8	94					
9	82					
10	83					
11	85					

图 3-14　某班学生统计学考试成绩分组标志输入

(3) 在“工具”菜单中单击“数据分析”选项，从其对话框的“分析工具”列表中选择“直方图”，打开“直方图”对话框，如图 3-15 所示。

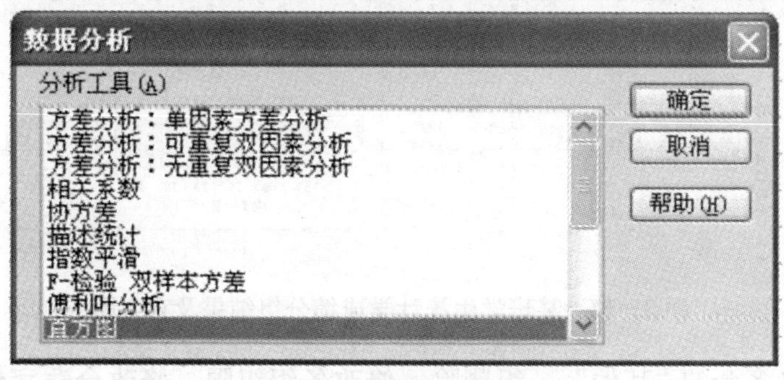

图 3-15　数据分析对话框

(4) 在“直方图”对话框的“输入区域”框中输入“$A$1:$A$31”（选中 A1:A31 区域）。由于第 1 行是标志项，还需单击选定“标志”复选框。“接收区域”实际是要求输入分组标志所在的单元格区域，本例可输入“$B$1:$B$6”（选中 B1:B6 区域）。如果在此框中不输入分组标志所在的区域，系统将在最小值和最大值之间建立一个平滑分布的分组。在“输出选项”选项区域，可选择“输出区域”“新工作表组”或“新工作簿”，我们选择“输出区域”，可以直接选择一个区域，也可以直接输入一个单元格（代表输出区域的左上角），这里只输入输出表左上角的单元格行列号，本例为 C1。如要同时给出次数分布直方图，可单击“图表输出”复选框。如要同时给出“累积%”（通常称“累计频率”），可单击“累积百分率”框，系统将在直方图上添加累积频率折线。如图 3-16所示。

(5) 以上各项均选定后，按 Enter 键确认，即在 B 列右侧给出一个 3 列的分组表和一个直方图，在给出的表和图中，“频率”实际是频数，“累计%”实际是累计频率，效果如图 3-17所示。

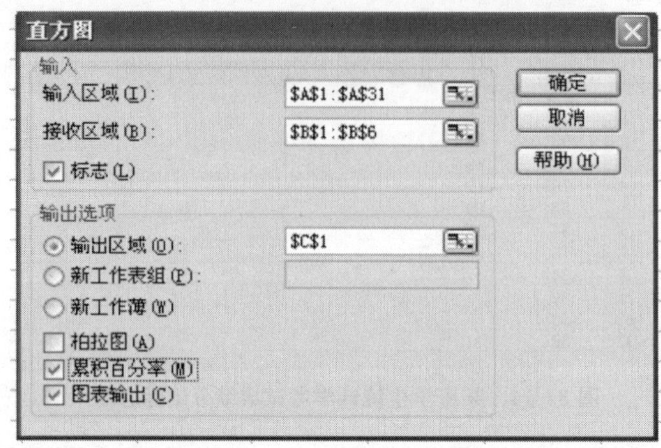

图 3-16 “直方图”对话框

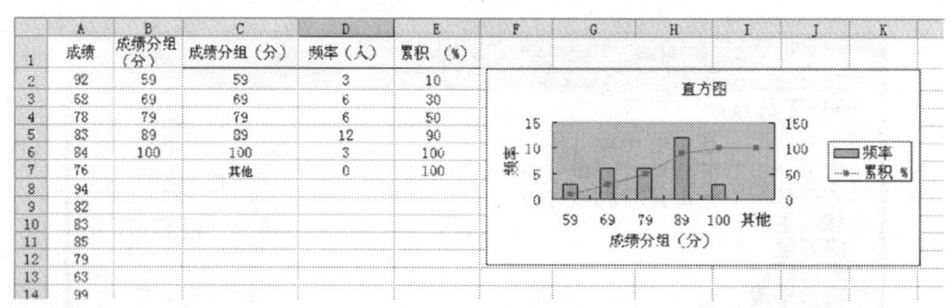

	A	B	C	D	E
1	成绩	成绩分组（分）	成绩分组（分）	频率（人）	累积（%）
2	92	59	59	3	10
3	68	69	69	6	30
4	78	79	79	6	50
5	83	89	89	12	90
6	84	100	100	3	100
7	76		其他	0	100
8	94				
9	82				
10	83				
11	85				
12	79				
13	63				
14	99				

图 3-17 某班学生统计学成绩分组结果及直方图

在分组表中将多余的“其他”一组删除，修改各组组限，修改合适字体，即可得到合适结果，效果如图 3-18 所示。

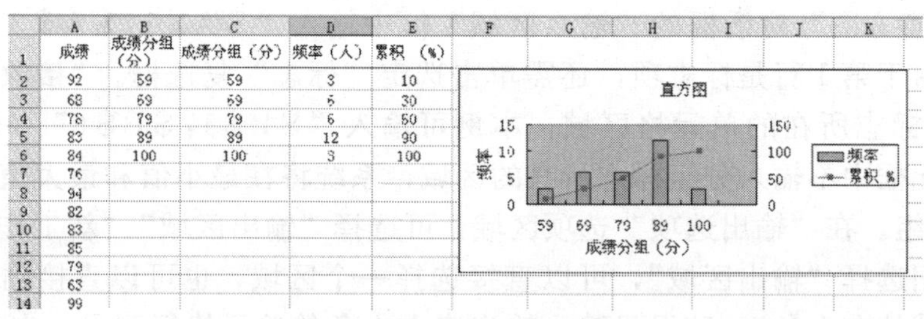

	A	B	C	D	E
1	成绩	成绩分组（分）	成绩分组（分）	频率（人）	累积（%）
2	92	59	59	3	10
3	68	69	69	6	30
4	78	79	79	6	50
5	83	89	89	12	90
6	84	100	100	3	100
7	76				
8	94				
9	82				
10	83				
11	85				
12	79				
13	63				
14	99				

图 3-18 某班学生统计学成绩分组结果及直方图

第六节 Excel 在统计整理中的应用

计算机作为现代数据处理的重要工具，体现其优势的统计数据处理分析应用软件在统计中必不可少。Excel 电子表格依附于 Microsoft Office 应用软件的安装使用。而社会科学方面的统计应用软件 SPSS、统计分析系统应用软件 SAS 作为应用程序独立安装在 Windows 操作环境下。本节重点介绍 Excel 表格在统计分组整理中的应用。

一、分类汇总

以表 3-13 为例将工人按班组计算平均工资。其分类汇总的步骤如下。

(1) 对需要分类汇总的关键字段进行排序。本例按“月工资”进行排序。选中表中任一单元格，在常用工具栏中单击“数据”，在下拉菜单中选“排序”，出现“排序”对话框。如图 3-19 所示。

	A	B	C	D	E
1	姓名编号	性别	班维编号		
2	1	男	1		
3	2	女	3		
4	3	男	3		
5	4	女	1		
6	5	女	5		
7	6	男	4	专科	2823
8	7	男	3	本科	2729
9	8	女	1	本科	3571

图 3-19　常用工具栏“数据”菜单

(2) 在“排序”对话框中，单击“主要关键字”栏的下拉箭头，选择“班组编号”和“升序”；在“次要关键字”栏的下拉箭头，选择“姓名编号”和“升序”；在“第三关键字”栏的下拉箭头，选择“月工资”和“升序”；在“我的数据区域”选择有“有标题行”，单击“确定”按钮。则表中所有数据按班组排序。如图 3-20 所示。

(3) 选中表中任一单元格，在常用工具栏中单击“数据”，在下拉菜单中选“分类汇总”，出现“分类汇总”对话框如图：单击“分类字段”框的下拉箭头，选择所需要的字段作为分类汇总的依据，选择“班组编号”；单击“汇总方式”框的下拉箭头，在弹出的下拉表中有求和、计数、平均值、最大值等 11 个选项。本例选择“平均值”；在“选定汇总项”列表中，列出了数据清单中的所有字段名称，将所有需要汇总的字段前面的复选框选中，本

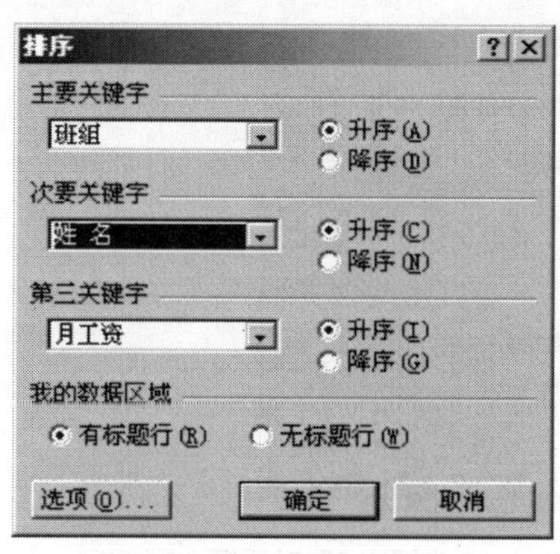

图 3-20　“排序”对话框

图 3-21　“分类汇总”对话框

列选定“月工资”；根据需要指定汇总结果显示的位置，选定相应有下面复选框。本列选定“替换当前分类”和“汇总结果在数据下方”。如图 3 - 21 所示。

(4) 单击“确定”按钮，得到按班组计算的职工平均工资表。本列是简单分类汇总，还可进行多级分类汇总，多级分类汇总的关键是正确的分类汇总次序，即先按主要关键字建立第一级分类汇总再按次要关键字建立第二、三级汇总。如图 3 - 22 所示。

	A	B	C	D	E
1	姓 名编号	性别	班组编号	学历	月工资(元)
2	1	男	1	研究生	4100
3	4	女	1	本科	3420
4	8	女	1	本科	3571
5	16	男	1	专科	1700
6	19	女	1	专科	1950
7	22	女	1	专科	2450
8	28	女	1	专科	2542
9	29	女	1	本科	2776
10	37	女	1	专科	2601
11	43	女	1	本科	3542
12	45	女	1	专科	2650
13			1 平均值		2845.636364
14	9	女	2	本科	2497

图 3 - 22　分类汇总求职工工资平均值

二、数据透视表

“数据透视表与数据透视图”是“数据”菜单中的一部分，它可以方便地调整分类汇总的方式，以多种不同方式展示数据的特征。计算平均值、标准差、建立列联表、计算百分比、建立新的数据子集、绘制统计图等都可用这一工具操作完成。因此，该工具是最常用、功能最全的 Excel 数据分析工具之一。下面以表 3 - 13 资料为依据建立一个以性别和学历两个标志进行交叉式的复合分组表，计算职工工资情况。步骤如下。

(1) 在某企业职工情况表中，单击任一单元格，然后，单击常用工具栏菜单中“数据”，打开“数据透视表和数据透视图”，进入“数据透视表和数据透视图向导—3 步骤之 1”对话框。如图 3 - 23 所示。该步主要确定数据源类型和报表类型。指定默认选项，即数据源类型为 Excel 数据列表或数据库，报表类型为数据透视表。

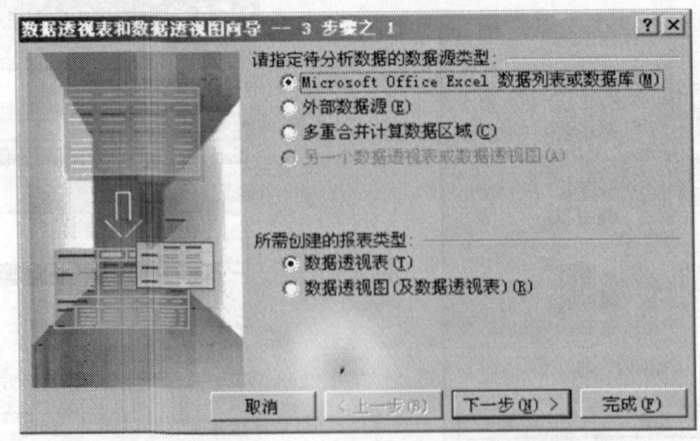

图 3 - 23　“数据透视表和数据透视图向导—3 步骤之 1”对话框

(2) 单击“下一步”，进入“数据透视表和数据透视图向导—3 步骤之 2”对话框，如图 3 - 24 所示。选定透视表区域＄A＄1：＄E＄51。一般能自动识别，否则，应用鼠标单击框右侧箭头，进行单元格区域的选择。

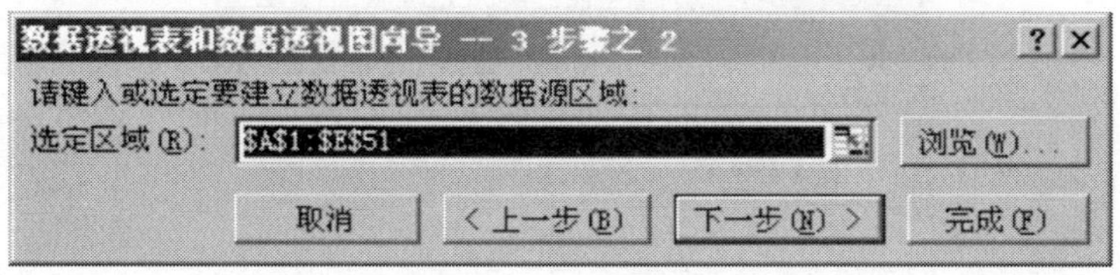

图 3 - 24　“数据透视表和数据透视图向导—3 步骤之 2”对话框

(3) 单击“下一步”，进入“数据透视表和数据透视图向导—3 步骤之 3”，该步骤指定数据透视表显示的位置在“新建工作表”或“现有工作表”，本列选定默认的“新建工作表”。如图 3 - 25 所示。

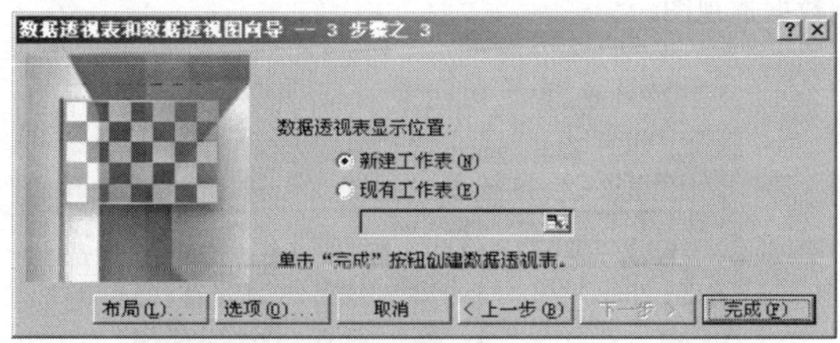

图 3 - 25　“数据透视表和数据透视图向导—3 步骤之 3”对话框

(4) 单击“完成”，Excel 自动创建一张新的工作表雏形，如图 3 - 26 所示。

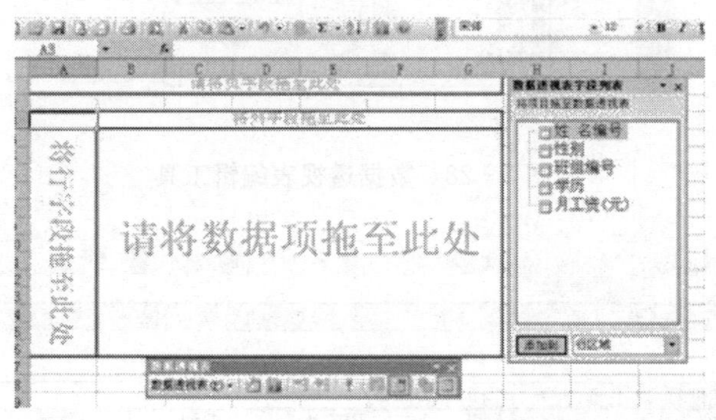

图 3 - 26　数据透视表雏形

(5) 数据透视表雏形中，将右侧的数据透视表字段列表中的“性别”拖至行字段处；将“学历”拖至列字段处；将“月工资”拖至数据项处。即得到数据透视表按学历、性别统计职工的工资总额为内容的交叉式的复合分组汇总表。如图 3 - 27 所示。

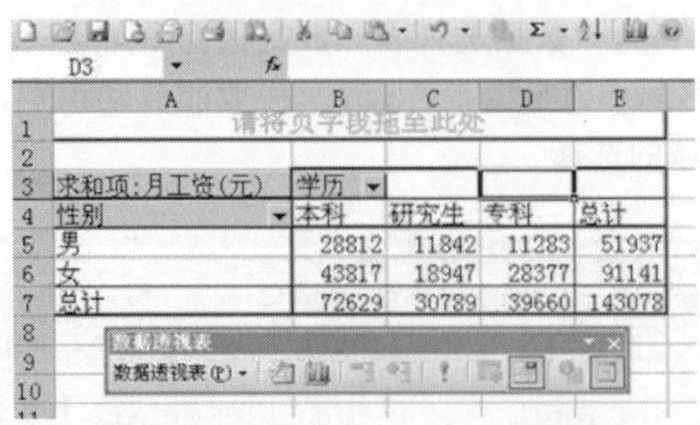

求和项:月工资(元)	学历			
性别	本科	研究生	专科	总计
男	28812	11842	11283	51937
女	43817	18947	28377	91141
总计	72629	30789	39660	143078

图 3－27　职工工资总额交叉式复合分组汇总表

（6）通过数据透视表工具可以进行编辑。如设置数据透视表格式、更新数据透视表、数据透视图表中创建公式等。如计算平均工资，单击表中任一项，在数据透视表工具中选择“字段设置”，在弹出对话框中选中“平均数”，如图 3－28 所示。单击“确定”按钮，得到将职工按性别和学历分组的平均工资统计表，如图 3－29 所示。单击“数据透视表”工具的“图表向导”还可绘制数据透视图。

求和项:月工资(元)	学历			
性别	本科	研究生	专科	总计
男	28812	11842	11283	51937
女	43817	18947	28377	91141
总计	72629	30789	39660	143078

图 3－28　数据透视表编辑工具

平均值项:月工资(元)	学历			
性别	本科	研究生	专科	总计
男	2881.2	3947.3	2256.6	2885.4
女	3129.8	3157.8	2364.8	2848.2
总计	3026.2	3421	2332.9	2861.6

图 3－29　职工平均工资透视表

三、统计数据的筛选

利用 Excel 提供的筛选功能，可以把符合研究目的要求的数据集中在一起，把暂时不用的数据隐藏起来。数据的筛选包括自动筛选和高级筛选两种功能。以表 3 - 13 资料，将工资在大于等于 3 000 元和小于 4 000 元的职工数据筛选出来。其步骤如下。

(1) 选中数据清单中的任一单元格，单击常用工具栏“数据”，单击“筛选”的下拉菜单“自动筛选”，在“月工资”下拉箭头中选择“自定义”，进入“自定义自动筛选方式”对话框。

(2) 在“自定义自动筛选方式”对话框中，第一个筛选条件选定为大于或等于 3 000，第二个筛选条件选定为小于 4 000，两者的关系是“与”，如图 3 - 30 所示。

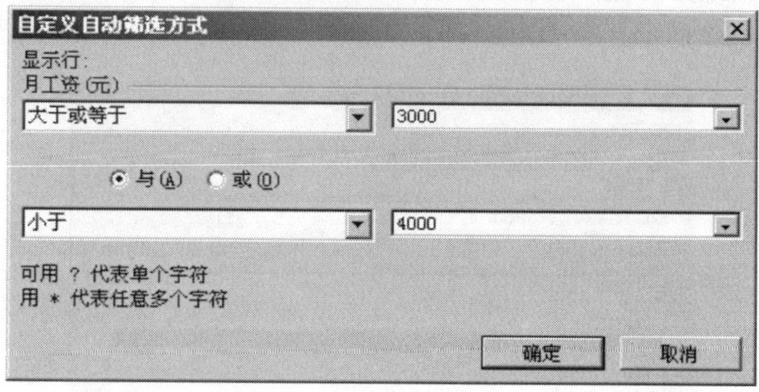

图 3 - 30 “自定义自动筛选方式”对话框

(3) 单击“确定”按钮，工作表中显示按月工资在大于等于 3 000 元和小于 4 000 元的职工情况表。如图 3 - 31 所示。还可以单击常用工具栏“数据”，单击“筛选”下拉菜单“高组筛选”进行设计。

	A	B	C	D	E
1	姓名编号	性别	班组编号	学历	月工资(元)
3	2	女	3	本科	3601
4	3	男	3	本科	3420
5	4	女	1	本科	3420
9	8	女	1	本科	3571
11	10	女	5	研究生	3420
12	11	男	4	本科	3497
16	15	女	5	研究生	3420
21	20	女	5	本科	3468
27	26	女	5	研究生	3497
33	32	男	2	研究生	3542
37	36	女	5	本科	3571
40	39	男	2	本科	3497
44	43	女	1	本科	3542
49	48	女	4	研究生	3497
51	50	女	3	本科	3800

图 3 - 31 筛选工资在 3 000～4 000 元的职工分布

四、排名次

排名次可以用 RANK 函数。

语法：RANK（Number，Ref，Order）。

参数：Number 是需要计算其排位的一个数字；Ref 是包含一组数字的数组或引用；Order 是用来说明排序方式的数字（若 Order 为零或省略，则以降序方式给出结果，反之按升序）。

职工工资或学生考试分数等一系列数值往往需要排名次。Excel 提供了 RANK 函数。以表 3-13 为例，将工人工资按高低进行排名次。操作步骤如下。

（1）选中放结果的第一个单元格 F2，单击常用工具栏按钮“f_x”，或单击常用工具栏“插入”下拉菜单“函数”，进入“插入函数”对话框，选择“统计”“ RANK”，单击“确定”按钮。如图 3-32 所示。

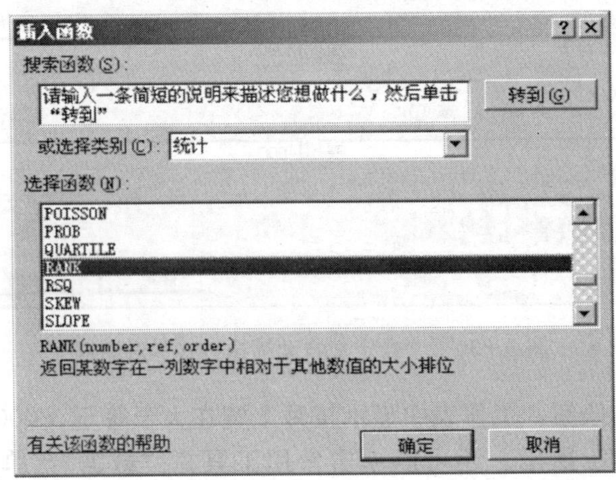

图 3-32 “插入函数”对话框

（2）在“函数参数”对话框“Number”框中输入第一个要排名次的“月工资数”所在的单元格 E2；在“Ref”框中输入选中要排名次的数值的全区域“$E$2:$E$51”；“Order”框中不填写数据，单击“确定”按钮，这时第一个单元格 F2 工人的月工资名次为第 2 名。如图 3-33所示。

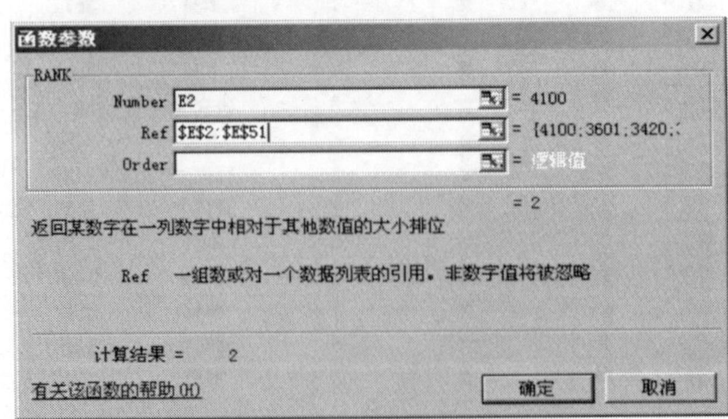

图 3-33 RANK 函数参数对话框

(3) 选中 F2 单元格，将光标放入单元格右下角，拖填充柄得到其他结果。如图 3 - 34 所示。

	A	B	C	D	E	F
1	姓 名编号	性别	班组编号	学历	月工资(元)	工资位次
2	1	男	1	研究生	4100	2
3	2	女	3	本科	3601	4
4	3	男	3	本科	3420	14
5	4	女	1	本科	3420	14
6	5	女	5	本科	2571	33
7	6	男	4	专科	2823	19
8	7	男	3	本科	2729	22
9	8	女	1	本科	3571	5
10	9	女	2	本科	2497	40
11	10	女	5	研究生	3420	14
12	11	男	4	本科	3497	9
13	12	女	2	专科	1823	47
14	13	男	5	本科	2571	33
15	14	男	5	本科	2729	22
16	15	女	5	研究生	3420	14

图 3 - 34　职工工资排列

(4) 方法二。选中放结果的第一个单元格 F2；在公式编辑栏中输入"＝RANK（E2, $E$2:$E$51)"并按 Enter 键，得到第一个单元格 F2 月工资名次为第 2 名；拖填充柄得到其他结果。

五、整理品质分配数列的次数

按品质标志分组的组别都是文字，在整理其次数时，可以用 COUNTIF 函数。以表 3 - 13为例将企业职工按学历分组形成的分配数列的操作步骤如下。

(1) 选中要填"研究生职工数"的单元格 G2，单击常用工具栏"f_x"按钮，进入"插入函数"对话框，选择"统计""COUNTIF"，单击"确定"按钮，进入"参数函数"对话框。如图 3 - 35所示。

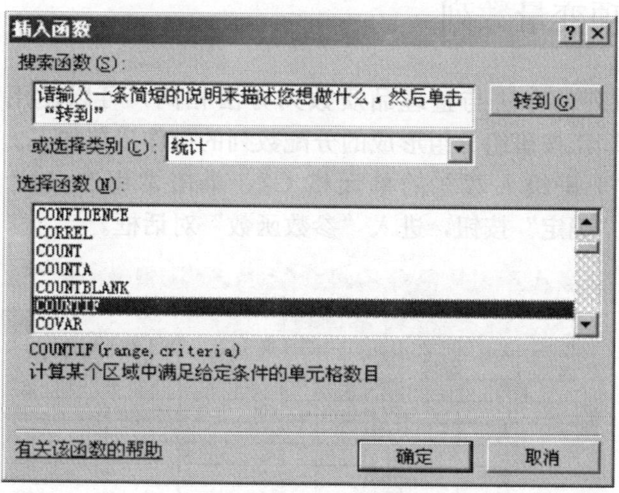

图 3 - 35　插入 COUNTIF 函数

(2) 在“参数函数”对话框的“Range”框中输入要整理的区域“D2:D51”；在“Criteria”框中输入要整理的组别名称“研究生”，如图 3-36 所示。单击“确定”按钮。

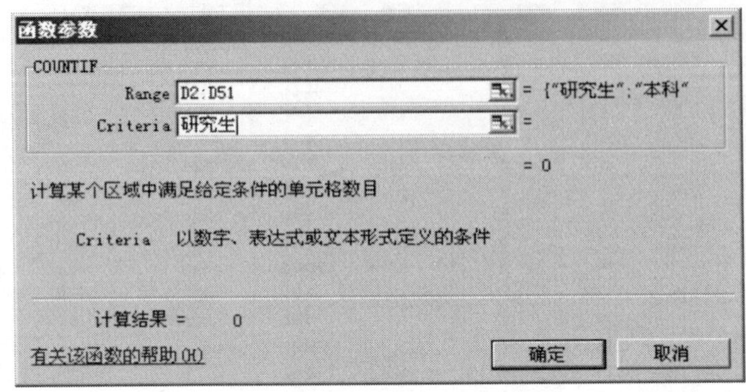

图 3-36 COUNTIF 函数参数对话框

(3) 单击“确定”按钮后，单元格 G2 中填入数据 9，同样方法得到本科生 24 人，专科生 17 人。或在公式栏输入“=COUNTIF (D2:D51，“研究生”)”，按 Enter 键或按“对号”按钮。如图 3-37 所示。

	A	B	C	D	E	F	G	H
1	姓名编号	性别	班组编号	学历	月工资(元)	学历	职工数(人)	频率(%)
2	1	男	1	研究生	4100	研究生	9	18
3	2	女	3	本科	3601	本科	24	48
4	3	男	3	本科	3420	专科	17	34
5	4	女	1	本科	3420	合计	50	100
6	5	女	5	本科	2571			

图 3-37 职工学历分布

六、整理单项变量数列

整理单项变量数列的方法与整理品质数列方法相同，可以使用 COUNTIF 函数。以表 3-13为例将企业职工按班组分组形成的分配数列的操作步骤如下。

(1) 选中要填“1 班组人数”的单元格 G2，单击常用工具栏“f_x”｜“统计”｜“COUNTIF”，单击“确定”按钮，进入“参数函数”对话框。

	A	B	C	D	E	F	G	H
1	姓名编号	性别	班组编号	学历	月工资(元)	班组	职工数(人)	频率(%)
2	1	男	1	研究生	4100	1	11	22
3	2	女	3	本科	3601	2	9	18
4	3	男	3	本科	3420	3	8	16
5	4	女	1	本科	3420	4	10	20
6	5	女	5	本科	2571	5	12	24
7	6	男	4	专科	2823	合计	50	100
8	7	男	3	本科	2729			

图 3-38 职工班组分布表

（2）在“参数函数”对话框的“Range”框中输入要整理的区域C2:C51；在“Criteria”框中输入要整理的班组名称“1”，单击“确定”按钮，得到单元格G2数据为11，同样方法得到G3～G6单元格数据为9、8、10、12。如图3-38所示。

七、整理组距变量数列的次数

整理组距变量数列的次数可以使用FREQUENCY函数。

以表3-13为例将企业职工按月工资分组形成的组距变量数列整理次数的操作步骤如下。

（1）选中E3:E52，将光标放在桌面下边任务栏，右击鼠标，选中“最大值”，得到职工最高工资为4 200元，同样方法得到职工最低工资为1 700，求得全距，以便进行工资分组，将组距分组的组别确定后，整理次数。

（2）选中每组放次数的全区域G3:G7，单击常用工具栏的 f_x 按钮或从“插入”菜单中选择“函数”项，在弹出的对话框“函数类别”列表中选择“统计”，在“选择函数”列表中选择FREQUENCY，按Enter键进入FREQUENCY函数参数对话框。

（3）在函数参数对话框的“Data_array”框中输入待分组计算频数分布的原数据区域“E3:E52”；在“Bins_array”框中输入每组的最高值“{1999；2499；2999；3499；4500}”，输入完毕，即在框中看到频数分布6；5；22；9；8；0（后面的0表示没有其他）。如图3-39所示。

注：FREQUENCY要求按组距的上限分组，不接受非数值字符的分组标志，如“××以下”，“××以上”和“不足××”之类，因此，组限不重叠的分组可以直接输入各组上限数值，而重叠的分组标志则以各组上限减1的方式确定分组，即“上组限不在内”，这样上限数值自动计入下一组。如果分组变量为连续变量，而且变量值中有小数的话，那么分组标志则应以各组上限减0.1、减0.01或减0.001等的方式确定，至于减多少要看变量值的小数位数，最后一个值只要大于总体单位的最大值即可。由于分组结果要给出一组频数，在输入数据的两端加大括号{}，各数据之间用分号“；”隔开。

（4）按Ctrl+Shift+Enter组合键（注意：单击“确定”或Enter键无效），即将频数分布记入指定的G3:G7单元格区域内。如图3-40所示。

（5）取得频数分布后，再列表计算频率及累计频数和频率。

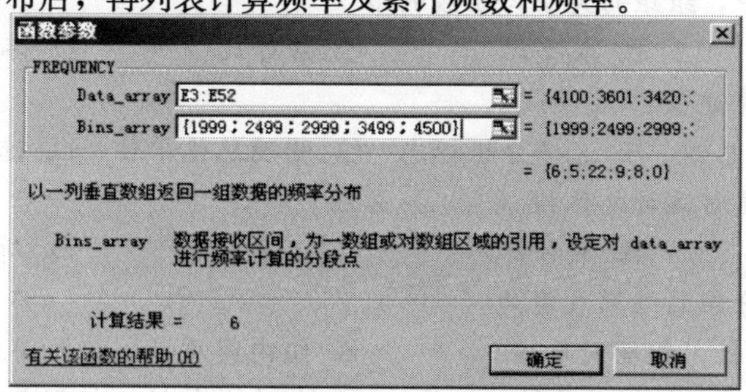

图3-39　FREQUENCY函数参数对话框

① 求和。选中 G8 单元格，在公式栏输入“=SUM（G3:G7）”，或单击常用工具栏 $\sum$ 按钮。

② 求频率。可先单击 H3 单元格，输入“=G3/$G$8*100”（在输入 G8 之后按键盘 F4 键，实现绝对引用功能），按 Enter 键确定得出结果为 12，然后利用填充柄功能按住鼠标左键向下拖曳，即得出 H4、H7 单元格的频率。

③ 求向上累计次数。可先单击 I3 单元格，输入“=G3”，按 Enter 键确定，再单击 I4 单元格，输入“=I3+G4”按 Enter 键确定，然后利用填充柄功能按住鼠标左键向下拖曳，至 I7 单元格放开鼠标，得到累计次数。同样方法得到 J3:J7 累计频率。

④ 求向下累计次数。可先单击 K7 单元格，输入“=G7”，按 Enter 键确定，再单击 K6 单元格，输入“=K7+G6”按 Enter 键确定，然后利用填充柄功能按住鼠标左键向上拖曳，至 K3 单元格放开鼠标，得到累计次数。同样方法得到 L3:L7 累计频率。结果如图 3-40 所示。

K16

	A	B	C	D	E	F	G	H	I	J	K	L
1	姓名编号	性别	班组编号	学历	月工资（元）	工资分组（元）	职工数（人）	频率（%）	向上累计		向下累计	
2									次数（人）	频率（%）	次数（人）	频率（%）
3	1	男	1	研究生	4100	2000以下	6	12	6	12	50	100
4	2	女	3	本科	3601	2000-2500	5	10	11	22	44	88
5	3	男	3	本科	3420	2500-3000	22	44	33	66	39	78
6	4	女	1	本科	3420	3000-3500	9	18	42	84	17	34
7	5	女	5	本科	2571	3500以上	8	16	50	100	8	16
8	6	男	4	专科	2823	合计	50	100	—	—	—	—
9	7	男	3	本科	2729							
10	8	女	1	本科	3571							

图 3-40 职工工资次数分布计算表

【课后训练】

一、名词解释

统计整理 统计分组 分配数列 次数分布 统计表 组中值

二、单项选择

1. 每个组变量值中最大值与最小值之差称为（ ）。

A. 组距 B. 组数 C. 组限 D. 全距

2. 在等距数列中，组距的大小与组数的多少（ ）。

A. 成正比 B. 成反比 C. 成等比 D. 不成比例

3. 统计分组的关键在于（ ）。

A. 明确统计总体 B. 选择分组标志 C. 明确总体单位 D. 选择统计指标

4. 统计分组就是对统计总体按（ ）分组。

A. 数量标志 B. 某种标志 C. 品质标志 D. 所有标志

5. 按某一标志分组的结果表现为（ ）。

A. 组内差异性，组间同质性 B. 组内同质性，组间同质性

C. 组内同质性，组间差异性 D. 组内差异性，组间差异性

6. 将人口总体分为“男”“女”两组，这是按（ ）分组。

A. 变量　B. 指标　C. 数量标志　D. 品质标志

7. 统计整理主要是对（　）的整理。

A. 历史统计资料　B. 统计分析资料　C. 原始调查资料　D. 综合统计资料

8. 下列分组中属于按品质标志分组的是（　）。

A. 工业企业按行业分组　B. 商店按年销售额分组

C. 职工按月工资额分组　D. 城市按非农业人口数分组

9. 变量数列中各组频率的总和应（　）。

A. 小于1　B. 大于1　C. 等于1　D. 不等于1

10. 某村100户农民家庭人均月收入最高为630元，最低为480元，据此分为4个组，形成闭口式等距数列，则组距应为（　）。

A. 25　B. 40　C. 50　D. 70

11. 有一个学生考试成绩为70分，在统计分组中，这个变量值应归入（　）。

A. 60～70分这一组　B. 70～80分这一组

C. 60～70分或70～80分两组都可以　D. 作为上限的那一组

12. 某主管局将下属企业先按轻、重工业分类，再按企业规模分组，这样的分组属于（　）。

A. 简单分组　B. 复合分组　C. 分析分组　D. 结构分组

13. 简单分组和复合分组的区别在于（　）。

A. 选择的分组标志的性质不同　B. 选择的分组标志的多少不同

C. 组数的多少不同　D. 组距的大小不同

14. 有20个工人看管机器台数资料如下：2，5，4，4，3，4，3，4，4，2，2，4，3，4，6，3，4，5，2，4。如按以上资料编制分配数列，应采用（　）。

A. 单项式分组　B. 等距分组　C. 不等距分组　D. 以上几种分组均可以

15. 分配数列包含两个组成要素，即（　）。

A. 分组标志和组距　B. 分组和次数

C. 分组标志和次数　D. 分组和表式

16. 统计整理的根本任务是对调查资料（　）。

A. 按组归类

B. 进行加总和计算

C. 进行审核和订正

D. 进行分类汇总等加工工作，以得出说明总体的特征的综合数字资料

17. 复合分组是（　）。

A. 用同一标志对两个或两个以上的总体层叠起来进行分组

B. 对某一总体选择一个复杂的标志进行分组

C. 对同一总体选择两个或两个以上的标志层叠起来进行分组

D. 对同一总体选择两个或两个以上的标志并列起来进行分组

18. 在组距分组时，对于连续型变量，相邻两组的组限（　）。

A. 必须是重叠的　B. 必须是间断的

C. 可以是重叠的，也可以是间断的　D. 必须取整数

19. 在分配数列中，频数是指（　　）。
A. 各组单位数与总单位数之比　　B. 各组分布次数的比率
C. 各组单位数　　D. 总单位数
20. 用各组上限和下限进行简单算术平均，其结果是（　　）。
A. 组距　　B. 组数　　C. 组限　　D. 组中值

三、多项选择

1. 统计整理的步骤是（　　）。
A. 统计分组　　B. 划分经济类型　　C. 检验统计资料库　　D. 统计汇总
E. 编制表统计
2. 统计分组是（　　）。
A. 在统计总体内进行的一种定性分类　　B. 在统计总体内进行的一种定量分类
C. 将同一总体区分为不同性质的组　　D. 将不同的总体划分为性质不同的组
E. 把总体划分为一个性质不同的、范围更小的总体
3. 按等距分组时，各组次数分布（　　）。
A. 不受组距大小的影响　　B. 受组距大小的影响
C. 它与次数密度的分布一致　　D. 它与次数密度的分布不一致
E. 一定是正态分布
4. 统计分组的关键在于（　　）。
A. 对总体进行定性分析　　B. 计算组中值
C. 选择分组标志　　D. 计算次数
E. 划分各组界限
5. 影响变量次数分布的要素是（　　）。
A. 变量值大小　　B. 变量性质不同
C. 选择的分组标志　　D. 组数与组距
E. 组限与组中值
6. 统计分组的主要作用在于（　　）。
A. 区分事物的类型　　B. 反映总体的内部结构
C. 分析现象间的依存关系　　D. 说明总体单位的数量特征
E. 说明总体单位的质量特征
7. 对统计总体进行分组时，采用等距分组还是异距分组，决定于（　　）。
A. 研究对象的特点　　B. 变量值的多少
C. 次数的大小　　D. 组数的多少
E. 统计研究的目的
8. 对连续性变量编制次数分配数列（　　）。
A. 只能用组距数列　　B. 相邻组的组限必须重合
C. 组距可相等也可不相等　　D. 首尾两组一定采用开口组限
E. 首尾两组一定采用闭口组限
9. 在编制组距数列时，组限的确定（　　）。
A. 最小组的下限应大于最小的变量值　　B. 最小组的下限应略小于最小变量值

C. 最大组的上限应小于最大变量值　　D. 最大组的上限应大于最大变量值

E. 最小组的下限和最大组的上限应分别等于最小和最大变量值

10. 由于变量有连续变量和离散变量两种，其组限的表示方法在技术上有不同要求，即（　）。

A. 连续变量相邻组组限必须间断，离散变量的相邻组组限必须重叠

B. 连续变量相邻组组限必须重叠，离散变量的相邻组组限可以间断

C. 按职工人数分组，相邻组限可以间断

D. 职工按工资分组，相邻组限必须重叠

E. 商店按销售额分组，相邻组限必须重叠

11. 统计表从基本形式上看，一般包括（　）。

A. 总标题　B. 横行标题　C. 纵栏标题　D. 指标数值

E. 调查单位

12. 指出表 3-23 表示的数列属于什么类型（　）。

表 3-23　某企业工人劳动生产率分组情况

按劳动生产率分组/（件/人）	职工人数/人
120～130	12
130～140	18
140～150	37
150～180	13
合　计	80

A. 品质数列　B. 变量数列　C. 组距数列　D. 等距数列

E. 异距数列

13. 在次数分配数列中（　）。

A. 总次数一定，频数和频率成反比

B. 各组的频数之和等于 100

C. 各组频率大于 0，频率之和等于 1

D. 频数越小，则该组的标志值所起的作用越小

E. 频率又称为次数

14. 下列各项中，属于连续型变量的有（　）。

A. 基本建设投资额　　B. 岛屿个数

C. 国民生产总值　　D. 居民生活费用价格指数

E. 就业人口数

15. 全国第 6 次人口普查中（　）。

A. 全国人口数是统计总体　　B. 总体单位是每一个人

C. 人的年龄是变量　　D. 人口的性别比是总体的品质标志

E. 全部男性人口数是统计指标

16. 次数分布的主要类型有（　）。

A. 钟形分布　B. U 形分布　C. J 形分布　D. Y 形分布

E. X形分布

17. 下列分组哪些是按品质标志分组（ ）。

A. 职工按工龄分组　　B. 科技人员按职称分组

C. 人口按性别分组　　D. 企业按经济类型分组

E. 职工按工作年限分组

18. 在组距数列中，组中值是（ ）。

A. 上限和下限之间的中点数值

B. 用来代表各组标志值的平均水平

C. 在开口组中无法确定

D. 在开口分组中，可以参照相邻组的组距来确定

E. 就是组平均数

19. 对一些企业按计划完成程度的不同分为3组：第一组为80%～100%，第二组为100%～120%，第三组为120%以上，则下列各项中选择正确的有（ ）。

A. 若将上述各组组别及次数依次排列，就是变量数列

B. 该数列的变量属于连续变量，所以相邻组的组限必须重叠

C. 此类数列只能是等距数列，不能采取异距数列

D. 各组的上限分别为80%、100%、120%，某企业计划完成程度为100%应归入第一组

E. 各组的下限分别为80%、100%、120%，某企业计划完成程度为120%应归入第三组

20. 统计分组是将统计总体按一定标志区分为若干部分的统计整理方法，它（ ）。

A. 应有分组标志　　B. 是在统计总体内部进行的

C. 是在统计总体之间进行　　D. 对总体而言是“分”

E. 对个体而言是“合”

四、判断题

1. 在进行统计分组时，总体中的任何一个单位可能同时归属于两个或两个以上的组。（ ）

2. 分组标识可以是品质标志，也可以是数量标志。（ ）

3. 统计分组既是一种资料整理方法，又是一种统计分析方法。（ ）

4. 设计统计分组的基本原则是，必须保证某一标志在组内各单位之间，以及组与组之间都应具有差异性。（ ）

5. 品质标志说明总体单位的属性特征，质量指标反映现象的相对水平或工作质量，二者都不能用数值表示。（ ）

6. 对统计资料进行分组的目的就是为了区分各组单位之间质的不同。（ ）

7. 统计分组的关键问题是确定组距和组数。（ ）

8. 组中值是根据各组上限和下限计算的平均值，所以它代表了每一组的平均分配次数。（ ）

9. 分配数列的实质是把总体单位总量按照总体所分的组进行分配。（ ）

10. 次数分配数列中的次数，也称为频数。频数的大小反映了它所对应的标志值在总体

中所起的作用程度。　（　）

11. 某企业职工按文化程度分组形成的分配数列是一个单项式分配数列。　（　）

12. 对资料进行组距式分组，是假定变量值在各组内部的分布是均匀的，所以这种分组会使资料的真实性受到损害。　（　）

13. 按数量标志分组形成的分配数列和按品质标志分组形成的分配数列，都可称为次数分布。　（　）

14. 按数量标志分组的目的，就是要区分各组在数量上的差异。　（　）

15. 统计分组以后，掩盖了各组内部各单位的差异，而突出了各组之间单位的差异。　（　）

16. 在编制等距数列时，如果全距等于56，组数为6，为统计运算方便，组距取9。　（　）

17. 常用的表示次数分布的图形有直方图、折线图和曲线图。　（　）

18. 统计整理是统计由对个别现象的认识上升到对总体现象认识的一个重要阶段，它在统计工作中起着承前启后的作用。　（　）

19. 学生考试成绩60分为及格，不足60分为不及格，这一计分规则体现了统计分组中“上组限不在其内”的原则。　（　）

20. 设计统计分组的基本原则是，必须保证某一标志在组内各单位之间，以及组与组之间都应具有差异性。　（　）

五、思考题

1. 统计整理有何意义？
2. 数据整理包括哪些内容？具体的步骤是什么？
3. 统计分组有哪些作用？
4. 选择分组标志应遵循哪些原则？
5. 分配数列有哪些种类？
6. 组距式数列所涉及的要素有哪些？
7. 累计次数有哪几种？它们各有什么作用？
8. 简述统计表的基本结构及分类。

六、综合训练

1. 某企业工人日产量如表3-24所示。

表3-24　某企业工人日产量

日产量/件	工人数/人	日产量/件	工人数/人
50～60	6	90～100	15
60～70	12	100～110	18
70～80	12	110～120	22
80～90	14	120～130	8
合　计	—	—	107

要求：

(1) 表3-24中变量数列属于哪一种变量数列？

(2) 指出表3-24中的变量、变量值、上限、下限、次数。

(3) 计算组距、组中值和频率。

2. 有20名工人看管机器台数如下。

5　4　2　4　3　4　3　5　4　3　4　3　4　3　2　6　4　4　2　5

试根据上述资料按看管机器台数编制变量数列，并计算出各组频率。用Excel绘制条形图。

3. 某企业某工种工人每日生产定额为100件，6月12日50名工人生产某种产品产量如下。

83　88　123　110　118　158　121　146　117　108
105　110　107　137　120　159　125　136　127　142
118　103　87　115　141　117　123　126　138　151
101　86　82　113　114　119　126　135　93　142
108　101　105　125　116　132　138　131　127　125

要求：

(1) 通过Excel中统计函数根据以上资料按工人日产量编制等距分配数列。

(2) 计算组距、组中值。

(3) 计算累计次数、累计频率，并绘制日产量直方图，指出资料分布的特征，并对工人生产定额完成情况作简要分析。

4. 某厂有两个车间，甲车间有职工150人，其中男性为100人，女性为50人。男性职工中高级职称职工为10人，中级职称职工为45人，其余为初级职称及初级以下。女性职工中高级职称职工为4人，中级职称职工为17人，其余为初级及以下；乙车间共有职工200人，其中男性为145人，女性为55人。男性职工中高级职称职工为19人，中级职称职工为56人，其余为初级职称及初级以下。女性职工中高级职称职工为10人，中级职称职工为15人，其余为初级及以下。根据上述资料编制复合分组表。

5. 某班40名学生统计学考试成绩如下。

75　73　72　68　75　82　97　58　81　43　79　83　81　86
76　95　76　71　60　90　88　87　65　76　72　76　85　89
64　57　78　77　72　61　70　81　68　89　92　84

学校规定：60分以下为不及格，60～70分为及格，70～80分为中，80～90分为良，90～100分为优。试将该班学生分为不及格、及格、中、良、优5组，编制一张次数分配表。并在Excel中绘制饼形结构图。

6. 某地区30个工业企业基本情况如表3-25所示。

表3-25　某地区30个工业企业基本情况

编　号	部　门	经济类型	职工人数/人
01	工业	国有	200
02	商业	国有	220
03	交通	个体	230
04	工业	集体	235
05	商业	集体	240
06	交通	个体	280

续表

编　号	部　门	经济类型	职工人数/人
07	工业	国有	290
08	工业	个体	300
09	商业	国有	310
10	交通	国有	320
11	工业	个体	340
12	商业	国有	350
13	工业	集体	360
14	商业	集体	360
15	工业	集体	440
16	工业	国有	380
17	商业	国有	400
18	商业	集体	410
19	工业	集体	410
20	工业	集体	420
21	交通	个体	420
22	商业	个体	420
23	工业	国有	480
24	交通	国有	480
25	工业	集体	500
26	交通	国有	520
27	工业	集体	520
28	工业	国有	800
29	商业	国有	800
30	工业	国有	900

试根据上述资料，以部门、经济类型、职工人数为分组标志编制如下统计表：

(1) 通过Excel统计函数编制简单平行分组体系表，并整理次数；

(2) 通过Excel统计函数编制复合分组表，并整理次数；

(3) 用经济类型和职工人数两个标志编制数据透视表。

7. 某企业职工月收入资料如表3-26所示。

表3-26　某企业职工月收入统计表

月工资/元	人数/人	频率/%	组中值
2 000以下	20		
2 000～2 500	52		
2 500～3 000	96		
3 500～4 000	24		
4 000以上	8		
合　计	200		

要求：指出表中分配数列的种类，并将表格填写完整。

8. 我国2005—2009年国内生产总值资料如表3-27所示，初步核算，2009年全年国内生产总值335 353亿元，比上年增长8.7%。分产业看，第一产业增加值35 477亿元，增长4.2%；第二产业增加值156 958亿元，增长9.5%；第三产业增加值142 918亿元，增长8.9%。第一产业增加值占国内生产总值的比重为10.6%，比上年下降了0.1个百分点；第二产业增加值比重为46.8%，下降了0.7个百分点；第三产业增加值比重为42.6%，上升了0.8个百分点。

表3-27　我国2005—2009年国内生产总值

年　份	2005	2006	2007	2008	2009
国内生产总值/亿元	184 937	216 314	265 810	314 045	335 353

资料来源：山东省统计局．地方年度统计公报［EB/OL］．［2010-12-25］．http：//www.stats.gov.cn/tjgb/ndtjgb/dfndtjgb/t20100401_402641743.htm。

要求：

（1）根据以上资料用Excel绘制我国历年国内生产总值柱形图；

（2）根据以上资料用Excel绘制我国2009年第一产业、第二产业、第三产业国内生产总值饼形结构图。

第四章 综合指标

【任务驱动】

统计分析最基本的方法是综合指标法。综合指标有总量指标、相对指标、平均指标、变异指标4种类型。本章讲述综合指标的种类、特点及计算方法。要求理解总量指标的概念和作用，时期指标和时点指标的含义和区别；掌握各种相对指标的概念和作用及具体计算方法；理解平均指标的概念和作用，正确掌握各种平均数的计算方法；理解标志变异指标的概念、作用以及掌握标志变异指标的计算和运用；掌握Excel在综合指标计算中的应用。

引导案例

开店选址之调查人口与购买力分析

开店选址前要进行调查人口与购买力分析，所需调查的项目包括：常住人口数；家庭及构成；人口密度；教育程度；从事行业；自然增加率；社会增加率；家庭人均收入；白天流动人口数；年龄构成；家庭年支出及支出结构。现就一些主要项目分述如下。

一、家庭人口及收入水平

家庭状况是影响消费需求的基本因素。家庭特点包括人口、家庭成员年龄、收入状况等。例如，每户家庭的平均收入和家庭收入的分配，会明显地影响未来商店的销售。如所在地区家庭平均收入提高，则会增加家庭对选购商品数量、质量和档次的要求。家庭的大小也会对未来的商店销售产生较大影响。例如，一个两口之家的年轻人组成的家庭，购物追求时尚化、个性化、少量化；而一个三口之家的家庭（有一个独生子女），则其消费需求几乎是以孩子为核心来进行的。家庭成员的年龄也会对商品具有不同需求。例如，老龄化的家庭其购物倾向为购买保健品、健身用品、营养食品等；而有儿童的家庭则重点投资于儿童食品、玩具等。

二、人口密度

一个地区的人口密度，可以用每平方公里的人数或户数来确定。一个地区人口密度越高，则选址商店的规模可相应扩大。

要计算一个地区的白天人口，即户籍中除去幼儿的人口数加上该地区上班、上学的人口数，减去到外地上班、上学的人口数。部分随机流入的客流人数不在考察数之内。

白天人口密度高的地区多为办公区、学校文化区等地。对白天人口多的地区，应分析其消费需求的特性进行经营。例如，采取延长下班时间、增加便民项目等以适应需要。

人口密度高的地区，到商业设施之间的距离近，可增加购物频率。而人口密度低的地区吸引力低，且顾客光临的次数也少。

三、客流量

一般在评估地理条件时，应认真测定经过该地点行人的流量，这也就是未来商店的客流量。人流量的大小同该地上下车人数有较大关系。上下车人数的调查重点为：各站上下车乘客人数历年来的变化；上下车乘客人数越多的地方越有利；上下车乘客人数若减少，又无新的交通工具替代的情况下，商圈人口也会减少。

根据车站出入的顾客年龄结构，可了解不同年龄顾客的需求。一般而言，调查人口集聚区域是企业选择立地的重点，如居住人口集聚区（如新建小区、居民居住集中区等）；日常上班的场所、学校、医院等，为白天人口集结之场所，也是人口聚集地区；火车站、汽车站、地铁站等是人们利用交通工具的集结点，也是人口聚集之处；体育场、旅游观光地及沿途路线也是人们集聚活动的场所。

四、购买力

商圈内家庭和人口的消费水平是由其收入水平决定的，因此，商圈人口收入水平对地理条件有决定性的影响。家庭人均收入可通过入户抽样调查获取。比如北京西郊某商厦在立地之初，就对周围商圈一至二公里的居民按照分群随机抽样的方法，抽取出家庭样本2 000个。经过汇总分析，这2 000户居民中，人均收入在月千元左右的约占50%，500～1 000元的占20%，1 000～1 500元的占20%，人均月收入500元以下的10%；人均月收入2 000元以上的约占10%。由此说明，该地区居民大都系工薪族家庭，属于中等收入水平。

企业在选择立地时，应以处于青年和中年层顾客，社会经济地位较高，可支配收入较多者居住区域作为优先选址为佳。

（资料来源：开店选址之调查人口与购买力分析［EB/OL］.（2006-10-16）［2010-12-25］. http：//www.daynews.com.cn/sjdsb/Aban1324/A21/28173.html）

讨论与思考

1. 开店选址进行调查有什么意义？应从哪些方面进行调查？
2. 进行调查时可采用的调查方法有哪些？
3. 什么是总量指标、相对指标、平均指标、标志变异指标？分析有哪些种类？应怎样计算？
4. 结合本案例指出下列指标属于哪一种类？

（1）常住人口数；（2）家庭及构成；（3）人口密度；（4）教育程度；（5）从事行业；（6）自然增加率；（7）社会增加率；（8）家庭人均收入；（9）白天流动人口数；（10）年龄构成；（11）家庭年支出及支出结构。

【教学内容】

第一节 总量指标

一、总量指标的概念

总量指标是对统计调查来的原始资料通过个体的汇总相加而得到的总体数据，是统计整理阶段的直接成果，它的数值大小随着研究范围的大小而增加、减少，只有有限总体才能计算总量指标。总量指标是用绝对数的形式表示的，又称统计绝对数。有时，总量指标也表现为经济现象总体在不同时间、条件下数量发生变化的绝对差数。例如，表示总规模的总量指标：总人口总数、企业数、机器台数等；表示总体工作总量的总量指标：国民生产总值、居民储蓄存款余额、工资总额、利润总额等。

总量指标是国民经济最基本的统计指标，是认识客观事物的起点；是编制计划，制定政策，实行科学管理的重要依据；总量指标还是计算相对指标和平均指标的基础，相对指标和平均指标是总量指标的派生指标。所以，总量指标是否科学、正确，将直接关系到相对指标和平均指标的科学性和准确性。

二、总量指标的种类

（一）按说明总体内容不同来分，总量指标可分为总体单位总量指标和总体标志总量指标

1. 总体单位总量指标

总体单位总量指标是指一个统计总体所包含的总体单位的总个数，即总体单位数量。例如，工业企业这一总体的工业企业数；全国人口总体的人口数等。总体单位总量决定着一个统计总体的规模大小。

2. 总体标志总量指标

总体标志总量指标是指总体中各单位某一数量标志值的总和。如全国工业总产值是将每一个工业企业的总产值加总后得到的标志总量；某种农作物的总产量是将播种的所有该种农作物的产量相加后得到的标志总量；全班总分数是每个同学分数的总和。

例如，研究某企业职工工资情况，全体职工构成总体，每一名职工是单体单位，将每一名职工累加是企业职工人数 600 人，是总体单位总量指标，将每一名职工的月工资标志值加总是 1 月份企业工资总额为 190 万元，是总体标志总量指标。

在一个特定的总体内，只存在一个单位总量，而同时并存多个总体标志总量指标，构成一个总量指标体系。一个总量指标究竟是属于单位总量还是标志总量，并不是固定不变的，而是随着研究目的的不同和研究对象的变化而定。

（二）按反映的时间状况不同来分，总量指标分为时期指标和时点指标

1. 时期指标

时期指标是说明某社会经济现象在一段时间内某种标志值积累的总量。例如，产品

产量、商品销售量（额）、工资总额、国民（内）生产总值、人口出生数等都是时期指标。

2. 时点指标

时点指标是社会经济现象在某一时刻（瞬间）状态上所表现的数量。例如，人口总数、耕地面积、物资库存量、工业企业个数、商业网点数、固定资产的价值、黄金储备量等指标都是时点指标。

时期指标和时点指标的区别如下。

(1) 时期指标数值是连续登记而计算的累计数；时点指标数值只能间断计数，通常是隔一段时间（一般间隔一年或一年以上）登记一次。

(2) 时期指标各期数值可以累计相加，相加以后表示更长时期的累计总量。例如，将年内每个月的产量连续相加就得到了年产量；时点指标各期数值不能累计相加，相加没有意义。

(3) 时期指标数值的大小与包含的时期长短有关，一般地，时期越长，指标数值越大；时点指标数值的大小与时点之间的间隔长短没有直接关系。

（三）按使用的计量单位不同，总量指标可以分为实物指标、价值指标、劳动量指标

1. 实物指标

实物指标是采用实物单位计量的总量指标，用于表现经济现象总的使用价值总量。实物指标特点是它直接反映事物的使用价值和现象的具体内容，能具体表明事物的规模和水平，但实物指标的综合性能较差，不能反映多种不同类事物的总规模、总水平，即实物单位不同的总量指标无法进行汇总。

2. 价值指标

价值指标是采用货币单位计量的总量指标，用于表现经济现象总体的价值总量。价值指标充分弥补了实物指标不能跨实物形态而综合的缺点，可以综合说明不同使用价值的总水平、总规模，具有广泛的综合性和概括性，但它脱离了事物的具体内容，比较抽象，计算中受价格波动的影响，实际计算中通常使用现行价格和不变价格。因此，价值指标常和实物指标结合使用。

3. 劳动量指标

劳动量指标是用劳动时间来表示，如工时、工日等为单位计算的产品产量或完成的工作量。由于具体条件不同，不同企业的劳动量指标不具有可比性，所以劳动量指标多限于企业内部在确定劳动定额、计算劳动生产率、编制和检查生产作业计划等时使用。

三、总量指标的计量单位

（一）实物单位

实物单位是根据社会经济现象的自然属性、物理属性或化学属性确定的计量单位，它包括以下 5 种。

1. 自然单位

自然单位是根据现象的自然属性而约定俗成的一种计量单位，如人口总数以“人”为计量单位，鞋以“双”为计量单位，机床以“台”为计量单位等。

2. 度量衡单位

度量衡单位是人们根据现象的物理属性或化学属性，确定统一的度量衡制度而规定的计量单位，如长度、重量、面积、体积等，如布匹以“米”为度量单位。度量衡单位的采用主要是由于某些现象无法用自然单位来计量，如水、粮食等，也有一些现象虽然可以用自然单位来计量，但用度量衡单位更为精确，如鸡蛋、西瓜等，可以用“个”作计量单位，但是由于它们的重量不等，不如采用度量衡单位“千克”更能精确表达事物的数量。

3. 双重单位或多重单位

双重单位或多重单位是由两个或两个以上的实物单位平行构成、中间以斜线分开的计量单位。如发电机以“台”/“千瓦”为计量单位，重型起重设备以“吨”/“台”为计量单位，船舶以“排水量（吨）”/“马力”/“艘”为计量单位等。

4. 复合单位

复合单位是将两种实物单位综合起来，以乘积的关系来表达的一种计量单位，如货物运输量以“吨公里”为计量单位，发电量以“千瓦时”为计量单位等。

5. 标准实物单位

在对有些社会产品进行实物量统计时，为更准确地反映产品的使用价值，需要将性质和用途相同而规格、型号、能力或化学成分含量不同的同类产品按照统一规定的标准实物单位进行折算，如牌号、马力不同的拖拉机以15匹马力为一个标准台进行折算，硫酸、化肥等化工产品以化学成分含量100%为标准单位来折算等。

（二）货币单位

货币单位是以货币来计量社会财富和劳动成果的价值量的一种计量单位，如工业总产值、国内生产总值、社会商品零售总额、进出口总额等指标。

（三）劳动量单位

劳动量单位是用劳动时间来表示的计量单位。例如，工时、工日、工月、工年等。一个工人工作一个小时就是一个工时，在8小时工作制条件下，一个工日等于8个工时。

第二节 相对指标

一、相对指标的概念和作用

（一）相对指标的概念

相对指标是将两个有联系的指标对比，反映数量间相互联系程度的指标。它是用对比的方法，采用相对数的形式来反映经济现象的发展程度、结构、强度、普遍程度或比例关系的综合指标，又称统计相对数。

（二）相对指标的作用

1. 相对指标反映现象间的相互联系、对比关系及对比程度

相对指标能在总量指标的基础上更深入地分析说明各种现象的相对水平和发展变化程

度，如计划完成程度、国民经济发展速度等。相对指标都是从某个方面说明了研究总体的数量对比关系。企业资金利税率综合反映企业的经济效益，说明一定数量的资金能获得多大比例的纯收益。统计分析的前提是事物或现象间的差异性，而差异性要通过比较才能表现出来，只有通过比较，才能说明事物的优劣、高低、多少、强弱。因此，统计因比较而存在，比较的方法也就成为统计的基本方法。

2. 把现象的绝对差异抽象化，使一些不能直接对比的现象进行对比

相对指标比总量指标有着更广泛的应用领域，它通过不同指标数值的对比，将现象总体数量上的绝对差异抽象化，可以使那些规模、条件不同，无法直接对比的现象找到对比的基础。例如，比较国家或地区间的经济实力就不能使用生产总值、产品产量等总量指标进行直接对比，而应该使用人均国内生产总值、人均主要产品产量、发展速度、经济效益指标等，消除了规模影响的相对指标来进行对比才科学。同时，相对分析比绝对分析更能深刻地揭示客观现象之间的数量联系，能更准确地反映现象之间的数量差异，是对总体数量特征分析的深化。

3. 说明总体内在的结构特征，为深入分析事物的性质提供依据

在社会经济管理中，在财政、信贷、物资、外汇内部和它们相互之间，都有一个供需平衡、协调发展的要求，通过相对指标的计算，掌握它们合理的结构比例，才能保证社会经济持续、稳定地发展。

二、相对指标的数值表现形式

（一）无名数

无名数是一种抽象化的数值，是一种没有计量单位的数值。有以下几种。

1. 百分数

百分数是将对比的基数（分母）抽象化为 100，而计算的数值，如计划完成程度、产品合格率等都是用百分数来表示。

2. 千分数或万分数

千分数或万分数是将对比的基数（分母）抽象化为 1 000 或 10 000 而计算的数值，千分数和万分数一般在分子比分母小许多时使用，以保持较高的精度，如人口增长率用千分数表示，每万人中的科技人员是用万分数表示。

3. 系数和倍数

系数和倍数是将对比的基数（分母）抽象化为 1，而计算的数值。当分子比分母大得多时用倍数表示，如工资等级系数，甲企业产量是乙企业的 2.6 倍。

4. 成数

成数是将对比的基数（分母）抽象化为 10，而计算的数值，如粮食产量增产 1 成，即增长 1/10。

（二）有名数

有名数是用文字形式的计量单位来表示的相对数。通常情况下是同时采用分子与分母的双重计量单位，主要用在强度相对指标中。例如，人口密度指标以“人/平方公里”为单位，劳动力的动力装配程度指标以“千瓦/人”为单位等，人均粮食产量以“千克/人”

为单位等，用以表明事物的密度、强度和普遍程度。但也有一些有名数既不使用分子的计量单位，也不使用分母的计量单位，如商品流转速度指标以“次”或“天”为计量单位。

三、相对指标的种类及计算方法

（一）结构相对指标

1. 结构相对指标的概念和计算

结构相对指标是根据分组法，将总体划分为若干部分，然后以各部分的数值与总体指标数值对比而计算的比重或比率，来反映总体内部组成状况的综合指标。指标数值一般采用百分数或成数表示。用公式表示如下

$$结构相对指标=\frac{总体内部分数值}{总体全部数值}$$

结构相对指标的分子与分母不能互换位置使用，它的分子或分母可以是总体单位数，也可以是标志总量。结构相对指标是以分组法为基础的，总体中所有组成部分所占比重之和为100%或1。表4－1所示山东省历年城镇居民家庭恩格尔系数即为结构相对数。

表4－1　山东城镇居民家庭年人均现金收支

单位：元

年　份	家庭总支出	食品支出	城镇居民家庭恩格尔系数/%
甲	(1)	(2)	(3)＝(2)÷(1)
2004	9 025.61	2 310.66	25.60
2005	9 888.94	2 512.73	25.41
2006	11 717.46	2 711.65	23.14
2007	13 188.51	3 180.64	24.12
2008	14 646.42	3 699.42	25.26

资料来源：《2009山东统计年鉴》。

注：国际上常用恩格尔系数来衡量一个国家和地区人民生活水平的状况。根据联合国粮农组织提出的标准，恩格尔系数在59%以上为贫困，50%～59%为温饱，40%～50%为小康，30%～40%为富裕，低于30%为最富裕。

2. 结构相对指标的作用

结构相对指标有以下几种作用。

（1）结构相对指标可以用来分析总体内部构成情况，说明事物的性质和特征。例如，男性比重、产品合格率、生产工人占全体职工的比重等。

（2）将不同时间上的结构相对指标进行对比分析，可以说明事物的变化过程和发展规律。从发展的角度来看，事物的变化通常是从内部的结构变化开始的，它反映着事物发展的不同阶段和水平的量变和质变过程。例如，计算不同时期食物支出额占家庭或个人消费支出总额的比重，可大体了解一个国家或地区在不同时期公民生活的贫富程度，分析脱贫致富的

变化过程和规律。

(3) 结构相对指标可用来说明事物的素质状况和工作质量。例如，技术进步因素占总产出的比重可以反映一个国家或地区的技术进步情况，各种文化程度的人口占总人口的比重可以说明人口的文化素质情况，合格品率可以说明产品生产过程的工作质量，等等。

(4) 从总体各组成部分之间的关系来看，总体各组的结构相对指标可以说明该组在总体中的地位和作用，这对于计算和应用平均指标有着特殊的意义。

（二）比例相对指标

1. 比例相对指标的概念和计算

比例相对指标是将总体中不同组成部分的指标数值进行对比而计算的综合指标，用以反映总体中各组成部分之间的数量联系程度和比例关系。其计算公式如下

$$\text{比例相对指标}=\frac{\text{总体中部分数值}}{\text{同一总体中另一部分数值}}$$

比例相对指标可以用百分数表示，也可用几比几的形式表示。比例相对指标的分子与分母可以互换位置使用，但是，像出生婴儿的性别比例等比例相对指标，其固定使用形式是男性在前，女性在后，在使用时不要随意更改。

2. 比例相对指标的作用

总体内部各组成部分之间存在着一定的联系，并具有一定的比例关系，在许多情况下，按比例发展是事物发展的客观要求，比例失调会招致严重的损失。通过比例关系的研究，可以认识事物按比例发展的客观要求。国民经济中有许多重大的比例关系，如轻重工业的比例关系；国民收入中积累与消费的比例关系；人口的性别比例关系；三产业的比例关系；农业中农、林、牧、渔的比例关系等都是常用的比例相对指标。

（三）比较相对指标

1. 比较相对指标的概念和计算

比较相对指标是将同类现象在不同空间所表现的不同数量进行对比而计算的综合指标，用以反映不同地区、单位之间经济发展的不均衡程度。其计算公式如下

$$\text{比较相对指标}=\frac{\text{某一总体的某类指标数值}}{\text{另一总体的同类指标数值}}$$

比较相对指标一般用系数、倍数或百分数来表示。一般情况下，比较相对指标的分子与分母可以相互对换位置。

2. 比较相对指标的作用

比较相对指标属于静态对比关系，也称为横向对比。它可以是绝对数的对比，也可以是相对数或平均数的对比。由于绝对数容易受总体空间范围的影响，因此计算比较相对指标多采用相对数或平均数。根据不同的研究目的，比较相对指标可以用于不同国家、地区、单位之间经济实力的比较，也可以用于先进与落后之间的比较，还可以用于实际水平与标准水平或平均水平的比较，从而找出差距，挖掘潜力，提高工作质量，以促进经济的发展。例如，2014 年中国名义国内生产总值（GDP）达到 636 463 亿元人民币，排在世界第二位。中国的

GDP 已远远超过日本，相当于日本的两倍多。[①]

（四）强度相对指标

1. 强度相对指标的概念和计算

强度相对指标是两个性质不同而有一定联系的总量指标的比值，用以反映社会经济现象的发展强度、分布密度和普遍程度等。其计算公式如下

$$\text{强度相对指标}=\frac{\text{某一总量指标}}{\text{另一性质不同而有联系的总量指标}}$$

强度相对指标一般以复名数表示，如人均粮食产量用“千克/人”、人口密度用“人/平方公里”、每万亩耕地拥有拖拉机台数等都是强度相对指标，也有时用百分数或千分数表示，例如

$$\begin{aligned}\text{人口自然增长率}&=\frac{\text{年内出生人口数}-\text{年内死亡人口数}}{\text{年平均人口数}}\times 1\,000‰\\&=\frac{\text{年内人口自然增长数}}{\text{年平均人口数}}\times 1\,000‰\\&=\text{人口出生率}(‰)-\text{人口死亡率}(‰)\end{aligned}$$

又如，商品流通费用与商品销售额对比得出的商品流通费用率，则用百分数表示。

有少数反映社会服务行业的负担情况或保证程度的强度相对指标，其分子和分母可以互换，即采用正算法计算正指标，用倒算法计算逆指标。正指标数值越大，表明所研究的经济现象分布越密，实力越强，强度和普遍程度越高；逆指标数值越大，表明经济现象的分布越疏，实力越弱，强度和普遍程度越低。在实际工作中，一般根据指标对比的经济意义以及传统习惯用法，只选择一种形式。例如

$$\text{商业网点密度(正指标)}=\frac{\text{零售商业机构数(个)}}{\text{地区人口数(千人)}}$$

$$\text{商业网点密度(逆指标)}=\frac{\text{地区人口数(千人)}}{\text{零售商业机构数(个)}}$$

有些强度相对指标含有平均的意义，如人均国民生产总值、人均钢产量、家庭人均年收入、人均粮食产量等带有平均的意思，都是强度相对指标。它与平均指标的表现形式十分相似，但两者之间有本质区别。平均指标是同一总体的标志总量与单位总量之比，每个总体单位都有相应的标志值与之对应。强度相对指标是两个不同总体的总量指标对比，两个总体之间不存在严格的对应关系。

2. 强度相对指标的作用

强度相对指标是重要的统计分析指标，它可以反映一个国家或地区的经济实力，如人均国内生产总值、人均主要产品产量、家庭人均年收入、人均粮食产量。还可以反映一个部门为社会服务的能力，如医疗网密度、商业网点密度等。强度相对指标还被应用于反映生产的条件或效果，如以生产条件相互对比而计算的各种装备程度指标，将生产成果与生产条件对比计算的各种效率（效益）指标等，如表 4－2 所示。

---

① 资料来源：http：//www.cankaoxiaoxi.com/finance/20150121/635370.shtml.

例如，2009 年我国全年生产安全事故死亡 83 196 人，比上年下降 8.8%。亿元国内生产总值生产安全事故死亡人数为 0.248 人，下降 20.5%；工矿商贸企业就业人员 10 万人生产安全事故死亡人数为 2.4 人，下降 14.9%；煤矿百万吨生产安全事故死亡人数为 0.892 人，下降 24.5%。全年共发生道路交通事故 23.8 万起，造成 6.8 万人死亡，27.5 万人受伤，直接财产损失 9.1 亿元；道路交通万车死亡人数为 3.6 人，减少 0.7 人。①

表 4-2　2009 年山东省城镇每百户居民家庭主要耐用消费品拥有量

消费品名称	单　位	数　量
钢琴	架	3.4
微波炉	台	50.6
电冰箱	台	100.9
消毒碗柜	台	7.5
淋浴热水器	台	87.0
洗衣机	台	94.5
彩色电视机	台	120.9
组合音响	套	23.3
家用电脑	台	71.1
摄像机	架	9.7
照相机	架	52.8
空调器	台	95.2
固定电话	部	75.5
移动电话	部	190.0
健身器材	套	6.7
助力车	辆	51.7
摩托车	辆	35.8
家用汽车	辆	16.1

资料来源：山东省统计局．地方年度统计公报［EB/OL］．［2010-12-25］．http：//www.stats.gov.cn/tjgb/ndtjgb/dfndtjgb/t20100401_402641743.htm。

（五）动态相对指标

动态相对指标是将同一事物在不同时间的指标数值进行对比而计算的综合指标，用以反映社会经济现象在时间上发展变化的程度，又称为发展速度。通常，将所研究、所关注的时期称为报告期，选做比较基础的时期称为基期。其计算公式如下

① 资料来源：中华人民共和国国家统计局．中华人民共和国 2009 年国民经济和社会发展统计公报［EB/OL］．(2010-02-25)［2010-12-25］．http：//www.stats.gov.cn/tjgb/ndtjgb/qgndtjgb/t20100225_402622945.htm。

$$动态相对指标=\frac{报告期指标数值}{基期指标数值}$$

动态相对指标通常以百分数表示，当分子比分母大得多时，也用倍数表示。将在时间数列一章详细论述。

（六）计划完成程度相对指标

1. 计划完成程度相对指标的概念

计划完成程度相对指标是某指标的实际完成数与计划任务数的比值，用以检查和监督计划的执行情况。其基本公式为

$$计划完成程度相对指标=\frac{实际完成数}{计划任务数}\times 100\%$$

上式中子项和母项在指标含义、计算口径、计算方法、计量单位、时间长度和空间范围等方面要一致，即具有可比性。子项和母项的位置不能互换。

由于计划任务的要求不同，对计划完成程度的评价也就有所不同。有些计划指标是按最低限额规定的，计划完成程度指标大于100%才算超额，如收入成果性指标，大于100%表示超额完成计划；有些计划指标是按最高限额规定的，实际完成数比计划数越小越好，即计划完成程度小于100%才算超额，如消耗支出性指标，成本、费用指标，小于100%表示超额完成计划；有的计划指标是不允许突破的，计划完成情况最好是100%，或略低于100%，如工资计划完成情况等。

2. 计划完成程度相对指标的计算

短期计划执行情况的考核方法。短期计划是指计划期相对较短的计划，如年度计划、季度计划、月度计划、旬计划等。由于计划数的表现形式和考核目的不同，短期计划执行情况的考核方法有以下几种。

（1）当计划数表现为绝对数和平均数时用基本公式。

【例4-1】 某企业1月份实际产量220万kg，计划产量200万kg，则计划完成程度为

$$计划完成程度=\frac{实际完成数}{计划任务数}\times 100\%=\frac{220}{200}=110\%$$

计算结果表明企业产量超额完成计划，超了10%。

【例4-2】 某企业1月份甲产品实际单位成本为45元，计划单位成本为50元，则计划完成程度为

$$计划完成程度=\frac{实际完成数}{计划任务数}\times 100\%=\frac{45}{50}=90\%$$

计算结果表明企业甲产品的单位成本超额完成了计划，超了10%。

（2）当计划数表现为相对数时，它是实际完成百分比和计划规定应完成百分比的比值。

【例4-3】 某企业计划规定今年劳动生产率要比去年提高4%，实际提高5%。则劳动生产率计划完成程度为

$$计划完成程度（\%）=\frac{实际完成程度（\%）}{计划规定的完成程度（\%）}$$

$$=\frac{100\%+5\%}{100\%+4\%}=100.96\%$$

计算结果表明企业劳动生产率超额完成计划，超了0.96%。

【例4-4】某企业甲产品单位成本计划比去年降低5.5%，实际降低6.5%，则计划完成程度为

$$甲产品单位成本计划完成（\%）=\frac{100\%-6.5\%}{100\%-5.5\%}=98.8\%$$

计算结果表明甲产品单位成本超额完成计划，超了1.1%。

(3) 计划执行进度分析。将计划期内的某一段时间为考核期，考察该段时间内完成全期计划任务的程度。其计算公式如下

$$计划执行进度指标=\frac{实际累计完成数}{全期计划数}$$

【例4-5】请根据表4-3资料，分别计算一季度、二季度、三季度的产量计划完成程度和产量计划执行进度。

表4-3 某企业某年产品产量计划执行进度情况统计表

季　度	计划数/万 t	实际数/万 t
一	900	855
二	1 000	1 100
三	1 050	1 200
四	1 050	—
合　计	4 000	—

计算结果见表4-4。

表4-4 一季度、二季度、三季度的产量计划完成程度和产量计划执行进度

季　度	计划数/万 t	实际数/万 t	计划完成/%	实际累计产量/万 t	计划执行进度/%
一	900	855	95	855	21.4
二	1 000	1 100	110	1 955	49.9
三	1 050	1 200	114.3	3 155	78.9
四	1 050	—	—	—	—
合　计	4 000	—	—	—	—

3. 长期计划执行情况的考核办法

长期计划是指计划期至少为5年的经济计划。考核长期计划的执行情况，既要从相对数上计算计划完成的程度，也要从时间上计算提前完成计划的时间。长期计划任务的下达形式有两种：一种是规定计划期末应达到的水平；另一种是规定计划期内应完成的累计总量。

(1) 累计法。当下达的计划任务是整个计划期内累计应完成的总量，例如，基本建设投资额、新增生产能力、造林面积等，用累计法检查计划完成程度。其计算公式如下

$$计划完成程度=\frac{计划期间累计完成数}{计划期任务数}\times 100\%$$

【例 4-6】 某企业 5 年计划投资为 15 000 万元，实际投资为：一年为 4 000 万元、二年 3 500万元、三年 2 000 万元、四年 2 500 万元、五年 3 400 万元。又知第 5 年 8 月底完成已达 15 000 万元，则

$$计划完成程度=\frac{4\ 000+3\ 500+2\ 000+2\ 500+3\ 400}{15\ 000}\times 100\%=102.7\%$$

计算结果表明，企业超额完成了投资计划的 2.7%，提前 4 个月完成计划。

采用累计法考核长期计划执行情况时，如果从计划期期初开始累计至计划期内某一时间为止的实际数达到了计划规定的累计数，这时就算完成了计划，以后至计划期末所剩的时间为提前完成计划的时间。

(2) 水平法。当计划任务是规定计划期末年应达到的水平，如产量、商品零售额、产值、客运、货运量等，可用水平法检查计划完成程度。其计算公式如下

$$计划完成程度=\frac{计划期末期实际达到水平}{计划期末期计划达到水平}$$

【例 4-7】 某产品 5 年计划规定最后一年产量达到 450 万 t，计划执行情况如表 4-5 所示。

表 4-5 某企业 5 年产量完成情况

单位：万 t

年 份	第一年	第二年	第三年		第四年				第五年			
			上半年	下半年	一季度	二季度	三季度	四季度	一季度	二季度	三季度	四季度
产 量	300	320	170	190	100	100	110	120	120	120	130	130

$$计划完成(\%)=\frac{120+120+130+130}{450}=111\%$$

计算结果表明，企业超额完成了产量计划的 11%，到第 5 年一季度完成任务数为 100+110+120+120=450 ，刚好完成了计划数，提前 3 个季度完成了计划。

采用水平法检查长期计划的执行情况时，只要是在连续一年（12 月）的时间内（可以跨日历年度）实际完成的年水平首次达到了计划规定的水平，就算完成了计划，以后至计划期末所剩下的时间就是提前完成计划的时间。

四、计算和应用相对指标应注意的问题

（一）注意指标的可比性

相对指标是两个有关的指标数值之比，对比结果的正确性，直接取决于两个指标数值的可比性。失去了可比性，则计算出的相对指标没有任何使用价值。一是要根据统计研究的目的和要求，选择能够反映事物内在联系和本质差异的指标作为对比的基础。二是要确定对比

的双方在时间、范围、条件、指标含义、计算方法、计量单位等方面的可比性。

（二）将总量指标与相对指标结合使用

总量指标可以反映现象的规模和发展水平，但是无法揭示现象之间的联系和差异。相对指标可以反映现象之间的联系和对比关系，却将现象的绝对水平抽象化了，表现出来的数量信息并不全面。因此在一般情况下，相对指标离开了据以形成对比关系的总量指标，就不能深入地说明问题。只有将相对指标和总量指标结合起来，才能对经济现象进行详细而全面的分析，并最终得出正确的结论。

（三）将各种相对指标结合使用

各种相对指标的具体作用不同，都是从不同的侧面来说明所研究的问题。为了全面而深入地说明现象及其发展过程的规律性，应该根据统计研究的目的，综合应用各种相对指标。例如，评价一个企业的生产经营情况的好坏，不仅要看总产值的增长速度，还要分析各种生产经营计划的完成情况、产值利税率、生产费用率、资金周转率、净资产利润率、物耗和成本的变动幅度、产品质量水平的提高程度等指标，从而对企业的生产经营情况进行全面的反映和综合的评价，这样才能避免因孤立地看问题而产生偏差甚至错误。

第三节 平均指标

一、平均指标的概念、特点

（一）平均指标的概念

平均指标是总体内各单位某一数量标志值一般水平的指标。

总体中，各单位数量标志值具体数值有大有小，有高有低，参差不齐，存在一定的差异。采用平均数可以使同质总体中的各个总体单位某一数量标志值之间的差异程度互相抵消，反映社会经济现象的一般水平。例如，要研究某企业职工的工资水平，每个职工的工资不尽相同，它要受工龄、学历、专业能力和水平、技术职称、行政职务、企业经济效益以及党和国家的方针政策等诸多因素的综合影响，职工的工资水平虽然有高有低，但可以用平均工资来代表职工工资收入的一般水平。再如，以单位成本代表生产消耗的一般水平，以粮食平均亩产量代表粮食生产的一般水平等。

（二）平均指标的特点

1. 平均指标是一个代表值

在同质总体中各单位间数量标志值不相同，如 50 个学生的考试分数，要用一个数说明总体各单位的一般水平，就不能用个别人的分数，也不能用全部总分数来说明，只能从众多标志值中计算出来一个数值代表众多标志值的一般水平，平均指标正是由个别标志值所组成的变量数列的代表值。例如，以产品平均单位成本代表工业消耗的一般水平，以粮食平均亩产代表粮食生产的一般水平，以平均物价代表商品价格一般水平，以平均工资代表职工一般水平等。

2. 平均指标是一个抽象化的数值

各单位存在数量差异，将差异抽象化，掩盖了数量间的差异，如平均工资 3 600 元，它不代表某一具体单位数值，而是对所有存在差异的标志值的抽象化。

3. 平均指标反映总体分布的集中趋势

就多数社会经济变量数列的分布情况来看，通常是接近平均数的标志值的次数较多，而远离平均数的标志值的次数较少，而且，与平均数离差越小的标志值的次数越多，而离差越大的标志值的次数越少，形成正、负离差大致相等的状态。整个变量数列以平均数为中心而上下波动，所以平均数反映了总体分布的集中趋势，它是总体分布的重要特征。

（三）平均指标的作用

（1）概括说明总体的一般水平。总体内各同质单位虽然存在数量差异，但在计算平均数时并不考虑这种差异，用一个指标数值来说明总体的一般水平。例如，对某班或某校学生成绩的优劣，不是以个别学生的成绩来说明的，而是用全班或全校学生的平均成绩为依据的，所以平均指标具有高度的综合性和概括性。

（2）便于对比分析。一是，平均指标可以用来比较同类现象在不同地区、部门、单位（即不同总体）发展的一般水平，用以说明经济发展的高低和工作质量的好坏。例如，评价商业企业工作成绩好坏，不能直接用商品的销售额或利税额的多少来对比，因为各企业的规模大小不一，职工人数多少不同，如果用平均劳动效率、人均利润额等平均指标，就可进行对比。再如，在生产同类产品的不同企业之间进行生产消耗的比较，若采用总成本进行比较就不合理，因其数值大小受产量高低的影响，而采用单位产品成本就可以消除产量高低对生产消耗的影响。二是，对同一总体在不同时间一般水平的变动进行对比分析，可以研究现象发展变化的规律和趋势。例如，将工人平均工资在不同年份进行对比，说明随着经济的不断发展，职工的工资收入有了较大幅度的增长，职工的生活水平有了很大的改善。

（3）是制订定额计划的重要依据。在企业里一般用平均数、先进平均数等平均指标来制订生产定额计划，保证大多数工人经过努力能完成定额，少数人努力可以完成，用平均指标来考核和评定工人劳动效率和生产消耗定额情况。

（4）用来分析现象之间的数量依存关系，反映现象数量内在规律性。人们要研究事物数量的内在规律大都有平均指标，例如，人们的身高趋近于平均身高，世界各地各年发生重大自然灾害的频率大约相等。“平均数规律”是一个非常重要的数量现象。例如，分析施肥量和农作物的平均变量的依存关系、劳动生产率和平均单位成本间的依存关系等都用到平均指标。

（5）用来估计、推算和计算其他有关的指标。在统计的估计推算中，常常利用部分单位的平均指标推算总体平均指标，或者以总体平均数来推算总体标志总量，用平均数计算标准差、平均差、相关系数等。

二、平均指标的种类

1. 按计算方式的不同，平均指标分为数值平均数和位置平均数

（1）数值平均数。数值平均数是根据总体各单位所有标志值来计算的，如算术平均数、

调和平均数、几何平均数都称为数值平均数。算术平均数是统计研究中最常用、最基本的数值平均数。

（2）位置平均数。位置平均数是根据标志值所处的特殊位置来确定的，如中位数和众数都称为位置平均数。当现象总体包含有极大或极小标志值的单位时，尤其适合于计算众数和中位数。因为算术平均数和调和平均数均会受到极端标志值的影响，而众数、中位数不受极端标志值的影响，比平均数更具有代表性。

2. 按反映的时间状态，平均指标分为静态平均数和动态平均数

（1）静态平均数。静态平均数是指同一时期的同类社会经济现象的不同数值的平均，通常所说的平均数大多是指这种平均数。

（2）动态平均数。动态平均数是指不同时期的同类社会经济现象的不同数值的平均数，又叫序时平均数。在时间数列一章论述。

三、平均指标的计算

（一）算术平均数

算术平均数的计算方法是与许多社会经济现象的数量关系相符合，即许多社会经济现象总体各单位的标志值之和等于总体标志总量。基本公式如下

$$\text{算术平均数}=\frac{\text{总体标志总量}}{\text{总体单位总量}}$$

算术平均数与强度相对数的区别如下。

（1）算术平均数对比的分子和分母是同一总体的标志总量和单位总量；强度相对指标对比的分子和分母是两个不同总体现象总量。

（2）算术平均数分子中的每一个标志量都是由分母中的每一个单位来承担，分子的标志值个数和分母的单位数存在着对应关系；强度相对指标对比的分子分母在数量上没有对应关系。

（3）平均标志反映现象总体某种数量特征的一般水平。强度相对指标反映现象的程度、密度和普遍程度。所以，如人均国民生产总值、人均粮食产量、人均钢产量之类的指标，虽然带有“平均”的字样，但它们都不是平均指标，而是强度相对指标。

1. 简单算术平均数

简单算术平均数是指各个标志值加总得到标志总量，然后除以总体单位总量。

$$\overline{x}=\frac{x_1+x_2+x_3+\cdots+x_n}{n}=\frac{\sum x}{n}$$

适用条件是各标志值对应的单位都相等，即资料未经过统计分组或分组后各组单位数相等。

【例 4-8】 某车间 10 名工人的日产量分别为 26、25、20、28、24、21、24、20、24、23 件，计算 10 名工人的平均日产量。

解： $\overline{x}=\frac{\sum x}{n}=\frac{26+25+20+28+24+21+24+20+24+23}{10}=23.5$（件/人）

2. 加权算术平均数

在实际工作中，汇总和计算总体标志总量的资料常常是大量的，计算方法虽然简单，工作量却很大。所以一般不是根据原始资料一一加总计算简单算术平均数，而是根据经过分组整理后编制的变量数列来计算加权算术平均数。在分配数列条件下，一般来说，次数就是权数，但也有时次数是不合适的权数，这在根据相对数或平均数求平均数时经常遇到。这时选择的权数，使各组的标志值和权数的乘积等于各组的标志总量，这样才具有实际经济意义。其计算公式为

$$\overline{x}=\frac{\sum xf}{\sum f}$$

式中：x——各组变量值；

f——各组次数（权数）；

$\sum$ ——连续相加的符号。

权数有两种表现形式：一是绝对数的形式，次数或频数 f；二是相对数的形式，频率。当权数为相对数频率 $\frac{f}{\sum f}$ 时，替代公式 $\overline{x}=\frac{\sum xf}{\sum f}$ 中的 f 得到如下加权算术平均数公式的变形

$$\overline{x}=\sum x\frac{f}{\sum f}$$

加权算术平均数的大小受两个因素的影响：一是受变量值大小的影响；二是受次数分配值即各组次数占总次数比重的影响。各组次数具有权衡各组变量值轻重的作用，某一组的次数越大，则该组的变量值对平均数的影响就越大，反之越小。在权数相等的条件下，加权算术平均数等于简单算术平均数。

当 $f_1=f_2=\cdots=f_n$ 时，则有 $\overline{x}=\frac{\sum xf}{\sum f}=\frac{f\sum x}{nf}=\frac{\sum x}{n}$ 。

1）由单项变量数列计算算术平均数

【例 4－9】某商店售货员人数及月工资资料如表 4－6 所示。

表 4－6　某商店售货员人数及月工资情况

按售货员工资分组/元 x	售货员人数/人 f	各组工资额/元 xf
3 750	4	15 000
4 300	3	12 900
5 100	7	35 700
5 900	3	17 700
6 900	3	20 700
合　计	20	102 000

要求：根据表中资料计算售货员平均工资。

解：售货员按工资进行分组，有了次数，应用加权算术平均法计算。

$$\overline{x}=\frac{\sum xf}{\sum f}=\frac{102\ 000}{20}=5\ 100\text{（元/人）}$$

【例 4-10】某商店售货员月工资及相关资料如表 4-7 所示。

表 4-7　某商店售货员月工资及相关资料

按售货员工资分组/元 x	每组售货员人数占总人数比重/% f	$x\cdot\frac{f}{\sum f}$
3 750	20	750
4 300	15	645
5 100	35	1 785
5 900	15	885
6 900	15	1 035
合　计	100	5 100

解：掌握的权数是频率，应用加权算术平均数公式的变形来计算。

$$\overline{x}=\sum x\frac{f}{\sum f}=5\ 100\text{（元/人）}$$

2）由组距数列计算平均数

由组距数列计算平均数要计算组中值，组中值有一定假定性，即假定各单位标志值在组内是均匀分配的，所以组中值与组平均数间必然有一定误差。

【例 4-11】某企业工人日产量资料如表 4-8 所示。

表 4-8　某企业工人日产量分组情况

工人按日产量分组/kg	工人数/人 f	组中值 x	xf
30 以下	10	25	250
30～40	70	35	2 450
40～50	90	45	4 050
50 以下	30	55	1 650
合　计	200	—	8 400

要求：计算工人平均日产量。

解：已知资料是组距变量数列，要计算组中值作为组平均数。

$$\overline{x}=\frac{\sum xf}{\sum f}=\frac{8\ 400}{200}=42\text{（kg/人）}$$

（二）调和平均数

调和平均数是各变量值倒数的算术平均数的倒数，所以又叫倒数平均数，调和平均数也有简单调和平均数和加权调和平均数两种。

【例 4－12】 市场上某种蔬菜的价格为早晨 2.5 元/kg，中午 2 元/kg，晚上 1 元/kg。下面分不同情况进行计算。

（1）现在每种菜各买 1 kg，求平均价格。

简单算术平均法：
$$\overline{x}=\frac{\sum x}{n}=\frac{2.5+2+1}{1+1+1}=1.83\ （元/kg）$$

（2）现在早晨买 6 kg，中午买 14 kg，晚上买 21 kg，求平均价格。

加权算术平均法：
$$\overline{x}=\frac{\sum xf}{\sum f}=\frac{2.5\times 6+2\times 14+1\times 21}{6+14+21}=1.56\ （元/kg）$$

（3）现在每种菜各买 1 元，求平均价格。

简单调和平均数公式：
$$\overline{x}=\frac{n}{\sum \frac{1}{x}}=\frac{1+1+1}{\frac{1}{2.5}+\frac{1}{2}+\frac{1}{1}}=1.58\ （元/kg）$$

（4）现在早晨买 5 元，中午买 10 元，晚上买 20 元，求平均每千克的价格。

加权调和平均数公式：
$$\overline{x}=\frac{\sum m}{\sum \frac{m}{x}}=\frac{5+10+20}{\frac{5}{2.5}+\frac{10}{2}+\frac{20}{1}}=1.3\ （元/kg）$$

在实际中，往往由于缺乏总体单位数的资料而不能直接计算算术平均数，故需用调和平均法来求得平均数。调和平均数是算术平均数的一种变形，即当 $m=xf$ 时，公式为

$$\overline{x}=\frac{\sum m}{\sum \frac{m}{x}}=\frac{\sum xf}{\sum f}$$

因此在统计工作中，调和平均数常被作为算术平均数的变形来使用。根据资料情况，当掌握各单位标志值和相应次数资料时，计算平均数采用加权算术平均数公式；当掌握各单位标志值和各组标志总量时，采用加权调和平均数公式。

在运用调和平均数时所有标志值的权数相等时，就可采用简单调和平均数代替加权调和平均数。即当 $m_1=m_2=\cdots=m_n=m$ 时

$$\overline{x}=\frac{\sum m}{\sum \frac{m}{x}}=\frac{nm}{m\sum \frac{1}{x}}=\frac{n}{\sum \frac{1}{x}}$$

1. 由绝对数资料求调和平均数

【例 4－13】 调查学生月生活费资料如表 4－9 所示。

表 4-9 学生月生活费资料

按学生月生活费分组/元	每组学生的月生活费总额/元 m	组中值 x	每组学生数/个 $\frac{m}{x}$
500 以下	500	250	2
500～600	1 400	350	4
600～700	4 500	450	10
700～800	3 850	550	7
800～900	3 250	650	5
900 以上	1 500	750	2
合　计	15 000	—	30

要求：计算学生平均月生活费。

解：根据资料分析应用加权调查平均数公式计算。

$$\overline{x}=\frac{\sum m}{\sum \frac{m}{x}}=\frac{15\ 000}{30}=500\ (\text{元/人})$$

2. 由相对数资料求调和平均数

【例 4-14】某企业 15 个班组产量计划完成情况如表 4-10 所示。

表 4-10 某企业 15 个班组产量计划完成情况

各班组按月产量计划完成程度分组/%	生产班数/个	实际月产量/件 m	组中值/% x	计划月产量/件 $\frac{m}{x}$
80～90	1	30	85	35
90～100	4	70	95	74
100～110	6	140	105	133
110～120	3	50	115	43
120～130	1	10	125	8
合　计	15	300	—	294

要求：计算各班组的月产量平均计划完成程度。

解：计划完成程度的计算公式与计划产量和实际产量有关，而与生产班组数无关。

$$\overline{x}=\frac{\sum m}{\sum \frac{m}{x}}=\frac{300}{294}=102.11\%$$

3. 由平均数资料求调和平均数

【例 4-15】某企业采购员先后采购 5 批原材料的情况如表 4-11 所示。

表 4-11　某企业采购 5 批原材料情况

采购材料批次	价格/（元/kg）x	采购金额/元 m	采购量/kg $\frac{m}{x}$
第 1 批	20	31 000	1 550
第 2 批	28	29 000	1 036
第 3 批	36	30 000	833
第 4 批	44	38 000	864
第 5 批	52	35 000	673
合　计	—	163 000	4 956

要求：计算 5 批原材料的平均价格。

解： 计算平均价格与 5 次采购的采购金额与采购量有关，而与采购次数“5”无关。

$$\overline{x}=\frac{\sum m}{\sum \frac{m}{x}}=\frac{163\ 000}{4\ 956}=33\ (\text{元/kg})$$

（三）几何平均数

几何平均数适用的条件：一是各变量值连乘积有一定经济意义，连乘等于总比率或总速度的现象都可以用几何平均法求平均比率、平均速度。如连续生产的产品合格率、连续销售的本利率、连续储蓄的本息率，连续比较的环比发展速度等都需用几何平均法；二是各变量值必须是相对数。

1. 简单几何平均数

简单几何平均数是 n 个变量值连乘积的 n 次方根，计算公式如下

$$\overline{x}=\sqrt[n]{\prod x}$$

【例 4-16】 某机械厂有 4 个连续流水作业的车间，本月份毛坯车间制品合格率为 95%，粗加工车间合格率为 92%，精加工车间合格率为 90%，装配车间合格率为 85%，求 4 个车间的平均合格率。

解： 各车间合格率之和并不等于全厂总合格率，所以不能用算术平均法，二车间合格率是在一车间全部合格的基础上计算的，以此类推，全厂总合格率等于各车间合格率的连乘积。

$$\overline{x}=\sqrt[n]{\prod x}=\sqrt[4]{0.95\times 0.92\times 0.90\times 0.85}=\sqrt[4]{0.668\ 6}$$

$$\lg\overline{x}=\frac{1}{4}\lg 0.668\ 6=\frac{1}{4}\times(-0.174\ 8)=0.043\ 7$$

$$\overline{x}=90.43\%$$

【例 4-17】 某商品从出厂到一级批发站毛利率为 8%，一级到二级批发站毛利率为 10%，二级站到零售商毛利率为 10%，零售店到消费者手中毛利率为 15%，求该商品 4 个环节的平均毛利率。

解： 应把毛利率还原为本利率，计算平均本利率后，才能推算平均毛利率。先计算平均本利率为

$$\bar{x}=\sqrt[n]{\prod x}=\sqrt[4]{1.08\times1.1\times1.1\times1.15}=\sqrt[4]{1.50282}=110.72\%$$

则平均毛利率为 10.72%。

2. 加权几何平均法

与算术平均数一样，当资料中的某些变量值重复出现时，相应地，简单几何平均数就变成了加权几何平均数。计算公式为

$$\bar{x}=\sqrt[f_1+f_2+\cdots+f_n]{x_1^{f_1}\cdot x_2^{f_2}\cdot\cdots\cdot x_n^{f_n}}=\sqrt[\Sigma f]{\prod x^f}$$

【例 4-18】 投资银行某笔投资的年利率是按复利计算的，25 年的年利率分配是有 1 年是 3%，有 4 年是 5%，有 8 年是 8%，有 10 年是 10%，有 2 年是 15%，求平均年利率。

解： 将利息率还原为本息利率，先求平均本息利率，再推算平均利率。

$$\bar{x}=\sqrt[25]{1.03^1\times1.05^4\times1.08^8\times1.10^{10}\times1.15^2}$$

$$\lg\bar{x}=\frac{1}{25}(\lg 1.03+4\lg 1.05+8\lg 1.08+10\lg 1.10+2\lg 1.15)$$

求反对数得 25 年平均本息利率为 $\bar{x}$=108.6%，则 25 年的平均利息率为 8.6%。

(四) 众数 (M_o)

众数是总体中出现次数最多的变量值。它能直观地说明客观现象分配中的集中趋势，用字母 M_o 表示。它是一种根据位置来确定的总体一般水平的代表值。如生产鞋的公司要了解市场人们需求的尺码，这主要不能看平均数，要看众数，即看哪种尺码的人最多；为了掌握集市上某种价格水平，不必全面登记该商品的成交量和成交额，只采用该商品在市场上最普通的成交价即可。在商业上，如鞋帽、服装销售量最多的型号就是该商品销售的众数，厂商可以以此作为这些商品的加工订货或进货的依据。

1. 根据单项变量数列确定众数

根据单项变量数列确定众数比较简单，出现次数最多的组的标志值即是众数。

【例 4-19】 某商店某月男式羊毛衫销售量如表 4-12 所示，要求根据资料确定众数。

表 4-12 某商店某月男式羊毛衫销售量情况

尺码/cm	销售量/件
100	12
110	26
115	58
120	41
125	13
合　计	150

解： 115 cm 的羊毛衫出现次数最多为 58 次，则众数为 115。

2. 由组距数列确定众数

(1) 先确定众数组，以次数最多的一组为众数组。

(2) 求众数近似值(插补法)。

下限公式:

$$M_o = L + \frac{\Delta_1}{\Delta_1 + \Delta_2} d$$

上限公式:

$$M_o = U - \frac{\Delta_2}{\Delta_1 + \Delta_2} d$$

式中:M_o——众数;

L——众数所在组的下限;

U——众数所在组的上限;

Δ_1——众数组次数与下一组(前一组)次数之差;

Δ_2——众数组次数与上一组(后一组)次数之差;

d——众数组组距(上限－下限)。

【例 4-20】某企业工人日产量资料如表 4-13 所示,要求计算众数。

表 4-13 某企业工人日产量情况

工人按日产量分组/kg	工人数/人
10～20	14
20～30	36
30～40	50
40～50	29
50～60	11
合　计	140

解: (1) 确定众数组为 30～40,因为这一组次数最多为 50 人;

(2) 确定众数近似值。

下限公式:

$$M_o = L + \frac{\Delta_1}{\Delta_1 + \Delta_2} d = 30 + \frac{50-36}{(50-36)+(50-29)} \times 10 = 34\ (\text{kg})$$

上限公式:

$$M_o = U - \frac{\Delta_2}{\Delta_1 + \Delta_2} d = 40 - \frac{50-29}{(50-36)+(50-29)} \times 10 = 34\ (\text{kg})$$

计算众数应注意如下几个问题。

(1) 如果众数组相邻两组次数相等,则众数组组中值就是众数;

(2) 如果众数组下一组次数较多,上一组次数较少,则众数在众数组内靠近它的下限;

(3) 如果众数组上一组次数较多,下一组次数较少,则众数在众数组内靠近它的上限;

(4) 众数可以是绝对值也可以是相对数或平均数;

(5) 如果在一个总体中,各变量值皆不相同,或各个变量值出现的次数皆相同,则没有众数;

(6) 如果在一个总体中,有两个标志值出现的次数相同,称为双众数或复众数。

(五) 中位数

中位数是将总体各单位标志值按大小顺序排列后,处于中间位置的那个数值。根据未分组资料和分组资料都可确定中位数。在实际工作中，在被研究总体中某一数量标志的标志值很多，而且明显存在极端数值的情况下，用中位数比用算术平均数表明总体的一般水平更有代表性，如居民收入水平等。

1. 根据未分组资料确定中位数

根据未分组资料确定中位数，以例 4－8 为例，其步骤如下。

（1）将标志值按大小顺序排列如下：

20、20、21、23、24、24、24、25、26、28

（2）确定中位数的位置。设 n 为标志值的个数，则中位数的位置$=\frac{n+1}{2}=\frac{10+1}{2}=5.5$。

（3）确定中位数。当标志值的个数 n 为奇数时，按 $\frac{n+1}{2}$ 的项次确定，即中间位置的那个变量值为中位数；当标志值的个数 n 为偶数时，则居于中间位置的两个变量值的算术平均数为中位数。例 4－8 的中位数为 24。

2. 根据分组资料确定中位数

1）根据单项变量数列确定中位数

根据单项变量数列确定中位数的步骤如下。

（1）计算累计次数。有由低向高（较小）累计和由高向低（较大）累计两种累计方法任选一种即可；

（2）确定中位数位置和中位数数值。

$$\text{中位数位置}=\frac{\sum f}{2}$$

【例 4－21】调查了 21 名大学生身高资料如表 4－14 所示，要求计算中位数。

表 4－14　21 名大学生身高情况

身高/cm x	人数/人 f	累计次数	
		由低到高	由高到低
156	2	2	21
162	4	6	19
167	5	11	15
169	6	17	10
171	3	20	4
173	1	21	1
合　计	21	—	—

$$\text{中位数位置}=\frac{\sum f}{2}=\frac{21}{2}=10.5$$

中位数在累计次数 11（靠近 10.5，又包括 10.5）对应的那一组对应的变量值为 167 cm。

2）由组距数列确定中位数

由组距数列确定中位数的步骤如下。

（1）计算累计次数。有由低向高（较小）累计和由高向低（较大）累计两种累计方法任选一种即可。

(2) 确定中位数位置。

$$中位数位置=\frac{\sum f}{2}$$

(3) 确定中位数近似值。

下限公式：
$$M_e = L + \frac{\frac{\sum f}{2} - S_{m-1}}{f_m} d$$

上限公式：
$$M_e = U - \frac{\frac{\sum f}{2} - S_{m+1}}{f_m} d$$

式中：M_e——中位数；

L——中位数所在组下限；

U——中位数所在组上限；

S_{m-1}——中位数所在组以前各组的累计次数；

S_{m+1}——中位数所在组以后各组的累计次数；

f_m——中位数所在组次数；

$\sum f$——总次数；

d——中位数所在组组距。

【例 4-22】 调查了 2 000 户居民，了解到职工家庭年收入资料如表 4-15 所示，要求计算中位数。

表 4-15 职工家庭年收入

职工家庭年收入/百元	家庭数/户	累计次数	
		由低到高（较小制）	由高到低（较大制）
500 以下	70	70	2 000
500～600	300	370	1 930
600～700	1 500	1 870	1 630
700～800	100	1 970	130
800 以上	30	2 000	30
合　计	2 000	—	—

解： 中位数位置$=\frac{\sum f}{2}=\frac{2\ 000}{2}=1\ 000$，中位数在 600～700 组中

下限公式：
$$M_e = L + \frac{\frac{\sum f}{2} - S_{m-1}}{f_m} d = 600 + \frac{\frac{2\ 000}{2} - 370}{1\ 500} \times 100 = 642\text{（百元）}$$

上限公式：
$$M_e = U + \frac{\frac{\sum f}{2} - S_{m+1}}{f_m} d = 700 - \frac{\frac{2\ 000}{2} - 130}{1\ 500} \times 100 = 642\text{（百元）}$$

第四节 变异指标

一、变异指标的概念

1. 变异指标概念

变异指标是综合反映总体各单位标志值之间差异程度的指标。

2. 标志变异指标和平均指标的区别

(1) 两者都是一个代表值，但代表的内容不同。平均指标是将总体各单位标志值差异抽象化，反映各标志值一般水平，所以只能反映各单位标志值的共性，不能反映差异性，标志变异指标是反映各单位标志值的差异性。

(2) 两者对变量值差异的处理不同。平均指标是把变量值差异抽象化，移高填低，移多补少，最后结果使人看不到差异，反映变量值的集中趋势；标志变异指标是将变量值差异反映出来，使人们看不到差异大小。

(3) 平均指标体现变量值的集中趋势；标志变异指标体现变量值的离中趋势。

二、标志变异指标的作用

(一) 可以表明总体各单位标志值分布的离散程度

如果变量数列中各单位标志值之间的差异越大，即标志变动度越大，则说明标志值的离散程度越大，结果各标志值与其算术平均数距离的总和就越大；反之，如果变量数列中各单位标志值之间的差异越小，则标志值的离散程度越小，结果各标志值与其算术平均数距离的总和也越小。所以说，标志变异指标能够反映变量数列的离散程度，描述的是相互差异的标志值的平均差异水平。

(二) 可以衡量平均指标代表性的大小

平均指标是变量数列中各单位标志值的平均数，是各个标志值的代表，其代表性的大小随着标志值差异的不同而不同。理论与实践证明：标志变异指标数值越大，平均指标的代表性越小；反之，标志变异指标越小，平均指标的代表性越大。

【例 4-23】有两组工人每组 5 名工人日产量（件）如下：

一组　　　　50、60、70、80、90

二组　　　　68、69、70、71、72

两组工人平均日数都是 70 件，但各组水平差别程度有很大不同，第一组差别大，平均数代表性差。

(三) 标志变异指标可以测定数量现象的均衡性、稳定性和整齐性

物资供应是否按时按量有节奏地进行、产品质量是否稳定在允许范围之内、商品销售计划执行情况是否均衡、有无前松后紧或前紧后松的现象等，都可以用标志变异指标来反映。

（四）可以测定总体分布的偏度和集中度（峰度）

总体平均数提示了各变量值围绕平均数左右分布的集中趋势，总体分布的集中趋势达到怎样的程度，其平均数代表程度的高低，需要用变异指标来测定；各变量值围绕平均数左右分配的偏多偏少的偏度状况如何等，也有赖于变异指标来衡量。通过偏度和集中度的测定，可以帮助我们更深入地认识数列分布的状况和规律性。

三、标志变异指标的种类及计算

变异指标包括以下几种：全距、平均差、标准差和离散系数。

（一）全距

全距也称极差是测定标志变异程度的最简单的指标，全距是总体各单位标志值中最大值和最小值之差，反映总体标志值的变动范围。其计算公式如下

$$R = x_{\max} - x_{\min}$$

全距大，表示变量值的变动越分散；反之，则越集中。全距仅取决于两个极端数值，不能全面反映总体各单位标志值变异的程度，也不能拿来评价平均指标的代表性。实际工作中可以用于检查产品质量的稳定性，进行质量控制。

（二）平均差

平均差是各单位标志值对其算术平均数的离差绝对值的算术平均数，反映的是各标志值对其平均数的平均差异程度。离差是总体各单位标志值与算术平均数之差，用公式表示为 $x-\bar{x}$ 。由于各标志值与算术平均数的离差总和恒等于零，即 $\sum(x-\bar{x})=0$ ，因此在计算平均差时，采用离差的绝对值来计算。与全距相比，平均差计算也很简便，而且反映了总体各单位标志值差异的大小，但由于采用绝对值运算，不适于数理统计上的数学处理，因而在实际中受到很大限制。其计算方法有简单和加权两种形式。

1. 简单平均差

$$\mathrm{AD} = \frac{\sum|x-\bar{x}|}{n}$$

【例 4-24】甲班组 5 个工人日产量（件）分别为：35、38、40、45、52；乙班组 5 个工人日产量（件）分别为：28、34、42、48、58。要求计算甲乙两班组工人平均日产量和平均差，并比较哪班组的工人日产量均衡，平均数代表程度高。

解：$\bar{x}_1 = \bar{x}_2 = 42$（件/人）

$$\mathrm{AD}_{甲} = \frac{|35-42|+|38-42|+|40-42|+|45-42|+|52-42|}{5} = 5.2\text{（件）}$$

$$\mathrm{AD}_{乙} = \frac{|28-42|+|34-42|+|42-42|+|48-42|+|58-42|}{5} = 8.8\text{（件）}$$

计算表明甲班组工人的日产量平均差为 5.2 件，小于乙班组的 8.8 件，则说明甲班组工人的日产量比乙班组集中，离散程度小，平均数代表程度高。

2. 加权平均差

当总体进行分组有次数时，需要用加权平均差公式计算。其公式为

$$\text{AD}=\frac{\sum|x-\overline{x}|f}{\sum f}$$

【例 4-25】某企业职工日产量资料如表 4-16 所示。要求计算工人日产量的平均差。

表 4-16 某企业职工日产量情况

工人按日产量零件分组/件	工人数/人 f	组中值 x	$\|x-\overline{x}\|$	$\|x-\overline{x}\|f$	$(x-\overline{x})^2$	$(x-\overline{x})^2f$
10～20	5	15	14	70	196	980
20～30	20	25	4	80	16	320
30～40	10	35	6	60	36	360
40～50	5	45	16	80	256	1 280
合 计	40	—	—	290	504	2 940

解：

$$\overline{x}=\frac{\sum xf}{\sum f}=29\text{（件/人）}$$

$$\text{AD}=\frac{\sum|x-\overline{x}|f}{\sum f}=\frac{290}{40}=7\text{（件）}$$

$$\sigma=\sqrt{\frac{\sum(x-\overline{x})^2f}{\sum f}}=\sqrt{\frac{2\,940}{40}}=9\text{（件）}$$

（三）标准差

标准差是总体中各单位标志值与算术平均数的离差平方和的算术平均数的平方根，又称均方差，它是测定标志变动程度的最主要的指标。标准差的实质与平均差基本相同，只是在数学处理方法上与平均差不同，平均差是用取绝对值的方法消除离差的正负号然后用算术平均的方法求出平均离差；而标准差是用平方的方法消除离差的正负号，然后对离差的平方计算算术平均数，并开方求出标准差。标准差越大，标志变异程度越大，平均数的代表性越低；标准差越小，标志变异程度越小，平均数的代表性越高。同平均差一样，标准差反映了总体各单位标志值的变异情况，但它克服了平均差的缺点，所以运用较广泛。标准差的计算也有简单和加权两种形式。

1. 简单标准差

当总体未分组时，用简单形式，其计算公式为

$$\sigma=\sqrt{\frac{\sum(x-\overline{x})^2}{n}}$$

【例 4-26】有两个学习小组，每组 6 名同学，他们的“统计原理”考试成绩（分）分别为

一组 68、84、95、86、78、93

二组 79、85、88、89、73、90

要求计算两组的平均分数，并用标准差判断两组平均数的代表性高低。如表 4－17 所示。

表 4－17　学生统计原理考试成绩

一组成绩/分 x	$x-\overline{x}$	$(x-\overline{x})^2$	二组成绩/分 x	$x-\overline{x}$	$(x-\overline{x})^2$
68	−16	256	79	−5	25
84	0	0	85	1	1
95	11	121	88	4	16
86	2	4	89	5	25
78	−6	36	73	−11	121
93	9	81	90	6	36
504	—	498	504	—	224

解：一组和二组的平均分数相同，为

$$\overline{x}=\frac{\sum x}{n}=\frac{504}{6}=84\text{（分/人）}$$

一组
$$\sigma=\sqrt{\frac{\sum(x-\overline{x})^2}{n}}=\sqrt{\frac{498}{6}}=9.11\text{（分）}$$

二组
$$\sigma=\sqrt{\frac{\sum(x-\overline{x})^2}{n}}=\sqrt{\frac{224}{6}}=6.11\text{（分）}$$

在组平均数相等的情况下，因为二组的标准差小于一组，所以，二组的平均数代表程度高。

2. 加权标准差

当总体进行分组时，用加权标准差公式计算，其公式为

$$\sigma=\sqrt{\frac{\sum(x-\overline{x})^2 f}{\sum f}}$$

【例 4－27】某企业工人日产量资料如表 4－18 所示，要求计算工人日产量的标准差。

表 4－18　某企业工人日产量情况

工人按日产量分组/件	工人数/人 f	$x-\overline{x}$	$(x-\overline{x})^2$	$(x-\overline{x})^2 f$
8	20	−1.4	1.96	39.2
9	35	−0.4	0.16	5.6
10	30	0.6	1.36	10.8
11	15	1.6	2.56	38.4
合　计	100	—	—	94.0

解：
$$\overline{x}=\frac{\sum xf}{\sum f}=\frac{940}{100}=9.4$$

$$\sigma=\sqrt{\frac{\sum(x-\overline{x})^2 f}{\sum f}}=\sqrt{\frac{94}{100}}=0.97\text{（件）}$$

（四）离散系数

离散系数是以相对数形式表示的变异指标，又称变异系数。它是通过变异指标中的全距、平均差或标准差与平均数对比得到的。常用的是标准差系数。变异系数的应用条件是：当所对比的两个数列的平均数不同时，就不能采用全距、平均差或标准差进行对比分析，因为它们都是绝对指标，其数值的大小不仅受各单位标志值差异程度的影响，而且受到总体单位标志值本身水平高低的影响；为了对比分析不同水平的变量数列之间标志值的变异程度，就必须消除数列中平均数水平高低的影响，这时就要计算变异系数。标准差系数是标准差与算术平均数之比的相对变异指标。用公式表示为

$$V_\sigma=\frac{\sigma}{\bar{x}}$$

标准差系数越大，标志变异程度越大，平均数的代表性越低；标准差系数越小，标志变异程度越小，平均数的代表性越高。

【例 4－28】农业科学家用甲乙两种不同水稻品种，分别在5个田块上试种，其产量资料如表 4－19 所示。

表 4－19　甲乙两种水稻品种的播种面积及产量情况

甲品种		乙品种	
田块面积/亩	总产量/kg	田块面积/亩	总产量/kg
1.2	600	1.5	840
1.1	495	1.4	770
1.0	445	1.2	540
0.9	540	1.0	520
0.8	420	0.9	450
5.0	2 500	6.0	3 120

注：1 亩≈666.7m²

要求：（1）分别计算两品种的单位面积产量。

（2）计算两品种亩产量的标准差和标准差系数。

（3）假定生产条件相同，确定哪一品种具有较大稳定性，宜于推广。

解：根据家甲乙两种不同水稻品种的播种面积和总产量计算出亩产量。如表 4－20 所示。

表 4－20　甲乙两种不同水稻品种的播种面积和亩产量情况

甲品种					乙品种				
亩产量（x）	播种面积（f）	$x-\bar{x}$	$x-\bar{x}$	$(x-\bar{x})^2f$	亩产量（x）	播种面积（f）	$x-\bar{x}$	$x-\bar{x}$	$(x-\bar{x})^2f$
500	1.2	0	0	0	560	1.5	40	1 600	2 400
450	1.1	−50	2 500	2 750	550	1.4	30	900	1 260
445	1.0	−55	3 025	3 025	450	1.2	−70	4 900	5 880
600	0.9	100	10 000	9 000	520	1.0	0	0	0
525	0.8	25	625	500	500	0.9	−20	400	360
合　计	5.0	—	—	15 275	合　计	6.0	—	—	9 900

(1) $\bar{x}_{甲}=\frac{\sum xf}{\sum f}=\frac{2\,500}{5}=500\text{（kg）}$　　　$\bar{x}_{乙}=\frac{3\,120}{6}=520\text{（kg）}$

(2) $\sigma_{甲}=\sqrt{\frac{\sum(x-\bar{x})^2 f}{\sum f}}=\sqrt{\frac{15\,275}{5}}=55.3\text{（kg）}$　　$V_{甲}=\frac{\sigma_{甲}}{\bar{x}_{甲}}=\frac{55.3}{500}\times100\%=11.06\%$

$\sigma_{乙}=\sqrt{\frac{9\,900}{6}}=40.6\text{（kg）}$　　　$V_{乙}=\frac{40.6}{520}\times100\%=7.8\%$

(3) 因 $V_{乙}<V_{甲}$，故乙品种具有较大稳定性，宜于推广。

四、是非标志

在对经济现象进行分析时，经常把某种现象的全部单位划分为具有某种属性和不具有某种属性的两组，即“是”与“非”两组，如产品分为合格和不合格，学生分为男生和女生。由于这些反映单位属性或性质的标志不是数量标志，而是品质标志，且只有“是”与“非”两种表现，所以称为“是非标志”有时也称为“交替标志”。在抽样推断时，是非标志的标准差有重要意义。

（一）成数

成数（P）是变量数列中具有某种性质或属性的单位数占全部单位数的比重，反映数列中单位数“是”与“非”的构成，即频率，比重。

【例 4－29】某企业生产一批产品 26 000 件，其中合格品 24 700 件，则计算合格率为 95%，不合格率为 5%，二者都是成数。实际中研究谁，谁就是成数。

设总体中包含的单位数为 N，其中具有某种标志表现的单位数为 N_1，不具有某种标志表现的单位数为 N_0，则 $N=N_1+N_0$

两部分单位数分别占全部总体单位数的比重（成数）为

$$P=\frac{N_1}{N}\qquad Q=\frac{N_0}{N}=1-P$$

同一总体中，两个成数之和等于 1，即 $P+Q=1$。

（二）是非标志的平均数

是非标志表现了现象质的差别，计算其平均数要把是非标志的两种标志表现进行量化处理，以 1 表示具有某种标志表现，0 表示不具有某种标志表现。如表 4－21 所示。

表 4－21　是非标志的平均数

是非标志	标志值	单位数	成数
是	1	N_1	P
非	0	N_0	Q
合计	—	N	1

$$\overline{x}=\frac{\sum xf}{\sum f}=\frac{1\times N_1+0\times N_0}{N_1+N_0}=\frac{N_1}{N}=P$$

$$\overline{x}=\sum x\frac{f}{\sum f}=1\times P+0\times Q=P$$

可见，是非标志的平均数等于数列中具有某种性质的成数 P。换句话说，成数 P 是一种特殊的平均数，是（0，1）标志的平均数。

（三）是非标志的标准差

$$\sigma=\sqrt{\frac{\sum(x-\overline{x})^2f}{\sum f}}=\sqrt{\frac{(1-P)^2P+(0-P)^2Q}{1}}$$

$$=\sqrt{Q^2P+P^2Q}=\sqrt{PQ(P+Q)}$$
$$=\sqrt{PQ}=\sqrt{P(1-P)}$$

是非标志的标准差就是两个成数 P 和 Q 的几何平均数。

$$\sigma_P=\sqrt{P(1-P)}$$

在例 4－29 中成数为 95%，标准差为 $\sigma_P=\sqrt{P(1-P)}=\sqrt{95\%\times5\%}=22\%$。

第五节 Excel 在综合指标计算中的应用

一、算术平均数：AVERAGE 统计函数

AVERAGE 用于计算一组数值的算术平均数，其语法结构为 AVERAGE（number1，number2，…），其中 number1，number2，…为需要计算的算术平均数的数值。

（一）简单算术平均数的计算

1. *方法一*

（1）将例 4－8 的数据输入到 Excel 表的 A2～A11 单元格中，单击放置结果的任一单元格，如 B11；

（2）单击常用工具栏中的粘贴函数按钮“f_x”（或在“插入”菜单中单击“函数”），弹出“插入函数”对话框，如图 4－1 所示。

（3）在对话框的“函数类别”中选择“统计”，在“函数名”中选择“AVERAGE”，单击“确定”按钮，弹出“AVERAGE”对话框，如图 4－2 所示。

（4）在“AVERAGE”的对话框中的 Number1 后面输入“A2:A11”，单击“确定”按钮即单元格 B11 得到平均数为 23.5 的数值。

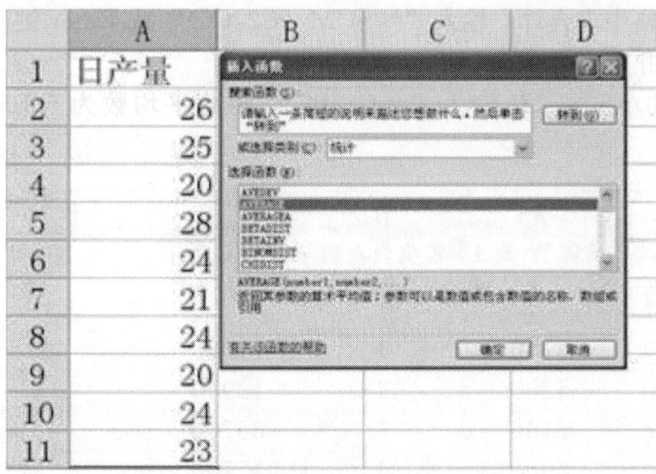

图 4-1　搜索函数 AVERAGE 图示

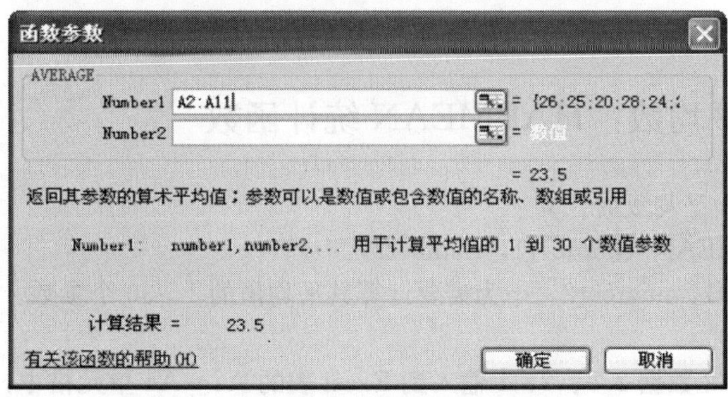

图 4-2　函数参数“AVERAGE”的对话框

注：若在 Excel 中的数据有若干列，可以将各列数据的起止行列号输入到“AVERAGE”对话框的 Number1、Number2、Number3、…中，同样可以一次得出总平均数。

2. *方法二*

直接输入带函数的公式进行计算，方法如下。

(1) 将例 4-8 的数据输入到 Excel 表的 A2～A11 单元格中，单击放置结果的任一单元格，如 B11。

(2) 在上方公式栏输入“= AVERAGE (A2:A11)”按 Enter 键确定。

3. *方法三*

(1) 选中要计算平均数的全区域 A2～A11。

(2) 在任务栏中右击鼠标，出现在对话中选平均值，在任务栏上直接看到平均数。

(二) 加权算术平均数的计算

(1) 在 Excel 表中的 A、B 列输入例 4-9 中的表 4-5 数据。

(2) 计算 xf。在 C2 单元格输入“=A2 * B2”。按 Enter 键确定，利用填充柄拖曳鼠标将公式复制到 C3～C6 单元格中。

(3) 在 C7 单元格中求合计。输入"＝SUM (C2:C6)"按 Enter 键确定，或选中 C2～C6 单元格，单击常用工具栏的∑按钮。

(4) 在放结果的单元格 D7 输入"＝C7/B7"，得到平均数为 5 100。结果如图 4 - 3 所示。

	A	B	C	D
1	按售货员工资分组（元）x	售货员人数（人）f	各组工资额（元）xf	
2	3750	4	15000	
3	4300	3	12900	
4	5100	7	35700	
5	5900	3	17700	
6	6900	3	20700	
7	合计	20	102000	5100

图 4 - 3 用加权算术平均法计算售货员平均工资

二、调和平均数：HARMEAN 统计函数

（一）简单调和平均数的计算

语法：HARMEAN (number1，number2，…)。

其中：number1，number2，…为需要计算其平均值的 1～30 个参数。

1. 方法一

(1) 将例 4 - 12 数据 2.5、2、1 输入到 Excel 表的 A2～A4 单元格中，单击放置结果的任一单元格，如 B4。

(2) 单击常用工具栏中的粘贴函数按钮"f_x"（或在"插入"菜单中单击"函数"），弹出"插入函数"对话框。

(3) 在对话框的"函数类别"中选择"统计"，在"函数名"中选择"HARMEAN"，单击"确定"按钮，弹出"HARMEAN"对话框，如图 4 - 4 所示。

(4) 在 Number1 中输入 A2:A4，单击"确定"按钮，单元格 B4 得到平均数为 1.58。

2. 方法二

单击任一单元格，在常用工具栏公式框中输入"＝HARMEAN (2.5，2，1)"，按 Enter键确定。

（二）加权调和平均数的计算

需要使用公式输入和使用填充柄进行操作。操作方法和计算加权算术平均数相似。

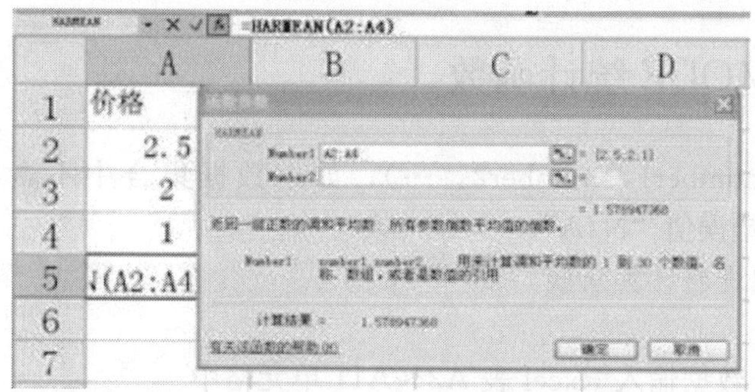

图 4-4　函数参数“HARMEAN”对话框

三、几何平均数：GEOMEAN 统计函数

语法：GEOMEAN（number1，number2，…）。

其中：number1，number2，…为需要计算其平均值的 1～30 个参数。

1. *方法一*

（1）先将例 4-16 数据输入 Excel 表中的某一列 A2～A5 单元格中。

（2）单击放结果的任一单元格，单击常用工具栏中的粘贴函数按钮“f_x”（或在“插入”菜单中单击“函数”），弹出“插入函数”对话框。

（3）在对话框的“函数类别”中选择“统计”，在“函数名”中选择“GEOMEAN”，单击“确定”按钮，弹出“GEOMEAN”对话框，单击“确定”按钮，进入函数参数“GEOMEAN”的对话框，如图 4-5 所示。

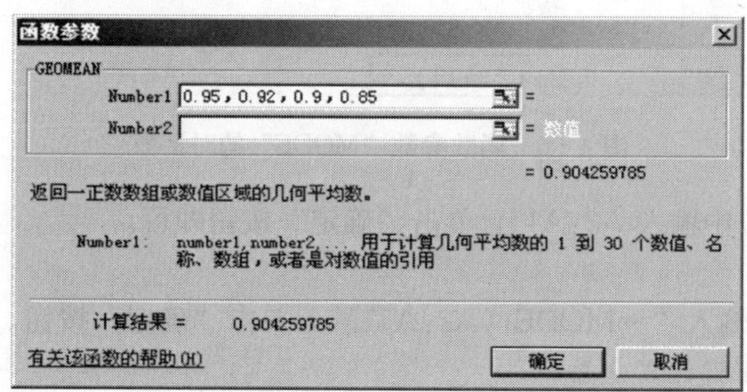

图 4-5　函数参数“GEOMEAN”的对话框

（4）在 Number1 中输入要计算的数据：0.95，0.92，0.9，0.85（或输入要计算的区域 A2～A5），单击“确定”按钮。

2. *方法二*

直接在公式栏中输入“=GEOMEAN（0.95，0.92，0.9，0.85）”（或输入要计算的 A2～A5 区域），单击“确定”按钮。

四、众数：MODE 统计函数

语法：MODE（number1，number2，…），如果数据集合中不含有重复的数据，则 MODE（）函数返回错误值“N/A”。

（一）根据未分组资料计算众数

1. 方法一

（1）先将例 4-8 数据输入 Excel 表 A2～A11 单元格中。

（2）单击放结果的任一单元格，单击常用工具栏中的粘贴函数按钮“f_x”（或在“插入”菜单中单击“函数”），弹出“插入函数”对话框。

（3）在对话框的“函数类别”中选择“统计”，在“函数名”中选择“MODE”，单击“确定”按钮，弹出“MODE”对话框，单击“确定”按钮，进入函数参数“MODE”的对话框，如图 4-6 所示。

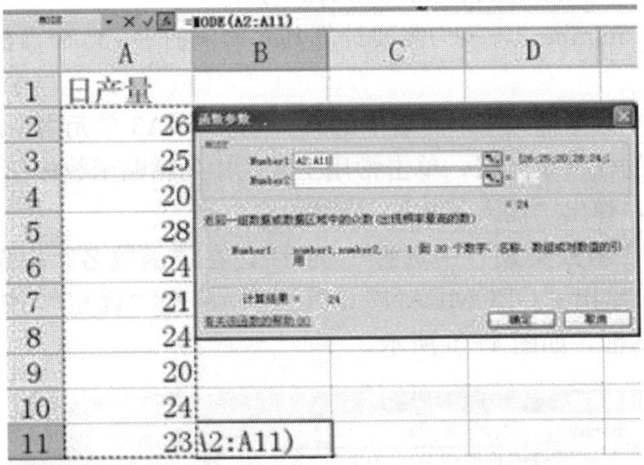

图 4-6　函数参数“MODE”的对话框

（4）在 Number1 中输入 A2:A11，单击“确定”按钮即可。

2. 方法二

直接在公式栏中输入“=MODE（A2:A11)”，单击“确定”按钮。

（二）根据分组资料计算众数

（1）将例 4-20 数据输入 Excel 表中，先确定众数组为 30～40 这一组，下限为 30，众数组次数与前一组次数之差为 14，众数组次数与后一组次数之差为 21，众数组组距为 10。

（2）在 Excel 中单击任一空单元格，输入下限公式“=30+14/(14+21）*10”，按 Enter键确定，得到众数为 34。

五、中位数：MEDIAN 统计函数

语法：MEDIAN（number1，number2，…），如果参数集合中包含有偶数个数字，MEDIAN（）函数将返回位于中间的两个数的平均值。

（一）根据未分组资料确定中位数

1. 方法一

（1）先将例 4－8 数据输入 Excel 表 A2～A11 单元格中。

（2）单击放结果的任一单元格，单击常用工具栏中的粘贴函数按钮“f_x”（或在“插入”菜单中单击“函数”），弹出“插入函数”对话框。

（3）在对话框的“函数类别”中选择“统计”，在“函数名”中选择“MEDIAN”，单击“确定”按钮，弹出“MEDIAN”对话框，单击“确定”按钮，进入函数参数“MEDIAN”对话框，如图 4－7 所示。

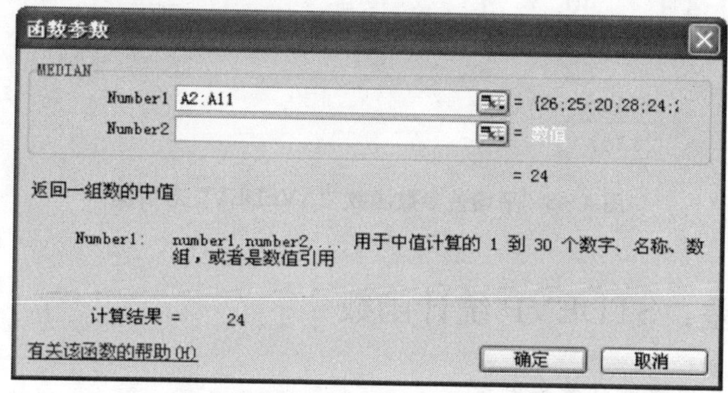

图 4－7 函数参数“MEDIAN”对话框

（4）在“MEDIAN”对话框 Number1 中输入要整理的区域“A2:A11”，单击“确定”按钮即可得到中位数为 24。

2. 方法二

直接在公式栏中输入“＝MEDIAN（A2:A11)”，单击“确定”按钮。

（二）由组距数列确定中位数

以例 4－22 资料确定中位数的步骤如下。

首先在 Excel 表输入例 4－22 资料，确定中位数组为 600～700，下限为 600，中位数组次数为 1 500，总次数为 2 000，中位数所在组以前各组的累计次数为 370，中位数组的组距为 100，其次，利用下限公式计算：在 Excel 表中单击任一单元格，输入下限公式“＝600＋(2 000/2－370) /1 500＊100”，按 Enter 键确定，得到中位数为 642。

六、平均差：AVEDEV 统计函数

语法：AVEDEV（number1，number2，…)。

以例 4－24 为例，其操作步骤如下。

（1）将例 4－24 甲乙两组日产量分别输入 Excel 中的 A2～A6 和 B2～B6 区域；

（2）选中放甲组平均差单元格 A8，单击常用工具栏“f_x”按钮，进入“插入函数”对话框，选择“统计”中的“AVEDEV ”，单击“确定”按钮。

（3）在“AVEDEV”参数函数对话框的 Number1 框中输入“A2:A6”，单击“确定”

按钮，即得 A8 单元格的甲组平均差为 5.2。同样方法求得乙组工人日产量的平均差为 8.8。如图 4－8 所示。

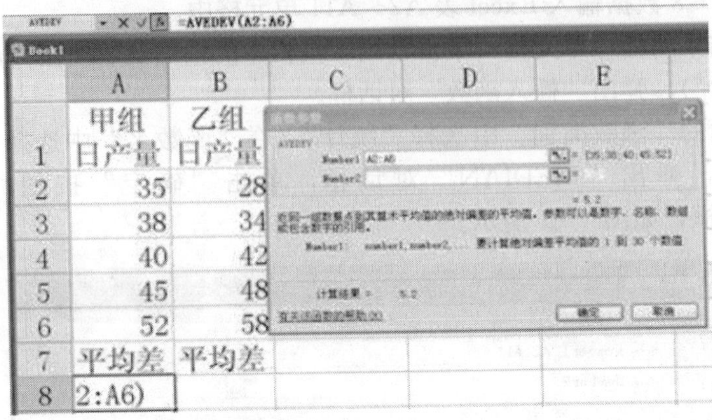

	A	B
1	甲组日产量	乙组日产量
2	35	28
3	38	34
4	40	42
5	45	48
6	52	58
7	平均差	平均差
8	2:A6)	

图 4－8　平均差参数函数“AVEDEV”对话框

七、标准差：STDEVP 统计函数

（一）根据未分组资料计算标准差

1. *方法一*

（1）先将例 4－26 数据输入 Excel 表中 A2～A7 和 B2～B7 区域。

（2）单击放结果的任一单元格，单击常用工具栏中的粘贴函数按钮“f_x”（或在“插入”菜单中单击“函数”），弹出“插入函数”对话框。

（3）在对话框的“函数类别”中选择“统计”，在“函数名”中选择“STDEVP”，单击“确定”按钮，弹出“STDEVP”对话框，单击“确定”按钮，进入函数参数“STDEVP”对话框，如图 4－9 所示。

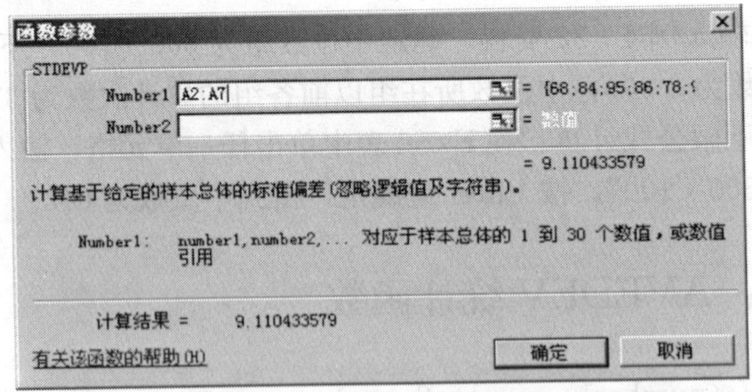

图 4－9　函数参数“STDEVP”对话框

（4）在 Number1 中输入一组要整理的区域“A2:A7”，单击“确定”按钮。得一组的标准差为 9.11，同样方法可以求得另一组的标准差为 6.11。

2. *方法二*

直接在公式栏中输入“＝STDEVP（A2:A7）”，单击“确定”按钮。

（二）根据分组资料计算标准差

以例 4－27 资料为例，其操作步骤如下。

（1）将例 4－27 资料输入 Excel 表中，如图 4－10 所示。C4 单元格中输入公式“＝A4 * B4”，按 Enter 键确定，用鼠标拖曳填充柄将公式复制到 C5～C7 单元格中。选定 C4～C7 区域，单击“工具栏”上的求和按钮“$\sum$”，得到 xf 合计数。

	A	B	C	D	E
1	工人按日产量分组（件）x	工人数（人）f	xf	$x-\bar{x}$	$(x-\bar{x})^2 f$
2					
3					
4	8	20	160	-1.4	39.2
5	9	35	315	-0.4	5.6
6	10	30	300	0.6	10.8
7	11	15	165	1.6	38.4
8	合计	100	940	—	94
9		平均数	9.4		
10		方差	0.94		
11		标准差	0.97		

图 4－10　标准差计算表

（2）在 C9 单元格输入公式“＝C8/B8”按 Enter 键确定，得到平均数为 9.4。

（3）在 D4 单元格输入公式“＝A4－＄C＄9”，按 Enter 键确定。用鼠标拖曳填充柄将公式复制到 D5:D7。

（4）在 E4 单元格输入公式“＝D4 * D4 * B4”，按 Enter 键确定。用鼠标拖曳填充柄将公式复制到 E5～E7 单元格中。选定 E4～E7 区域，单击“工具栏”上的求和按钮“$\sum$”，得到合计数 94。

（5）在 C10 单元格输入公式“＝E8/B8”按 Enter 键确定，得到方差为 0.94。

（6）在 C11 单元格输入公式“＝SQRT（C10)”，得到标准差为 0.97。

【课后训练】

一、名词解释

1. 总量指标　2. 总体单位总量指标　3. 相对指标　4. 强度相对指标
5. 权数　6. 调和平均数　7. 标志变异指标　8. 标准差
9. 离散系数　10. 几何平均法

二、单项选择

1. 下列指标中属时期指标的是（　　）。
A. 机器台数　B. 企业数　C. 工业净产值　D. 耕地面积
2. 直接反映总体规模大小的指标是（　　）。
A. 平均指标　B. 相对指标　C. 总量指标　D. 变异指标
3. 计算结构相对指标时，总体各部分数值与总体数值对比求得的比重之和应（　　）。
A. 小于 100％　B. 大于 100％

C. 等于100%　　D. 小于或大于100%

4. 某校2014年在校学生数8 000人，毕业生人数1 800人，上述两个指标是（　）。

A. 均为时期指标　　B. 均为时点指标

C. 前者为时期指标后者为时点指标　　D. 前者为时点指标后者为时期指标

5. 假定把标志值所对应的次数都扩大2倍，则算术平均数（　）。

A. 扩大2倍　　B. 缩小2倍　　C. 不变　　D. 无法确定

6. 两个数值对比，分子比分母数值较大时，常用的相对数表示形式是（　）。

A. 系数　　B. 倍数　　C. 百分数　　D. 成数

7. 反映不同总体中同类指标对比的相对指标是（　）。

A. 强度相对指标　　B. 比较相对指标

C. 结构相对指标　　D. 计划完成程度相对指标

8. 某厂2009年实现利润200万元，2010年计划增长10%，实际完成231万元，则利润超额完成计划为（　）。

A. 5.5%　　B. 5%　　C. 115.5%　　D. 15.5%

9. 某企业计划规定单位产品成本降低2%，实际降低7%，则其单位成本计划完成程度为（　）。

A. 102.3%　　B. 94%　　C. 140%　　D. 94.9%

10. 反映同一总体在不同时间上的数量对比关系的指标是（　）。

A. 比较相对指标　　B. 比例相对指标　　C. 动态相对指标　　D. 强度相对指标

11. 假设计划任务数是五年计划中规定最后一年应达到的水平，计算计划完成程度相对指标可采用（　）。

A. 累计法　　B. 水平法　　C. 简单平均法　　D. 加权平均法

12. 时期指标与时点指标数值的大小与时期或时间间隔长短（　）。

A. 有关　　B. 无关

C. 前者有关，后者无关　　D. 前者无关，后者有关

13. 可用有名数表示的相对数是（　）。

A. 比例相对数　　B. 结构相对数　　C. 比较相对数　　D. 强度相对数

14. 在变量数列中，若标志值较小的组，而权数大时，计算出来的平均数（　）。

A. 接近标志值较大的一组　　B. 接近标志值较小的一组

C. 不受权数的影响　　D. 仅受标志值的影响

15. 某企业第一批产品废品率为1%，第二批产品废品率为1.5%，第三批废品率为2%，第一批产量占总产量的25%，第二批产品占总产量的30%，则产品的平均废品率为（　）。

A. 4.5%　　B. 1.6%　　C. 1.48%　　D. 1.5%

16. 加权算术平均数的大小（　）。

A. 受各组次数的影响最大　　B. 受各组标志值的影响最大

C. 受各组标志值和次数的共同影响　　D. 不受各组次数的影响

17. 第一组工人的平均工龄为6年，第二组为8年，第三组为10年，第一组工人数占总数的30%，第二组占50%，则三组工人的平均工龄为（　）。

A. 8 年　　B. 7.55 年　　C. 32.5 年　　D. 7.8 年

18. 众数是总体中下列哪项的标志值（　　）。

A. 位置居中　　B. 数值最大　　C. 出现次数较多　　D. 出现次数最多

19. 某次数学测验中，随机抽取了 10 份试卷，成绩如下：85，81，89，81，72，82，77，81，79，83。则这组数据的众数、平均数与中位数分别为（　　）。

A. 81，82，81　　B. 81，81，76.5　　C. 83，81，77　　D. 81，81，81

20. 已知某商店几种主要电子产品的销售额及零售价格，要计算这几种电子产品的平均零售价格应采用（　　）。

A. 简单算术平均法　　B. 加权算术平均法

C. 调和平均法　　D. 几何平均法

21. 某餐厅共有 7 名员工，工资情况如表 4－22 所示。

表 4－22　某餐厅 7 名员工工资情况

人　员	经　理	厨　师	会　计	服务员
人数/人	1	2	1	3
工资额/（元/人）	1 600	1 200	820	640

则餐厅所有员工工资的众数、中位数是（　　）。

A. 640，820　　B. 640，1 065　　C. 820，640　　D. 960，820

22. 标志变异指标数值的大小与平均数代表性的大小存在着（　　）。

A. 正比关系　　B. 反比关系　　C. 恒等关系　　D. 导数关系

23. 两个总体的平均数相等，则（　　）。

A. 两个总体的平均数代表性相同　　B. 标准差大的平均数代表性大

C. 标准差系数大的平均数代表性大　　D. 标准差小的平均数代表性大

24. 下列指标中用无名数表示的是（　　）。

A. 全距　　B. 平均差　　C. 标准差　　D. 离散系数

25. 标准差指标数值越小，则反映总体各变量值（　　）。

A. 越分散，平均数代表性越低　　B. 越集中，平均数代表性越高

C. 越分散，平均数代表性越高　　D. 越集中，平均数代表性越低

26. 标志变异指标是反映同质总体的（　　）。

A. 集中程度　　B. 离中程度　　C. 一般水平　　D. 变动程度

27. 甲、乙两个生产小组人均月工资分别为 420 元和 537 元，其标准差均为 12 元，则小组人均工资代表性（　　）。

A. 甲大于乙　　B. 甲等于乙　　C. 甲小于乙　　D. 难以判断

28. 不同水平的总体不能直接用标准差比较其标志变动度，这时需分别计算各自的（　　）来比较。

A. 标准差系数　　B. 平均差　　C. 全距　　D. 均方差

29. 甲、乙两数列的平均数分别为 100 和 14.5，标准差系数分别为 28%和 17%，则（　　）。

A. 甲数列平均数的代表性高于乙数列　B. 乙数列平均数的代表性高于甲数列

C. 两数列平均数的代表性相同　　D. 两数列平均数的代表性无法比较

30. 某单位的生产小组工人产量（件）资料如下：90、100、110、120、128、148、200，计算结果均值为 $\bar{x}=128$ 件，标准差为（　　）。

A. $\sigma=33$　　B. $\sigma=34$　　C. $\sigma=34.1$　　D. $\sigma=35$

31. 在反映各变量值离散趋势的变异指标中，只与变量极端标志值有关的指标是（　）。

A. 全距　　B. 平均差　　C. 标准差　　D. 方差

32. 已知 5 个水果商店苹果的单价和销售额，要求计算 5 个商店苹果的平均单价，应该采用（　　）。

A. 简单算术平均法　　B. 加权算术平均法

C. 加权调和平均法　　D. 几何平均法

33. 本年出生婴儿中，男性占 51.2%，女性占 48.8%，这是（　　）。

A. 比例相对数　　B. 结构相对数　　C. 比较相对数　　D. 强度相对数

三、多项选择

1. 下列指标中属于时期指标的是（　　）。

A. 产品产量　　B. 销售收入　　C. 职工人数　　D. 设备台数

E. 固定资产原值

2. 我国于 2000 年 11 月 1 日进行了第 5 次全国人口普查，总人口为 12.953 3 亿人。这是一个（　　）。

A. 总量指标　　B. 相对指标　　C. 时期指标　　D. 时点指标

E. 数量指标

3. 下列各项中属于时点指标的有（　　）。

A. 某地区年末人口数　　B. 某企业工资总额

C. 某月末产品库存量　　D. 某企业某年末设备拥有量

E. 在校生人数

4. 属于同一个总体数值之比的相对指标有（　　）。

A. 计划完成程度相对指标　　B. 比例相对指标

C. 比较相对指标　　D. 结构相对指标

E. 动态相对指标

5. 下列指标中属于强度相对数的是（　　）。

A. 年末某地乡村总人口占全部总人口的 78.6%

B. 农民家庭平均每百户拥有电冰箱 20.17 台

C. 人口密度 156 人/km²

D. 全部职工月平均货币工资 2 820 元

E. 甲企业产量是乙企业同期的 120.6%

6. 相对指标中，分子与分母可以互相调换的有（　　）。

A. 比较相对指标　　B. 强度相对指标　　C. 计划完成程度　　D. 结构相对指标

E. 动态相对指标

7. 下列统计指标中，属于强度相对指标的有（　　）。

A. 工人劳动生产率　　B. 人均粮食消费量
C. 人均国民收入　　D. 人均粮食产量
E. 人均国内生产总值

8. 受极端变量值影响的平均数有（　　）。
A. 算术平均数　　B. 中位数　　C. 众数　　D. 调和平均数
E. 几何平均数

9. 下列平均数中属于数值平均数的有（　　）。
A. 算术平均数　　B. 调和平均数　　C. 几何平均数　　D. 中位数
E. 众数

10. （　　）时，用加权算术平均法与用简单算术平均法计算的结果相同。
A. 各组变量值出现的次数相等　　B. 各组变量值出现的次数不等
C. 各组次数都等于1　　D. 变量数列为组距数列

11. 正确选择权数是计算加权算术平均数的重要问题，权数选择要考虑（　　）。
A. 它必须是标志值的直接承担者
B. 它必须是由绝对数表示的次数
C. 它与标志值相乘具有经济意义，能构成“标志总量”
D. 它必须是次数

12. 下列应采取加权调和平均数的是（　　）。
A. 已知各级工人的月工资水平和工资总额，求月平均工资
B. 已知某工厂各车间废品率和废品量，求平均废品率
C. 已知某工厂计划完成百分比和计划产量，求平均计划完成百分比
D. 假定企业按工人劳动生产率分组，已知各组产量，求平均劳动生产率
E. 已知某厂各种产品产量及单位成本，求平均单位成本

13. 下列属于平均指标的有（　　）。
A. 某市人均钢产量　　B. 人口密度
C. 某班级学生的平均身高　　D. 某企业的工人劳动生产率
E. 某企业的各车间的平均产品合格率

14. 中位数是（　　）。
A. 由标志值在数列中所处位置决定的　　B. 根据标志值出现的次数决定的
C. 总体一般水平的代表值　　D. 不受总体中极端数值的影响

15. 下列关于平均指标的描述，正确的是（　　）。
A. 平均指标是一个综合指标
B. 反映总体中各单位标志值的分布集中趋势
C. 平均指标是一个抽象化的指标
D. 反映总体中各单位标志值的分布离中趋势
E. 平均指标是总体某一数量标志的代表值

16. 某地区 2014 年工人劳动生产率为 20 万元，人均国民收入为 2.5 万元（　　）。
A. 以上两个指标均为平均指标　　B. 劳动生产率为平均数
C. 国民收入为平均数　　D. 劳动生产率为强度相对数

E. 国民收入为强度相对数

17. 标志变异指标可以说明（　　）。

A. 分配数列中变量的离中趋势　　B. 分配数列中各标志值的变动范围

C. 分配数列中各标志值的离散程度　　D. 总体单位的分布特征

E. 分配数列中各标志值的集中趋势

18. 若平均数相等，标准差越大（　　）。

A. 平均数代表性越大　　B. 平均数代表性越小

C. 标志值分布越集中　　D. 标志值分布越分散

E. 方差的代表性越大

19. 与变量计量单位相同的标志变异指标有（　　）。

A. 全距　　B. 平均差　　C. 标准差　　D. 平均差系数

E. 标准差系数

20. 若平均数相等，可以用（　　）衡量平均数代表性的高低。

A. 平均差　　B. 方差　　C. 标准差　　D. 变异系数

E. 全距

21. 属于两个总体之间对比的相对指标为（　　）。

A. 比较相对指标　　B. 强度相对指标

C. 动态相对指标　　D. 比例相对指标

E. 结构相对指标

四、判断题

1. 总体单位总量和总体标志总量是固定不变的，不能互相变换。（　　）
2. 相对指标都是用无名数形式表现出来的。（　　）
3. 我国耕地面积占世界的 7%，养活占世界总人口的 22% 的人口，两个都是结构相对指标。（　　）
4. 同一时点上同类现象的时点指标数值可以相加。（　　）
5. 据计算，某地区财政收支相抵后，赤字为 8 亿元，是时点指标。（　　）
6. 同一个总体，时期指标值的大小与时期长短成正比，时点指标值的大小与时点间隔成反比。（　　）
7. 根据分组资料计算算术平均数，当各组单位数出现的次数均相等时，按加权算术平均数计算的结果与按简单算术平均数计算的结果相同。（　　）
8. 各变量值与其算术平均数的离差之和为零。（　　）
9. 一般地，偏离平均数越远的标志值，出现的次数越多。（　　）
10. 根据组距数列计算求得的算术平均数是一个近似值。（　　）
11. 按人口平均的粮食产量是一个平均数。（　　）
12. 简单算术平均数和加权平均数在各组次数相等的情况下相等。（　　）
13. 众数不受极端变量值大小的影响。（　　）
14. 权数对算术平均数的影响只表现为各组次数的多少，与各组次数占总次数的比重无关。（　　）
15. 标志变异指标数值越大，说明总体中各单位标志值的变异程度就越大，则平均指标

的代表性就越小。 ( )

16. 标准差是测量标志变异程度的一个指标，其数值大小与标志值之间的差异程度无关。 ( )

17. 平均指标的代表性大小与变异指标的大小呈反方向变动。 ( )

18. 标志变动度大，说明总体内各单位数值相互间比较稳定和均衡。 ( )

19. 如果两个总体的平均数相等，那么标准差大的平均数代表性大。 ( )

20. 标志变动系数可以说明两个平均指标差别很大的总体的平均数的代表性。 ( )

五、思考题

1. 什么是时期指标，时点指标？二者有什么区别？

2. 什么是相对指标？相对指标有什么作用？相对指标数值表现形式有哪些？

3. 强度相对指标和算术平均指标有什么区别？

4. 什么是标志变异指标？有什么作用？

5. 标志变异指标和平均指标有哪些不同？

六、综合训练

1. 某企业去年产品销售额为 8 640 万元，今年销售额计划比去年提高 15%，而实际提高了 20%。求：(1) 计算企业今年销售额的计划数和实际数。

(2) 计算销售额的计划完成程度。

2. 某企业生产产品 10 月份总成本为 13 万元，产品平均成本为 11 元/件；11 月份总成本为 34 万元，平均成本为 8 元/件；12 月份总成本为 37 万元，平均成本为 6 元/件，求第四季度产品平均成本。

3. 甲地区 2014 年计划国民生产总值为 120 亿元，实际实现 132 亿元，年平均人口 600 万，2014 年国民生产总值的第一、二、三产业情况如表 4 - 23 所示。又知甲地区 2013 年国民生产总值为 122 亿元，乙地区 2014 年国民生产总值为 150 亿元，利用上述资料，计算所有可能的相对指标。

表 4 - 23 甲地区 2014 年国民生产总值第一、二、三产业情况

国民生产总值	计划数/亿元	实际数/亿元
第一产业	10	12
第二产业	65	73
第三产业	45	47
合　　计	120	132

4. 某企业 2014 年 3 个车间上半年某产品计划产量及实际完成情况如表 4 - 24 所示，请根据数据计算表中空格数值。

表 4-24 某企业 2014 年 3 个车间上半年某产品计划产量及实际完成情况

车　间	第一季度实际产量/万 t	第二季度					第二季度为上季度的/%
		计　划		实　际		计划完成/%	
		产量/万 t	比重/%	产量/万 t	比重/%		
一车间	150	160		175			
二车间	210	240				110	
三车间	320			350		98	
合　计	680						

5. 某产品按五年计划规定，最后一年产量应达到 54 万 t，计划完成情况如表 4-25 所示。试问该产品提前多长时间完成五年计划。

表 4-25 某产品计划完成情况

	第一年	第二年	第三年		第四年				第五年			
			上半年	下半年	一季度	二季度	三季度	四季度	一季度	二季度	三季度	四季度
产量	40	43	20	24	11	11	12	13	13	14	14	15

6. 某工厂 200 名工人的月工资分组资料如表 4-26 所示。试用频数和频率两种形式分别计算该厂工人的平均工资。

表 4-26 某工厂 200 名工人月工资分组情况

月工资/元	工人数/人	比重/%
1 000 以下	20	10.0
1 000～1 500	50	25.0
1 500～2 000	100	50.0
2 000～2 500	20	10.0
2 500 以上	10	5.0
合　　计	200	100.0

7. 某厂 3 个车间一季度生产情况如下：第 1 车间实际产量为 190 件，完成计划 95%；第 2 车间实际产量 250 件，完成计划 100%；第 3 车间实际产量 609 件，完成计划 105%，求 3 个车间产品产量的平均计划完成程度。

8. 抽查某地区 100 户职工家庭年收入资料如表 4-27 所示。试分别计算职工家庭年收入的众数和中位数。

表 4-27　某地区 100 户职工家庭年收入情况

年收入/万元	职工户数/户
1 以下	10
1～5	28
5～10	40
10～15	12
15～20	7
20 以上	3
合　计	100

9. 甲乙两个生产小组各有 4 名工人，他们的日产量分别为：

甲组　　65、68、72、75 件

乙组　　44、61、85、90 件

计算平均差，并说明甲乙两组平均数的代表性高低。

10. 有两个班参加统计学考试、甲班的平均分数为 86 分，标准差为 10.3 分，乙班的考试成绩资料如表 4-28 所示。

表 4-28　乙班的考试成绩情况

学生按成绩分组/分	学生数/人
60 以下	4
60～70	6
70～80	14
80～90	20
90～100	6
合　计	50

要求：

(1) 用 Excel 函数计算乙班的平均分数和标准差；

(2) 比较哪个班的平均分数更有代表性。

11. 某乡农民家庭年人均收入情况汇总如表 4-29 所示。

表 4-29　某乡农民家庭年人均收入情况

农民家庭按人均纯收入分组/元	农民家庭数/户
10 000～12 000	240
12 000～14 000	480
14 000～16 000	1 050
16 000～18 000	600
18 000～20 000	270
20 000～22 000	210
22 000～24 000	120
24 000～26 000	30
合　计	3 000

要求：根据上表资料计算某乡农民家庭年人均收入的众数和中位数。

第五章　抽样推断

【任务驱动】

通过本章的教学使学生了解抽样推断的概念及特点、作用；了解统计误差产生的原因；理解抽样误差的概念；熟练掌握在不同的抽样组织方式下抽样平均误差的计算方法；学会利用样本数据对总体参数进行点估计和区间估计；掌握必要抽样数目的确定方法。并学会用Excel进行抽样推断，为将来走上工作岗位进行抽样调查和推断打下基础。

引导案例

2015年开展全国1%人口抽样调查

《国务院办公厅关于开展2015年全国1%人口抽样调查的通知》（以下简称《通知》），决定于2015年开展全国1%人口抽样调查。

一、为什么要进行全国1%人口抽样调查？我国已经进行过几次1%人口抽样调查？

我国是世界上人口最多的国家，开展全国1%人口抽样调查，将有助于查清上次普查以来我国人口在数量、素质、结构、分布及居住等方面的变化情况，为研究未来人口状况的发展趋势，科学制定国民经济和社会发展规划，保障和改善民生，促进社会和谐，实现全面建成小康社会的宏伟目标，提供科学准确的统计信息支持。我国在1987年、1995年、2005年进行了三次全国1%人口抽样调查。

二、什么是标准时点？为什么1%人口抽样调查的标准时点要定在11月1日零时？

标准时点，就是规定一个时间点，无论调查员入户登记在哪一天进行，登记的人口及其各种特征都是反映那个时间点上的情况。因为人口是不断变化的，只有明确一个时间点，才能保证在这个时点上所有的人都处于相对静止状态，才能查清人口的数量和结构。人口调查登记的内容，就是这个标准时点上人口的状况，如同用照相机拍照，把某一瞬间的人口状况记录下来。因为1%人口抽样调查是在两次人口普查之间进行，而人口普查的标准时点是普查年份的11月1日零时，为了使1%人口抽样调查数据与普查数据有更好的可比性，因此调查时点就定在11月1日零时。

三、1%人口抽样调查是如何进行抽样的？

这次调查将采用二阶段、分层、整群、概率比例的抽样方法。具体来说就是：第一步，将全国31个省、自治区、直辖市各自所辖的全部社区/村级单位按照社会经济发展指标及地理地形标识进行分层；第二步，在层内按一定的比例抽取社区/村级样本单位；第三步，在每个抽中的社区/村级单位中，在已划分好的调查小区基础上，采用简单随机抽样的方法，抽取调查小区。最终全国将抽取约 6 万个调查小区，每个调查小区的人口大约 200 到 250 人，全国大约要调查 1 400 万人。

四、1%人口抽样调查都调查哪些内容？

目前，调查的内容正在研究论证之中。初步设想调查的内容包括住户的基本情况和个人的性别、年龄、民族、受教育程度、迁移流动、就业、社会保障、婚姻、生育、死亡、住房情况等指标。

为更好回应一些社会关注的热点问题，与过去的普查和1%人口抽样调查相比，此次调查可能会适当增加一些反映城镇化质量、反映生育意愿的指标。最终的指标需要进行广泛的论证和试点后才能确定。

五、2015 年全国 1%人口抽样调查将如何进行？

(1) 登记前的准备阶段。准备阶段的工作多，时间也长，一般需要 2～3 年。这一阶段的主要工作有建立调查机构，制定《2015 年全国 1%人口抽样调查方案》，拟订工作计划、工作流程和工作进度，落实调查经费，开展调查试点，调查样本的抽取，选调和培训调查员，组织调查宣传，准备调查物资，进行调查摸底等。

(2) 现场登记阶段。登记阶段是人口调查最关键、最重要的阶段。这一阶段主要由调查员按照调查方案的规定，对被抽中调查小区中的每一户、每一人进行入户登记。登记完成后，国家统计局还将统一组织事后质量抽查。

(3) 数据汇总和发布阶段。数据汇总和发布阶段是调查的收获阶段。通过对调查数据进行整理、加工，汇总成能够反映全国和各地区的详细汇总资料。这一阶段的工作主要由各类专业技术人员承担，包括数据评估、数据发布和印刷、分析研究及工作总结等。

（资料来源：http：//www.gov.cn/xinwen/2014-07/08/content_2714078.htm）

讨论与思考

1. 什么是抽样调查？全国 1%人口抽样调查和人口普查相比有什么特点？
2. 抽样的组织原则有哪些？这次人口抽样调查的内容是什么？
3. 什么是抽样的标准时点？这次人口抽样的标准时点是什么时间？

【教学内容】

第一节 抽样推断概述

一、抽样推断概念、特点

（一）抽样推断概念

抽样推断是按随机原则从总体中抽取部分单位进行调查，并用调查所得的数据资料推断总数量特征的一种非全面调查方式。在数理统计学中称参数估计。显然，抽样调查虽然是非全面调查，但它的目的却在于取得反映总体情况的信息资料，因而，也可起到全面调查的作用。

（二）抽样推断的特点

1. 随机抽取调查单位

调查样本是按随机的原则抽取的，在总体中每一个单位被抽取的机会是均等的，因此，能够保证被抽中的单位在总体中的均匀分布，不致出现倾向性误差，代表性强，以保证推算结果的精确度和可靠性。

2. 用抽样数值推断总体数值

抽样调查区别于全面调查和其他非全面调查，如重点调查和典型调查一般不去推算总体数量，也不具备推断的条件。虽然抽样调查和全面调查的目的是一致的，都是掌握总体的数量特征，但抽样只调查一部分部位，节约人力、费用和时间，比较灵活。例如，根据百分之几职工家庭收入来推算全国上亿职工家庭消费水平；根据重量不超过十分之一克的棉花纤维强度来判断几百千克的棉花纤维强度；根据不到几克的种子判断成批种子的发芽率等。

3. 可以计算和控制抽样误差

抽样调查是根据对部分单位调查所取得的资料推断总体指标数值的，推断结果不可避免地会有误差，对于抽样误差，抽样法既可以在调查推断之前事先估计出来，也可以根据调查目的和任务的要求，采取一定的组织措施加以控制，以保证推断的准确性和可靠性。

二、抽样推断的作用

（一）对某些不可能进行全面调查而又要了解其全面情况的现象必须应用抽样法

例如，对商品进行品质检查，有的检查是带有破坏性的，像罐装的食品质量、灯泡的使用寿命、轮胎的耐磨程度、纱布的拉力强度、炮弹的杀伤力等，不能为鉴定质量而毁去所有产品；再如有的现象总体过大，单位过于分散，进行全面调查实际上不可能，如了解森林木材的积蓄量、城乡居民的家庭生活情况、农产量调查、水库的鱼苗数等，采用抽样既能达到调查的目的，又能节省人、财、物和时间。

（二）对全面调查进行检验和修正

全面调查是获取大量的全面的统计资料的一种重要形式，但因其调查范围广、汇总层次多、调查人员多，很容易产生登记性或计算性误差，使统计资料的准确性受到影响。在全面调查后，随机抽取一部分单位重新进行再调查一次，将两次的资料进行对照、比较，计算差错比率，并以此为依据以全面调查资料加以修正，可进一步提高全面调查资料的准确性，如人口普查的前后都要进行抽样调查。

（三）对工业生产过程进行质量控制

特别是在成批或大量连续生产的过程中，可以运用抽样检验生产过程中产品质量控制，检查原因，及时提供信息，采取措施，预防废品的发生。

（四）对某总体的假设进行检验，对事物作出正确的判断认识

如新教学法的采用、新工艺新技术的改革、新医疗方法的使用等是否收到明显效果，需要对未知的或不完全知道的总体作出一些假设，然后用抽样法根据实验材料对所作的假设进行检验，作出判断。

三、抽样推断的原理

抽样推断的原理是建立在概率论的大数定律和中心极限定理基础上的科学推断方法。

(一) 大数定律

大数定律是指在随机试验中，每次出现的结果不同，但是大量重复试验出现的结果的平均值却几乎总是接近于某个确定的值。其原因是，在大量的观察试验中，个别的、偶然的因素影响而产生的差异将会相互抵消，从而使现象的必然规律性显示出来。例如，观察个别或少数家庭的婴儿出生情况，发现有的生男，有的生女，没有一定的规律性，但是通过大量的观察就会发现，男婴和女婴占婴儿总数的比重均会趋于50%。

大数定律帮助人们认识样本平均数趋近总体平均数的趋势，这是推断的前提条件。即从总体中随机抽取部分单位组成的样本总体其分布接近总体分布，样本总体越大，其分布越接近全及总体的分布，计算的指标误差越小，把握程度（概率）越高。

大数定律有若干个表现形式。这里仅介绍其中常用的两个重要定律：

1. 贝努利大数定律

设 μ_n 是 n 次独立试验中事件A发生的次数，且事件A在每次试验中发生的概率为 p，则对任意正数 ε，有

$$\lim_{n\to\infty} P\left\{\left|\frac{\mu_n}{n}-p\right|<\varepsilon\right\}=1$$

该定律是切比雪夫大数定律的特例，其含义是：当 n 足够大时，事件A出现的频率将几乎接近于其发生的概率，即频率的稳定性。

在抽样调查中，用样本成数去估计总体成数，其理论依据即在于此。

2. 切比雪夫大数定理

设 x_1，x_2，…，x_n 是一列两两相互独立的随机变量，服从同一分布，且存在有限的数学期望 a 和方差 σ^2，则对任意小的正数 ε，有

$$\lim_{n\to\infty} P\left\{\left|\frac{\sum x_i}{n}-a\right|<\varepsilon\right\}=1$$

该定律的含义是：当 n 很大时，服从同一分布的随机变量 x_1，x_2，…，x_n 的算术平均数 $\frac{\sum x_i}{n}$ 将依概率接近于这些随机变量的数学期望。将该定律应用于抽样调查，就会有如下结论：随着样本容量 n 的增加，样本平均数将接近于总体平均数。从而为统计推断中依据样本平均数估计总体平均数提供了理论依据。

(二) 中心极限定理

中心极限定理是阐述平均数分布状态的理论。它告诉人们不管总体分布呈何种状态，由一系列随机样本组成的所有可能平均数的分布均服从正态分布。中心极限定理帮助人们正确测算样本平均数与总体平均数之间的误差，抽样推断的基本思路是用样本平均数推断总体平均数，样本平均数比总体平均数可能大，也可能小，为了保证这两种可能性都被包括进去，就以样本平均数为中心，使得总体平均数落在以样本平均数为中心加减一个误差范围之内，

并有一定的概率可靠程度，即

$$\bar{x}-\Delta_x \leqslant \bar{X} \leqslant \bar{x}+\Delta_x$$

中心极限定理也有若干个表现形式，这里仅介绍其中 4 个常用定理。

1. 林德贝尔格定理

设 x_1，x_2，…，x_n 是一个相对独立的随机变量序列，它们具有有限的数学期望和方差 $a_k=E(x_k)$，$b_k^2=D(x_k)$ 满足林德贝尔格条件，则当 $n\to\infty$时，对任意的 x，有

$$\lim_{n\to\infty} P\left\{\frac{1}{B_n}\sum_{k=1}^{n}(x_k-a_k)<x\right\}\to\frac{1}{\sqrt{2\pi}}\int_{-\infty}^{x}\mathrm{e}^{-\frac{t^2}{2}}\,\mathrm{d}t$$

2. 德莫佛-拉普拉斯中心极限定理

设 μ_n 是 n 次独立试验中事件 A 发生的次数，事件 A 在每次试验中发生的概率为 P，则当 n 无限大时，频率 μ_n/n 趋于服从参数为 p，$\frac{p(1-p)}{n}$ 的正态分布。即

$$\frac{\mu_n}{n}\sim \mathrm{N}\left[p,\frac{p(1-p)}{n}\right]$$

该定理是辛钦中心极限定理的特例。在抽样调查中，不论总体服从什么分布，只要 n 充分大，那么频率就近似服从正态分布。

3. 辛钦中心极限定理

设随机变量 x_1，x_2，…，x_n相互独立，服从同一分布且有有限的数学期望 a 和方差 σ^2，则随机变量 $\bar{x}=\frac{\sum x_i}{n}$，在 n 无限增大时，服从参数为 a 和 $\frac{\sigma^2}{n}$ 的正态分布，即 $n\to\infty$时，

$$\bar{x}\sim \mathrm{N}\left(a,\frac{\sigma^2}{n}\right)$$

将该定理应用到抽样调查，就有这样一个结论：如果抽样总体的数学期望 a 和方差 σ^2 是有限的，无论总体服从什么分布，从中抽取容量为 n 的样本时，只要 n 足够大，其样本平均数的分布就趋于数学期望为 a、方差为 σ^2/n 的正态分布。

4. 李亚普洛夫中心极限定理

设 x_1，x_2，…，x_n 是一个相互独立的随机变量序列，它们具有有限的数学期望和方差：$a_k=E(x_k)$，$b_k^2=D(x_k)(k=1,2,\cdots,n)$。记 $B_n^2=\sum_{k=1}^{n}b_k^2$，如果能选择这样一个正数 $\delta>0$，使当 $n\to\infty$时，$\frac{1}{B_n^2+\delta}\sum_{k=1}^{n}E|x_k-a_k|^{(2+\delta)}\to 0$，则对任意的 x，有

$$P\left\{\frac{1}{B_n}\sum_{k=1}^{n}(x_k-a_k)<x\right\}\to\frac{1}{\sqrt{2\pi}}\int_{-\infty}^{x}\mathrm{e}^{-\frac{t^2}{2}}\,\mathrm{d}t$$

该定理的含义是：如果一个量是由大量相互独立的随机因素影响所造成的，而每一个别因素在总影响中所起的作用不是很大，则这个量服从或近似服从正态分布。

四、抽样的有关概念

（一）全及总体和样本总体

1. 全及总体

全及总体又称母体，简称总体，它是根据一定研究目的而规定的所要调查对象的全体所作成的集合，组成总体的各研究对象称之为总体单位，用 N 表示。

2. 样本总体

样本总体又称子样，简称样本，它是由从总体中按一定程序抽选出来的那部分总体单位所作成的集合。样本总体的单位数称为样本容量，通常用 n 来表示。随着样本容量的增大，样本对总体的代表性越来越高，并且当样本单位数足够多时，样本平均数越接近总体平均数。

如果说对于一次抽样调查，全及总体是唯一确定的，那么样本总体就不是这样，样本是不确定的，一个全及总体可能抽出很多个样本总体，样本的个数和样本的容量有关，也和抽样的方法有关。

（二）全及指标和样本指标

1. 全及指标

全及指标是根据全及总体各个单位的标志值或标志属性计算的，反映总体某种属性或特征的综合指标，又叫参数。总体指标是一个未知数，需要通过样本指标资料进行推算。常用的全及指标如下。

（1）变量总体全及指标。有总体单位数、总体平均数和总体标准差。

（2）属性总体全及指标。有总体单位数、总体成数和总体成数标准差。

2. 样本指标

样本指标又称统计量，是根据样本总体各单位标志值或标志属性计算的，反映样本特征，用来估计全及指标的综合指标。常用的样本指标如下。

（1）变量总体样本指标。有总体单位数、样本平均数和样本标准差（S）。

（2）属性总体样本指标。有总体单位数、样本成数、样本成数方差和样本成数标准差。

全及指标和样本指标公式如表 5－1 所示。

（三）样本容量和样本个数

1. 样本容量

样本容量是指一个样本所包含的单位数。通常将样本单位数不少于 30 个的样本称为大样本，不及 30 个的称为小样本。社会经济统计的抽样调查多属于大样本调查。

表 5-1　全及指标和样本指标公式

项　目	总　体	样　本
总体单位数	N	n
平均数	$\overline{X}=\frac{\sum X}{N}$　$\overline{X}=\frac{\sum XF}{\sum F}$	$\overline{x}=\frac{\sum x}{n}$　$\overline{x}=\frac{\sum xf}{\sum f}$
成数	$P=\frac{N_1}{N}$	$p=\frac{n_1}{n}$
标准差	$\sigma=\sqrt{\frac{\sum(X-\overline{X})^2}{N}}$ $\sigma=\sqrt{\frac{\sum(X-\overline{X})^2F}{\sum F}}$ $\sigma=\sqrt{P(1-P)}$	$S=\sqrt{\frac{\sum(x-\overline{x})^2}{n}}$ $S=\sqrt{\frac{\sum(x-\overline{x})^2f}{\sum f}}$ $S=\sqrt{p(1-p)}$
方差	σ^2	S^2

2. 样本个数

样本个数又称样本可能数目，是指从一个总体中可能抽取的样本个数。一个总体有多少样本，则样本统计量就有多少种取值，从而形成该统计量的分布，此分布是抽样推断的基础。

（四）重复抽样和不重复抽样

1. 重复抽样

重复抽样又称为重置抽样。其特点是：每个总体单位都有被重复抽中的可能；每次都是从全部总体单位中抽取一个样本单位。因此，各个单位被抽重的可能性前后相等。从 4 个单位中抽取两个则重复抽样的可能样本数为 $4^2=16$ 个。所以，从总体 N 个单位中，随机重复抽取 n 个单位构成一个样本，共可抽取 $M=N^n$ 个可能样本。

2. 不重复抽样

不重复抽样又叫不重置抽样。每个总体单位一旦被抽中，就不会再有被抽中的可能性，即不可能重复中选；可以一次抽足预定的样本数；总体单位数在抽选过程中逐渐减少，这样，总体单位被抽中的可能性越来越大。从总体 N 个单位中，随机不重复抽取容量为 n 个单位的样本，则共可抽取的可能样本数目为 $M=N(N-1)(N-2)(N-3)\cdots(N-n+1)$。

五、抽样调查的组织形式

抽样调查的组织形式不仅关系到随机抽样条件的实现和调查费用的节约，而且是合理有效地取得各项实际数据、保证调查结果准确性和可靠性的重要途径。因此，必须根据调查的目的、任务和调查对象的性质、特点，采用不同的组织形式进行随机抽样。抽样调查的组织形式主要有 5 种。

（一）纯随机抽样

纯随机抽样又称简单随机抽样。总体不加任何分组、划类、排队等，完全随机地抽取调查单位。其特点是：每个样本单位被抽中的概率相等，样本的每个单位完全独立，彼此之间无一定的关联性和排斥性。简单随机抽样是其他各种抽样形式的基础。通常只是在总体单位之间差异程度较小和数目较少时，才采用这种方法。

取样的方法有以下几种。

1. 直接抽选法

直接抽选法就是直接从调查对象中随机抽取。

2. 抽签法

先给每个单位编上序号，将号码写在纸片上，掺和均匀后，从中抽取，抽到哪一个就调查哪一个单位，直到抽够预先规定的数量为止。

3. 随机数字表法

随机数字表上数字的出现及其排列是随机形成的，0～9 共 10 个数字，大体上各占 1/10。而且由表上数字组成的多位数（两位数、三位数）也有大体相同的出现机会。使用随机数字表时也要遵守随机原则。

具体步骤是：首先要将全及总体中所有的单位加以编号，根据编号的位数确定使用若干栏数字。然后从任一栏、任一行的数字开始数，可以向任意方向数去，碰上属于编号范围内的数字号码就定下来作为样本单位。如果是不重复抽样，则碰上重复的数字时不再取它，直到抽够预定的单位数为止。这种办法虽要编号，但免除了做签和掺匀工作，比较简单。当总体单位数很多时，只要把数字栏放宽就可以了。

（二）类型抽样

类型抽样又叫分层抽样或分类抽样。它是将总体中的所有单位先按某一主要标志分成若干（或组），使组内各单位标志值比较接近，然后从各类中随机抽取一部分调查单位，共同组成样本。实际上，分层抽样是科学分组与抽样原理的有机结合，前者是划分出性质比较接近的层，以减少标志值之间的变异程度；后者是按照抽样原理抽选样本。类型抽样的特点是：由于通过划类分层，增大了各类型中单位间的共同性，容易抽出具有代表性的调查样本。该方法适用于总体情况复杂、各单位之间差异较大、单位较多的情况。

（三）机械抽样

机械抽样又叫等距抽样。它是先将总体各单位按某一标志进行排队，根据既定的抽样比例确定抽样间距，然后按一定顺序等间隔地抽取调查单位。其特点是：抽出的单位在总体中是均匀分布的，而且抽取的样本可少于纯随机抽样。根据总体单位排列方法，等距抽样的单位排列有两种方法：一是无关标志排队法等距抽样，即在对总体单位进行排队时是按照与研究目的无关的标志进行的。此种方式类似于纯随机抽样，其抽样误差大小一般认为与纯随机抽样等同；二是有关标志排队法等距抽样，即按与调查目的有关的标志对总体单位进行排队。此种方式类似于类型抽样，或者说是分组更细的类型抽样，故可按照类型抽样方式计算抽样误差。

（四）整群抽样

整群抽样是首先将总体中各单位归并成若干个互不交叉、互不重复的集合，我们称之为群；然后以群为抽样单位抽取样本的一种抽样方式。这种方式不同于前面 3 种一个一个地抽取调查单位，而是成群地抽取。其特点是：调查单位比较集中，调查工作的组织和进行比较方便。但调查单位在总体中的分布不均匀，准确性要差些。因此，在群间差异性不大或者不适宜单个地抽选调查样本的情况下，可采用这种方式。

（五）多阶段抽样

前面 4 种抽样方式都属于单阶段抽样，即经过一次抽选就可以直接确定样本单位在调查范围小、调查单位比较集中时，采用单阶段抽样比较适宜。多阶段抽样就是将调查分成两个或两个以上的阶段进行抽样。第一阶段先将总体按照一定的规范分成若干抽样单位，称之为一级抽样单位（或称初级抽样单位），再把抽中的一级抽样单位分成若干更小的二级抽样单位，从抽中的二级抽样单位再分三级抽样单位等，这样就形成一个多阶段抽样过程。特点是，在调查范围很大、总体单位太多的情况下，采用多阶段抽样实施和管理更加方便。

第二节　抽样误差

一、抽样误差的概念

抽样误差是指在随机抽样的前提下，由于样本内部结构与总体结构有差异而引起的样本指标与总体指标之间的离差。可表示为

$$平均数的抽样误差 = | x - \overline{X} |$$

$$成数的抽样误差 = | p - P |$$

二、产生抽样误差的原因

在统计工作中，由于种种原因，统计的结果与现象实际数值之间往往存一定的差异，称之为统计误差。按照产生的原因不同，统计误差可以分为登记性误差和代表性误差两类。

（一）登记性误差

登记性误差也叫工作性误差，是指在统计调查过程中，由于调查者工作中的差错，如重复登记、遗漏、汇总计算错误及有意地弄虚作假等行为而引起的误差。不论是全面调查还是非全面调查，都可能存在这种误差。登记性误差虽说从理论上讲是可以避免的，但实际中却难以完全避免。

（二）代表性误差

代表性误差是指在抽样调查中，由于样本不足以代表总体而产生的误差，按其产生的原因不同，又可分为两类：一是系统性误差，它是指由于违反抽样的随机原则而使样本不足以代表总体而产生的误差；二是随机误差，它是指完全遵循随机原则抽样，由于随机抽样本身一般会使样本内部结构与总体结构不完全一致而产生的误差。在随机抽样的前提下，抽中的样本的内部结构与总体内部结构完全一致的情形，属极小概率事件，现实中几乎不可能发生。只要进行随机抽样，就必然产生这种随机性的抽样误差。抽样误差是客观存在的，除非进行全面调查，否则，不可能用主观的办法来消除它。所以随机误差的产生是不可避免的。通常所说的抽样误差，是指随机误差。

抽样误差虽然可以表示为样本指标与总体指标的绝对离差，但要依据上述公式计算抽样误差是不可能的。事实上，由于总体指标（X 或 P）的真实值是未知的，所以抽样误差的确切数值也是无从知道的，只能用一定的方法去估计，并可采取相应的措施对它加以控制。另外，由于总体指标是确定的量，而样本指标是随机变量，所以抽样误差也是随机变量。

三、影响抽样误差大小的主要因素

（一）样本单位数目

样本单位数目即样本容量。在其他条件不变的情况下，抽取的样本单位数量越多，样本结构就越接近总体结构，即样本对总体的代表性就越高，那么抽样误差也越小。二者呈反方向变化。当样本容量扩大到与总体单位数相等时，那么抽样调查就等于全面调查，抽样误差也就不存在了。

（二）总体各单位之间的标志变异程度，即总体标志变动度

如果其他条件不变，总体各单位标志值之间的差别程度越大，样本内部结构就越难以接近总体结构，则样本对总体的代表性就越差，那么，抽样误差就越大。二者呈正方向变化。如果总体各单位标志值相等，毫无差别，即标志变动度为 0，那么样本指标就一定等于总体指标，抽样误差也就不存在了。

（三）抽样的组织形式

不同的抽样组织形式，对全及总体的处理方式和处理程度各不相同，致使不同抽样方式下影响抽样误差的标志变动度各不相同。因此在其他条件不变的前提下，采用不同的抽样方式会产生不同的抽样误差，也就有不同的抽样推断效果。

（四）抽样方法

在样本容量一定的前提下，采用不重复抽样的方法抽样，会使样本结构更类似于总体结构，即样本对总体的代表性高。因此，不重复抽样的抽样误差要小于重复抽样的抽样误差。

可见，通过适当地扩大样本容量，或对总体进行分组、排队等恰当的处理等，都可以达到减小和控制抽样误差的目的。

四、抽样平均误差

抽样平均误差是指所有可能样本的抽样指标与总体的全及指标之间的平均离差。一个全及总体中有很多可能样本，每个可能样本的样本指标与总体指标之间都有一个离差，这些离差有大有小。抽样平均误差就是这一系列离差的平均数，它反映所有可能样本的抽样误差的一般水平。

在抽查中一般只抽取其中一个样本总体计算一个抽样误差，如果再抽到其他的一个样本总体又有一个抽样误差，每一个的抽样误差都不同，科学方法就是把可能出现的抽样误差都考虑进去，即求抽样误差的平均数，测定平均离差大小的最好方法是计算标准差。所以抽样平均误差也采用标准差的计算方法。抽样平均误差的作用首先表现在它能够说明样本指标代表性的大小。平均误差大，说明样本指标对总体指标的代表性低；反之则说明样本指标对总体指标的代表性高。理论公式为

$$\mu_{\bar{x}} = \sqrt{\frac{\sum(\bar{x}-\overline{X})^2}{\text{所有可能样本个数}}}$$

用数理统计知识可以证明抽样平均误差具体应用公式如下。

（一）平均数抽样平均误差

1. 重复抽样

$$\mu_{\bar{x}}=\sqrt{\frac{\sigma^2}{n}}=\frac{\sigma}{\sqrt{n}}$$

式中：σ——总体的标准差。

当总体标准差 σ 未知时，一般可用样本标准差 S 来代替。从公式可以看出，在重复抽样的情况下，抽样平均数的抽样平均误差仅为总体标准差的 $\frac{1}{\sqrt{n}}$，即样本平均数的标准差比总体的标准差大大缩小。

2. 不重复抽样

$$\mu_{\bar{x}}=\sqrt{\frac{\sigma^2}{n}\left(\frac{N-n}{N-1}\right)}$$

当 N 很大时，上面的公式可以近似地表示为

$$\mu_{\bar{x}}=\sqrt{\frac{\sigma^2}{n}\left(1-\frac{n}{N}\right)}$$

（二）成数抽样平均误差

1. 重复抽样

$$\mu_p=\sqrt{\frac{p(1-p)}{n}}$$

2. 不重复抽样

$$\mu_p=\sqrt{\frac{p(1-p)}{n}\left(1-\frac{n}{N}\right)}$$

上面不重复抽样误差的近似公式与重复抽样误差公式的区别是公式中多了一项 $\left(1-\frac{n}{N}\right)$。这是一个修正系数，也称为校正因子。由于修正系数 $\left(1-\frac{n}{N}\right)$ 是一个大于 0 而小于 1 的系数，因此，在同样情况下，不重复抽样的平均误差也总是小于重复抽样的平均误差。如果总体的单位数很大而样本的单位数相对很小时，则 $\left(1-\frac{n}{N}\right)$ 接近于 1，这时修正系数也就作用不大了。因此，实际工作中，按不重复抽样方法进行抽样时，也往往用重复抽样的公式来计算抽样平均误差。

【例 5-1】 某灯泡厂生产一批灯泡 10 000 只，随机抽选 400 只进行耐用时间试验。测试结果，平均寿命 5 000 小时，样本标准差为 260 小时，求抽样平均误差。

解： 重复抽样时：$\mu_{\bar{x}}=\sqrt{\frac{S^2}{n}}=\frac{S}{\sqrt{n}}=\frac{260}{\sqrt{400}}=13$（小时）

不重复抽样时：$\mu_{\bar{x}}=\sqrt{\frac{S^2}{n}\left(1-\frac{n}{N}\right)}$

$$=\sqrt{\frac{260^2}{400}\left(1-\frac{400}{10\,000}\right)}=\sqrt{169\times0.96}=12.7\ \text{（小时）}$$

【例 5-2】某机械厂生产一批零件共 6 000 件，随机抽取 300 件，发现其中有 9 件不合格，求合格率的抽样平均误差。

解：合格率 $P=\frac{300-9}{300}=97\%$

重复抽样时：$\mu_p=\sqrt{\frac{p(1-p)}{n}}=\sqrt{\frac{97\%\times(1-97\%)}{300}}=\sqrt{0.000\,097}=0.98\%$

不重复抽样时：$\mu_p=\sqrt{\frac{p(1-p)}{n}\left(1-\frac{n}{N}\right)}$

$$=\sqrt{\frac{97\%\times(1-97\%)}{300}\times\left(1-\frac{300}{6\,000}\right)}=\sqrt{0.000\,092\,15}=0.96\%$$

五、抽样极限误差

抽样极限误差是指样本指标与总体指标之间抽样误差可允许的最大范围，又称置信区间和抽样允许误差范围。它表明被估计的总体指标有希望落在一个以样本指标为基础的可能范围。它是由抽样指标变动可允许的上限或下限与总体指标之差的绝对值求得的。

抽样平均误差可以用来测定抽样指标的准确程度，代表总体指标的准确水平，但以样本指标来推断总体指标要达到完全准确，毫无误差是不可能的。例如，从 100 万户居民抽 1 万户调查其平均每户年收入为 2 万，就推断 100 万户平均年收入也是 2 万元。样本和总体平均数完全相等不可能，会产生误差，以这个误差大小要有一个科学判断，我们不希望误差太大，太大的估计值没有意义，但要确切地指出抽样误差具体为多大，这也几乎不可能。因为抽样指标是随机变量，抽样误差是随着不同样本而变化的，所以，在抽样推断时，只能把抽样误差控制在一定范围内，总体指标是一个确定数，而抽样指标则围绕总体指标左右变动，它与总体指标可能产生正离差，也可能产生负离差，在这个范围内的数字均是有效的。如果误差为 500，则 $20\,000-500\leqslant\overline{X}\leqslant 20\,000+500$，把这种可以允许的误差范围称为抽样极限误差。其计算公式为

$$\Delta_{\bar{x}}=|\bar{x}-\overline{X}|$$

式中：$\Delta_{\bar{x}}$ ——抽样平均数极限误差；
$\bar{x}$ ——样本平均数；
$\overline{X}$ ——总体平均数。

$$\Delta_p=|\ p-P\ |$$

式中：Δ_p ——抽样成数极限误差；
p —— 样本成数；
P —— 总体平均数。

由于总体平均数和总体成数是未知的，它要靠实测的抽样平均数（或成数）来估计。可以将其变换为如下完全等值的不等式：

$$\bar{x}-\Delta_{\bar{x}}\leqslant\overline{X}\leqslant\bar{x}+\Delta_{\bar{x}}\qquad p-\Delta_p\leqslant P\leqslant p+\Delta_p$$

抽样极限误差的实际意义在于期望总体平均数 $\overline{X}$ 落在 $(\overline{x}-\Delta_{\overline{x}},x+\Delta_{\overline{x}})$，总体成数 P 落在 $(p-\Delta_p,p+\Delta_p)$。

六、抽样估计的概率度（t）

基于理论上的要求，抽样极限误差需要用抽样平均误差 $\mu_{\overline{x}}$ 或 μ_p 为标准单位来衡量。即把极限误差 $\Delta_{\overline{x}}$ 或 Δ_p 相应除以 $\mu_{\overline{x}}$ 或 μ_p，得出相对的误差程度 t，$t=\dfrac{\Delta_{\overline{x}}}{\mu_{\overline{x}}}$，$t$ 称为抽样误差的概率度，于是有

$$\Delta_{\overline{x}}=t\mu_{\overline{x}} \qquad \Delta_p=t\mu_p$$

当 $t=1$ 时，即 1 个概率度，表明极限误差为 1 个抽样平均误差的大小，或说明总体指标落在抽样指标加减一个抽样平均误差范围内。

当 $t=2$ 时，即 2 个概率度，表明极限误差为 2 个抽样平均误差的大小，或说明总体指标落在抽样指标加减 2 个抽样平均误差范围内。

七、抽样估计的精度（A）

为了比较不同现象总体的抽样误差程度，必须消除总体规模大小悬殊的影响，通常还需计算抽样误差系数，抽样误差系数记做 Δ'，反映了抽样误差的相对程度。其计算公式为

$$\Delta'_x=\frac{\Delta_x}{\overline{x}} \qquad \Delta'_p=\frac{\Delta_p}{P}$$

则抽样估计精度（A）公式为

$$A_x=1-\Delta'_x \qquad A_p=1-\Delta'_p$$

八、抽样估计的可靠程度 $F(t)$

抽样极限误差的估计总是要和一定概率保证程度联系在一起的，因为既然抽样误差是一个随机变量，就不能期望抽样平均数落在一定区间内是一个必然事件，而只是给定把握程度。所以，进行抽样估计时，不但要考虑抽样误差可能范围有多大，且还必须考虑落在这一范围的把握程度有多少，前者是估计准确度，后者是估计的可靠程度，两者紧密联系。

抽样估计的可靠程度又称置信度，是总体指标落在某个区间的概率把握程度，用 $F(t)$ 来表示，取值范围是 $0\leqslant F(t)\leqslant 1$ 。

判断总体指标落在一个区间范围内并不是绝对肯定的，只能有一定的把握程度，究竟有多大的把握程度？数理统计证明，在一个抽样误差范围内的概率为 0.682 7，两个抽样误差范围内其把握程度为 0.954 5…它们的数量关系在概率表中可以查到。

常用的概率度与概率保证程度对照表如表 5 - 2 所示。

表 5-2　常用的概率度与概率保证程度对照表

概率度 t	概率保证程度 $F(t)$	概率度 t	概率保证程度 $F(t)$
0.50	0.382 9	2.00	0.954 5
1.00	0.682 7	2.50	0.987 6
1.28	0.799 5	2.58	0.990 0
1.50	0.866 4	3.00	0.997 3
1.64	0.900 0	4.00	0.999 94
1.96	0.950 0	5.00	0.999 999

【例 5-3】 随机重复抽取 25 亩水稻，测得平均亩产为 650 千克，标准差为 75 千克，试求总体平均亩产在 620～680 千克之间的把握程度。

解：$\bar{x}=650\qquad S=75\qquad \Delta_{\bar{x}}=\dfrac{680-620}{2}=30$（或 $650-620=30$）

$$\mu_{\bar{x}}=\frac{S}{\sqrt{n}}=\frac{75}{\sqrt{25}}=15\qquad t=\frac{\Delta_{\bar{x}}}{\mu_{\bar{x}}}=\frac{30}{15}=2$$

查概率表得 $F(t)=0.954\ 5$。

【例 5-4】 年末，某储蓄所按定期存款账号进行抽查，得到表 5-3 资料。

表 5-3　某储蓄所年末住户定期存款情况

存款额/万元	抽查户数/户 f	组中值 x	xf	$(x-\bar{x})^2$	$(x-\bar{x})^2 f$
1 以下	10	0.5	5	4.884 1	48.841
1～2	32	1.5	48	1.464 1	46.851 2
2～3	180	2.5	450	0.044 1	7.938
3～4	48	3.5	168	0.624 1	29.956 8
4～5	23	4.5	103.5	3.204 1	73.694 3
5 以上	7	5.5	38.5	7.784 1	54.488 7
合　计	300		813	—	261.77

要求：计算在概率为 95.45%保证程度下，储户平均存款额及存款在 2 万元以上占的比重的最大允许误差为多少？若估计的极限误差不超过 6%，问有多大的把握程度？

解：(1)
$$\bar{x}=\frac{\sum xf}{\sum f}=\frac{813}{300}=2.71(\text{万元}/\text{户})$$

$$\sigma=\sqrt{\frac{\sum (x-\bar{x})^2 f}{\sum f}}=0.934\ 1(\text{万元})$$

$$\mu_{\bar{x}}=\sqrt{\frac{S^2}{n}}=\frac{S}{\sqrt{n}}=\frac{0.934\ 1}{\sqrt{300}}=0.053\ 9(\text{万元})$$

$$\Delta_{\bar{x}}=t\mu_{\bar{x}}=2\times 0.053\ 9=0.107\ 8(\text{万元})$$

(2)
$$P=\frac{180+48+23+7}{300}=86\%$$

$$\mu_p=\sqrt{\frac{p(1-p)}{n}}=\sqrt{\frac{86\%\times(1-86\%)}{300}}=2\%$$

$$\Delta_p = t\mu_p = 2 \times 2\% = 4\%$$

(3)
$$t = \frac{\Delta_{\bar{x}}}{\mu_{\bar{x}}} = \frac{6\%}{2\%} = 3$$

查表得 $F(t) = 0.997\ 3$ 。

第三节　抽样估计

抽样估计是利用实际调查数据计算的样本指标来估计相应的总体的指标数值。由于总体指标称为参数，所以也称参数估计，有点估计和区间估计两种。

一、点估计

点估计又称定值估计，直接用样本指标来估计总体指标的方法。用样本平均数 $\bar{x}$ 作为总体平均数 $\overline{X}$ 的估计值，用样本成数 p 作为总体成数 P 的估计值，即 $\bar{x} = \overline{X}, p = P$ 。

优良估计的评价标准如下。

(1) 无偏性。即以抽样指标平均值等于被估计总体的指标值的本身。

(2) 一致性。当样本单位数充分大时，抽样指标也充分地靠近总体指标。

(3) 有效性。要求作为优良估计量的方差比其他估计量的方差小。

运用点估计法对总体总量指标进行推算主要有如下几种方法。

(一) 直接换算法

直接换算法是以样本指标值 $\bar{x}$ 或 p 作为总体指标的估计值，再乘以总体单位数来推算总体总量指标的方法。

【例 5-5】 企业欲从国外购入一批旧设备 500 台，抽查了 20 台，发现有 6 台需要修复，每台修复成本估计为 300 元，若总修复费用不超过 5 万元，是有利可图的。请问企业是否购买这批设备？

解：抽查次品率为　　$p=\frac{6}{20}=30\%$

估计次品设备为　　500×30%=180（台）

总修复费用为　　300×180=54 000（元）

总修复费用 54 000 元，超过了 5 万元，企业无利可图，不能购买这批设备。

(二) 修正系数法

系数修正是根据抽样调查资料计算出修正系数用以修正补充全面调查资料的方法。

$$修正系数=\frac{抽样复查数-抽查总体全面调查数}{抽样总体全面调查数}=\frac{差错数}{抽样总体全面调查数}$$

$$全及总体修正后的全面调查数=原全面调查数\times(1+修正系数)$$

【例 5-6】 某地人口普查，普查登记人口为 439 057 人。随机抽取 5 个镇进行抽样复查，登记人数为 15 502 人，这 5 个镇在普查时人数为 15 500 人，求差错率，以及修正后的人口数。

解：修正系数$=\frac{\text{抽样复查登记数}-\text{抽样总体全面调查登记数}}{\text{抽样总体全面调查登记数}}=\frac{15\ 502-15\ 500}{15\ 500}=0.13‰$

某地人口普查修正后的全面调查数＝原全面调查数×(1＋修正系数)

＝439 057×(1＋0.13‰)＝439 114（人）

点估计的方法虽然比较简便，但估计的结果究竟有多少把握或者说可靠程度如何，是无法准确回答的，要回答这个问题就需要采用区间估计。

二、区间估计

抽样估计的置信度是表明抽样指标和总体指标的误差不超过一定范围的概率有多大。根据给定的概率保证程度的要求，利用实际抽样资料，指出总体被估计值的上限和下限，即指出总体参数可能存在的区间范围，而不是直接给出总体参数的估计值。

总体参数的区间估计必须具备 3 个基本要素：估计值 $\bar{x}$、p；抽样误差范围 $\Delta_{\bar{x}}$、Δ_p；概率保证程度 $F(t)$，抽样极限误差决定估计的精确性，置信概率决定估计的可靠性。

区间估计的内容包括总体平均数和总体成数的估计。计算步骤如下。

（1）根据所给条件从总体随机抽出样本（重复抽样或不重复抽样）。

（2）计算抽样平均误差。

①重复抽样：
$$\mu_{\bar{x}}=\frac{\sigma}{\sqrt{n}} \qquad \mu_p=\sqrt{\frac{p(1-p)}{n}}$$

②不重复抽样：
$$\mu_{\bar{x}}=\sqrt{\frac{\sigma^2}{n}\left(1-\frac{n}{N}\right)} \qquad \mu_p=\sqrt{\frac{p(1-p)}{n}\left(1-\frac{n}{N}\right)}$$

（3）计算抽样极限误差。
$$\Delta_{\bar{x}}=t\mu_{\bar{x}} \qquad \Delta_p=t\mu_p$$

（4）根据样本指标和极限误差进行区间估计。
$$\bar{x}-\Delta_{\bar{x}}\leqslant\overline{X}\leqslant\bar{x}+\Delta_x \qquad p-\Delta_p\leqslant p\leqslant p+\Delta_p$$

【例 5－7】某工商部门对某大型超市销售的某品牌小包装食品进行重量合格抽查，规定每包重量不低于 70g，从 2 000 包中重复抽取 1％进行检验，每包重量如表 5－4 所示。

表 5－4　某超市小包装食品重量抽查情况

重量/g	包数/包 f	组中值 x	xf	$x-\bar{x}$	$(x-\bar{x})^2$	$(x-\bar{x})^2 f$
66～68	2	67	134	－3.8	14.44	28.88
68～70	6	69	414	－1.8	3.24	19.44
70～72	6	71	426	0.2	0.04	0.24
72～74	4	73	292	2.2	4.84	19.36
74～76	2	75	150	4.2	17.64	35.28
合　计	20	—	1 416	—	—	103.20

要求：(1) 试以95.45%的概率保证程度估计这批食品的平均每包重量的区间范围。

(2) 若每包食品重量低于70g为不合格，估计合格率的区间范围。

解：(1) $\bar{x}=\frac{\sum xf}{\sum f}=\frac{1\,416}{20}=70.8(\text{g/包})$

$$\sigma=\sqrt{\frac{\sum(x-\bar{x})^2 f}{\sum f}}=\frac{103.2}{20}=2.27(\text{g})$$

$$\mu_{\bar{x}}=\sqrt{\frac{S^2}{n}}=\frac{S}{\sqrt{n}}=\frac{2.27}{\sqrt{20}}=0.51(\text{g})$$

$$\Delta_{\bar{x}}=t\mu_{\bar{x}}=2\times 0.51=1.02(\text{g})$$

$70.8-1.02\leqslant \bar{X}\leqslant 70.8+10.2 \qquad 69.78\leqslant \bar{X}\leqslant 71.82$

(2) 合格率 $p=\frac{6+4+2}{20}=60\%$

$$\mu_p=\sqrt{\frac{p(1-p)}{n}}=\sqrt{\frac{60\%\times(1-60\%)}{20}}=10.95\%$$

$$\Delta_p=t\mu_p=2\times 10.95\%=21.9\%$$

$$60\%-21.9\%\leqslant P\leqslant 60\%+21.9\% \qquad 38.1\%\leqslant P\leqslant 81.9\%$$

第四节 样本容量的确定

在抽样调查中重要问题是确定抽样数目，抽多了，会增加调查的工作量，造成人、财物的和时间的浪费；抽少了，则样本对总体缺乏足够的代表性，难以保证推算结果的精确度和可靠性。所以样本容量确定应科学合理。

一、样本容量的影响因素

(一) 总体各单位之间的标志变异程度

在其他条件不变的前提下，总体标志变动度越大，则抽样误差就越大，因此，样本容量应大些；反之，如果方差为零，则只要抽一个样本单位就可以了，因为，所有总体单位的数值全是相同的，没有差异。

(二) 抽样极限误差

若其他条件不变，抽样极限误差越小，即抽样估计的精确度要求越高，样本容量应越大；抽样极限误差越大，即精确度要求越低，样本容量应越小。二者成反比。如果不允许有抽样误差，那就要实行全面调查。

(三) 概率保证程度

在其他条件不变的前提下，抽样估计要求的概率保证程度越高，样本容量应越大；概率保证程度越低，样本容量应越小。二者成正比，如果要求有100%的把握程度，那就只有实行全面调查。

（四）抽样方式和方法

不同的抽样组织形式会有不同的抽样误差，一般，等距抽样、类型抽样比简单随机抽样需要的样本小。不重复抽样的误差小于重复抽样的误差。所以，重复抽样需要多抽一些。

二、确定样本容量的基本公式

（一）平均数推算的样本容量

（1）重复抽样：
$$n=\frac{t^2\sigma_x^2}{\Delta_{\bar{x}}^2}$$

（2）不重复抽样：
$$n=\frac{Nt^2\sigma_x^2}{N\Delta_{\bar{x}}^2+t^2\sigma_x^2}$$

【例 5-8】从某年级学生中按简单随机抽样方式抽取 40 名学生，对公共理论课的考试成绩进行检查，得知其平均分数为 82.5 分，样本标准差为 12.13 分，试以 95.45%的概率保证程度推断全年级学生考试成绩的区间范围。如果其他条件不变，将允许误差缩小一半，应抽取多少名学生？

解：（1）
$$\mu_{\bar{x}}=\sqrt{\frac{S^2}{n}}=\frac{S}{\sqrt{n}}=\frac{12.13}{\sqrt{40}}=1.92(\text{分})$$
$$\Delta_{\bar{x}}=t\mu_{\bar{x}}=2\times 1.92=3.84(\text{分})$$

全年级学生考试成绩的区间范围是
$$82.5-3.84\leqslant \overline{X}\leqslant 82.5+3.84 \qquad 78.66\leqslant \overline{X}\leqslant 86.34$$

（2）将误差缩小一半，应抽取的学生数为
$$n=\frac{t^2S^2}{\left(\frac{\Delta_{\bar{x}}^2}{2}\right)}=\frac{2^2\times(12.13)^2}{\left(\frac{3.84}{2}\right)^2}\approx 160$$

（二）成数推算的样本容量

（1）重复抽样：
$$n=\frac{t^2\sigma_p^2}{\Delta_p^2}=\frac{t^2p(1-p)}{\Delta_p^2}$$

（2）不重复抽样：
$$n=\frac{Nt^2p(1-p)}{N\Delta_p^2+t^2p(1-p)}$$

【例 5-9】为了解某镇农村家庭电冰箱的拥有率，拟进行一次抽样调查，在一次问卷调查中曾获知 5%家庭拥有电冰箱，现在要求在 95%的可靠程度下（$t=1.96$）允许误差不超过 2%。问在全镇 50 000 户家庭中需抽多少户进行调查？

解：重复抽样：
$$n=\frac{t^2\sigma_p^2}{\Delta_p^2}=\frac{t^2p(1-p)}{\Delta_p^2}=\frac{1.96^2\times 0.05\times(1-0.05)}{0.02^2}=457(\text{户})$$

不重复抽样：
$$n=\frac{Nt^2p(1-p)}{N\Delta_p^2+t^2p(1-p)}$$
$$=\frac{50\,000\times 1.96^2\times 0.05\times(1-0.05)}{50\,000\times 0.02^2+1.96^2\times 0.05\times(1-0.05)}=452\ (\text{户})$$

三、确定样本容量应注意的问题

（1）上述计算公式中的总体方差资料可以用历史资料或者实验性调查所得资料代替。

（2）同一次调查中，进行成数推算与进行平均数推算的样本容量一般不相等。为满足两种推算的共同需要，应选择其中数值较大者。

（3）实际确定的样本容量应略多于计算结果，以保证推算的精确度和可靠性。

第五节 Excel 在抽样推断中的应用

一、从全及总体中抽出调查单位的方法

（一）用 Excel 数据分析——进行随机抽样

以例 5 - 7 为例，某工商部门对某大型超市销售的某品牌小包装食品进行重量合格抽查，规定每包重量不低于 70g，从 2 000 包中随机抽取 1%进行检验，即抽 20 包。具体操作如下。

（1）将总体单位每包食品进行编号 1～2 000，将编号数据输入表格，A2:A2001。

（2）选择"工具—数据分析—抽样—确定"，出现对话框。

"输入区域"：把原始总体数据放在此区域中 A2:A2001，包括标志 A1，并选中标志前的对号。抽样方法：随机抽样是指直接输入样本数，计算机自行进行抽样，不用受间隔的规律限制；"随机模式"适用于纯随机抽样、分类抽样、整群抽样和阶段抽样。采用纯随机抽样，只需在"样本数"框中输入要抽取的样本单位数即可；若采用分类抽样，必须先将总体单位按某一标志分类编号，然后在每一类中随机抽取若干单位，这种抽样方法实际是分组法与随机抽样的结合；整群抽样也要先将总体单位分类编号，然后按随机原则抽取若干类作为样本，对抽中的类的所有单位全部进行调查。可以看出，此例的编号输入方法，只适用于等距抽样和纯随机抽样。注意：每次抽样样本可能都不同。

"样本数"：在此输入需要在输出列中显示需要抽取总体中数据的个数，20。每个数值是从输入区域中的随机位置上抽取出来的。注意：任何数值都可以被多次抽取，所以抽样所得数据实际上会有可能小于所需数量。处理方法：由于随机抽样时总体中的每个数据都可以被多次抽取，所以在样本中的数据一般都会有重复现象。解决此问题可以使用"筛选"功能对所得数据进行筛选，选择不重复的记录。如果有重复的，再抽补充。

"输出区域"：在此输入对输出表左上角单元格的引用，B2。所有数据均将写在该单元格下方的单列里。如果选择的是"随机"，则输出表中数值的个数等于"样本数"；单击确定就可以显示随机抽样的结果。再按照抽出的序号找出 20 包被抽中的食品进行称重，整理分配数列等。

（二）Excel 数据分析——进行间隔抽样（等距抽样）

以例 5 - 7 为例，等距抽样操作步骤如下。

（1）将总体单位每包食品进行编号，将编号数据输入表格，A2:A2001。

（2）选择"工具—数据分析—抽样"，出现对话框。

“输入区域”：A1:A2001，包括标志 A1，并选中标志前的对号。

“抽样方法”：间隔抽样（等距抽样），需将总体单位数除以要抽取的样本单位数，求得取样的周期间隔，100（抽的样本单位数 2 000×1%=20 个，抽样间隔为 2 000/20=100）。

“输出区域”：在此输入对输出表左上角单元格的引用，C2。单击确定就可以显示等距抽样的结果。

“抽样”对话框如图 5-1 所示。

每包编号	随机抽样	间隔抽样
1	1784	100
2	1982	200
3	1679	300
4	532	400
5	1398	500
6	1519	600
7	410	700
8	322	800
9	1224	900
10	772	1000
11	679	1100
12	615	1200
13	1968	1300
14	1689	1400
15	894	1500
16	228	1600
17	1800	1700
18	1070	1800
19	413	1900
20	1031	2000
21		
22		
23		
24		
25		
26		

图 5-1　Excel 从总体单位中随机抽样和等距抽样

二、总体平均数的区间估计

总体平均数的区间估计可以使用 CONFIDENCE 函数。

以例 5-7 为例，操作步骤如下。

（1）将例 5-7 资料输入 Excel 表中，在 C3 单元格求组中值输入公式“=（66+68）/2”，按 Enter 键确定，同样方法求出其他组组中值。如图 5-2 所示。

	A	B	C	D	E	F
1–2	重量（克）	包数（包）f	组中值 x	xf	$x-\bar{x}$	$(x-\bar{x})^2 f$
3	66-68	2	67	134	-3.8	28.88
4	68-70	6	69	414	-1.8	19.44
5	70-72	6	71	426	0.2	0.24
6	72-74	4	73	292	2.2	19.36
7	74-76	2	75	150	4.2	35.28
8	合计	20	—	1416	—	103.2
9			平均数	70.8		
10			方差	5.16		
11			标准差	2.27		
12			α	0.0455		
13			样本容量	20		
14			允许误差	1.02		
15	总体平均数区间的下限			69.78		
16	总体平均数区间的上限			71.82		

图 5-2　总体平均数区间估计计算图

（2）D3 单元格中输入公式“＝C3＊B3”，按 Enter 键确定，用鼠标拖曳填充柄将公式复制到 D4:D7 区域。选定 D3:D7 区域，单击“工具栏”上的求和按钮“$\sum$”，得到 xf 合计数“1 416”。在 D9 单元格输入公式“＝D8/B8”，按 Enter 键确定，得到平均数为 70.8。

（3）在 E3 单元格输入公式“＝C3－＄D＄9”，按 Enter 键确定。用鼠标拖曳填充柄将公式复制到 E4:E7 区域。

（4）在 F3 单元格输入公式“＝E3＊E3＊B3”，按 Enter 键确定。用鼠标拖曳填充柄将公式复制到 F4:F7。选定 F3:F7 区域，单击“工具栏”上的求和按钮“$\sum$”，得到合计数 103.2。在 D10 单元格输入公式“＝F8/B8”，按 Enter 键确定，得到方差为 5.16。在 D11 单元格输入公式“＝SQRT（D10）”，得到标准差为 2.27。

（5）在 D12 单元格输入给定的概率的显著水平 0.045 5，（α＝1－置信度，置信度为 0.954 5，则 α ＝1－0.954 5＝0.045 5），在 D13 输入样本容量 20。

（6）选中 D14 单元格，单击工具栏上的粘贴函数按钮“f_x”，弹出“插入函数”对话框，在对话框的“函数分类”中选择“统计”，在“函数名”中选择“CONFIDENCE”函数，确定后弹出“CONFIDENCE”函数的对话框，在对话框的“Alpha”文本框中输入给定的概率显著水平 D12，在“Standard _dev”文本框中输入标准差 D11，在“Size”文本框中输入样本容量 D13，如图 5－3所示，单击“确定”按钮，得出允许误差为 1.02。

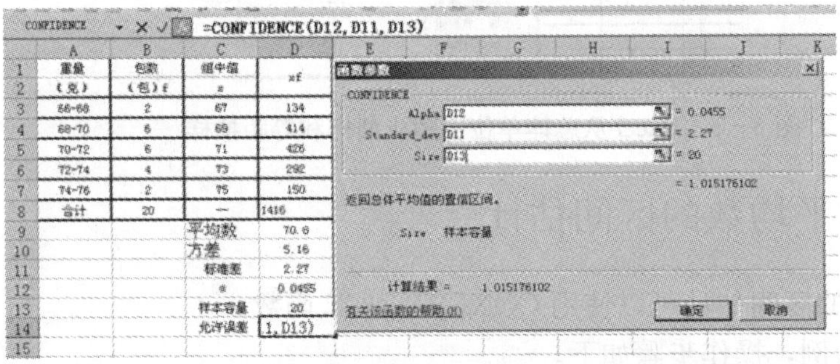

图 5－3　函数参数“CONFIDENCE”的对话框

（7）在 D15 单元格输入“＝D9－D14”，按 Enter 键确定，得到总体平均数区间的下限 69.78。在 D16 单元格输入“＝D9＋D14”，按 Enter 键确定，得到总体平均数区间的上限 81.82。

三、总体成数的区间估计

总体成数的区间估计也可以使用 CONFIDENCE 函数。

以例 5－7 为例操作步骤如下。

（1）建立“样本成数估计”工作表，在单元格 B2 中输入样本容量 20。

（2）在单元格 B3 中输入“＝（6＋4＋2）/20”，按 Enter 键后显示样本合格率 60％。

(3) 在单元格 B4 中输入公式"＝SQRT (B3 *(1－B3))"，按 Enter 键后显示成数标准差为 48.99%。

(4) 在单元格 B5 中输入 α 为 0.045 5。

(5) 在单元格 B6 中输入公式"＝CONFIDENCE (B5，B4，B2)"，按 Enter 键后显示抽样极限误差为 0.219。

(6) 在单元格 B7 中输入"＝B3－B6"，按 Enter 键后显示置信区间的下限 38.1%。

(7) 在单元格 B8 中输入"＝B3＋B6"，按 Enter 键后显示置信区间的上限为 81.9%。计算结果如图 5-4 所示。

C15

	A	B
1	样本数据	
2	样本容量	20
3	合格率	60%
4	标准差	48.99%
5	α	4.55%
6	极限误差	0.219
7	估计下限	38.1%
8	估计上限	81.9%

图 5-4 总体成数的区间估计计算图表

【课后训练】

一、名词解释

1. 抽样推断 2. 抽样误差 3. 统计量 4. 样本容量 5. 重复抽样
6. 抽样极限误差 7. 置信度 8. 抽样平均误差 9. 随机原则 10. 参数估计

二、单项选择

1. 抽样调查的主要目的是（ ）。
   A. 用样本指标来推算总体指标 B. 对调查单位做深入研究
   C. 计算和控制抽样误差 D. 广泛运用数学方法
2. 抽样调查所必须遵循的基本原则是（ ）。
   A. 准确性原则 B. 随机性原则 C. 可比性原则 D. 灵活性原则
3. 抽样误差是指（ ）。
   A. 在调查过程中由于观察、测量等差错所引起的误差
   B. 人为原因所造成的误差
   C. 随机抽样而产生的代表性误差
   D. 在调查中违反随机原则出现的系统误差
4. 为了了解某工厂职工家庭收支情况，按该厂职工名册依次每 50 人抽取 1 人，对其家庭进行调查，这种调查属于（ ）。
   A. 简单随机抽样 B. 等距抽样 C. 类型抽样 D. 整群抽样
5. 按随机原则直接从总体 N 个单位中抽取 n 个单位作为样本，这种抽样组织形式是（ ）。
   A. 简单随机抽样 B. 类型抽样 C. 等距抽样 D. 整群抽样
6. 所谓大样本是指样本单位数在（ ）及以上的样本。
   A. 30 个 B. 50 个 C. 80 个 D. 100 个
7. 反映抽样指标与总体指标之间抽样误差的可能范围的指标是（ ）。
   A. 抽样平均误差 B. 抽样极限误差 C. 区间估计范围 D. 置信区间
8. 在简单随机重复抽样条件下，当抽样平均误差缩小为原来的 1/2 时，则样本单位数为原来的（ ）。
   A. 2 倍 B. 4 倍 C. 1/2 倍 D. 1/4 倍

9. 下列关于总体平均数和样本平均数之间关系的描述，正确的是（ ）。
   A. 总体平均数是确定值，样本平均数是随机变量
   B. 总体平均数是随机变量，样本平均数是确定值
   C. 两者都是随机变量
   D. 两者都是确定值

10. 极限误差与抽样平均误差数值之间的关系为（ ）。
    A. 前者一定大于后者　　B. 前者一定小于后者
    C. 前者一定等于后者　　D. 前者可以大于后者，也可以小于后者

11. 对农作物单位面积产量调查，按平原、丘陵和山区分组来抽选样本单位，此种抽样方法为（ ）。
    A. 整群随机抽样　B. 类型随机抽样　C. 多阶抽样　D. 系统随机抽样

12. 在其他条件相同的情况下，重复抽样的抽样平均误差和不重复抽样的相比（ ）。
    A. 前者一定大于后者　　B. 前者一定小于后者
    C. 两者相等　　D. 前者可能大于、也可能小于后者

13. 在其他条件不变的情况下，提高估计的概率保证程度，其估计的精确程度（ ）。
    A. 随之提高　B. 随之降低　C. 保持不变　D. 无法确定

14. 对甲乙两个工厂工人平均工资进行纯随机不重复抽样调查，调查的工人数一样，两工厂工资方差相同，但甲厂工人总数比乙厂工人总数多一倍，则抽样平均误差（ ）。
    A. 甲厂比乙厂大　B. 乙厂比甲厂大　C. 两个工厂一样大　D. 无法确定

15. 在其他条件不变的情况下，抽样单位数越多，则（ ）。
    A. 系统误差越大　B. 系统误差越小　C. 抽样误差越大　D. 抽样误差越小

16. 抽样极限误差是（ ）。
    A. 调查性误差　　B. 一定可靠程度下的抽样误差可能范围
    C. 最小抽样误差　　D. 等于抽样平均误差

17. 事先将总体各单位按某一标志排列，然后依排列顺序和按相同的间隔来抽选调查单位的抽样称为（ ）。
    A. 简单随机抽样　B. 类型抽样　C. 等距抽样　D. 整群抽样

18. 在重复抽样条件下，设样本数为100，方差为0.16，则抽样平均数的平均误差为（ ）。
    A. 0.016　B. 0.16　C. 0.04　D. 0.001 6

19. 假定10亿人口大国和1 000万人口小国的居民年龄标准差相同，现在各自用重复抽样方法抽取本国的1‰人口了解年龄状况，比较抽样误差，两者的关系为（ ）。
    A. 两者相等　B. 前者大于后者　C. 前者小于后者　D. 不能确定

20. 有一批灯泡共1 000箱，每箱200个，现随机抽取20箱并检查这些箱中的全部灯泡，这种抽样方式属于（ ）。
    A. 纯随机抽样　B. 类型抽样　C. 整群抽样　D. 等距抽样

三、多项选择

1. 抽样推断的特点是（ ）。

A. 由样本指标推算总体的数量特征　　B. 按随机原则抽取样本单位
C. 是认识现象总体的统计研究方法　　D. 可以计算，但不能控制抽样误差
E. 可以计算并控制抽样误差

2. 常用的样本指标有（　　）。
A. 样本平均数　B. 样本成数　C. 抽样误差　D. 样本方差　E. 标准差

3. 区间估计中总体指标所在范围（　　）。
A. 是一个可能范围　　B. 是绝对可靠的范围
C. 不是绝对可靠的范围　　D. 是有一定把握程度的范围
E. 是毫无把握的范围

4. 常见的影响样本单位数的主要因素有（　　）。
A. 抽样推断的可靠程度　　B. 总体标志的变异程度
C. 极限误差的大小　　D. 抽样方法与组织方式的不同
E. 人力、物力和财力的可能条件

5. 抽样估计中的抽样误差（　　）。
A. 是不可避免要产生的　　B. 是可能通过改进调查方法来消除的
C. 是可以事先计算出来的　　D. 只能在调查结束之后才能计算
E. 其大小是可以控制的

6. 从一个全及总体中可以抽取许多个样本，（　　）。
A. 抽样指标的数值不是唯一确定的　　B. 抽样指标是用来估计总体参数的
C. 总体指标是随机变量　　D. 样本指标是随机变量
E. 样本指标称为统计量

7. 总体单位数较多，总体变异程度较大时，宜采用（　　）的抽样方式和方法。
A. 简单随机抽样　B. 类型抽样　C. 有关标志抽样　D. 无关标志抽样
E. 整群抽样

8. 总体参数的区间估计必须同时具备的 3 个要素是（　　）。
A. 样本单位数　　B. 样本指标，即相应总体指标的估计值
C. 抽样误差范围　　D. 概率保证程度
E. 抽样平均误差

9. 从总体中抽取样本单位的具体方法有（　　）。
A. 简单随机抽样　B. 重复抽样　C. 不重复抽样　D. 等距抽样
E. 非概率抽样

10. 参数估计方法有（　　）。
A. 点估计　B. 区间估计　C. 统计估计　D. 抽样估计　E. 假设检验

11. 要增大抽样推断的概率保证程度，可以（　　）。
A. 缩小概率度　　B. 增大概率度
C. 缩小抽样误差范围　　D. 增大抽样误差范围
E. 增加抽样数目

12. 在一定误差范围的要求下，（　　）。
A. 概率度大，要求可靠性低，抽样数目相应要多

B. 概率度大，要求可靠性高，抽样数目相应要多
C. 概率度小，要求可靠性低，抽样数目相应要少
D. 概率度小，要求可靠性高，抽样数目相应要少
E. 概率度小，要求可靠性低，抽样数目相应要多

13. 在其他条件不变的情况下，抽样极限误差和概率保证程度的关系是（　　）。
A. 抽样极限误差越小，概率保证程度越大
B. 抽样极限误差越小，概率保证程度越小
C. 抽样极限误差越大，概率保证程度越大
D. 两者成正比关系
E. 两者成反比关系

14. 某总体由 2 000 个总体单位构成，从中抽取 20 个单位调查，下列说法正确的是(　)。
A. 样本单位数是 20 个　　B. 样本个数是 20 个
C. 一个样本有 20 个单位　　D. 样本容量是 20 个
E. 是一个小样本

15. 为了解某地区居民的收入水平，随机抽取 100 人进行调查，则下列各项中属于统计量的是（　　）。
A. 被调查的 100 人的平均收入　　B. 被调查的某一个人的收入
C. 该地区居民的平均收入　　D. 该地区居民收入的标准差
E. 被调查的 100 人收入的标准差

四、判断题

1. 在抽样推断中，总体和样本都是确定的、唯一的。（　　）
2. 相同条件下，不重复抽样的抽样误差一定小于重复抽样的抽样误差。（　　）
3. 从全部总体单位中按照随机原则抽取部分单位组成样本，只可能组成一个样本。（　　）
4. 抽样估计的置信度就是表明抽样指标和总体指标的误差不超过一定范围的概率保证程度。（　　）
5. 在抽样推断中，全及指标是确定的、唯一的，而样本指标是一个随机变量。（　　）
6. 抽样平均误差总是小于抽样极限误差。（　　）
7. 在一定抽样平均误差的条件下，要提高推断的可靠性，必须缩小极限误差。（　　）
8. 若其他条件不变，提高抽样估计的可靠程度，则降低了抽样估计的精确程度。（　　）
9. 从全部总体单位中抽取部分单位构成样本，在样本容量相同的情况下，重复抽样构成的样本个数大于不重复抽样构成的样本个数。（　　）
10. 抽样平均误差反映抽样误差的一般水平，每次抽样的误差可能大于抽样平均误差，也可能小于抽样平均误差。（　　）
11. 抽样误差是由于破坏了抽样的随机原则而产生的误差。（　　）
12. 必要样本单位数的多少与总体各单位标志值的变异程度成反比，与抽样极限误差范围的大小成正比。（　　）

13. 抽样推断的目的是通过对部分单位的调查来取得样本的各项指标。 ( )
14. 一般而言，抽取的样本单位数越多，抽样误差越小，样本的代表性越大。 ( )
15. 所有可能的样本平均数的平均数，等于总体平均数。 ( )
16. 抽样估计中的点估计就是被估计的总体指标直接等于样本指标。 ( )
17. 抽样平均误差与总体变异程度的大小成正比。 ( )
18. 在其他条件不变的情况下，提高抽样估计的可靠程度，其精确程度也将随之提高。 ( )
19. 区间估计的可靠性与精确性是相互矛盾的。 ( )
20. 在不重复抽样下，从总体 N 中抽取容量为 n 的样本，则所有可能的样本个数为 N^n 个。 ( )

五、思考题

1. 什么是抽样推断？它有什么特点？
2. 什么是随机原则？抽样推断为什么要遵循这个原则？
3. 什么是抽样平均误差和抽样极限误差？
4. 什么是重复抽样？什么是不重复抽样？
5. 影响抽样误差大小的因素有哪些？
6. 必要样本单位数的影响因素有哪些？

六、综合训练

1. 某地区为了解职工家庭的收入情况，从本地区 3 000 户家庭中，按不重复抽样的方法抽取 300 户职工家庭进行调查，调查结果如表 5－5 所示。已知 $S^2=40\,400$ 元，人均月收入在 800 元以上的户数的比重为 20%，请结合下列题目，给出正确答案。

表 5－5 某地区职工家庭收入情况调查资料

每户人均月收入/元	收入调查户数/户
400 以下	40
400～600	80
600～800	120
800～1 000	50
1 000 以上	10
合 计	300

(1) 该数列是（ ）。

A. 连续变量数列　B. 离散变量数列　C. 组距变量数列　D. 单项变量数列

(2) 每户人均月收入指标是（ ）。

A. 比例相对指标　B. 结构相对指标　C. 比较相对指标　D. 强度相对指标

(3) 根据上述资料，计算样本平均数，应采用的公式为（ ）。

A. $\overline{X}=\dfrac{\sum f}{\sum \frac{1}{x}f}$　B. $\overline{X}=\dfrac{\sum x}{n}$　C. $\overline{X}=\sqrt[n]{\prod x}$　D. $\overline{X}=\dfrac{\sum xf}{\sum f}$

(4) 若用这 300 户家庭的人均月收入资料推算该地区 3 000 户家庭人均月收入情况，则抽样平均误差为（ ）。

A. $\mu_{\bar{x}}=\sqrt{\frac{40\ 400}{300}\times\frac{300}{3\ 000}}$　　B. $\mu_{\bar{x}}=\sqrt{\frac{40\ 400}{300}\left(1-\frac{300}{3\ 000}\right)}$

C. $\mu_{\bar{x}}=\frac{40\ 400}{\sqrt{300}}$　　D. $\mu_{\bar{x}}=\frac{40\ 400}{\sqrt{300}}\left(1-\frac{300}{3\ 000}\right)$

（5）人均月收入在 800 元以上，成数抽样平均误差为（ ）。

A. $\mu_p=\sqrt{\frac{0.2\times0.8}{300}\left(1-\frac{300}{3\ 000}\right)}$　　B. $\mu_p=\sqrt{\frac{0.2\times0.8}{300}\times\frac{300}{3\ 000}}$

C. $\mu_p=\sqrt{\frac{0.2}{300}\left(1-\frac{300}{3\ 000}\right)}$　　D. $u_p=\sqrt{\frac{0.2\times0.8}{300}}$

2. 从某年级学生中按简单随机抽样方式抽取 40 名学生，对公共理论课的考试成绩进行检查，得知其平均分数为 78.75 分，样本标准差为 12.13 分。试以 95.45% 的概率保证程度推断全年级学生考试成绩的区间范围。

3. 某乡水稻总面积 2 000 亩（1 亩≈666.7m^2），从中随机抽取 40 亩（重复抽样），每亩产量资料如表 5－6所示。

表 5－6　某乡水稻每亩产量资料

每亩产量/kg	亩　数
400～450	10
450～500	20
500～550	50
550～600	110
600～650	100
650～700	60
700～750	30
750～800	20
合　计	400

要求：极限误差不超过 8kg，试估计全乡水稻单产和总产量，并指出达到这一要求的概率保证程度。

4. 从某厂生产的 10 000 只日光灯管中随机抽取 100 只进行检查，假如该产品平均使用寿命的标准差为 100 h，试计算该厂日光灯管平均使用寿命的平均误差。

5. 从某厂生产的 10 000 件产品中，随机抽取 1 000 件进行调查，测得有 85 件为不合格。试求产品合格率的抽样平均误差。

6. 某市电视台为了解观众对某电视栏目的喜爱程度，在该市随机对 900 名居民进行调查，结果有 540 名喜欢该电视栏目，要求以 90% 的概率保证程度，估计该市居民喜欢该电视栏目的比率。

7. 对某油田的 2 000 口油井的年产油量进行抽样调查。根据历史资料可知，油井年产油量的标准差为 200 t，若要求抽样误差不超过 15 t，概率保证程度为 95.45%，试求需要调查多少口油井？

8. 某公司有职工 3 000 人，从中随机抽取 60 人调查其工资收入情况。调查结果表明，职工的月平均工资为 2 350 元，标准差为 193 元。试以 95.45%的置信水平推断该公司职工月平均工资所在的范围。

9. 某市进行居民家计调查，随机抽取 400 个居民户，调查得知每户居民年平均文化用品消费支出 900 元，标准差为 200 元。要求抽样极限误差不超过 20 元，试对该市每户居民年平均文化用品消费支出情况作出估计。

10. 某学校进行一次数学测验，为了解学生的考试情况，随机抽取 36 名同学进行调查，结果如下：

82　79　82　90　56　83　76　85　80　93　74　65　77　84　88　81　66　82
52　73　85　87　91　80　85　76　98　67　79　72　81　83　67　83　85　77

要求：在概率保证程度为 90%的条件下，利用 Excel 估计学生平均成绩的区间。

第六章　时间数列分析

【任务驱动】

社会经济现象数量的变化往往随着时间的不断变化而增多或减少，我们对此现象进行动态分析的统计方法之一是时间数列分析法。本章要求了解时间数列的概念、种类及特点，了解时间数列的编制原则；掌握时间数列的各种水平指标的概念和计算方法，重点是序时平均数的计算；掌握时间数列的各种速度指标的计算方法，重点是平均发展速度的计算；了解测定长期趋势与季节变动的统计方法。

引导案例

近年来粮食生产情况分析（摘选）

湖南省近五年粮食生产情况分析。

一、面积持续增长，单产基本稳定

2009—2014 年，全省粮食面积保持持续稳定增长态势，2014 年全省粮食面积 7 462.65 万亩（1 亩≈666.7 m^2），比 2009 年增加 264 万亩，增长 3.7%，年平均增长 0.72%；单产稳定在 400 公斤/亩左右，2014 年 402 公斤/亩，略高于近 5 年平均水平；粮食总产达到 300 亿公斤，比 2009 年增加约 10 亿公斤，增长 3.4%；除 2013 年下降外，其他年份均保持增长，5 年平均增长 0.67%。（见表 6－1）

表 6－1　2009—2014 年湖南省粮食产量情况

年份	面积/万亩	单产/（公斤/亩）	总产/亿公斤
2009	7 198.65	403	290
2010	7 213.65	395	285
2011	7 319.4	402	294
2012	7 362	408	300
2013	7 404.9	395	292
2014	7 462.65	402	300
2014 年比 2009 年增长/%	3.7	—0.2	3.4

二、稻谷比重下降，玉米等旱粮比重提高

一方面从播种面积来看，2014 年，全省谷物面积占粮食面积的比重为 90.9%，比 2009 年下降 0.4 个百分点。其中，稻谷面积占粮食面积的比重为 82.8%，比 2009 年下降 1.5 个百分点。旱粮中，玉米面积占粮食面积的比重为 6.9%，比 2009 年提高 1.0 个百分点，薯类面积占粮食面积的比重为 5.7%，比 2009 年提高 0.4 个百分点。另一方面从产量来看，

2014 年，稻谷产量占粮食产量比重为 87.8%，比 2009 年下降 1.0 个百分点；旱粮中，玉米产量占粮食产量的比重为 6.3%，比 2009 年提高 0.8 个百分点；薯类产量占粮食产量的比重为 4.2%，比 2009 年提高 0.3 个百分点。（见表 6-2）

表 6-2　2009—2014 年湖南省粮食作物比重表

年　份	面积/%				产量/%			
	稻谷	玉米	豆类	薯类	稻谷	玉米	豆类	薯类
2009	84.3	5.9	3.5	5.3	88.8	5.5	1.3	3.9
2010	83.8	6.1	3.6	5.3	87.2	5.8	1.4	4.1
2011	83.3	6.7	3.5	5.2	87.7	6.4	1.4	4
2012	83.4	7	3.4	5	87.5	6.6	1.3	4.2
2013	82.8	7	3.4	5.8	87.6	6.3	1.2	4.3
2014	82.8	6.9	3.4	5.7	87.8	6.3	1.2	4.2

（资料来源：湖南省统计局）

讨论与思考

1. 什么是时间数列？时间数列有哪些种类？分析时间数列有什么意义？
2. 速度指标有哪些？分别应怎样计算？怎样进行长期趋势分析和季节变动分析？
3. 案例中采用了哪些指标对近年来的粮食产量情况进行分析？

【教学内容】

第一节　时间数列概述

社会经济统计作为认识社会的有力武器，不仅从社会经济现象的相互联系和相互制约中进行研究，而且还要从它们的发展变化中去研究、探寻规律，发现社会经济现象的本质特征。这就需要编制动态数列，计算各项动态分析指标，进行动态数列分析。本章将针对时间数列展开深入学习。

一、时间数列的概念

任何现象，随着时间的推移，都会呈现出一种在时间上的发展和运动过程。随着我国社会主义市场经济的发展，我国国民生产总值、人均粮食产量、人均纯收入等都会因时间的变化而呈现出动态变化的过程。

时间数列也称为时间序列或者动态数列，是指将同类指标在不同时间上的数值按时间的先后顺序排列起来形成的统计数列，是一种常见的经济数据表现形式。时间数列由两个基本要素所构成：一是资料所属的时间；二是对应时间上的统计指标数值，两者缺一不可。例如，某商品的逐年需求量，某商店的逐年销售额，某企业各月份的产值等指标按时间先后顺序依次排列就形成了时间数列。表 6-3 所示是一个有关我国 2001—2008 年国民经济某些主要指标的时间数列。

表6-3 2001—2008年国民经济主要指标

单位：亿元

年 份	国民总收入	国内生产总值				人均国内生产总值/元
		第一产业	第二产业		第三产业	
			工 业	建筑业		
2001	108 068.2	15 781.3	43 580.6	5 931.7	44 361.6	8 622
2002	119 095.7	16 537.0	47 431.3	6 465.5	49 898.9	9 398
2003	135 174.0	17 381.7	54 945.5	7 490.8	56 004.7	10 542
2004	159 586.7	21 412.7	65 210.0	8 694.3	64 561.3	12 336
2005	184 088.6	22 420.0	77 230.8	10 133.8	73 432.9	14 053
2006	213 131.7	24 040.0	91 310.9	11 851.1	84 721.4	16 165
2007	259 258.9	28 627.0	110 534.9	14 264.1	103 879.6	19 524
2008	302 853.4	34 000.0	129 112.0	17 071.4	120 486.6	22 698

资料来源：《2008中国统计年鉴》。

时间数列分析，是指从时间的发展变化角度，沿着客观事物在不同时间的发展状况，探索其随时间推移的演变趋势和规律，揭示其数量变化和时间的关系，预测客观事物在未来时间上可能达到的数量和规模。具体作用如下。

（1）可以描述社会经济现象的发展状态和结果。

（2）可以研究经济现象的发展趋势和发展速度。

（3）把几个动态数列结合起来运用，既可计算出派生指标，也可以发现它们之间的各种联系和依存关系及内在规律。

（4）通过动态数列分析对经济现象进行预测。

（5）利用不同动态数列对比或不同国家或地区间的同一时间数列对比进行分析。

二、时间数列的种类

动态数列按统计指标的表现形式不同，可分为绝对数时间数列、相对数时间数列和平均数时间数列3种类型，其中绝对数时间数列是基本数列，在基本数列基础上派生出相对数时间数列和平均数时间数列。

（一）绝对数时间数列

绝对数时间数列也称为总量指标时间数列，是按照时间顺序将一系列绝对指标排列起来所形成的数列。用来反映被研究现象在各个时期（时点）达到的绝对水平及其发展变化情况。按照统计指标所表明的社会经济现象所属的时间不同，绝对数时间数列又可分为时点数列和时期数列。

1. 时期数列

当绝对数时间数列中每一指标数值反映的是某种现象在一段时期内发展过程的结果或总量时，这种数列称为时期数列，如历年的国内生产总值、各月的销售额等都是时期数列。

时期数列的主要特点如下。

（1）时期数列中的每一个指标数值，通常是对现象采用连续登记方式得到。

(2) 时期数列中各个指标数值具有可加性，相加具有一定的经济意义。由于时期数列各个指标数值是表示现象在一段时期内发展过程的总量，所以相加后的数值就表示现象在更长时期内发展过程的总量。

(3) 时期数列中每个指标数值的大小与所属时期的长短有直接的关系。在时期数列中，每个指标数值反映现象所属时间的长短，称为时期。时期可长可短，主要视研究的目的而定，可以是一旬、一月、一季，也可以是一年、两年、五年，甚至更长时期。一般来说，每一个指标数值所属的时期越长，指标数值就越大；反之，指标数值就越小。

2. 时点数列

当绝对数时间数列中每一指标数值反映的是某种现象在某一时点达到的水平时，这种数列称为时点数列，如人口数、土地面积、商品库存在某一时点的数值组成的数列等都是时点数列。时点数列有如下主要特点。

(1) 时点数列中的每一个指标数值，通常是对现象采用间隔登记方式得到。

(2) 时点数列中各个指标不具有可加性，相加没有实际经济意义。这是由于时点数列各个指标数值只表明现象在某个时点上所处的状态，后一时点的指标数值和前一时点的指标数值相比较有重复内容，相加后并不能代表现象在几个时点上的状态。

(3) 时点数列中每个指标数值的大小与时间间隔长短没有直接关系。在时点数列中，两个相邻指标在时间上的距离，称为间隔。由于时点数列不具有可加性，时点间隔的长短对于指标数值的大小没有直接的影响。

(二) 相对数时间数列

相对数时间数列是按照时间顺序，把不同时期的相对指标排列起来所形成的数列。它反映社会现象之间关系的发展过程。例如，人口自然增长率、每千人口医院床位数等指标形成的数列是相对指标动态数列。在相对指标时间数列中，由于各个指标数值的基数不同，因此不具有可加性。

(三) 平均数时间数列

平均数时间数列是按时间顺序，把各个时期的平均指标排列起来所形成的数列。它反映社会经济现象一般水平的发展过程和发展趋势。例如，平均工资、平均亩产量、劳动生产率等指标形成的时间数列都是平均数时间数列。平均数时间数列中各个指标数值也不具有可加性。

三、编制时间数列的原则

编制时间序列就是为了对客观现象进行动态分析，其应用以在社会统计的贡献最大。可用于描述社会经济现象发展变化的过程和结果、揭示社会经济现象发展变化的数量特征，研究其变化规律，并据以进行趋势预测、在不同地区或国家之间进行对比分析。时间数列要实现其统计意义，需要保证数列中各项数据具有可比性，这是编制时间序列的基本原则。具体来讲，可通过以下几个方面来实现。

(一) 时间长度应一致

这里的时间长度有两种含义，一是数据本身所涉及的时间长度，二是各数据之间的时间间隔长度。对于时期数列，由于指标数值的大小与时期的长短有直接的关系，因此保持各项指标数据本身在时期长短和时期间隔两个方面的一致，这样才便于对序列中的数据进行直接的比较分析；对于时点数列，指标数值的大小与时点间隔长短虽然没有直接的联系，但是为了明显地反映社会经济现象发展变化的规律性，时点间隔也应力求一致。

（二）总体范围要一致

在编制时间数列时，各个数据所属的空间范围必须一致。总体范围是指动态数列指标数值所包括的地区范围、隶属关系范围等。如果总体范围前后发生大的变化，那么，数列中的数据就不能前后直接比较，必须经过调整统一后才能进行比较分析。例如，近几年行政辖区划分发生变化，这些地方在区划变化前后的统计数据就不能直接对比。只有对辖区的工农业总产值指标相应随之进行适当调整，才能进行前后对比。

（三）指标的经济内容要一致

统计数据反映一定质的内容，只有相同具体内容的数据才能直接比较。经济内容和含义不同的指标，不能混合编成一个动态数列。例如，随着税收系统的调整，有的税种合并了，有的税种取消或者调整了。因此在编制税收总额时间数列并进行历史对比分析时，就应该对税收总额的计算口径进行调整，使调整前后的税收总额的经济内容保持一致。另外，随着时间的推移，同一名称的指标，其包括的经济内容可能会发生改变，不同经济内容的指标是不能编制成一个动态数列的。例如，编制产品成本的动态数列时，就应该注意 1993 年以前的产品成本是指生产产品的完全成本，而 1993 年之后的产品成本是指产品的制造成本。

（四）数据的计算方法、计算价格和计量单位要一致

有的统计数据有多种计算方法，在同一个时间数列中，所有数据应是同一种方法计算得出的，否则，数列就不具有可比性。在编制价值指标时间数列时，会遇到计算价格不一致的情况，就要求同一时间数列中的数值应采用同一种价格，才能保证数据的可比性。在编制时间数列时，还要保持同一统计指标数值应采用相同计量单位，以保证计量单位的一致性。

第二节　时间数列的水平指标

动态数列的水平指标有发展水平、平均发展水平、增长量、平均增长量等。

一、发展水平

发展水平又称发展量或者动态数列水平，是指时间数列的每一项具体的指标数值。发展水平既可以表现为总量指标也可表现为相对指标或平均指标。发展水平用字母 a 表示，则时间数列的各项发展水平为 $a_0, a_1, a_2, \cdots, a_{n-1}, a_n$。

（1）最初水平。时间数列的第一个指标数值叫最初水平，用 a_0 表示。

（2）最末水平。时间数列的最后一个指标数值叫最末水平，用 a_n 表示。

（3）中间水平。时间数列的其余各项指标数值叫中间水平，用 $a_1, a_2, \cdots, a_{n-1}$ 表示。

（4）报告期。所研究的那个时期，又称计算期。

（5）基期。用来进行比较的那个时期叫基期。

某省 2014 年下半年各月对外进出口额如表 6－4 所示。

表 6-4　某省 2014 年下半年各月对外进出口额资料

单位：亿美元

月　份	7	8	9	10	11	12
对外进出口额	128.24	119.05	140.28	124.12	125.05	142.39

在表 6-4 中，7 月份的进出口额为 128.24 亿美元是最初水平，12 月份的进出口额为 142.39 亿美元是最末水平，其余各项是中间水平。如果把 10 月份的进出口额与 7 月份进行对比，那么 7 月份的进出口额就是基期水平，10 月份的就是报告期水平；如果把 12 月份的进出口额与 10 月份的进行对比，那么 10 月份的进出口额就是基期水平，12 月份的就是报告期水平。报告期水平与基期水平的划分随着研究目的的改变而改变。

二、增减量

一个时间数列中报告期水平与基期水平之差称为增减量。用来反映现象在一定时期内发展水平的提高或降低的绝对数量。

增减量＝报告期水平－基期水平

增减量的计算结果有正负之分，正数表示增长，负数则表示减少，增减量由于采用的基期不同，可分为逐期增减量和累计增减量。

（一）逐期增减量

逐期增减量是报告期水平与前一期水平之差，说明本期较上期增减的绝对数量。用公式表示为

$$(a_1 - a_0),(a_2 - a_1),(a_3 - a_2),\cdots,(a_n - a_{n-1})$$

（二）累计增减量

累计增减量是报告期水平与某一固定基期水平（通常为最初水平）之差，说明报告期与某一固定时期水平相比增减的绝对数量。用公式表示为

$$(a_1 - a_0),(a_2 - a_0),(a_3 - a_0),\cdots,(a_n - a_0)$$

（三）逐期增减量与累积增减量之间的关系

(1) 各逐期增减量之和等于相应时期的累积增减量。用公式表示为

$$(a_1 - a_0)+(a_2 - a_1)+(a_3 - a_2)+\cdots+(a_n - a_{n-1}) = a_n - a_0$$

(2) 两个相邻的累计增减量之差等于报告期的逐期增减量，即

$$(a_i - a_0)-(a_{i-1} - a_0) = a_i - a_{i-1}$$

在统计实践中，为了消除季节变动的影响，常采用年距增减量指标，它是报告期水平与上年同期水平之差，表明报告期水平较上年同期水平增减的绝对量，其计算公式如下：

年距增减量＝报告期水平－上年同期水平

三、平均增减量

平均增减量是动态数列中逐期增减量的序时平均数，用于描述现象在观察期内平均每期增减的数量。它可以根据逐期增减量求得，也可以根据累积增减量求得。计算公式为

$$平均增减量=\frac{逐期增减量之和}{逐期增减量的个数}=\frac{累计增减量}{动态数列的项数-1}$$

表 6-5 为中国 GDP 的各年逐期增减量和累计增减量（以 2000 年为基期），根据资料计算 2001—2006 年的逐期增减量、累计增减量和平均增减量。

2001—2006 年我国 GDP 的年平均增长量为

$$GDP平均增长量=\frac{10\ 440.6+10\ 677.5+15\ 490.1+24\ 055.5+23\ 989.6+27\ 003.1}{6}$$

$$=18\ 609.4（亿元）$$

表 6-5 中国 GDP 的各年逐期增长量和累计增长量情况

年 份	GDP/亿元	逐期增减量/亿元	累计增减量
2000	99 214.6	—	—
2001	109 655.2	10 440.6	10 440.6
2002	120 332.7	10 677.5	21 118.1
2003	135 822.8	15 490.1	36 608.2
2004	159 878.3	24 055.5	60 663.7
2005	183 867.9	23 989.6	84 653.3
2006	210 871.0	27 003.1	111 656.4

资料来源：《2007 中国统计年鉴》。

四、平均发展水平

平均发展水平是不同时间发展水平的平均数，又称序时平均数或动态平均数。它可以消除不同时间上数量的差异，说明在指标数值一段时期的一般水平。

序时平均数与静态平均数的共同点是它们都是将各个变量值差异抽象化了，二者的区别为：一是，序时平均数平均的是现象总体在不同时期上的数量表现，从动态上说明其在某一时期内发展的一般水平，是以时间单位为个体计算；一般平均数是将总体各单位同一时间的变量值差异抽象化，用以反映总体在具体条件下的一般水平。是以总体单位为个体计算的。二是，序时平均数是根据动态数列计算的，一般平均数是根据变量数列计算的。

根据时间数列的种类不同，序时平均数的计算方法也不同。其中，用绝对数数列计算序时平均数是最基本的。

（一）由绝对数时间数列计算平均发展水平

根据绝对数所处的时间状态不同，绝对数时间数列可以分为时期数列和时点数列。

1. 由时期数列计算平均发展水平

由于时期指标可以直接相加，因而求序时平均数时直接用各时期指标的数值之和除以其时期项数。用公式表示为

$$\overline{a}=\frac{\sum a}{n}$$

式中：$\overline{a}$ —— 平均发展水平；

a—— 各期发展水平；

n—— 时期项数。

在表 6 - 3 中，2000—2006 年平均国内生产总值为

$$\overline{a}=\frac{\sum a}{n}=\frac{1\ 019\ 642.5}{7}=145\ 663.214\ 3\text{（亿元）}$$

2. 由时点数列计算平均发展水平

在社会经济统计中一般是将一天看作一个时点，即以“一天”作为最小时间单位。这样根据登记数据资料的时点不同，时点数列可分为连续时点数列和间断时点数列；而间断时点数列又可以分为间隔相等与间隔不等的时点数列。

1）连续时点数列计算平均发展水平

连续时点数列序时平均数的计算可以分为两种情况：

第一种情况，时点资料是逐日登记且逐日排列的，由于其间隔的时间短，可以看作是时期数列。这样的连续时点数列序时平均数公式表示为

$$\overline{a}=\frac{\sum a}{n}$$

式中：$\overline{a}$ —— 平均发展水平；

a—— 时点指标值；

n—— 天数。

例如，存款（贷款）平均余额指标，通常就是由报告期内每日存款（贷款）余额之和除以报告期日历数而求得。

第二种情况，资料登记的时间单位仍然是 1 天，但实际上只在指标值发生变动时才记录一次。此时，就用每次资料持续不变的时间长度为权数进行加权平均，计算公式为

$$\overline{a}=\frac{\sum af}{\sum f}$$

【例 6 - 1】 粮库 11 月份库存情况：1—18 日 350 t，19—26 日 410 t，27—30 日 400 t，则 11 月份平均库存为

$$\overline{a}=\frac{350\times 18+410\times 8+400\times 4}{18+8+4}=372.7\ \text{(t)}$$

2）间断时点数列计算平均发展水平

实际统计工作中，很多现象并不是逐日对其时点数据进行统计的，而是间隔一段时间

（如一月、一季度、一年等）对其期末时点数据进行登记。这样得到的时点数列称为间断时点数列。间断时点数列序时平均数的计算也可以分为两种情况。

第一种情况为间隔相等的间断时点数列。如果数据每隔相同的时间登记一次，这样的数列称为间隔相等的间断时点数列。其计算采用“首末折半”法。首先假定现象在相邻两个时点之间是均匀变化的，这两个时点之间时间段的代表值为相邻两时点数值相加除以 2。

【例 6-2】 某商场 2014 年第四季度服装库存量如表 6-6 所示，求该商场服装商品第四季度月平均库存量。

表 6-6　某商场 2014 年第四季度服装库存量

月　末	9	10	11	12
库存量/件	6 480	7 126	6 400	7 870

$$10\text{月份平均库存量}=\frac{6\,480+7\,126}{2}=6\,803\text{（件）}$$

$$11\text{月份平均库存量}=\frac{7\,126+6\,400}{2}=6\,763\text{（件）}$$

$$12\text{月份平均库存量}=\frac{6\,400+7\,870}{2}=7\,135\text{（件）}$$

$$\text{第四季度服装平均库存量}=\frac{6\,803+6\,763+7\,135}{3}=6\,900.33\text{（件）}$$

为简化计算过程，上述计算步骤可表示为

$$\text{第四季度平均服装库存量}=\frac{\frac{6\,480+7\,126}{2}+\frac{7\,126+6\,400}{2}+\frac{6\,400+7\,870}{2}}{3}$$

$$=\frac{\frac{6\,480}{2}+7\,126+6\,400+\frac{7\,870}{2}}{3}=6\,900.33\text{（件）}$$

根据上述计算过程可推导出计算公式为

$$\bar{a}=\frac{\frac{a_1+a_2}{2}+\frac{a_2+a_3}{2}+\cdots+\frac{a_{n-1}+a_n}{2}}{n-1}$$

$$\bar{a}=\frac{\frac{a_1}{2}+a_2+\cdots+a_{n-1}+\frac{a_n}{2}}{n-1}$$

该公式形式上表现为首末两项观察值折半，故称为“首末折半法”。这种方法适用于间隔相等的间断时点数列计算序时平均数。

第二种情况为间隔不等的间断时点数列，即每两次登记时间的间隔不尽相同。这样的数列同样假定现象在相邻两个时点之间是均匀变化的，这两个时点间时间段的代表值为相邻两时点数值相加除以 2。然后根据间隔的时间，采用“用间隔的时间进行加权”的方法计算序时平均数。计算公式为

$$\bar{a}=\frac{\frac{(a_1+a_2)}{2}f_1+\frac{(a_2+a_3)}{2}f_2+\cdots+\frac{(a_{n-1}+a_n)}{2}f_{n-1}}{f_1+f_2+\cdots+f_{n-1}}$$

【例 6-3】某旅游景点 2014 年接待游客人数资料如表 6-7 所示，求该旅游景点日平均接待游客人数。

表 6-7　某旅游景点 2014 年接待游客统计表

日　期	1 月末	2 月末	4 月末	6 月初	9 月末	12 月末
接待游客（a_i）/万人	1.96	2.12	3.88	4.56	5.26	2.76
与上期间隔（f_i）/月	—	2	2	1	4	3

对资料进行观察分析，属间隔不等的间断时点资料，采用"间隔加权"方法。本年度该旅游景点平均接待游客人数为

$$\bar{a}=\frac{\frac{1.96+2.12}{2}\times 2+\frac{2.12+3.88}{2}\times 2+\frac{3.88+4.56}{2}\times 1+\frac{4.56+5.26}{2}\times 4}{12}$$

$$+\frac{\frac{5.26+2.76}{2}\times 3}{12}=3.83\text{（万人）}$$

需要说明的是当时点资料是以月度、季度、年度为时间间隔单位，已不像连续时点资料那样能求得准确的时点平均数。

（二）由相对数或平均数时间数列计算平均发展水平

由相对数或平均数时间数列计算序时平均数，由于这种动态数列是由总量指标动态数列派生出来的，因此其计算序时平均数的方法也是由总量指标计算序时平均数的方法派生出来的。具体方法为：先根据资料分别计算出所对比的两个数列的序时平均数，然后将两个序时平均数进行对比，从而得到相对指标或平均指标动态数列的序时平均数。基本公式为

$$\bar{c}=\frac{\bar{a}}{\bar{b}}$$

式中：$\bar{c}$ —— 相对指标或平均指标动态数列的序时平均数；

$\bar{a}$ —— 分子数列的序时平均数；

$\bar{b}$ —— 分母数列的序时平均数。

a 数列和 b 数列既可以是时期数列也可以是时点数列。

1. 由两个时期数列对比形成的数列计算平均发展水平

【例 6-4】某企业 2014 年度计划产量与实际产量资料如表 6-8 所示，求二季度产量平均计划完成程度。

表 6－8　某企业 2014 年度计划产量与实际产量情况

产量	4 月	5 月	6 月
计划产量（b）/件	500	600	800
实际产量（a）/件	500	612	832
计划完成（c）/%	100	102	104

$$\text{二季度平均计划完成（\%）}=\frac{\text{二季度平均每月实际产量}}{\text{二季度平均每月计划产量}}$$

$$\bar{c}=\frac{\bar{a}}{\bar{b}}=\frac{(500+612+832)\div 3}{(500+600+800)\div 3}=102.3\%$$

2. 由两个时点数列对比形成的数列计算平均发展水平

【例 6－5】某企业 2014 年 6—9 月份月末生产工人和全体职工人数资料如表 6－9 所示，要求计算第三季度生产工人占全体职工平均比重。

表 6－9　某企业 2014 年 6—9 月末生产工人和全体职工人数

月　末	6	7	8	9
生产工人	435	452	462	576
全体职工	580	580	600	720

第三季度生产工人占全体职工平均比重为

$$\bar{c}=\frac{\bar{a}}{\bar{b}}=\frac{\left(\frac{435}{2}+452+462+\frac{576}{2}\right)\div 3}{\left(\frac{580}{2}+580+600+\frac{720}{2}\right)\div 3}=77.5\%$$

【例 6－6】某企业 2014 年 1—4 月份生产产品质量情况如表 6－10 所示，要求根据资料计算 1—4 月份产品平均合格率。

表 6－10　某企业 2014 年 1—4 月份产品合格率

月　份	1	2	3	4
全部产品 / 万件	86	94	103	113
合格率 /%	98	96	94	90

$$\bar{c}=\frac{\bar{a}}{\bar{b}}=\frac{(86\times 98\%+94\times 96\%+103\times 94\%+113\times 90\%)\div 4}{(86+94+103+113)\div 4}=94.2\%$$

3. 由一个时期数列和一个时点数列形成的数列计算平均发展水平

【例 6－7】某企业工人产量和职工人数资料如表 6－11 所示，试计算该企业第二季度工人平均产量。

表 6－11　某企业 3—6 月份产量和工人数

月　份	3	4	5	6
月总产量 / 件	6 810	7 680	8 910	10 264
月末工人数 / 人	56	62	68	71
月人均产量 /(件 / 人)	—	130	137	148

$$\bar{c}=\frac{\bar{a}}{\bar{b}}=\frac{(7\ 680+8\ 910+10\ 264)\div 3}{\left(\frac{56}{2}+62+68+\frac{71}{2}\right)\div 3}=139$$

第三节　时间数列的速度指标

一、发展速度

发展速度是用相对数表示的报告期发展水平与基期发展水平之比，表明报告期水平已发展到基期水平的几分之几或若干倍。其计算公式为

$$发展速度=\frac{报告期发展水平}{基期发展水平}$$

发展速度通常用百分数表示，有时也用倍数表示。由于采用的基期不同，发展速度可以分为环比发展速度和定基发展速度。

（一）环比发展速度

环比发展速度是报告期水平与上一期水平之比，说明现象逐期发展变化的程度，其公式为

$$环比发展速度=\frac{报告期发展水平}{前期发展水平}$$

用公式字母表示为 $\frac{a_1}{a_0},\frac{a_2}{a_1},\frac{a_3}{a_2},\cdots,\frac{a_n}{a_{n-1}}$

（二）定基发展速度

定基发展速度是报告期水平与某一固定时期水平（通常为最初水平）之比，说明现象在整个观察期内总的发展变化程度，因而有时也称为总速度。其公式为

$$定基发展速度=\frac{报告期发展水平}{某固定基期发展水平}$$

用公式字母表示为 $\frac{a_1}{a_0},\frac{a_2}{a_0},\frac{a_3}{a_0},\cdots,\frac{a_n}{a_0}$

（三）环比发展速度与定基发展速度的关系

1. 各个环比发展速度的连乘积等于定基发展速度

用公式表示为 $\frac{a_1}{a_0}\times\frac{a_2}{a_1}\times\frac{a_3}{a_2}\times\cdots\times\frac{a_n}{a_{n-1}}=\frac{a_n}{a_0}$，其中 $\frac{a_n}{a_0}$ 又叫总速度，用 R 表示。

2. 某期的环比发展速度等于该期的定基发展速度除以前期的定基发展速度

用公式表示为

$$\frac{a_i}{a_0}\div\frac{a_{i-1}}{a_0}=\frac{a_i}{a_{i-1}}$$

利用上述关系，可以根据一种发展速度去推算另一种发展速度。

在统计应用中，为了消除季节变动的影响，常采用年距发展速度指标，它是报告期水平与上年同期水平之比。其计算公式为

$$年距发展速度=\frac{报告期水平}{上年同期发展水平}$$

二、增减速度

增减速度是增减量与基期水平之比，表明报告期水平比基期水平增长（或降低）了百分之几或若干倍。其计算公式为

$$增减速度=\frac{增减量}{基期水平}=\frac{报告期水平-基期水平}{基期水平}$$

$$=\frac{报告期水平}{基期水平}-1=发展速度-1（或 100\%）$$

增减速度指标有正负之分，当报告期增减量为正值时，则增减速度为正数，表明为递增速度；当报告期增减量为负值时，则增减速度为负数，表明为递减速度。

增减速度由于采用对比的基期水平不同，也分为环比增减速度和定基增减速度。

（一）环比增减速度

环比增长速度是逐期增减量与其前一期发展水平之比，表明现象逐期增长的速度。用公式表示为

$$环比增长速度=\frac{逐期增长量}{前一期发展水平}=\frac{报告期水平-前一期发展水平}{前一期发展水平}$$

$$=环比发展速度-1（100\%）$$

（二）定基增减速度

定基增减速度是累计增减量与某一固定基期水平（通常为最初水平）之比，表明现象在某一较长时期的增减速度。用公式表示为

$$定基增长速度=\frac{累计增长量}{固定基期水平}=\frac{报告期水平-固定基期水平}{固定基期水平}$$

$$=定基发展速度-1（100\%）$$

所以，只要知道环比发展速度或定期发展速度，将它们减 1 或 100%，就可以得到环比增减速度或定基增减速度。但是需要注意的是：环比增减速度和定基增减速度之间并没有直接的换算关系。在由环比增减速度推算定基增长速度时，可先将各环比增减速度加 1 后连乘，再将结果减 1，即得定基增减速度。相反，如果已知各期的定基增减速度求相应的环比增减速度，也要经过一定的变换才能求得。

【例 6-8】某企业近年来产量逐年增加，2011 年比 2010 年增长 2%，2012 年比 2011 年增长 6%，2013 年比 2012 年增长 15%，2014 年比 2013 年增长 23%，问该企业 2014 年的产量比 2010 年增长多少？

解：因为各个环比发展速度的连乘积等于定基发展速度；增减速度＝发展速度－1（或100％），得该企业2014年的产量比2010年增长的百分比为

$$102\%\times106\%\times115\%\times123\%-1=52.9\%$$

【例6-9】某地商品出口额2013年比2004年增长10％，2014年比2004年增长25％，问该企业的商品出口额2014年比2013年增长多少？

解：某期的环比发展速度等于该期的定基发展速度除以前期的定基发展速度。

用公式表示为

$$\frac{a_i}{a_0}\div\frac{a_{i-1}}{a_0}=\frac{a_i}{a_{i-1}}$$

则该企业的商品出口额2014年比2013年增长的百分比为

$$125\%\div110\%-1=13.6\%$$

在统计应用中，为了消除季节变动的影响，也经常使用年距增长速度指标，它是报告期年距增长量与上年同期发展水平之比。其计算公式为

$$\text{年距增长速度}=\frac{\text{报告期年距增长量}}{\text{上年同期发展水平}}=\frac{\text{报告期发展水平}-\text{上年同期发展水平}}{\text{上年同期发展水平}}$$
$$=\text{年距发展速度}-1\ (100\%)$$

（三）增减1％绝对值

为了对比分析社会经济现象的增长情况，必须将速度指标和绝对水平指标结合起来进行分析，通常是利用增减1％绝对值来弥补速度分析中的局限性。增长1％的绝对值是指每增减1％所包含的绝对量，其计算公式为

$$\text{增长}1\%\text{的绝对值}=\frac{\text{逐期增长量}}{\text{环比增长速度}\times100}=\frac{\text{前一期水平}}{100}$$

增长1％的绝对值具有双刃剑作用，在速度上每增加1％，绝对量就增加$\frac{\text{前一期水平}}{100}$；每降低1％，绝对量就减少$\frac{\text{前一期水平}}{100}$。

【例6-10】已知某商店2010—2014年的产品销售额资料如表6-12所示，要求计算增长量、发展速度、增减速度和增长1％的绝对值。

表6-12　某商店2010—2014年产品销售情况

年　份	销售额/万元	增减量/万元		发展速度/％		增长速度/％		增长1％的绝对值/万元
		逐期	累计	环比	定基	环比	定基	
2010	580	—	—	—	—	—	—	—
2011	606	26	26	104.5	104.5	4.5	4.5	5.80
2012	646	40	66	106.6	111.4	6.6	11.4	6.60
2013	800	154	220	123.8	137.9	23.8	37.9	6.46
2014	838	38	258	104.8	144.5	4.8	44.5	8.00

解：平均发展速度为

$$\overline{x}=\sqrt[4]{104.5\%\times106.6\%\times123.8\%\times104.8\%}=\sqrt[4]{1.445}$$

$$\lg\overline{x}=\frac{1}{4}\lg1.445=\frac{1}{4}\times0.159\,867\,847=0.039\,966\,961$$

$\overline{x}$=109.6%，平均增减速度为 9.6%。

或平均发展速度为

$$\overline{x}=\sqrt[n]{\frac{a_n}{a_0}}=\sqrt[4]{\frac{838}{580}}=\sqrt[4]{1.445}$$

$$\lg\overline{x}=\frac{1}{4}\lg1.445=\frac{1}{4}\times0.159\,867\,847=0.039\,966\,961$$

$\overline{x}$ = 109.6%，平均增减速度为 9.6%。

三、平均发展速度

平均发展速度是各个时期环比发展速度的平均数，用于描述现象在整个观察期内平均发展变化的程度。平均发展速度可以大于 100%，也可以小于 100%，反映社会经济现象在一定时期内逐期发展变化的一般速度。

平均发展速度是由动态相对数求序时平均数，因此不能按静态相对数求序时平均数的方法计算。在实际工作中，按被平均的对象性质和理论依据的不同，计算平均发展速度的常用方法有水平法和累计法。

（一）水平法

平均发展速度是各个环比发展速度连乘积的 n 次方根。

$$\overline{x}=\sqrt[n]{x_1\cdot x_2\cdot x_3\cdot\cdots\cdot x_n}=\sqrt[n]{\prod x}$$

式中：$x_1,x_2,x_3,\cdots,x_n$ ——现象各期环比发展速度；

n——环比发展速度的项数。

由于各环比发展速度的连乘积等于定基发展速度，所以平均发展速度还可用最末水平与最初水平之比的 n 次方根来计算，公式为

$$\overline{x}=\sqrt[n]{\frac{a_n}{a_0}}\quad 或\quad \overline{x}=\sqrt[n]{R}$$

这个计算平均发展速度的公式适用于掌握初始发展水平（最初水平）和最末水平的资料。由于平均发展速度等于最末水平比最初水平的 n 次方根，所以按水平法计算的平均发展速度数值的大小只取决于最末水平与最初水平的比值，而不反映中间各期水平的变化情况。

【例 6－11】山东省 2003—2008 年普通高等学校招生人数资料如表 6－13 所示，以 2003 年为基期，计算 2004—2008 年普通高等学校招生人数的平均发展速度。

表 6-13　山东省 2003—2008 年普通高等学校招生人数情况

年　份	招生人数/人	环比发展速度/%	定基发展速度/%
2003	273 894	—	
2004	327 452	119.55	119.55
2005	400 573	122.33	146.25
2006	445 034	111.10	162.48
2007	453 479	101.90	165.57
2008	514 176	113.38	187.73

资料来源：《2009 山东统计年鉴》。

解：

$$\bar{x}=\sqrt[n]{\frac{a_n}{a_0}}=\sqrt[5]{\frac{514\ 176}{273\ 894}}=\sqrt[5]{1.877\ 280\ 992}$$

$$\lg\bar{x}=\frac{1}{5}\lg 1.877\ 280\ 992=\frac{1}{5}\times 0.273\ 529\ 282=0.054\ 705\ 856$$

$$\bar{x}=113.42\%$$

或　$\bar{x}=\sqrt[n]{\prod x}=\sqrt[5]{119.55\%\times 122.33\%\times 111.1\%\times 101.9\%\times 113.38\%}=113.42\%$

（二）累计法

又称为方程法，是运用代数的高次方程式来计算社会经济现象平均发展速度的方法。其基本思想是：现象从最初水平出发，每期都按照平均发展速度发展，则推算出来的各期发展水平总和，就等于各期实际发展水平的累计数。

设 $\bar{x}$ 为平均发展速度，a_0 为初始发展水平。

第 1 期的理论水平：$a_0\bar{x}$

第 2 期的理论水平：$a_0\bar{x}\bar{x}=a_0\bar{x}^2$

第 3 期的理论水平：$a_0\bar{x}^2\bar{x}=a_0\bar{x}^3$

⋮

第 n 期的理论水平：$a_0\bar{x}^{n-1}\bar{x}=a_0\bar{x}^n$

因此，按照平均发展速度计算的各期理论发展水平之和为

$$a_0\bar{x}+a_0\bar{x}^2+a_0\bar{x}^3+\cdots+a_0\bar{x}^n=a_0(\bar{x}+\bar{x}^2+\bar{x}^3+\cdots+\bar{x}^n)$$

因为各期实际水平之和为

$$a_1+a_2+a_3+\cdots+a_n=\sum_{i=1}^{n}a_i$$

按照方程法的基本思想，理论水平总和与实际水平总和两者相等，则可列出如下方程式

$$a_0(\bar{x}+\bar{x}^2+\bar{x}^3+\cdots+\bar{x}^n)=\sum_{i=1}^{n}a_i$$

即

$$\bar{x}+\bar{x}^2+\bar{x}^3+\cdots+\bar{x}^n=\frac{\sum_{i=1}^{n}a_i}{a_0}$$

移项得

$$\bar{x}+\bar{x}^2+\bar{x}^3+\cdots+\bar{x}^n-\frac{\sum_{i=1}^{n}a_i}{a_0}=0$$

这是一个一元高次方程，它的正根就是所求的平均发展速度。由于累计法计算复杂，实际工作中为简化计算，可从累计法《平均增长速度查对表》中查得平均增长速度，再计算平均发展速度。

累计法查对表由两部分组成，一部分为递增表，一部分为递减表。如果 $\frac{\sum_{i=1}^{n}a_i}{a_0}\div n>1$ 或 100%，则表明现象的发展是递增的，应查递增表；如果 $\frac{\sum_{i=1}^{n}a_i}{a_0}\div n<1$ 或 100%，则表明现象的发展是递减的，应查递减表。

【例 6-12】山东省 2003—2008 年奶类产量如表 6-14 所示。

表 6-14　山东省 2003—2008 年奶类产品产量资料

年　份	2003	2004	2005	2006	2007	2008
奶类产量/万 t	132.05	167.92	196.66	212.40	242.18	254.92

(1) 计算各期发展水平总和为基数的百分比。

$$\begin{aligned}\frac{\sum_{i=1}^{n}a_i}{a_0}&=\frac{a_1+a_2+a_3+a_4+a_5}{a_0}\times 100\%\\&=\frac{167.92+196.66+212.40+242.18+254.92}{132.05}\times 100\%\\&=\frac{1\,074.08}{132.05}\times 100\%=813.39\%\end{aligned}$$

(2) 计算递增或是递减速度。

$$\frac{\sum_{i=1}^{n}a_i}{a_0}\div n=\frac{813.39\%}{5}=162.67\%>100\%$$

计算结果属于递增速度，需查累计法查对表的递增表。

(3) 查表 6-15。在累计法查对表中的 $n=5$ 的栏内，找到最接近 813.39%的数字为 813.74%，该数值所在行左边第一栏内百分比为 16.7%，即为所求得的平均增长速度。则山东省 2003—2008 年奶类产品产量的平均发展速度为 100%+16.7%=116.7%。

表 6-15　累计法查对表　　　　间隔期：1～5 年

平均每年增长/%	各期发展水平之和为固定基期水平的/%				
	1 年	2 年	3 年	4 年	5 年
…	…	…	…	…	…
16.7	116.70	252.89	411.81	597.30	813.74

续表

平均每年增长/%	各期发展水平之和为固定基期水平的/%				
	1年	2年	3年	4年	5年
16.8	116.80	253.32	412.56	598.67	816.06
…	…	…	…	…	…

上面介绍了计算平均发展速度和平均增长速度的两种方法，这两种方法的侧重点不同，选用这两种方法的哪一种方法求平均发展速度为宜，应视计算对象的特点和不同要求而定。如果研究的主要目的侧重于考察现象最末一期的发展水平，则宜采用水平法计算平均发展速度，如产品产量、工业总产值、商品销售额和职工人数等均可采用这种方法。如果研究的主要目的侧重于考察现象发展的整个过程的总和，则宜采用累计法计算平均发展速度，如固定资产投资额、住宅面积、造林面积、人员培训数等均可采用这种方法。

四、平均增长速度

平均增长速度不能直接根据环比增长速度计算，只能通过与平均发展速度的数量关系来进行，其计算公式为

$$平均增长速度=平均发展速度-1\ (100\%)$$

计算平均发展速度和平均增长速度在社会经济统计中具有重要的作用。首先，可以比较分析国民经济在不同发展阶段的一般发展情况和增长情况；其次，可以为经济预测、编制年度计划和中长期规划，以及检查计划的执行情况提供数据资料；最后，可以在不同国民经济部门、不同地区、不同国家之间进行对比，找出差距、克服缺点，加速经济发展。

【例6-13】某地区2014年年底人口数为3 000万人，假定以后每年以9‰的增长速度增长；又假定该地区2014年粮食产量为220亿kg，要求到2019的平均每人粮食达到850 kg，试计算2019年的粮食产量应达到多少kg？粮食产量每年平均递增速度为多少？

解：(1) 求2019年的人口数。

根据平均发展速度公式 $\bar{x}=\sqrt[n]{\dfrac{a_n}{a_0}}$，得

$$a_n=a_0(1+\Delta_{\bar{x}})^n$$

式中：$\Delta_{\bar{x}}$——平均增减速度。

得

$$a_n=3\,000\times(1+9‰)^5=3\,317.256\,3$$

(2) 求2019年的粮食产量。

$$850\times3\,137.256\,3=266.666\,785\,50\ (亿\ \mathrm{kg})$$

(3) 2015—2019年粮食产量平均每年的发展速度为

$$\bar{x}=\sqrt[5]{\frac{266.7}{220}}=\sqrt[5]{1.212\,272\,727}$$

$$\lg \overline{x} = \frac{1}{5}\lg 1.212\,272\,727 = \frac{1}{5} \times 0.083\,600\,334 = 0.016\,720\,066$$

$$\overline{x} = 103.9\%$$

则 2015—2019 年粮食产量平均每年的增长速度为 3.9%。

第四节　长期趋势分析

客观事物随时间发展的变化往往是由多种因素共同影响的结果，有政治的、经济的、自然的；有长期起决定作用的因素，也有临时起非决定性作用的因素；有可以预知和控制的因素，也有不可能预知的因素，这些因素相互交错影响，使每个时间数列变化趋势呈现各自的特点。但是我们在分析时间数列的变动规律时，不可能对每一个影响因素都一一划分开来，通常将众多的影响因素，按照性质和作用的不同，大体归为 4 种。

（1）长期趋势。由于某种根本性原因的影响，使社会经济现象在较长时期内，呈现持续增加向上发展、持续减少向下发展或者围绕某一常规数值无明显增减变化的水平趋势或状态，如随着我国社会主义市场经济的发展，工业企业在其生产经营的过程中，产品的产量、工人的工资、工业总产值近些年来都呈不断上升的趋势。认识和掌握事物的长期趋势，对掌握社会经济现象发展变化的基本特点意义重大。

（2）季节变动。指社会经济现象随着季节更替而发生的有固定规律性的变动。引起季节变动的因素既有自然因素，也有人为因素，如气候条件、节假日及风俗习惯等。季节变动的影响有以一年为周期的，也有以一周、一月为周期的。认识和掌握季节变动，对于近期行动决策有重要的作用。例如，在春节前后，交通运输部门每年都会出现一个客流量高峰；每年五月到十月是旅游市场的旺季。

（3）循环变动。也称波浪式变动，是以若干年（或月、季）为周期的规律性周期波动。它与长期趋势的不同之处在于其不是单一方向的持续变动，而是有涨有落的波浪式交替波动。它与季节变动的不同之处在于循环变动的规律性不甚明显，不像季节变动有明显的按月或按季的固定周期规律，循环变动的周期性较长，一般在数年之上，循环规律和涨落幅度规律较难把握。广泛应用于宏观经济监测、预警系统研究领域，可根据经济循环变动趋势，采取调节市场的策略。

（4）偶然变动。也称不规则变动或者随机变动，指由于自然或社会的突发事件或偶然因素引起的无周期性社会经济现象的变动，如自然灾害、意外事故、政治动荡等。由偶然变动引起的社会现象呈现无规则、不可预测的状态。

在一个动态数列中，这几种变动往往是互相交织在一起的。本节将对动态数列趋势分析的重点——长期趋势分析展开详细介绍。

一、测定长期趋势的意义

长期趋势是指由于某种根本性原因的影响，社会经济现象在相当长的时间里，持续增加向上发展和持续减少向下发展的态势，它是时间数列预测分析的重点。例如，世界人口由于出生率高于死亡率有逐年增加的趋势；工业产品在成长期，产量和利润呈上升趋势，成本水平呈下降趋势，到了衰退期，产量和利润转为下降趋势，成本水平转为上升趋势。

长期趋势分析对正确认识事物发展变化的数量规律有重要意义，具体如下。

（1）能够正确反映社会经济现象发展变化的方向和趋势，掌握现象发展变化的规律。

（2）为统计预测提供条件，为管理决策提供必要依据。

（3）通过测定长期趋势，可以从时间数列中分离出长期趋势的影响，从而可以更好地研究季节变动。

二、测定长期趋势的方法

长期趋势的测定，就是用一定的方法对动态数列进行修匀，使修匀后的数列排除季节变动，偶然变动等因素的影响，显示出现变动的基本趋势，为预测和决策提供依据。测定长期趋势分析的方法有很多，常用的有时距扩大法、移动平均法、最小二乘法。现分别介绍如下。

（一）时距扩大法

时距扩大法也称为间隔扩大法，是测定长期趋势最原始、最简单的方法。它是指合并原动态数列中若干时期的数据资料，得出扩大间隔的较大时距单位的新动态数列，时距扩大法消除由于时距较短而受偶然因素影响所引起的不规则变动，更好地反映社会现象发展变化长期趋势。

【例 6－14】山东省 2009 年各月对外贸易进出口总额资料见表 6－16，求进出口额的变动趋势。

表 6－16　山东省 2009 年各月对外贸易进出口总额资料

月　份	1	2	3	4	5	6	7	8	9	10	11	12
进出口额/亿美元	89	79	103	110	107	118	128	119	140	124	125	142

从表 6－16 中可以看出，由于受多种因素的影响，数列变化并不均匀，即各月之间的进出口额起伏不定，用该动态数列并不能清楚地反映出进出口额的变动趋势，现将月进出口额资料整理为季进出口额资料，如表 6－17 所示。

表 6－17　山东省 2009 年各月对外贸易进出口总额资料

季　度	第一季度	第二季度	第三季度	第四季度
进出口额/亿美元	271	335	387	391

从表 6－17 中可以看出，时距扩大后的资料，可以明显地显示山东省 2009 年对外贸易进出口额呈现出逐季增长的趋势。

（二）移动平均法

移动平均法是根据动态数列资料，将原时间数列的时间间隔扩大，并按选定的时间长度，采用逐次递移的方法对原时间数列计算一系列的序时平均数，这些平均数形成的新数列削弱或者消除了原时间数列中由于短期偶然因素引起的不规则变动和其他成分，对原始时间数列起到一定的修匀作用，从而呈现出现象发展的变动趋势。根据选定的时间长度不同，移动平均法有奇数项移动平均和偶数项移动平均两种。

【例 6-15】下面以表 6-18 中某企业总产值资料为例，采用三项移动平均和四项移动平均来对原动态数列进行修匀。

表 6-18　某企业 12 个月总产值资料

月　份	1	2	3	4	5	6	7	8	9	10	11	12
产值/万元	50	72	80	60	95	82	112	110	90	124	137	155

三项移动平均是奇数项平均的一种，计算得出的平均值，位置与对应平均时期的中间数值齐平，一次平均即可。例如，表 6-19 中三项移动平均栏的第一项为（50＋72＋80）÷3＝67.33，与 2 月的数值对应，其余各项方法以此类推。

表 6-19　移动平均法计算

月　份	总产值/万元	三项移动平均数	四项移动平均数	四项修正平均
1	50	—		—
			—	
2	72	67.33		—
			65.5	
3	80	70.67		71.18
			76.75	
4	60	78.33		78.00
			79.25	
5	95	79.00		83.25
			87.25	
6	82	96.33		93.5
			99.75	
7	112	101.33		99.13
			98.5	
8	110	104		103.75
			109	
9	90	108		112.13
			115.25	
10	124	117		120.88
			126.5	
11	137	138.67		—
			—	
12	155	—		—

四项移动平均是偶数项平均的一种，计算得出的平均值，位于所平均项目的中间两项之间。例如，表 6－19 中四项移动平均栏的第一项为（50＋72＋80＋60）÷4＝65.6，处于 2 月与 3 月的数值之间，其他的以此类推。利用偶数项移动平均法得到的新数列每个值都推后半期，在这里采取修正平均方法将偶数项计算出的移动平均数下移半期或者再进行一次两项移动平均，使之与具体的时间对应即可，如四项修正平均中的第一项为（65.6＋76.75）÷2＝71.18，其他的以此类推。

从表 6－19 中可以看出，利用移动平均法修匀后的动态数列资料，可以明显地显示出该企业产值呈现出逐渐增长的趋势。

在运用移动平均法修匀动态数列时，应当注意以下 3 点。

（1）采用移动平均法计算出来的新数列比原动态数列的项数要少，被平均的项数越多，修匀作用越大，所得到的移动平均数就越少；被平均的项数越少，修匀作用越小，所得到的移动平均数就越多。为了便于看出发展趋势，确定移动平均的项数要视具体情况而定，时距选择没有固定的标准，在能揭示现象发展趋势的情况下，不易太多。

（2）一般情况下，如果现象的发展具有一定的自然周期，应根据周期确定被移动平均的项数。

（3）移动平均法，选择奇数项移动平均比较简单方便，一次即可得到趋势值。采用偶数项移动平均时，需要二次平均才可得到趋势值。

（三）最小二乘法

最小二乘法又称最小平方法或数学模型法，是长期趋势分析中较常用的统计方法。这种方法的基本原理是，运用一定的数学模型，对原动态数列配合一条适当的趋势线，据以进行长期趋势分析。根据最小二乘法的基本原理，若要找到一条最佳趋势线，必须使原动态数列的实际观测值 y 与趋势线方程式中的趋势值 y_c 离差平方之和为最小，即

$$\sum (y - y_c)^2 = \text{最小值}$$

上述等式表明用最小平方法拟合的趋势线比其他任何方法拟合的趋势线都理想。用最小平方法既可以拟合直线趋势方程，也可以拟合曲线趋势方程，这里只讲授直线趋势方程的拟合方法。

设直线趋势方程为

$$y_c = a + bt$$

式中：y ——趋势值；

t ——时间序号；

a ——截距，即 $t=0$ 时 y_c 的初始值；

b —— 斜率，表示时间 t 每变动一个单位时，趋势值 y_c 的平均变动数量。

在动态数列不同时间的观察值的基础上，根据最小平方法的基本原理，若 $\sum (y - y_c)^2 =$ 最小值，便可推导出关于 a、b 的二元一次方程组：

$$\sum y = na + b\sum t$$

$$\sum ty = a\sum t + b\sum t^2$$

解上面这个方程组，可推导出直线趋势方程中两个待定参数 a 、b ，其直接计算公式如下：

$$b=\frac{n\sum ty-\sum t\sum y}{n\sum t^2-(\sum t)^2}$$

$$a=\frac{\sum y}{n}-b\frac{\sum t}{n}=\overline{y}-b\overline{t}$$

【例 6 - 16】 以表 6 - 20 山东省 2001—2008 年农业总产值资料为例，说明最小二乘法在测定长期趋势的应用。

表 6 - 20　山东省 2001—2008 年农业总产值资料

年　份	2001	2002	2003	2004	2005	2006	2007	2008
农业总产值/亿元	1 401	1 421	1 599	1 892	2 034	2 283	2 604	2 895

用最小二乘法建立直线趋势方程，测定山东省农业总产值的长期趋势值，并预测 2010 年的农业总产值。

现根据表 6 - 20 中的资料列出最小平方法的计算数据，见表 6 - 21。

表 6 - 21　最小二乘法计算表

年　　份	农业总产值 / 亿元 y	时间序号 t	ty	t^2	y_c
2001	1 401	1	1 401	1	1 242
2002	1 421	2	2 842	4	1 464
2003	1 599	3	4 797	9	1 685
2004	1 892	4	7 568	16	1 906
2005	2 034	5	10 170	25	2 127
2006	2 283	6	13 698	36	2 348
2007	2 604	7	18 228	49	2 569
2008	2 895	8	23 160	64	2 790
合　计	16 129	36	81 864	204	16 131

依据表中数据可得

$$b=\frac{n\sum ty-\sum t\sum y}{n\sum t^2-(\sum t)^2}=\frac{8\times 81\ 864\ -36\times 16\ 129}{8\times 204-36^2}=\frac{654\ 912-580\ 644}{1\ 632-1\ 296}$$

$$=\frac{74\ 268}{336}=221.035\ 7$$

$$a=\frac{\sum y}{n}-b\frac{\sum t}{n}=\frac{16\ 129}{8}-221.035\ 7\times\frac{36}{8}=\frac{16\ 129-221.035\ 7\times 36}{8}$$

$$=1\ 021.464$$

那么，直线趋势方程就是　　$y_c=1\ 021.464+221.035\ 7t$。

2001—2008 年农业总产值趋势值见表 6 - 19 最后一列。

若要预测 2010 年的农业总产值，取 $t=10$，则

$$y_c = 1\,021.464 + 221.035\,7 \times 10 = 3\,231.8(\text{亿元})$$

在时间序号排列中，如果令 $\sum t = 0$，则公式

$$\sum y = na + b\sum t$$
$$\sum ty = a\sum t + b\sum t^2$$

可简化为

$$a = \frac{\sum y}{n} \qquad b = \frac{\sum ty}{\sum t^2}$$

为使 $\sum t = 0$，并保证时间的间隔相等，当时间数列为奇数项时，可取时间间隔为 1，序号依次为…，－3，－2，－1，0，1，2，3，…；当时间数列为偶数项时，可取时间间隔为 2，序号依次为…，－5，－3，－1，1，3，5，…，这样都可以使 $\sum t = 0$。

现仍以表 6－18 山东 2001—2008 年农业总产值资料为例进行说明，编制最小平方法计算数据见表 6－22。

表 6－22　简化最小平方法计算表

年　份	时间序号 t	产值/亿元 y	ty	t^2	y_c
2001	－7	1 401	－9 807	49	1 242
2002	－5	1 421	－7 105	25	1 464
2003	－3	1 599	－4 797	9	1 685
2004	－1	1 892	－1 892	1	1 906
2005	1	2 034	2 034	1	2 127
2006	3	2 283	6 849	9	2 348
2007	5	2 604	13 020	25	2 569
2008	7	2 895	20 265	49	2 790
合　计	0	16 129	18 567	168	16 131

依据表中数据可得

$$b = \frac{\sum ty}{\sum t^2} = \frac{18\,567}{168} = 110.518$$

$$a = \frac{\sum y}{n} = \frac{16\,129}{8} = 2\,016.125$$

那么，直线趋势方程就是 $y_c = 2\,016.125 + 110.518t$

若要预测 2010 年农业产值，取 $t=11$，则

$$y_c = 2\,016.125 + 110.518 \times 11 = 3\,231.8(\text{亿元})$$

上两例中虽然时间的序号排列方法不同，但都是遵循时间间隔相等这一规律的，用两种方法计算出的直线趋势方程是不一样的，一个是 $y_c = 1\,021.464 + 221.035\,7t$，另一个是 $y_c = 2\,016.125 + 110.518t$，但预测 2010 年的农业产值预测值相同，都是 3 231.8 亿元。

第五节　季节变动的测定

现实社会经济现象存在明显的周期性波动，如农业生产，有农忙农闲和淡、旺季之分，以苹果为例，每年 7 月底到 10 月底苹果收获的季节其销量会多，其他季节会少，并且年复一年，大体相同；又如冬季取暖器、围巾、手套等的销售量就比较大；铁路客运量的高峰期出现在春节和“黄金周”前后等。这些现象使相应的时间序列出现明显季节性特征。测定和分析季节变动的主要目的在于把握季节变动的规律，从而合理地组织生产、销售等各项活动。

一、季节变动的概念

所谓季节变动就是客观现象由于受自然因素和生产或生活条件的影响，在一年内随着季节的更换而引起的有规律的周期性变动。在现实生活中，季节变动是一种极为普遍的现象，生产的后续环节销售也因此存在有季节性。例如，每年的 5 月 1 日和 10 月 1 日及春节长假，全国的交通部门就应该早作安排，以组织好客流高峰的输送。对现象季节变动进行分析和研究，可以确定现象过去的季节变化规律，根据这种规律性以便做好预测和决策，及时组织生产和运输，安排好市场供应。

二、测定季节变动的方法

测定季节变动的方法很多，从其是否考虑受长期趋势的影响来看，有两种方法：一种不考虑长期趋势的影响，直接根据原始的动态数列来计算，常用的方法是按月（季）平均法；另一种是先将动态数列中的长期趋势予以消除，而后再根据新动态数列进行计算，常用的方法是移动平均趋势剔除法。这里只讲授按月（季）平均法。但不管采用哪种方法来测定季节变动，都必须用至少 3 年的资料作为基本数据进行计算分析，这样才能较好地消除偶然因素的影响，更为准确地反映现象季节变动的规律性。

【例 6 - 17】 2006—2009 年山东省对外贸易进出口总额见表 6 - 23，采用按月平均法计算季节指数。如表 6 - 24 所示。

表 6-23　山东省 2006—2009 年对外贸易进出口总额　　单位：亿美元

月份＼年份	2006	2007	2008	2009
1	72.35	85.40	119.20	89.09
2	52.38	77.21	98.48	79.01
3	77.66	89.21	122.49	103.48
4	80.47	98.24	138.44	110.40
5	72.38	93.94	130.27	106.76
6	79.78	103.17	134.56	118.16
7	81.23	104.79	154.90	128.24
8	88.90	102.36	149.42	119.05
9	91.18	114.90	159.08	140.28
10	79.71	104.89	137.23	124.12
11	86.72	120.81	126.59	125.05
12	90.13	121.03	110.77	142.39

资料来源：《2009 山东统计年鉴》。

表 6-24　计算季节指数　　单位：亿美元

月份＼年份	2006	2007	2008	2009	合　计	同月平均数	季节指数/%
1	72.35	85.40	119.20	89.09	366.04	91.51	85.52
2	52.38	77.21	98.48	79.01	307.08	76.77	71.74
3	77.66	89.21	122.49	103.48	392.84	98.21	91.78
4	80.47	98.24	138.44	110.40	427.55	106.89	99.89
5	72.38	93.94	130.27	106.76	403.35	100.84	94.24
6	79.78	103.17	134.56	118.16	435.67	108.92	101.79
7	81.23	104.79	154.90	128.24	469.16	117.29	109.61
8	88.90	102.36	149.42	119.05	459.73	114.93	107.41
9	91.18	114.90	159.08	140.28	505.44	126.36	118.09
10	79.71	104.89	137.23	124.12	445.95	111.49	104.19
11	86.72	120.81	126.59	125.05	459.17	114.79	107.28
12	90.13	121.03	110.77	142.39	464.32	116.08	108.48
合　计	952.89	1 215.95	1 581.43	1 386.03	5 136.30	1 284.08	1 200.00
月平均数	79.41	101.33	131.79	115.50	428.03	107.01	100.00

按月（季）平均法是直接根据原动态数列通过简单算数平均来计算季节指数的一种方法。其具体的计算步骤如下。

（1）列表，将各年同月（季）的数值列在同一行（或同一列）内。

(2) 根据各年的月（季）数值计算出历年同月（季）的平均数，即表 6 - 24 中的第七列。

(3) 根据每年 12 个月（4 个季）的数值计算出每年的月（季）平均数，即表 6 - 24 中的“月平均数”行。

(4) 计算出全部数值总的月（季）平均数，表 6 - 23 中四年 48 个月的月平均数为 107.01 亿美元。

(5) 计算出各月（季）平均数与总月（季）平均数的百分比，即季节指数。其计算公式如下：

$$季节指数(S)=\frac{同月(季)平均数}{总月(季)平均数}\times 100\%$$

例如，每年的新年由于假期工厂停产 2 月份的季节指数为 $\frac{76.77}{107.01}\times 100\% = 71.74$；又如，12 月由于国外圣诞节的原因，产品需求量增加，季节指数为$\frac{116.08}{107.01}\times 100\%=108.48\%$

由于本例中是月资料，季节指数之和就等于 1 200%，并且本例的季节指数之和正好等于 1 200%。若相差过大，应作调整，调整方法是先求出校正系数，其公式为

$$校正系数=\frac{1\ 200}{12个月季节比率之和}$$

再用此系数乘上原来的各月季节指数。如果是季资料，则季节指数之和应等于 400%。

上例季节指数说明：国际贸易对外进出口也呈现季节性波动，每年的上半年属于淡季，下半年属于旺季。其中 2 月由于农历新年假期工厂停产原因，进出口量最少，中秋节、国庆节、圣诞节等节日经济的影响使得每年 9 月、12 月进出口数额明显增加。掌握了这些规律，企业就可以按各月的情况合理安排人力、物力和财力，组织好生产活动。

第六节　Excel 在时间数列分析中的应用

Excel 在“数据分析”宏中提供了几种时间数列计算方法，常用的有移动平均法、最小二乘法，利用这些宏可以计算出估计值、标准差、残差和拟合图。

一、移动平均法

以本章中例 6 - 15 某企业 12 个月总产值资料为例，介绍 Excel 在移动平均法长期趋势测定中的应用。Excel 在利用移动平均法计算动态数列趋势的过程如下。

(1) 在 Excel 工作表中 A2:A13 区域输入月份，B2:B13 区域中输入“产值”资料；在 Excel“工具栏”中选择“数据分析”，并单击“移动平均”选项，如图 6 - 1 所示。

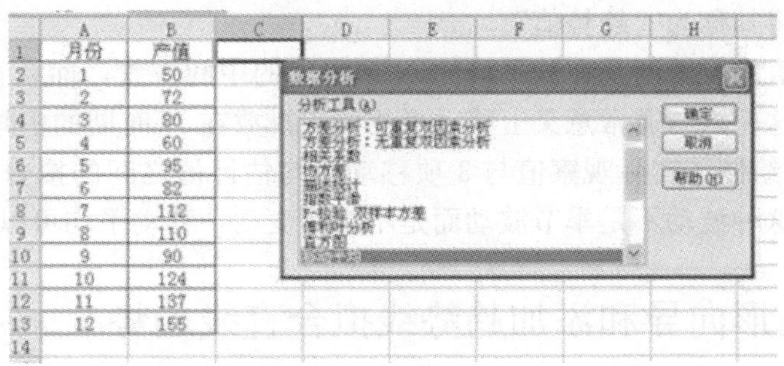

图 6-1　数据分析对话框

（2）在移动平均菜单的“输入区域”中输入“B1:B13”，在“间隔”中输入“3”表示进行 3 项移动平均，选择“输出区域”范围界定在“C2:C13”，并选择输出“图表输出”和“标准误差”输出，结果如图 6-2 所示。单击“确定”按钮，移动平均宏的计算结果如图 6-3 所示。

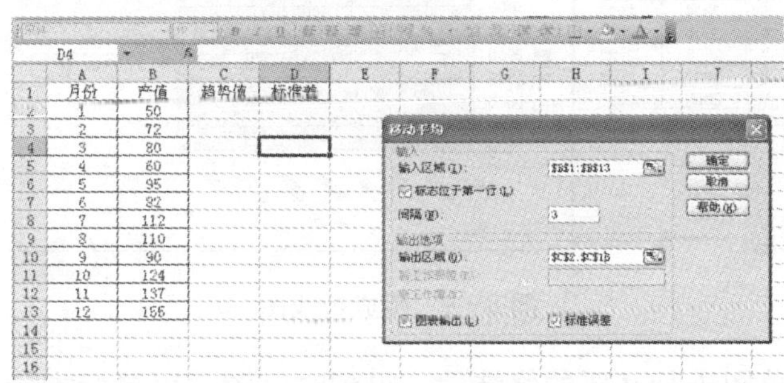

图 6-2　移动平均宏

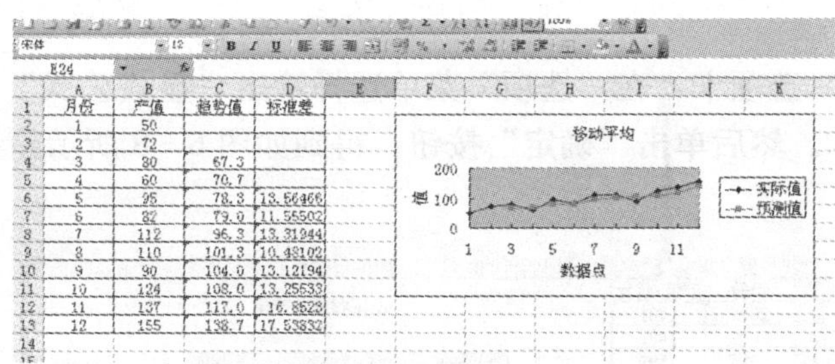

图 6-3　利用移动平均计算的结果

（3）在图 6-3 中，分别产生了 3 项移动平均的估计值 C4:C13 和估计的标准差 D6:D12。C4 中的表达式“＝AVERAGE（B2:B4）”是对 B2:B4 单元计算算术平均数，而 D6 单元格中的表达式“＝SQRT（SUMXMY2（B4:B6，C4:C6）/3）”相当于标准差公式 $S=\sqrt{\dfrac{\sum(X-\overline{X})^2}{n}}$。

关于 Excel 中的“移动平均”的计算，需要说明两点。

（1）图 6-3 中的“趋势值”即为移动平均值，由于移动平均法是以移动平均值作为趋势估计值，所以也将其称为“趋势值”。

（2）移动平均值的位置不是在被平均的 N 项数值的中间位置，而是直接排放在这 N 个时期的最后一期，这一点与通常意义上移动平均值应排放在 N 时期的中间时期有所不同。

（3）图 6 - 3 中绘制了实际观察值与 3 项移动平均估计值之间的拟合曲线。移动平均值削弱了上下波动，这种波动不是季节波动而是不规则变动，移动平均可以削弱不规则变动。

二、利用图形向导和添加趋势线拟合直线趋势

下面以表例 6 - 16 山东省 2001—2008 年农业总产值资料中的数据为例介绍直线趋势的拟合。利用图形向导和添加趋势线可以完成直线趋势的数学拟合。其具体过程如下。

利用图形向导生成折线图，效果如图 6 - 4 所示。

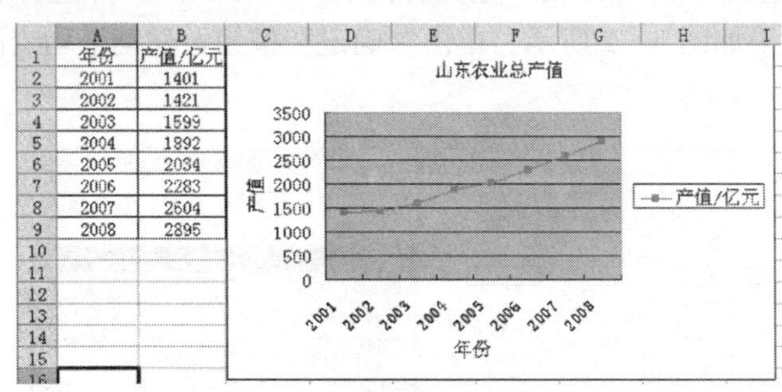

图 6 - 4 生成折线图

（1）在对生成的草图进行必要的修饰后，得到时序图。用鼠标指针指向小方框，然后单击鼠标右键，选择“添加趋势线”操作，如图 6 - 5 所示。

（2）在“添加趋势线”对话框中，选择“类型”选项卡，选择“线性”趋势线，如图 6 - 6所示。

（3）选择“选项”选项卡，在“选项”菜单选择输出“显式公式”和“显示 R 平方值”两项，如图 6 - 7 所示。然后单击“确定”按钮，得到如图 6 - 8 所示趋势线和直线趋势方程及 R 平方值。

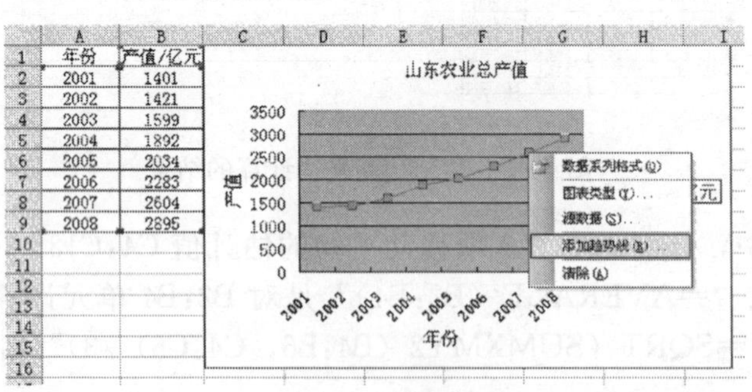

图 6 - 5 添加趋势线

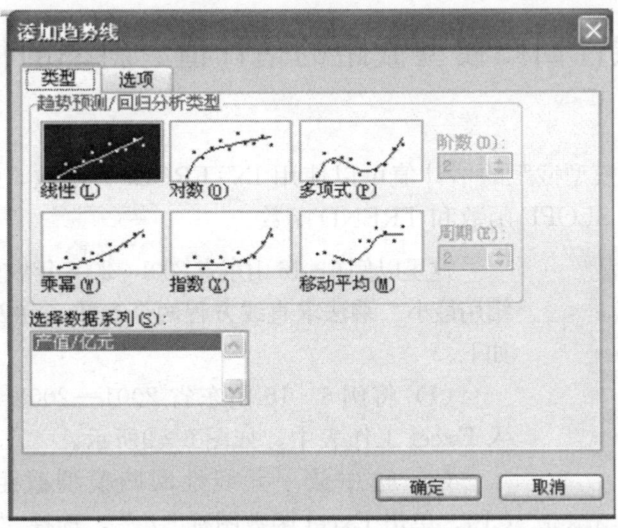

图 6-6　趋势线类

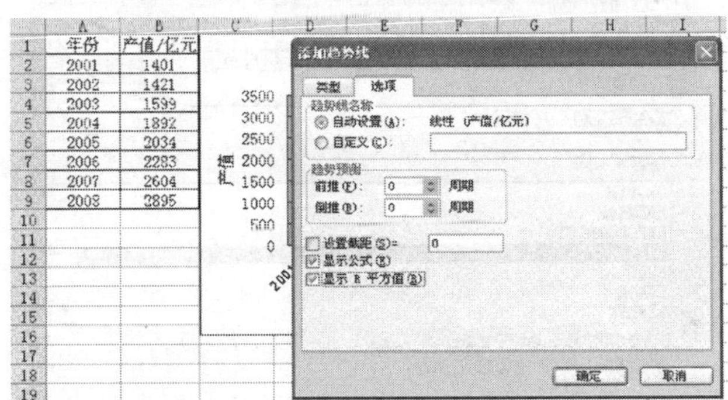

图 6-7　趋势线选项

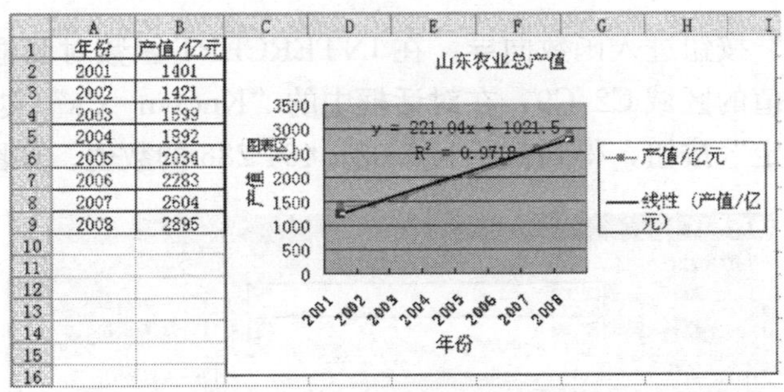

图 6-8　趋势线和趋势线方程

三、一元线性回归模型截距的估计值、斜率的估计值与趋势预测值

求一元线性回归模型截距的估计值可以使用 INTERCEPT 函数，斜率的估计值与趋势预测值分别可以使用 SLOPE 函数和 TREND 函数。

	A	B	C
1	年份	年份序号	农业总产值(亿元)
2	2001	1	1401
3	2002	2	1421
4	2003	3	1599
5	2004	4	1892
6	2005	5	2034
7	2006	6	2283
8	2007	7	2604
9	2008	8	2895
10			

图 6-9 山东省 2001—2008 年农业总产值

这里以例 6-16 山东省 2001—2008 年农业总产值资料为例，介绍用最小二乘法求直线方程两个参数 a 和 b 的计算方法。其步骤如下。

（1）将例 6-16 山东省 2001—2008 年农业总产值资料输入 Excel 工作表中，如图 6-9所示。

（2）选中放一元线性回归模型截距的估计值的单元格 C10。单击 Excel 函数图标“f_x”，选择“统计”函数；在统计函数中选中“INTERCEPT”，如图 6-10 所示。

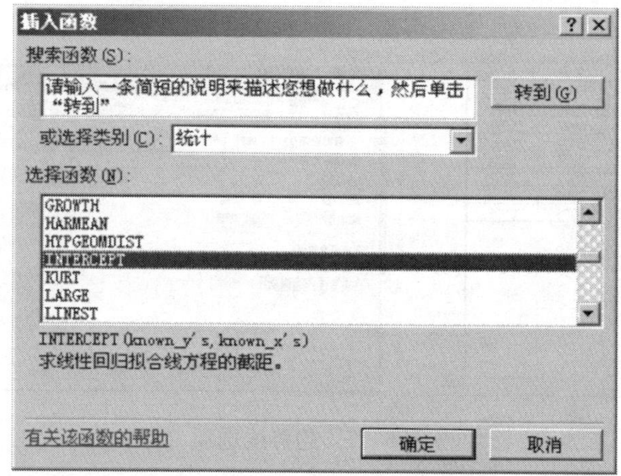

图 6-10 选择函数“INTERCEPT”

（3）单击“确定”按钮进入函数向导。在 INTERCEPT 函数对话框中的“Known_y's”文本框输入农业总产值的区域 C2:C9，在对话框中的“Known_x's”文本框输入年序号的区域 B2:B9，单击“确定”按钮，得到截距为 1 021.464 286 的数值。如图 6-11 所示。

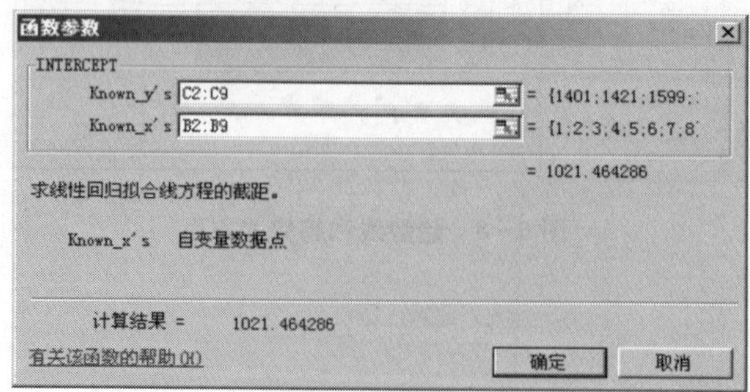

图 6-11 函数参数截距计算的对话框

(4) 选中放一元线性回归模型斜率的估计值的单元格 C11，单击 Excel 函数图标“f_x”，选择“统计”函数；在统计函数中选中“SLOPE”，如图 6－12 所示。

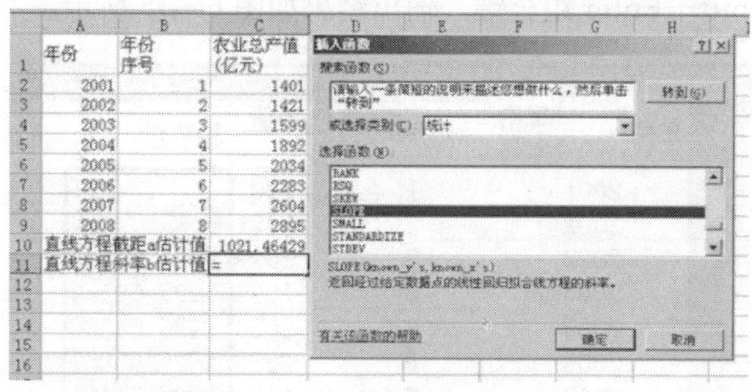

图 6－12　选择函数“SLOPE”

(5) 单击“确定”按钮进入函数向导。在 SLOPE 函数对话框中的“Known_y's”文本框输入农业总产值的区域 C2:C9，在对话框中的“Known_x's”文本框输入年序号的区域 B2:B9，单击“确定”按钮，得到斜率为 221.035 714 3 的数值。如图 6－13 所示。

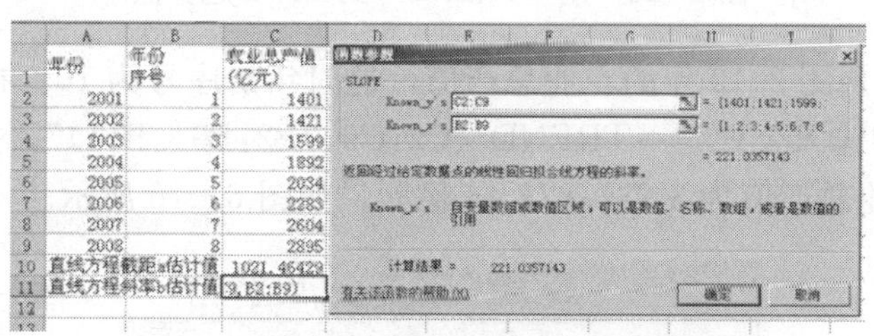

图 6－13　函数参数斜率计算对话框

(6) 使用趋势函数 TREND 求预测值。选中单元格 D1，输入“趋势值”字样，选定单元格 D2:D9 区域，单击 Excel 函数图标“f_x”，选择“统计”函数；在统计函数中选中“TREND”，如图 6－14 所示。

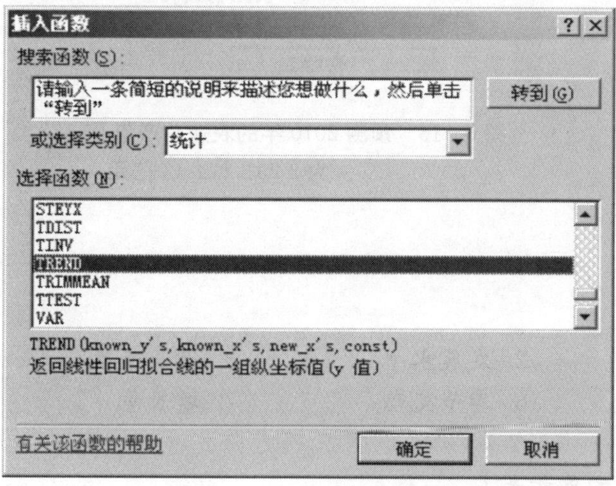

图 6－14　选择函数“TREND”

（7）单击“确定”按钮进入函数向导。在 TREND 函数对话框中的“Known_y's”文本框输入农业总产值的区域 C2:C9，在对话框中的“Known_x's”文本框输入年序号的区域 B2:B9，按住 Ctrl+Shift+Enter 组合键，输出结果如图 6-15 所示。

	A	B	C	D
1	年份	年份序号	农业总产值（亿元）	趋势值
2	2001	1	1401	1242.5
3	2002	2	1421	1463.53571
4	2003	3	1599	1684.57143
5	2004	4	1892	1905.60714
6	2005	5	2034	2126.64286
7	2006	6	2283	2347.67857
8	2007	7	2604	2568.71429
9	2008	8	2895	2789.75
10	直线方程截距a估计值		1021.46429	
11	直线方程斜率b估计值		221.035714	
12				

图 6-15　用“TREND”函数计算趋势值

（8）趋势预测。预测 2010 年的农业总产值，这时年份序号为 10。在单元格 B11 中输入 10，在单元格 D11 中输入公式“=TREND（C2:C9，B2:B9，B11）”，按 Enter 键确定，得到预测 2010 年的农业总产值为 3 231.821 43 亿元。如图 6-16 所示。

TREND　=TREND(C2:C9, B2:B9, B11)

	A	B	C	D	E
1	年份	年份序号	农业总产值（亿元）	趋势值	
2	2001	1	1401	1242.5	
3	2002	2	1421	1463.53571	
4	2003	3	1599	1684.57143	
5	2004	4	1892	1905.60714	
6	2005	5	2034	2126.64286	
7	2006	6	2283	2347.67857	
8	2007	7	2604	2568.71429	
9	2008	8	2895	2789.75	
10					
11		10	:B9, B11)		
12					

图 6-16　预测 2010 年的农业总产值为 3 231.821 43 亿元

【课后训练】

一、名词解释

1. 时间数列　2. 发展水平　3. 增长速度　4. 环比增长速度
5. 定基增长速度　6. 季节变动　7. 增长量　8. 发展速度

二、单项选择

1. 构成时间数列的要素是（　　）。

A. 变量和次数　B. 时间和指标数值　C. 时间和次数　D. 主词和宾词

2. 间隔相等的间断时点数列计算序时平均数应采用（　　）。

A. 几何平均法　　B. 加权算术平均法　　C. 简单算术平均法　　D. 首末折半法

3. 下列数列中，指标数值可以直接相加的时间数列是（　　）。

A. 时点数列　　B. 时期数列

C. 平均指标动态数列　　D. 相对指标动态数列

4. 时间数列中绝对数列是基本数列，其派生数列是（　　）。

A. 时期数列和时点数列

B. 绝对数时间数列和相对数时间数列

C. 绝对数时间数列和平均数时间数列

D. 相对数时间数列和平均数时间数列

5. 下列数列中（　　）属于动态数列。

A. 学生按学习成绩分组形成的数列

B. 工业企业按地区分组形成的数列

C. 职工按工资水平高低排列形成的数列

D. 出口额按时间先后顺序排列形成的数列

6. 说明现象在较长时期内发展的总速度的指标是（　　）。

A. 环比发展速度　　B. 平均发展速度

C. 定基发展速度　　D. 环比增长速度

7. 已知各期环比增长速度为 2%、5%、8%和 7%，则相应的定基增长速度为（　　）。

A. （102%×105%×108%×107%）－100%　　B. 102%×105%×108%×107%

C. 2%×5%×8%×7%　　D. （2%×5%×8%×7%）－100%

8. 平均发展速度是（　　）。

A. 定基发展速度的算术平均数　　B. 环比发展速度的算术平均数

C. 环比发展速度的几何平均数　　D. 增长速度加上 100%

9. 若要观察现象在某一段时期内变动的基本趋势，需测定现象的（　　）。

A. 季节变动　　B. 循环变动　　C. 长期趋势　　D. 不规则变动

10. 定基增长速度与环比增长速度的关系是（　　）。

A. 定基增长速度是环比增长速度的连乘积

B. 定基增长速度是环比增长速度之和

C. 各环比增长速度加 1 后的连乘积减 1

D. 各环比增长速度减 1 后的连乘积减 1

11. 平均增长速度是（　　）。

A. 环比增长速度的算术平均数　　B. 总增长速度的算术平均数

C. 平均发展速度减去百分之百　　D. 环比发展速度的序时平均数

12. 增长 1%的绝对值（　　）。

A. 是反映现象发展水平的指标　　B. 是反映现象发展速度的指标

C. 表示速度每增长 1%而增加的绝对量　　D. 表示现象增长的结构

13. 由时期数列计算序时平均数就按（　　）计算。

A. 简单算术平均数　B. 加权算术平均数　　C. 几何平均数　　D. 序时平均数

14. 某企业从业人员 9 月末 2 510 人，10 月末 2 590 人，11 月末 2 614 人，12 月末2 608

人，则第四季度企业从业人员平均人数为（　　）。

A. 2 614　　B. 2 608　　C. 2 588　　D. 2 590

15. 若某产品产量 2014 年比 2009 年增加 35%，则 2010—2014 年的平均发展速度为（　　）。

A. $\sqrt[5]{35\%}$　　B. $\sqrt[5]{135\%}$　　C. $\sqrt[6]{35\%}$　　D. $\sqrt[6]{135\%}$

16. 下列属于时点数列的是（　　）。

A. 历年招生人数时间数列　　B. 历年毕业生人数时间数列

C. 历年在校生人数时间数列　　D. 历年增加在校生人数时间数列

17. 若无季节变动，则各月（或各季）的季节比率（　　）。

A. 等于 0　　B. 等于 1　　C. 大于 1　　D. 小于 1

18. 某银行 1 月 1 日存款余额为 102 万元，1 月 2 日为 108 万元，1 月 3 日为 119 万元，则三天平均存款余额为（　　）。

A. 102/2＋108＋119/2　　B. （102＋108＋119）/3

C. （102/2＋108＋119/2）/3　　D. 102＋108＋119

19. 若各年环比增长速度保持不变，则各年增长量（　　）。

A. 逐年增加　　B. 逐年减少

C. 保持不变　　D. 无法作出结论

20. 如果动态数列（　　）大致相等，则可以拟合直线趋势方程。

A. 逐期增长量　　B. 累计增长量

C. 环比增长速度　　D. 定基增长速度

21. 下列等式中，不正确的是（　　）。

A. 发展速度＝增长速度＋1

B. 定基发展速度＝相应各环比发展速度的连乘积

C. 定基增长速度＝相应各环比增长速度的连乘积

D. 平均增长速度＝平均发展速度－1

22. 将某一指标的当前状态数值除以上年同期状态数值得到的增长速度习惯上称之为（　　）百分比。

A. 年度增长　　B. 环比增长　　C. 同期增长　　D. 同比增长

23. 移动平均法是通过计算逐项移动的序时平均数，来形成派生数列，从而达到（　　）对数列的影响。

A. 消除偶然因素引起的不规则变动

B. 消除非偶然因素引起的不规则变动

C. 消除绝对数变动

D. 消除计算误差

24. 由间隔不等的时点数列计算序时平均数，用以加权的权数为（　　）。

A. 时期长度　　B. 时点长度　　C. 间隔长度　　D. 指标值项数

三、多项选择

1. 对于时间序列，下列说法正确的有（　　）。

A. 序列是按数值大小顺序排列的
B. 序列是按时间顺序排列的
C. 序列中的数值都有可加性
D. 序列是进行动态分析的基础
E. 编制时应注意数值间的可比性

2. 一个动态数列的基本要素包括（ ）。
A. 变量
B. 次数
C. 现象所属的时间
D. 现象所属的地点
E. 反映现象的统计指标值

3. 时点序列的特点有（ ）。
A. 数值大小与间隔长短有关
B. 数值大小与间隔长短无关
C. 数值相加有实际意义
D. 数值相加没有实际意义
E. 数值是连续登记得到的

4. 下列说法正确的有（ ）。
A. 平均增长速度大于平均发展速度
B. 平均增长速度小于平均发展速度
C. 平均增长速度＝平均发展速度－1
D. 平均发展速度＝平均增长速度－1
E. 平均发展速度×平均增长速度＝1

5. 动态数列中的发展水平具体包括（ ）。
A. 期初水平和期末水平
B. 报告期水平和基期水平
C. 平均发展水平
D. 中间水平
E. 增长量

6. 下列指标中分子为时期指标的有（ ）。
A. 人均粮食产量
B. 人均钢铁产量
C. 平均分摊到每吨粮食上的水库容量数
D. 平均分摊到每万人的零售商店数
E. 平均分摊到每万元农业产值上的农业机械马力数

7. 计算和应用平均速度指标应注意（ ）。
A. 用分段平均速度补充总平均速度
B. 联系每增长1%的绝对值进行分析
C. 联系基期水平进行分析
D. 结合环比发展速度进行分析
E. 正确选择报告期水平

8. 平均增减量是（ ）。
A. 各期累计增减量的平均
B. 各期逐期增减量的平均
C. 累计增减量÷逐期增减量个数
D. 累计增减量÷(时间数列项数－1)
E. 各期累计增减量之和÷逐期增减量个数

9. 下列属于时点数列的有（ ）。
A. 某工业企业历年利税总额
B. 某金融机构历年年末贷款余额
C. 某商业企业历年销售额
D. 某地区历年年末生猪存栏头数
E. 某高校历年招生人数

10. 下面哪几项是时期数列（ ）。
A. 我国近几年来的耕地总面积
B. 我国历年新增人口数

C. 我国历年图书出版量　　D. 我国历年黄金储备

E. 某地区国有企业历年资金利税率

11. 逐期增长量和累计增长量之间的关系是（　）。

A. 各逐期增长量的和等于相应时期的累计增长量

B. 各逐期增长量的积等于相应时期的累计增长量

C. 两相邻时期累计增长量之差等于相应时期的逐期增长量

D. 两相邻时期累计增长量之商等于相应时期的逐期增长量

E. 两相邻时期逐期增长量之差等于相应时期的累计增长量

12. 下列数列（　）属于由两个时期数列对比构成的相对数或平均数动态数列。

A. 工业企业全员劳动生产率数列　　B. 百元产值利润率动态数列

C. 产品产量计划完成程度动态数列　　D. 某单位人员构成动态数列

E. 各种商品销售额所占比重动态数列

13. 下列计算增长速度的公式正确的有（　）。

A. $增长速度=\frac{增长量}{基期水平}\times 100\%$

B. $增长速度=\frac{增长量}{报告期水平}\times 100\%$

C. 增长速度=发展速度－100%

D. $增长速度=\frac{报告期水平-基期水平}{基期水平}\times 100\%$

E. $增长速度=\frac{报告期水平}{基期水平}\times 100\%$

14. 采用几何平均法计算平均发展速度的公式有（　）。

A. $\overline{x}=\sqrt[n]{\frac{a_1}{a_0}\times\frac{a_2}{a_1}\times\cdots\times\frac{a_n}{a_{n-1}}}$　　B. $\overline{x}=\sqrt[n]{\frac{a_n}{a_0}}$

C. $\overline{x}=\sqrt[n]{\frac{a_n}{a_1}}$　　D. $\overline{x}=\sqrt[n]{R}$

E. $\overline{x}=\frac{\sum x}{n}$

15. 下列关系正确的有（　）。

A. 环比发展速度的连乘积等于相应的定基发展速度

B. 定基发展速度的连乘积等于相应的环比发展速度

C. 环比增长速度的连乘积等于相应的定基增长速度

D. 环比发展速度的连乘积等于相应的定基增长速度

E. 平均增长速度=平均发展速度－1

16. 关于季节变动的测定，下列说法正确的是（　）。

A. 目的在于掌握事物变动的季节周期性

B. 常用的方法是按月（季）平均法

C. 需要计算季节比率

D. 按月计算的季节比率之和应等于 400%

E. 季节比率越大，越说明事物的变动处于淡季

17. 在直线趋势方程式 $y_c = a + bt$ 中，y_c 代表直线趋势值，其余各符号表示（　）。

A. a 代表趋势直线的起点值

B. a 值等于原动态数列的最末水平

C. b 为趋势直线的斜率

D. b 是每增加一个单位时间，现象平均增加值

E. t 代表时间变量

18. 根据动态数列中不同时期的发展水平所求的平均数称为（　）。

A. 序时平均数　　B. 算术平均数

C. 几何平均数　　D. 平均发展水平

E. 平均发展速度

四、判断题

1. 若将某地区社会商品库存额按时间先后顺序排列，此种动态数列属于时期数列。（　）
2. 定基发展速度反映了现象在一定时期内发展的总速度，环比发展速度反映了现象比前一期的增长程度。（　）
3. 若逐期增长量每年相等，则其各年的环比发展速度是年年下降的。（　）
4. 环比速度与定基速度之间存在各期环比增长速度的连乘积等于定基增长速度的关系。（　）
5. 平均增长速度不是根据各期环比增长速度直接求得的，而是根据平均发展速度计算的。（　）
6. 用水平法计算的平均发展速度只取决于最初发展水平和最末发展水平，与中间各期发展水平无关。（　）
7. 呈直线趋势的时间数列，其各期环比发展速度大致相同。（　）
8. 计算平均发展速度有两种方法，即几何平均法和方程式法，这两种方法是根据分析目的不同划分的。（　）
9. 平均发展速度是环比发展速度的平均数，也是一种序时平均数。（　）
10. 增长量与基期发展水平指标对比，得到的是发展速度指标。（　）
11. 在各种动态数列中，指标值的大小都受到指标所反映的时期长短的制约。（　）
12. 根据发展的战略目标，某产品产量 20 年要翻两番，即增加 4 倍。（　）
13. 发展水平就是动态数列中的每一项具体指标数值，它只能表现为绝对数。（　）
14. 将某班学生按考试成绩分组形成的数列是时点数列。（　）
15. 时间数列是一种特殊的数列，它不属于变量数列。（　）
16. 某地区 2010—2014 年历年年底生猪存栏头数在 2009 年基础上增加 20，30，40，30 和 50 万头，则 5 年间年生猪平均增长量为 10 万头。（　）
17. 时间数列中反映的现象在一年内重复出现的周期性波动，称为季节波动。（　）
18. 将 2005—2014 年某商场商品销售额按时间先后顺序排列，这个数列是时点数列。（　）
19. 在时间数列中，基期和报告期、基期水平和报告期水平都是相对的。（　）

20. 计算年距发展速度指标，可以反映时间数列中季节变动的影响程度。 (　　)

五、思考题

1. 编制时间序列应注意哪些问题?
2. 简述时点序列和时期序列的特点。
3. 根据所学的动态分析方法，举例说明时间序列有哪些用途。
4. 平均发展速度的水平和累计法有何不同? 各适用于哪些现象?
5. 平均发展水平的计算可以分成几种情况?
6. 时间序列可以分解为哪几种因素? 各种因素的基本概念是什么?

六、综合训练

1. 某公司某年 9 月末有职工 250 人，10 月上旬的人数变动情况是：10 月 4 日新招聘 12 名职工上岗，6 日有 4 名老职工退休离岗，8 日有 3 名青年工人应征入伍，同日又有 3 名职工辞职离岗，9 日招聘 7 名营销人员上岗。试计算该公司 10 月上旬的平均在岗人数。

2. 某银行 2014 年部分月份的现金库存额资料如表 6 - 25 所示。

表 6 - 25　某银行 2014 年部分月份的现金库存额资料

日　期	1月1日	2月1日	3月1日	4月1日	5月1日	6月1日	7月1日
库存额/万元	500	480	450	520	550	600	580

要求：(1) 具体说明这个时间序列属于哪一种时间序列。

(2) 分别计算该银行 2014 年第一季度、第二季度和上半年的平均现金库存额。

3. 某市 2014 年已注册的私营企业调查资料如表 6 - 26 所示，试计算已注册的私营企业的月平均数。

表 6 - 26　某市 2014 年已注册的私营企业调查资料

调查时间	2013 年末	2014 年			
		3 月 1 日	6 月 1 日	10 月 1 日	12 月 31 日
企业个数/个	420	482	531	560	587

4. 某化工企业 2010—2014 年的化肥产量资料如表 6 - 27 所示。利用指标间关系将表中所缺数字补充完整。

表 6 - 27　某化工企业 2010—2014 年的化肥产量资料

年　份	2010	2011	2012	2013	2014
化肥产量/万 t	400			484	
环比增长速度/%	—	5			12.5
定基发展速度/%	—		111.3		

5. 某企业 2014 年第二季度各月份生产计划完成情况如表 6 - 28 所示，试计算二季度平均每月生产计划的完成程度。

表 6-28　某企业 2014 年第二季度各月份生产计划完成情况

月　　份	4	5	6
计划产量/件	430	512	800
计划完成程度/%	95	110	105

6. 某商场商品销售额 2012 年比 2011 年增长了 10%，2013 年比 2012 年增长了 15%，2014 年比 2013 年增长了 13%。问 2014 年比 2011 年增长了多少？

7. 根据表 6-29 资料，用时距扩大法分析某商场商品销售额的长期趋势。

表 6-29　某商场 2014 年商品销售额资料

月　　份	1	2	3	4	5	6	7	8	9	10	11	12
销售额/万元	50	55	48	46	56	57	56	52	57	54	60	66

8. 某企业 2007 年利润为 2 800 万元，若今后以每年递增 15%的速度发展，到 2015 年利润将达到多少？

9. 1990 年我国第 4 次人口普查时人口总数为 11.34 亿人，到 2000 年达到 12.66 亿人，试问在这期间我国人口平均增长率是多少？如果按照同样速度继续发展，到 2010 年我国人口将达多少？我国 2000 年人均国内生产总值为 854 美元，若要在 2020 年实现翻两番的目标，则每年应保持怎样的增长速度才能实现目标？

10. 某企业 2008—2014 年间某产品产量资料如表 6-30 所示。

表 6-30　某企业 2008—2014 年间某产品产量资料

年　　份	2008	2009	2010	2011	2012	2013	2014
总产量/万件	31	46	60	75	92	107	122

要求：(1) 该动态数列的变动趋势是否符合直线趋势的要求？

(2) 如果符合要求，请利用上述资料拟合直线趋势方程。

(3) 试预测该企业 2015 年的某产品产量将是多少？

11. 某地区 2009—2014 年社会商品零售总额资料如表 6-31 所示，试利用 Excel 计算其逐期增长量、累计增长量和平均增长量，并测定环比发展速度、定基发展速度和平均发展速度。

表 6-31　某地区 2009—2014 年社会商品零售总额资料

年　　份	2009	2010	2011	2012	2013	2014
商品零售额/亿元	25.3	26.9	29.5	33.8	37.2	42.6

第七章 指数分析

【任务驱动】

指数是说明经济现象总体在不同时间上综合变动的相对数，应用广泛。学习指数要求理解指数的基本思想；掌握加权指数的编制方法；掌握综合指数和平均指数的计算方法及其应用；能熟练地计算各种指数，在此基础上，运用指数体系进行因素分析；掌握拉氏指数与帕氏指数的区别；了解股价指数、零售价格指数等的编制原理。

引导案例

2015年3月份CPI同比上涨1.4%

2015年3月份，全国居民消费价格总水平同比上涨1.4%。其中，城市上涨1.4%，农村上涨1.2%；食品价格上涨2.3%，非食品价格上涨0.9%；消费品价格上涨1.1%，服务价格上涨2.0%。1—3月平均，全国居民消费价格总水平比去年同期上涨1.2%。

3月份，全国居民消费价格总水平环比下降0.5%。其中，城市下降0.5%，农村下降0.6%；食品价格下降1.6%，非食品价格持平；消费品价格下降0.6%，服务价格下降0.4%。

一、各类商品及服务价格同比变动情况

3月份，食品价格同比上涨2.3%，影响居民消费价格总水平上涨约0.79个百分点。其中，肉禽及其制品价格上涨3.2%，影响居民消费价格总水平上涨约0.23个百分点（猪肉价格上涨2.0%，影响居民消费价格总水平上涨约0.06个百分点）；鲜果价格上涨6.7%，影响居民消费价格总水平上涨约0.16个百分点；粮食价格上涨2.7%，影响居民消费价格总水平上涨约0.08个百分点；蛋价上涨5.6%，影响居民消费价格总水平上涨约0.05个百分点。

3月份，非食品价格同比上涨0.9%。其中，衣着、医疗保健和个人用品、娱乐教育文化用品及服务、家庭设备用品及维修服务、居住价格分别上涨3.0%、1.6%、1.6%、1.2%和0.6%；交通和通信、烟酒及用品价格分别下降1.5%和0.5%。

二、各类商品及服务价格环比变动情况

3月份，食品价格环比下降1.6%。其中，鲜菜价格下降8.9%，影响居民消费价格总水平下降约0.34个百分点；猪肉价格下降3.8%，影响居民消费价格总水平下降约0.11个百分点；水产品价格下降2.3%，影响居民消费价格总水平下降约0.06个百分点；蛋价下降5.7%，影响居民消费价格总水平下降约0.05个百分点。

3月份，非食品价格环比持平。衣着、居住、烟酒及用品价格分别上涨0.8%、0.3%和

0.1%；娱乐教育文化用品及服务、家庭设备用品及维修服务、医疗保健和个人用品、交通和通信价格分别下降0.6%、0.3%、0.2%和0.1%。

3月份居民消费价格分类别环比涨跌幅如图7-1所示。

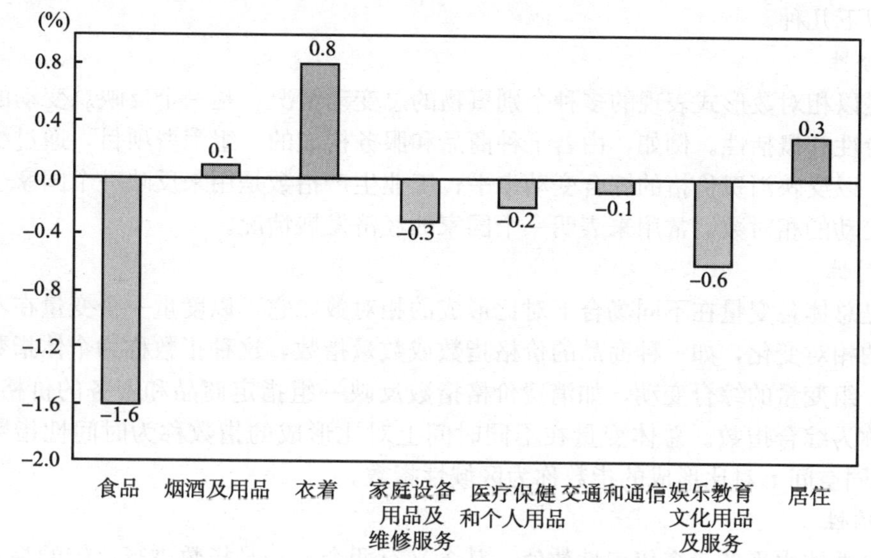

图7-1　3月份居民消费价格分类别环比涨跌幅

（资料来源：http：//www.gov.cn/xinwen/2015-04/10/content_2844677.htm）

讨论与思考

1. 什么是指数？研究指数有什么意义？
2. 指数有哪些种类？案例中用到了哪些指数？分别是怎样编制的？
3. 什么是综合指数、平均指数、平均指标指数？分别怎样编制？

【教学内容】

第一节　统计指数概述

一、统计指数概念

（一）广义指数

凡是说明社会经济现象数量变动的相对数都是指数，如计划完成程度、比较相对数、动态相对数等。但严格讲，指数和动态相对数（发展速度）不同，发展速度既能说明个别社会经济现象数量变动或者说是那些可以相加对比的现象。

（二）狭义指数

狭义指数是指反映不能直接相加的多因素复杂现象总体数量变动的相对数，如零售物价指数、工业产品产量指数 、股价指数等。有的社会现象数量不能相加对比，如研究全部工农业产品产量变动时，由于各种工业产品实物单位不同（钢/吨、电/度、机器/台、粮食/千克）就不能直接相加；又如研究社会销售量，也不能把不同种类商品实物直接相加，如不能把几米布，几千克大米、几吨煤相加在一起，所以，统计中指数指狭义指数。统计指数的主要性质有以下几种。

1. 综合性

指数是以相对数形式表现的多种个别事物的总变动情况，是一个反映总变动的量，具有高度的综合性和概括性。例如，由若干种商品和服务构成的一组消费项目，通过综合后计算价格指数，以反映消费价格的综合变动水平；工业生产指数是用来反映一个国家全部工业产品产量总变动的相对数，常用来表明一个国家的经济发展情况。

2. 相对性

指数是总体各变量在不同场合下对比形成的相对数，它可以度量一个变量在不同时间或不同空间的相对变化，如一种商品的价格指数或数量指数，这种指数称为个体指数；它也可用于反映一组变量的综合变动，如消费价格指数反映一组指定商品和服务的价格变动水平，这种指数称为综合指数。总体变量在不同时间上对比形成的指数称为时间性指数（动态指数），在不同空间上对比形成的指数称为区域性指数。

3. 平均性

指数是总体水平的一个代表性数值，其含义有两个：一是指数进行比较的综合数量是作为个别量的代表，这本身就具有平均性质；二是两个综合量对比形成的指数反映了量的平均变动水平。

二、统计指数的作用

（一）综合反映现象总体变动的方向和程度

指数是以相对数的形式，表明多种产品或商品的数量指标或质量指标综合变动方向和程度。在经济管理中，为反映某些复杂经济现象的变动，通常需要计算工业总产值增长指数、国民生产总值增长指数、工资指数等，以便为宏观调控与微观经济单位分析市场前景、制定发展策略等提供重要的依据。这是总指数最基本的作用。

（二）分析现象总体变动中的各个因素的影响方向和影响程度

社会经济现象之间存在着相互联系、相互制约的关系，某一现象的发展变化往往要受到其他因素的影响。这样，在指数基本原理的基础上，引出了一种重要的分析方法——指数因素分析法。利用指数因素分析法可以从数量上分析一些重要经济变量因素对经济发展的影响。

（三）研究社会经济现象在长时间内的发展变化趋势

利用指数数列可以进行现象的长期发展趋势分析，研究现象随着时间的变动而变化的规律。例如：2010年7月份，全国70个大中城市房屋销售价格同比上涨10.3%，涨幅比6月份缩小1.1个百分点；环比与上月持平。7月份，新建住宅销售价格同比上涨12.9%，涨幅比6月份缩小1.2个百分点；环比与上月持平。其中，经济适用房销售价格同比上涨1.1%；商品住宅销售价格上涨14.4%，其中普通住宅销售价格上涨13.9%，高档住宅销售价格上涨16.4%。与上月相比，经济适用房销售价格、商品住宅销售价格、普通住宅销售价格均与上月持平，高档住宅销售价格下降0.1%。7月份，二手住宅销售价格同比上涨6.7%，涨幅比6月份缩小1.0个百分点；环比下降0.1%，比6月份降幅缩小0.2个百分点。[①]

三、统计指数的种类

（一）按说明对象的范围不同来分，统计指数可分为个体指数和总指数

1. 个体指数

个体指数是反映单一事物变动的动态相对数。例如，某企业今年的产量是去年产量的120%，例如，某发电厂2010年的发电量为2009年的135%，是产量个体指数；某厂生产某种汽车的单位成本2010年为2000年的90.36%，是成本个体指数；市场上某种产品6月份的价格是5月份的112.8%，是价格个体指数。个体指数公式表示如下：

销售量个体指数

$$k_{q}=\frac{q_1}{q_0}$$

价格个体指数

$$k_{p}=\frac{p_1}{p_0}$$

成本个体指数

$$k_{z}=\frac{z_1}{z_0}$$

2. 总指数

总指数是反映多种事物变动的动态相对数。例如，多种商品销售量变动总指数，多种商品销售价格变动总指数。

（二）按指数的性质不同来分，统计指数可分为数量指标指数和质量指标指数

1. 数量指标指数

数量指标指数是说明现象总规模、总水平变动程度的统计指数。例如，销售量指数、职工人数指数、产品产量指数等。

2. 质量指标指数

质量指标指数是说明现象相对水平或平均水平变动程度的统计指数。例如，价格指数、单位产品成本指数、职工平均工资指数、劳动生产率指数等。

（三）按指数的编制方法不同来分，统计指数可分为综合指数和平均指数

1. 综合指数

综合指数是通过确定同度量因素，把不同度量的个体现象过渡为可以同度量，由可以加总的总量现象对比计算的指数，它是计算总指数的基本形式。例如，国民生产总值指数、商

① 资料来源：中华人民共和国国家统计局．1—7月全国房地产市场运行情况［EB/OL］．(2010-08-10)［2010-12-25］．http：//www.stats.gov.cn/tjfx/jdfx/t20100810_402664156.htm。

品销售额指数、工资总额指数等。

2. 平均指数

平均指数是从个体指数出发来编制总指数的，它是先算出数量指标个体指数或质量指标的个体指数，然后进行加权平均计算而得，以测定现象总的变动程度。例如，平均工资指数、平均价格指数、平均劳动生产率指数。

（四）按时间数列中所采用基期不同来分，统计指数可分为定基指数和环比指数

统计指数作为一种分析经济现象动态变化的统计指标，需要连续地进行编制，由此得到按时间顺序排列的一系列指数，指数时间序列构成。指数时间序列分为定基指数数列和环比指数数列两种。

1. 定基指数

定基指数是在指数数列中，各期指数都以某一固定时期为基期。

2. 环比指数

环比指数是在指数数列中各期指数都是以报告期的前一期作为基期而对比。

（五）按其对比内容不同来分，统计指数分为动态指数和静态指数

1. 动态指数

由两个不同时期的同类经济变量值对比形成的指数，说明现象在不同时间上发展变化的过程和程度。

2. 静态指数

包括空间指数和计划完成情况指数两种。空间指数（地域指数）是将不同空间（如不同国家、地区、部门、企业等）的同类现象进行比较的结果，反映现象在不同空间的差异程度。计划完成程度指数是由同一地区、单位的实际指标值与计划指标数值对比而形成的指数，反映计划的执行情况或完成与未完成的程度。

（六）拉氏指数、帕氏指数

1. 拉氏指数

拉氏指数的权数或同度量因素时间选择在基期来编制的指数。1864 年德国学者拉斯贝尔斯（Laspeyres）提出的一种价格指数计算方法。计算公式为

拉氏质量指数

$$L_{\mathrm{p}}=\frac{\sum p_1 q_0}{\sum p_0 q_0}$$

拉氏数量指数

$$L_{\mathrm{q}}=\frac{\sum q_1 p_0}{\sum q_0 p_0}$$

2. 帕氏指数

帕氏指数的权数或同度量因素时间选择在报告期来编制的指数。帕氏指数是 1874 年德国学者帕煦（Paasche）所提出的一种指数计算方法。计算公式为

帕氏质量指数

$$P_{\mathrm{p}}=\frac{\sum p_1 q_1}{\sum p_0 q_1}$$

帕氏数量指数

$$P_{\mathrm{q}}=\frac{\sum q_1 p_1}{\sum q_0 p_1}$$

3. 拉氏指数与帕氏指数比较

（1）拉氏指数以基期销售量为权数，可以消除销售量变动对价格指数的影响，从而使不同时期的指数具有可比性。但拉氏指数也存在一定的缺陷。它在假定销售量不变的情况下报告期价格的变动水平，这一指数尽管可以单纯反映价格的变动水平，但却不能反映出消费结构的变化。因此，拉氏价格指数在实际中应用较少。

（2）帕氏指数因以报告期销售量为权数，不能消除权数变动对价格指数的影响，因而不同时期的指数缺乏可比性。但帕氏指数可以同时反映出价格和消费结构的变化，具有比较明确的经济意义，因此，在实际应用中，常采用帕氏公式计算价格指数。

第二节　综合指数的编制及体系因素分析

一、综合指数的概述

（一）综合指数的概念

综合指数是总指数的基本形式，它是将不可相加汇总的经济总量，通过另一个有关的称为同度量因素的变量而转为可以相加的总量指标，然后以总量指标对比所得到的相对数来说明复杂总体的总体单位总量或标志值水平的综合变动。

（二）综合指数编制的原则

任何复杂现象都是它的各构成因素的乘积，例如：

工业总产值＝产品产量×出厂价格

生产总成本＝产品产量单位×产品成本

原材料消耗总额＝产品产量×单位产品消耗×原材料价格

编制综合指数是将一个总量指标可以分解为两个或两个以上的因素指标时，将其中一个或一个以上的因素指标固定下来，仅观察其中一个因素指标的变动程度。

1. 确定同度量因素

综合指数的编制方法是先综合后对比，即解决不同度量单位的问题，使得不能直接相加的现象变得可以相加，然后再进行对比分析。所以，综合指数的编制方法有两个特点。第一，编制综合指数要从现象之间的联系中，确定与所要研究的现象有关联的同度量因素。同度量因素是指在总指数计算过程中，为解决同类现象不能相加的问题而使用的媒介因素或转化因素，其作用，一是同度量作用，二是权数作用。第二，将引进的同度量因素固定，以测定指数化因素的变动，从而解决对比问题。

2. 固定同度量因素

对复杂现象总体所包括的两个因素，把其中一个因素——同度量因素的时期加以固定，以便消除其变化，来测定所要研究的那个因素即指数化指标的变动。

3. 测定指标的综合变动

将两个时期的指标数值对比，编制数量指标综合指数时，以基期的质量指标作为同度量因素；编制质量指标综合数时，以计算期的数量指标为同度量因素。

二、综合指数编制

依据所测定的指标性质不同，综合指数可分为数量指标综合指数和质量指标综合指数。

(一) 数量指标综合指数的编制

各种商品的计量单位不同，商品销售量不能直接相加，为使不能相加的销售量过渡到能相加的销售额就必须把销售量乘价格，把价格叫同度量因素，它使不能相加的销量过渡到能相加的销售额。报告期和基期价格是不同的，为单纯反映销量变动，排除价格因素变动影响，把价格固定下来，使价格只起同度量作用。编制数量指标综合指数时一般以基期质量指标为同度量因素。计算公式为

$$\overline{K}_q = \frac{\sum q_1 p_0}{\sum q_0 p_0} \qquad\qquad \sum q_1 p_0 - \sum q_0 p_0$$

数量指标指数也称物量指标，它的经济意义表明，数量指标报告期比基期增长的程度，公式中的分子和分母的差额说明由于数量指标的增长，而使总量指标增长的绝对额。

【例 7 - 1】某商店销售商品情况如表 7 - 1 所示。

要求：(1) 用综合指数法计算销售量总指数及销售量的变动对销售额影响的绝对数。

(2) 综合来看 3 种商品销售量 2 月份比 1 月份综合变动情况是怎样的?

表 7 - 1　某商店商品销售情况

商品名称	单　位	销售量 q		销售价格 p/元	
		1 月份 q_0	2 月份 q_1	1 月份 p_0	2 月份 p_1
鞋	双	400	600	25	20
服装	套	500	600	40	36
布匹	m	200	180	50	60
合　计	—	—	—	—	—

解：(1) 销售量个体指数。

鞋：
$$k_q = \frac{q_1}{q_0} = \frac{600}{400} = 150\%$$

服装：
$$k_q = \frac{q_1}{q_0} = \frac{600}{500} = 120\%$$

布匹：
$$k_q = \frac{q_1}{q_0} = \frac{180}{200} = 90\%$$

(2)
$$\overline{K}_q = \frac{\sum q_1 p_0}{\sum q_0 p_0} = \frac{600 \times 25 + 600 \times 40 + 180 \times 50}{400 \times 25 + 500 \times 40 + 200 \times 50} = 120\%$$

说明某商店 3 种商品 2 月份的销售量比 1 月份增长了 20%。

$$\sum q_1 p_0 - \sum q_0 p_0 = 48\ 000 - 40\ 000 = 8\ 000(\text{元})$$

此差额说明由于 3 种商品报告期的销售量比基期增长了 20%，而使报告期的销售额比基期增加了 8 000 元。

（二）质量指标综合指数的编制

多种商品价格表面看都用货币形式表现，但由于计量单位不同，不能相加，要想使 3 种商品价格过渡到能相加的销售额，要找同度量因素销售量，但使用基期的还是报告期的销量？一般编制质量指标综合指数应以报告期的数量指标为同度量因素。

$$\overline{K}_p = \frac{\sum q_1 p_1}{\sum q_1 p_0} \qquad \sum q_1 p_1 - \sum q_1 p_0$$

质量指标综合指数的经济意义是表明质量指标报告期比基期增长的程度，公式中的分子和分母的差额说明由于质量指标的增长，而使总量指标增长的绝对额。

以例 7－1 某商店销售商品情况为例。

要求：(1) 用综合指数法计算价格总指数及价格的变动对销售额影响的绝对数。

(2) 要综合说明三种商品价格 2 月份比 1 月份综合变动情况是怎样的？

解：(1) 价格个体指数。

鞋：
$$k_p = \frac{p_1}{p_0} = \frac{20}{25} = 80\%$$

服装：
$$k_p = \frac{p_1}{p_0} = \frac{36}{40} = 90\%$$

布匹：
$$k_p = \frac{p_1}{p_0} = \frac{60}{50} = 120\%$$

(2)
$$\overline{K}_p = \frac{\sum q_1 p_1}{\sum q_1 p_0} = \frac{44\ 400}{48\ 000} = 92.5\%$$

表明 3 种商品价格 2 月份比 1 月份下降了 7.5%，由于价格下降，使 2 月份销售额比 1 月份减少了 3 600 元。

$$\sum q_1 p_1 - \sum q_1 p_0 = 44\ 400 - 48\ 000 = -3\ 600\ (\text{元})$$

三、综合指数体系及因素分析

因素分析是指从数量方面研究现象动态变动中受各种因素变动的影响程度。因素分析主要借助于指数体系来分析社会经济现象变动中各种因素变动发生作用的影响程度。在指数体系中，某个总量指标（称结果指标）是两个原因指标的乘积的条件下，通过建立相应的指数体系从绝对数和相对数两个方面对总量指标的变化进行因素分析。

指数体系是指在经济上有联系，在数量上保持一定关系的 3 个或 3 个以上的指数所组成的整体。

指数体系的作用，一是根据指数体系中各个指数之间的关系，利用已知指数估计推算未知指数；二是通过指数体系可以对复杂社会经济现象的变动进行因素分析。说明其各个构成因素变动情况和影响程度。几种常用的指数体系如下。

（1）销售额指数＝物价指数×销售量指数；销售额增减额＝因物价变动而影响的增减额＋因销售量变动而影响的增减额。

（2）总产值指数＝价格指数×产品产量指数；产值增减额＝因产品价格变动而影响的增减额＋因产品产量变动而影响的增减额。

（3）生产费用指数＝单位成本指数×产品产量指数；生产费用增减额＝因单位成本变动而影响的增减额＋因产品产量变动而影响的增减额。

（4）产品产量指数＝劳动生产率指数×工人人数；产品产量增减额＝因劳动生产率变动而影响的增减额＋因工人人数变动而影响的增减额。

综合指数相对数指数体系：

$$\overline{K}_{qp}=\overline{K}_q\times\overline{K}_p$$

$$\frac{\sum q_1p_1}{\sum q_0p_0}=\frac{\sum q_1p_0}{\sum q_0p_0}\times\frac{\sum q_1p_1}{\sum q_1p_0}$$

综合指数绝对值体系分析：

$$\sum q_1p_1-\sum q_0p_0=(\sum q_1p_0-\sum q_0p_0)+(\sum q_1p_1-\sum q_1p_0)$$

以例 7－1 某商店销售商品情况为例要求计算销售额总指数，并对综合指数体系进行因素分析。

解：为了反映现象综合动态变化，就需要分别计算两个不同时期的总量指标：基期商品销售额 $\sum p_0q_0$ 与报告期商品销售额 $\sum p_1q_1$，并将二者进行对比，于是可得

$$\overline{K}_{pq}=\frac{\sum p_1q_1}{\sum p_0q_0}\qquad\qquad \sum q_1p_1-\sum q_0p_0$$

式中：$\overline{K}_{pq}$——商品销售额指数；

p_0——基期单位商品价格；

p_1——报告期单位商品价格；

q_0——基期销售量；

q_1——报告期销售量。

商品销售额指数：

$$\overline{K}_{pq}=\frac{\sum q_1p_1}{\sum q_0p_0}=\frac{44\ 400}{40\ 000}=111\%$$

计算结果表明该商店 2 月份的商品销售额比 1 月份增长了 11%，2 月份的商品销售额比 1 月份增加的绝对数额是 4 400 元。

$$\sum q_1p_1-\sum q_0p_0=44\ 400-40\ 000=4\ 400(\text{元})$$

相对数指数体系：商品销售额指数＝商品销售量指数×商品价格指数

$$\frac{\sum q_1p_1}{\sum q_0p_0}=\frac{\sum q_1p_0}{\sum q_0p_0}\times\frac{\sum q_1p_1}{\sum q_1p_0}\qquad 111\%=120\%\times 92.5\%$$

绝对值体系分析：销售额增减绝对数＝销售量增减绝对数＋价格增减绝对数

$$\sum q_1p_1-\sum q_0p_0=(\sum q_1p_0-\sum q_0p_0)+(\sum q_1p_1-\sum q_1p_0)$$
$$4\ 400=8\ 000-3\ 600$$

四、总量指标变动的多因素分析

当现象由 3 个或 3 个以上因素构成时，测定这些因素对该现象的影响程度和影响的绝对额，即为多因素分析。例如，总产值＝工人数×工人劳动生产率×产品价格，原材料消耗总额＝产品产量×单位产品消耗原材料价格等。多因素现象的指标体系，由于所包含的现象因素较多，因此指数的编制过程比较复杂，所以，编制多因素指数时需注意以下原则。

（1）在编制多因素指标所组成的综合指数时，为了测定某一因素指标的变动影响，要把其他所有因素都固定不变。

（2）综合指数中的各因素要按合理顺序排列，一般是数量指标在前，质量指标在后；主要指标在前，次要指标在后。总之，要根据所研究现象的经济内容，依据各因素之间的内在联系加以具体确定。

例如，就工业企业原材料支出总额的组成因素的排列顺序而言，要按产品产量、单位产品原材料消耗量（单耗）、单位原材料价格的顺序排列，如原材料支出总额＝产品产量×单位产品原材料消耗量×原材料价格，其中，产品产量相对于单位产品原材料消耗量和原材料价格来说，为数量指标；原材料价格相对于产品产量和单位产品原材料消耗量来说，则是质量指标；而单位产品原材料消耗量相对于产品产量来说是质量指标；相对于原材料价格来说，则为数量指标。设 q、m、p 分别代表产量、单耗和原材料单价，则原材料支出总额指数体系及绝对量关系式如下。

（1）相对数指数体系。原材料支出总额指数＝产量指数×单位产品原材料消耗量指数×原材料价格指数。

$$\overline{K}_{qmp}=\overline{K}_q\times\overline{K}_m\times\overline{K}_p$$

$$\frac{\sum q_1m_1p_1}{\sum q_0m_0p_0}=\frac{\sum q_1m_0p_0}{\sum q_0m_0p_0}\times\frac{\sum q_1m_1p_0}{\sum q_1m_0p_0}\times\frac{\sum q_1m_1p_1}{\sum q_1m_1p_0}$$

(2) 绝对数指数体系。

$$\sum q_1m_1p_1-\sum q_0m_0p_0=(\sum q_1m_0p_0-\sum q_0m_0p_0)+$$
$$(\sum q_1m_1p_0-\sum q_1m_0p_0)+(\sum q_1m_1p_1-\sum q_1m_1p_0)$$

式中：q_1 ——报告期产品产量；

q_0 ——基期产品产量；

m_1 ——报告期单位产品原材料消耗量；

m_0 ——基期单位产品原材料消耗量；

p_1 ——报告期原材料价格；

p_0 ——基期原材料价格。

通过相对数体系和绝对数体系两个方面的分析，影响超支的因素一目了然，便于管理者找出控制成本费用的方法，改善企业的经营管理。

多因素指数分析方法和前面的两因素分析方法基本类似，只是由于研究目的和要求不同，对影响现象的因素分解的程度不同。因此，通过因素之间的合并，多因素指数体系可以变成两因素指数体系。如上例，若把单位原材料消耗量与单位原材料价格合并，上述指数体系则变成了单位产品原材料消耗额和产量两因素构成的指数体系。相反，也可根据实际经济分析的需要把两因素进一步分解为多个因素。明确了这个道理，也就掌握了多因素指数体系的应用。

【例 7-2】 某企业某年 9、10 月份 3 种产品的产量、单位产品原材料消耗量、单位产品价格的资料中表 7-2 所示。

表 7-2 某企业某年 9、10 月份原材料支出情况

产品名称	产量/台		原材料名称	每台原材料消耗量/kg		单位原材料价格/元		原材料费用总额/元			
	9 月 q_0	10 月 q_1		9 月 m_0	10 月 m_1	9 月 p_0	10 月 p_1	$q_0m_0p_0$	$q_1m_1p_1$	$q_1m_0p_0$	$q_1m_1p_0$
甲	60	82	A	92	76	120	90	662 400	560 880	905 280	747 840
乙	46	37	B	64	59	46	64	135 424	139 712	108 928	100 418
丙	78	80	C	30	24	61	61	142 740	117 120	146 400	117 120
合计	—	—	—	—	—	—	—	940 564	817 712	1 160 608	965 378

要求：根据上表资料计算分析原材料费用总额受产量、单位产品原材料消耗和单位原材料价格的变动影响。

解：

$$\frac{\sum q_1m_1p_1}{\sum q_0m_0p_0}=\frac{817\ 712}{940\ 564}=87\%$$

$$\sum q_1m_1p_1-\sum q_0m_0p_0=817\ 712-940\ 564=-122\ 852(\text{元})$$

$$\frac{\sum q_1 m_0 p_0}{\sum q_0 m_0 p_0} = \frac{1\ 160\ 608}{940\ 564} = 123.4\%$$

$$\sum q_1 m_0 p_0 - \sum q_0 m_0 p_0 = 1\ 160\ 608 - 940\ 564 = 220\ 044(\text{元})$$

$$\frac{\sum q_1 m_1 p_0}{\sum q_1 m_0 p_0} = \frac{965\ 378}{1\ 160\ 608} = 83.2\%$$

$$\sum q_1 m_1 p_0 - \sum q_1 m_0 p_0 = 965\ 378 - 1\ 160\ 608 = -195\ 230(\text{元})$$

$$\frac{\sum q_1 m_1 p_1}{\sum q_1 m_1 p_0} = \frac{817\ 712}{965\ 378} = 84.7\%$$

$$\sum q_1 m_1 p_1 - \sum q_1 m_1 p_0 = 817\ 712 - 965\ 378 = -147\ 666(\text{元})$$

指数体系关系为

$$87\% = 123.4\% \times 83.2\% \times 84.7\%$$

绝对额体系为

$$(-122\ 852) = 220\ 044 + (-195\ 230) + (-147\ 666)$$

从以上计算结果可以看出：企业生产原材料 10 月份比 9 月份支出总额降低了 13%，减少的绝对数额是 122 852 元，原因是产量增长了 23.4%，使原材料支出增加了 220 044 元；单位产品原材料消耗降低了 16.8%，使原材料支出减少了 19 523 元；原材料价格降低了 15.3%，使原材料支出减少了 147 666 元。

第三节　平均指数编制及体系因素分析

一、平均指标的概念

平均指标是对数量指标或质量指标的个体指数进行加权平均的指数。平均指数是总指数的另一种计算形式，有其独立应用意义。它可以是综合指数的变形，也可以是独立意义的平均数指数。在得不到全面资料的情况下必须运用平均指数。平均指数是从个体指数出发来编制总指数的，即采用平均的方法。它是先算出数量指标个体指数或质量指标个体指数，然后进行加权平均计算而得，以测定现象总的变动程度。

二、综合指数变形的加权平均指数的编制

（一）加权算术平均指数的编制

加权算术平均指数就是对个体指数进行加权算术平均得到的总指数。实际工作中常用的算术平均指数是数量指标指数。

当掌握销量个体指数 $k_q=\frac{q_1}{q_0}$ 和基期销售额 $\sum q_0p_0$ 求数量指标综合指数，是以基期总量 q_0p_0 为权数对个体数量指标指数进行加权算术平均。

已知 $k_q=\frac{q_1}{q_0}$，得 $q_1=k_qq_0$，代入 $\frac{\sum q_1p_0}{\sum q_0p_0}$ 得加权算术平均指数为

$$\overline{K}_q=\frac{\sum k_qq_0p_0}{\sum p_0q_0}\qquad\qquad \sum k_qq_0p_0-\sum q_0p_0$$

【例 7－3】已知某企业 3 种产品的基期销售额和销售量个体指数资料如表 7－3 所示，要求计算销售量总指数。

表 7－3　某企业 3 种产品的基期销售额和销售量个体指数情况

商品名称	单　位	基期销额/元 q_0p_0	销量个体指数/% $k_q=\frac{q_1}{q_0}$	$k_qq_0p_0$
鞋	双	10 000	150	15 000
服装	套	20 000	120	24 000
布匹	m	10 000	90	9 000
合　计	—	40 000	—	48 000

解：计算销售量总指数用加权算术平均指数公式。

$$\overline{K}_q=\frac{\sum k_qq_0p_0}{\sum p_0q_0}=\frac{48\ 000}{40\ 000}=120\%$$

3 种商品综合来看报告期销售量比基期增长了 20%，由于销售量增长使得销售额报告期比基期增加了

$$\sum k_qq_0p_0-\sum q_0p_0=48\ 000-40\ 000=8\ 000(\text{元})$$

（二）加权调和平均指数的编制

加权调和平均指数就是对个体指数进行加权调和平均得到的总指数。实际工作中常用的调和平均指数就是质量指标指数。

$$k_p=\frac{p_1}{p_0}$$

当掌握个体价格指数和报告期销售额 $\sum q_1q_0$ 求质量指标综合指数。

已知 $k_p=\frac{p_1}{p_0}$，得 $p_0=\frac{p_1}{k_p}$，代入 $\overline{K}_p=\frac{\sum q_1p_1}{\sum q_1p_0}$，得

$$\overline{K}_p=\frac{\sum q_1p_1}{\sum \frac{1}{k_p}q_1p_1}$$

是以报告期总量 q_1p_1 为权数对个体质量指标指数进行加权调和平均。

【例 7－4】已知某企业 3 种产品的报告期销售额和价格个体指数资料如表 7－4 所示，要求计算价格总指数。

表 7－4 某企业 3 种产品的报告期销售额和价格个体指数情况

商品名称	单位	报告期销额/元 q_1p_1	价格个体指数/% $k_p=\frac{p_1}{p_0}$	$\frac{q_1p_1}{k_p}$
鞋	双	12 000	80	15 000
服装	套	21 600	90	24 000
布匹	m	10 800	120	9 000
合　计	—	44 400	—	48 000

$$\overline{K}_p=\frac{\sum q_1p_1}{\sum \frac{1}{k_p}q_1p_1}=\frac{44\ 400}{48\ 000}=92.5\%$$

3 种商品综合来看销价报告期比基期降低了 7.5%，由于价格降低，使得销额报告期比基期减少了

$$\sum q_1p_1-\sum \frac{1}{k_p}q_1p_1=44\ 400-48\ 000=-3\ 600(\text{元})$$

（三）平均指数体系及因素分析

平均指数体系因素分析中比较常用的是基期总量加权的算术平均数量指数和报告期总量加权的调和平均质量指数形成的指数体系。

平均指数体系相对数体系可以表示为

$$\frac{\sum q_1p_1}{\sum q_0p_0}=\frac{\sum \frac{q_1}{q_0}q_0p_0}{\sum q_0p_0}\times\frac{\sum q_1p_1}{\sum \frac{1}{p_1/p_0}q_1p_1}$$

以例 7－3 和例 7－4 的计算结果分析为 111%＝120%×92.5%。

平均指数体系绝对数体系可以表示为

$$\sum q_1p_1-\sum q_0p_0=(\sum \frac{q_1}{q_0}p_0q_0-\sum q_0p_0)+(\sum q_1p_1-\sum \frac{1}{p_1/p_0}q_1p_1)$$

以例 7－3 和例 7－4 的计算结果分析为

44 400－40 000＝8 000－3 600＝4 400

三、固定权数平均指数

现实中往往采用经济发展比较稳定的某一时期的代表规格品的价值总量作为固定权数（W）。固定权数的平均法指数的优点：可以避免每次编制指数权数资料来源的困难，也便

于前后不同时期的比较。

平均指数的编制方法在实际生活中运用较综合指数要广，特别是固定权数的平均指数，如工业生产指数、零售商品价格指数、居民消费价格指数等采用固定权数的平均指数的编制方法。其原因在于：社会经济现象较为复杂，一般情况下只能得到非全面调查的资料，而且生产结构、消费结构等在短期内又是相对稳定、变化不大的。农副产品收购价格指数采用的是实际权数的加权调和平均指数的编制方法。其原因在于：在实际工作中，由于农副产品产品繁多，不易取得实际收购量的资料，而容易得到相应的收购额的资料，同时，不同农产品的提价或降价幅度即为代表性的农副产品的个体价格指数，以与代表性产品同一范围内的实际收购额为权数进行计算即可得到该指数。详见第五节统计指数的应用。

四、综合指数和平均指数的联系与区别

综合指数和平均指数两者的联系是：在一定的权数条件下，两类指数间有转换关系。由于这种关系存在，当掌握的资料不能直接用综合指数形式计算时，则可用它转换的平均指数形式计算，这种条件下平均指数是综合指数的变形公式。两者的区别如表 7－5 所示。

表 7－5　综合指数和平均指数的区别

区　别	综合指数	平均指数	
		实际权数	固定权数
计算形式	相对数	平均数	
计算方法	先综合后对比	先对比后综合	
反映问题	测定变动的方向、程度和量		变动的方向、程度
资料要求	全面调查的资料		非全面
权数选择	同度量因素	实际权数	固定权数

第四节　平均指标指数体系及因素分析

一、平均指标指数的概念

平均指标指数是由两个不同时期同一总体的加权算术平均数对比计算的指数。常见的有平均工资指数、平均单位成本指数、平均劳动生产率指数。

在资料分组条件下，平均指标是加权算术平均数公式

$$\bar{x} = \frac{\sum xf}{\sum f} = \sum x \frac{f}{\sum f}$$

平均指标受两个因素的影响：一是各组平均指标 x 的影响，是质量指标；另一个因素是各组单位数在总体中的比重，叫总体结构，相对于组平均数来讲具有数量指标的性质。

这样，可以运用指数因素分析方法来分析这两个因素变动对平均指标变动的影响方向和影响程度，即进行平均指标的两因素分析。

二、平均指标指数体系的构成

（一）可变构成指数（$\bar{k}_{可变}$）

统计上把在分组条件下包含各组平均水平及其相应的单位数结构这两个因素变动的总平均指标指数，称为可变构成指数。其计算公式如下

$$\bar{k}_{可变}=\frac{\bar{x}_1}{\bar{x}_0}=\frac{\sum x_1 f_1}{\sum f_1}\div\frac{\sum x_0 f_0}{\sum f_0}$$

式中：$\bar{x}_0$ —— 基期平均指标数值；

$\bar{x}_1$ —— 报告期平均指标数值；

f —— 各组单位数；

x —— 各组标志值即平均水平。

它是报告期和基期总体平均水平的对比，包括了总体各部分（组）水平和总体结构两个因素的变动影响。为分析这两个因素对平均数变动的影响程度，需要分别计算固定构成指数和结构影响指数。

（二）固定构成指数（$\bar{k}_{固定}$）

为了单纯反映变量值变动的影响，就需要消除总体中个组单位数所占比重变化的影响，即需要将总体内部结构固定起来计算平均指标指数，这样的指数叫固定构成指数。它只反映各组平均水平对总平均指标变动的影响。其计算公式如下

$$\bar{k}_{固定}=\frac{\sum x_1 f_1}{\sum f_1}\div\frac{\sum x_0 f_1}{\sum f_1}$$

（三）结构影响指数（$\bar{k}_{结构}$）

为了单纯反映总体结构变动的影响，就需要把变量值固定起来，这样计算的平均指标指数叫结构影响指数。它只反映总体结构变动对总平均指标变动的影响。其计算公式如下

$$\bar{k}_{结构}=\frac{\sum x_0 f_1}{\sum f_1}\div\frac{\sum x_0 f_0}{\sum f_0}$$

三、平均指标指数体系分析

根据指数因素分析方法的要求，对于平均指标变动进行两因素分析，首先必须建立一个平均指标指数体系。

平均指标指数相对数体系关系

可变构成指数＝固定构成指数× 结构影响指数

平均指标指数绝对数体系关系

$$\frac{\sum x_1 f_1}{\sum f_1} \div \frac{\sum x_0 f_0}{\sum f_0} = \left(\frac{\sum x_1 f_1}{\sum f_1} \div \frac{\sum x_0 f_1}{\sum f_1}\right) \times \left(\frac{\sum x_0 f_1}{\sum f_1} \div \frac{\sum x_0 f_0}{\sum f_0}\right)$$

$$\frac{\sum x_1 f_1}{\sum f_1} - \frac{\sum x_0 f_0}{\sum f_0} = \left(\frac{\sum x_1 f_1}{\sum f_1} - \frac{\sum x_0 f_1}{\sum f_1}\right) + \left(\frac{\sum x_0 f_1}{\sum f_1} - \frac{\sum x_0 f_0}{\sum f_0}\right)$$

【例 7－5】某银行职工人数和平均工资情况如表 7－6 所示，要求进行平均指标的因素分析。

表 7－6　某银行职工人数和平均工资情况

职　　称	平均工资 / 元 x		职工人数 / 人 f	
	基期 x_0	报告期 x_1	基期 f_0	报告期 f_1
初级经济师	2 000	2 150	75	140
中级经济师	3 400	3 600	36	42
高级经济师	3 750	4 200	20	12
合　计	—	—	131	194

基期总平均工资：

$$\overline{x}_0 = \frac{\sum x_0 f_0}{\sum f_0} = \frac{2\,000 \times 75 + 3\,400 \times 36 + 3\,750 \times 20}{75 + 36 + 20} = 2\,652(\text{元} / \text{人})$$

报告期总平均工资：

$$\overline{x}_1 = \frac{\sum x_1 f_1}{\sum f_1} = \frac{2\,150 \times 140 + 3\,600 \times 42 + 4\,200 \times 12}{140 + 42 + 12} = 2\,590.7(\text{元} / \text{人})$$

假定的总平均工资：

$$\overline{x}_n = \frac{\sum x_0 f_1}{\sum f_1} = \frac{2\,000 \times 140 + 3\,400 \times 42 + 3\,750 \times 12}{140 + 42 + 12} = 2\,411.3(\text{元} / \text{人})$$

可变构成指数：

$$\overline{k}_{\text{可变}} = \frac{\overline{x}_1}{x_0} = \frac{\sum x_1 f_1}{\sum f_1} \div \frac{\sum x_0 f_0}{\sum f_0} = \frac{2\,590.7}{2\,652} = 97.7\%$$

$$\frac{\sum x_1 f_1}{\sum f_1} - \frac{\sum x_0 f_0}{\sum f_0} = 2\,590.7 - 2\,652 = -61.3(\text{元})$$

从表 7－6 中可以看出，初级、中级和高级经济师报告期的工资水平比基期都有提高，但是计算结果显示总的平均工资反而降低了 2.3%，平均每人减少了 61.3 元。以下对其原因进行分析。

固定构成指数

$$\bar{k}_{固定}=\frac{\sum x_1f_1}{\sum f_1}\div\frac{\sum x_0f_1}{\sum f_1}=\frac{2\ 590.7}{2\ 411.3}=179.4\%$$

计算结果说明，由于各组工资水平提高，使报告期的平均工资比基期提高 7.4%，平均每人增加 179.4 元。

$$\frac{\sum x_1f_1}{\sum f_1}-\frac{\sum x_0f_1}{\sum f_1}=2\ 590.7-2\ 411.3=179.4(元)$$

结构影响指数：

$$\bar{k}_{结构}=\frac{\sum x_0f_1}{\sum f_1}\div\frac{\sum x_0f_0}{\sum f_0}=\frac{2\ 411.3}{2\ 652}=91\%$$

$$\frac{\sum x_0f_1}{\sum f_1}-\frac{\sum x_0f_0}{\sum f_0}=2\ 411.3-2\ 652=-240.7(元)$$

这说明，由于员工内部结构的影响，使总平均工资下降了 8%，平均每人减少 240.7 元，平均指标指数相对数体系关系：

可变构成指数=固定构成指数×结构影响指数

$$\frac{\sum x_1f_1}{\sum f_1}\div\frac{\sum x_0f_0}{\sum f_0}=\left(\frac{\sum x_1f_1}{\sum f_1}\div\frac{\sum x_0f_1}{\sum f_1}\right)\times\left(\frac{\sum x_0f_1}{\sum f_1}\div\frac{\sum x_0f_0}{\sum f_0}\right)$$

$$97.7\%=107.4\%\times91\%$$

平均指标指数绝对数体系关系：

$$\frac{\sum x_1f_1}{\sum f_1}-\frac{\sum x_0f_0}{\sum f_0}=\left(\frac{\sum x_1f_1}{\sum f_1}-\frac{\sum x_0f_1}{\sum f_1}\right)+\left(\frac{\sum x_0f_1}{\sum f_1}-\frac{\sum x_0f_0}{\sum f_0}\right)$$

$$-61.3=179.4+(-240.7)$$

四、综合指数体系与平均指标指数体系的关系

综合指数体系是对总指标进行因素分析的表达形式，而平均指标指数体系是对平均指标进行因素分析的表达形式，从分析的目的看，它们是两种不同性质的形式。但从运用资料和分析的结构来看，二者又有一定的联系。由于两种指数体系分析的目的和资料要求不同，因此运用同一资料，一定要分清用哪一种指数体系，否则容易出现计算错误。从通常的计算规律来看：

（一）首先看资料中的数量指标是否能够求和

因为计算平均指标指数必须用数量指标之和作分母，才能求出平均数，然后才能加以对比。如果数量指标不能求和，就没有分母，就无法计算平均数。所以在数量指标不能求和的情况下，只能选用综合指数体系。

（二）在数量指标能够求和的情况下，需要看分析目的和要求

如果要求对总指标进行因素分析，宜采用综合指数体系；如果对平均指标，则宜采用平均指标指数体系。

第五节 统计指数的应用

一、商品零售价格指数

商品零售价格指数是反映一定时期内城乡商品零售价格变动趋势和程度的相对数。商品零售价格的变动直接影响到城乡居民的生活支出和国家的财政收入，影响居民购买力和市场供需的平衡，影响到消费与积累的比例关系。因此，该指数可以从一个侧面对经济活动进行观察和分析。我国商品零售物价总指数的计算步骤如下。

（一）选择代表规格品

我国的商品零售价格指数是把全部商品分为十六大类，分别是食品、饮料烟酒、服装鞋帽、纺织品、家用电器及音像器材、文化办公用品、日用品、体育娱乐用品、交通通信用品、家具、化妆品、金银珠宝、中西药品及医疗保健用品、书报杂志及电子出版物、燃料、建筑材料及五金电料（注：按国家统计局 2010 年度商品零售价格指数分类标准）。每个大类又分若干中类，中类内分再分为小类。每个小类又包括若干商品。各大类、中类、小类中各部分零售额比重之和都为 100%。因此各小类的加权平均指数便是中类的指数，各中类的加权平均指数便是大类的指数，各大类的加权平均指数就是总指数，即商品零售物价指数。

（二）典型地区的选择

典型地区的选择既要考虑其代表性，也要注意类型上的多样性以及地区分布上的合理性和相对稳定性。

（三）商品价格的确定

一种商品的综合平均价格是该商品在一定时期内的牌价、议价、市价的加权平均，其权数是各种价格形式的商品零售量或零售额。为便于计算，权数一律取整数。

（四）商品零售物价指数采用加权算术指数公式计算

每年根据住户调查资料调整一次权数，每种商品的价格个体指数采用代表规格品的平均价格计算，其公式为

$$\overline{k}_{p}=\frac{\sum k_{p}w}{\sum w}$$

式中：k_p ——各种代表规格品的价格个体指数；

w——各种代表品所代表的商品零售额的比重（固定权数）。

二、工业生产指数

工业生产指数概括地反映一个国家或地区各种工业产品产量的综合变动程度，它是衡量经济增长水平的重要指标之一。工业生产指数是直接利用工业产品产量计算代表产品的个体产量指数，然后以工业增加值作为权数，经过加权平均来计算整个工业生产的发展速度。世界上大多数国家都十分重视编制工业生产指数，并且多采用各工业部门增加值在全部工业增加值中所占比重作为固定权数。其计算公式为

$$\overline{k}_q=\frac{\sum k_q w}{\sum w}$$

式中：k_q——工业部门产量指数；

w——部门增加值所占比重（固定权数）。

三、产品成本指数

产品成本指数概括反映生产各种产品的单位成本水平的综合变动程度，是企业内部进行成本管理的一个有用工具。产品成本指数有以下几种形式。

（1）全部可比产品的综合成本指数通常采用帕氏公式来编制

$$\overline{k}_z=\frac{\sum z_1 q_1}{\sum z_0 q_1}$$

该指数表示由于报告期单位成本比基期成本节约或提高，报告期总成本降低或提高的幅度，分子分母之差表示报告期总成本降低或增加额。

（2）对成本水平实施计划管理的场合，还可以编制相应的成本计划完成指数，用以检查有关成本计划的执行情况。其编制方法可以采用帕氏公式

$$\overline{k}_z=\frac{\sum z_1 q_1}{\sum z_n q_1}$$

该指数表示由于报告期单位成本比计划成本节约或提高，报告期总成本降低或提高的幅度，分子分母之差表示报告期总成本降低或增加额。

（3）在同时制订了产量计划的条件下，则应该采用拉氏公式编制成本计划完成指数。

$$\overline{k}_z=\frac{\sum z_1 q_n}{\sum z_n q_n}$$

同度量因素不是报告期产量而是计划产量 q_n ，所以该指数所表示的是按照计划规定的产量结构报告期总成本降低或提高的幅度。

四、股票价格指数

股票价格指数的编制方法有多种，综合指数公式是其中的一种重要方法。我国的上证指数、美国标准普尔指数、香港恒生股票指数等，都是采用综合指数公式编制。其计算公式为

$$\overline{k}_{\mathrm{p}} = \frac{\sum p_t q_0}{\sum p_0 q_0}$$

式中：q_0 ——基期股票发行量（或流通量）。

上式是以基期的股票发行量（或流通量）为同度量因素的拉氏综合指数。

不同股价指数的样本范围和基期日期的选定都不同。举例如下。

1. 恒生指数

香港的恒生指数是香港股票市场历史最久、影响最大的一种股价指数。由恒生银行编制，以 1964 年 7 月 31 日为基期，基数为 100。恒生指数由 33 种具有代表性的经济实力雄厚的大公司的股票组成（其中金融业 4 种、公用事业 6 种、地产业 9 种、其他行业 14 种），计算公式

$$恒生指数 = \frac{计算日的资本总市值}{基日的资本总市值} \times 100\%$$

2. 上海证券交易所股票价格指数

上海证券交易所股票价格指数包括全部上市股票，基期为 1990 年 12 月 19 日。股票的基期指数定为 100，股票价格的变动幅度，是以“点”数来表示，每上升或下降一个单位称为“1 点”。例如，当股票价格指数为 2 100 点时，就表明股票价格报告期比基期上升 2 000 点。计算公式为

$$本日股指数 = \frac{本日市价总值}{基日市价总值} \times 100\% = \frac{\sum p_1 q_1}{\sum p_0 q_1}$$

式中：p_1, p_0 ——样本股票在报告期和基期的收盘价；

q_1 ——报告期股票的发行量。

3. 深圳证券交易所股价指数

1991 年 4 月 4 日起深圳各股票在深圳证交所集中上市，并以 4 月 3 日为基期，深圳股价指数采用一种递推的计算方法。

$$今日现时指数 = \frac{今日现时总市值}{上日收市总市值} \times 上日收市指数$$

如股价指数的样本股有 30 种，则

$$今日现时总市值 = \sum_{1}^{30}(今日各股现时市价)\times(各股发行量)$$

$$上日现时总市值 = \sum_{1}^{30}(上日各股现时市价) \times (各股发行量)$$

五、居民消费价格指数

居民消费价格指数也称消费者物价指数（consumer price index，CPI），是反映一定时期内城乡居民所购买的生活消费品价格和服务项目价格变动趋势和程度的相对数，是对城市居民消费价格指数和农村居民消费价格指数进行综合汇总计算的结果。该指数可以观察和分析消费品的零售价格和服务项目价格变动对城乡居民实际生活消费支出的影响程度。

（一）居民消费价格指数的作用

居民消费价格指数的作用表现在以下几个方面。

1. 反映通货膨胀

$$通货膨胀率 = \frac{报告期居民消费价格指数 - 基期居民消费价格指数}{基期居民消费价格指数} \times 100\%$$

如果通货膨胀率大于100%，则说明通货膨胀；如果通货膨胀率小于100%，则说明通货紧缩。

2. 可用于反映货币购买力变动

$$货币购买力指数 = \frac{1}{居民消费价格指数} \times 100\%$$

因为货币购买力的变动与消费品和劳务价格的变动呈反比例关系，所以，居民消费价格指数的倒数就是货币购买力指数。

3. 反映消费品和服务项目的价格变动对职工的实际工资的影响

$$职工实际工资指数 = \frac{职工平均工资指数}{居民消费价格指数} \times 100\%$$

上式说明职工在不同时期得到的货币工资额实际能够买到的消费品和服务项目在数量上的增减变化。

4. 用做其他经济时间序列的紧缩因子

如果将居民消费价格指数对工资、个人消费支出、零售额以及投资额等进行调整后，这些经济时间序列值就不再受通货膨胀因素的影响。

我国编制价格指数的商品和服务项目，根据全国城乡近11万户居民家庭消费支出构成资料和有关规定确定，目前共包括食品、烟酒及用品、衣着、家庭设备用品及维修服务、医疗保健及个人用品、交通和通信、娱乐教育文化用品及服务、居住八大类（按国家统计局2010年度居民消费价格指数商品分类标准），计算公式为

$$CPI = 现期购买商品支出总额 \div 基期购买商品支出总额$$

（二）居民消费价格指数和商品零售价格指数的区别

居民消费价格指数属于消费领域的价格指数，它是反映一定时期居民生活消费品及服务项目价格变动趋势和程度的一种相对数，它可以观察居民生活消费品及服务项目价格变动对

居民生活的影响，为各级政府掌握居民消费状况，研究和制定居民消费价格政策、工资政策，以及为新国民经济核算体系中消除价格变动因素的核算提供科学依据。

商品零售价格指数属于流通领域的价格指数，它是反映一定时期市场零售价格变动趋势和变动程度的一个相对数，据此掌握零售商品的平均价格水平，为各级政府制定经济政策，研究市场流通和新国民经济核算体系提供科学依据。

二者都依据商品零售价格编制，而且都包括生活消费品部分，有着密切联系，但也有明显区别。

1. 含义不同

商品零售价格指数是从卖方角度观察商品零售价格变动情况，说明价格变动对卖者的影响；而居民消费价格指数则是从买方角度观察居民生活消费品零售价格和服务项目收费变动情况，说明价格变动对居民（购买者）生活的影响。

2. 统计口径不同

居民消费价格的调查范围是居民用于日常生活消费的商品和服务项目价格，它既包括商品，如食品、衣着、家庭设备及用品、医疗保健、交通通信工具、娱乐教育文化用品、居住等，也包括非商品与服务，如学杂费、保育费等；但不包括居民一般不消费而主要供集团消费的商品，如办公用品、轿车等。商品零售价格只反映商品，包括居民消费和集团消费，而不反映非商品与服务价格，商品按用途分为十六大类，即食品、饮料烟酒、服装鞋帽、纺织品、家用电器及音像器材、文化办公用品、日用品、体育娱乐用品、交通通信用品、家具、化妆品、金银珠宝、中西药品及医疗保健用品、书报杂志及电子出版物、燃料、建筑材料及五金电料。

3. 权数来源不同

编制居民消费价格指数的权数来源于居民用于各类商品和服务项目的消费支出额以及各种商品、服务项目的实际消费支出额的构成比重，根据城乡居民住户调查资料计算。编制商品零售价格指数的权数来源于各类消费品零售额和各种消费品零售额的构成比重，主要根据社会消费品零售额资料计算。商品零售价格指数是以社会消费品零售额构成作为权数，居民消费价格指数则以居民消费支出构成作为权数。例如，食品在商品零售价格指数中的权数约为35%，而在居民消费价格指数中约为49%。

4. 用途不同

商品零售价格指数主要用于说明市场商品价格的变动情况，分析供求关系，核算商业经济效益和经济规模；而居民消费价格指数则主要用于说明价格变动对居民生活的影响程度，分析货币购买力之强弱，是反映通货膨胀的重要指标。

5. 重要性不同

一般说来，居民消费价格指数是世界各国政府和居民都很关注的价格指数，在实行工资指数化国家中表现尤为突出，所以在各国的价格统计中都有。而商品零售价格指数在多数国家的价格统计中都只是居民消费价格指数的一项派生指标。

第六节　Excel在指数中的应用

以例7-1某商店商品销售情况资料为例，用Excel计算综合指数的销售额总指数、销售量总指数和价格总指数。操作步骤如下。

（1）将例 7－1 的已知资料数据输入到 Excel 表中，如图 7－2 所示。

	A	B	C	D	E	F
1	商品名称	单位	销售量 q		销售价格（元）p	
2			1月份	2月份	1月份	2月份
3			q_0	q_1	p_0	p_1
4	鞋	双	400	600	25	20
5	服装	套	500	600	40	36
6	布匹	米	200	180	50	60
7	合计	—	—	—	—	—

图 7－2　某商店商品销售情况资料

（2）计算 q_0p_0。在 G3 单元格中输入"＝C3 * E3"，按 Enter 键确定，再用鼠标拖曳填充柄将公式复制到 G4:G5 区域。

（3）计算 q_1p_0。在 H3 单元格中输入"＝D3 * E3"，按 Enter 键确定，再用鼠标拖曳填充柄将公式复制到 H4:H5 区域。

（4）计算 q_1p_1。在 I3 单元格中输入"＝D3 * F3"，按 Enter 键确定，再用鼠标拖曳填充柄将公式复制到 I4:I5 区域。

（5）计算销售额合计。选定 G3:G5 区域，单击"工具栏"上的求合按钮"$\sum$"，在 G6 单元格得到合计数。同样方法得到 H6 和 I6 单元格的合计数。或在 G6 单元格中输入"＝SUM（G3:G5）"，按 Enter 键确定，并用鼠标拖曳填充柄将公式复制 H6:I6。

（6）计算销售额总指数和增减绝对额。在 C8 单元格中输入"＝I6/G6"，按 Enter 键确定。在 D8 单元格中输入"＝I6－G6"，按 Enter 键确定。

（7）计算销售量总指数和增减绝对额。在 C9 单元格中输入"＝H6/G6"，按 Enter 键确定。在 D9 单元格中输入"＝H6－G6"，按 Enter 键确定。

（8）计算价格总指数和增减绝对额。在 C10 单元格中输入"＝I6/H6"，按 Enter 键确定。在 D10 单元格中输入"＝I6－H6"，按 Enter 键确定。计算结果如图 7－3 所示。

	A	B	C	D	E	F	G	H	I
1	商品名称	单位	销售量 q		销售价格（元）p		q_0p_0	q_1p_0	q_1p_1
2			1月份q_0	2月份q_1	1月份p_0	2月份p_1			
3	鞋	双	400	600	25	20	10000	15000	12000
4	服装	套	500	600	40	36	20000	24000	21600
5	布匹	米	200	180	50	60	10000	9000	10800
6	合计	—	—	—	—	—	40000	48000	44400
7			综合指数	增减绝对额					
8	销售额总指数		1.11	4400					
9	销售量总指数		1.2	8000					
10	销售价格总指数		0.925	-3600					

图 7－3　综合指数计算图表

【课后训练】

一、名词解释

1. 指数　2. 数量指标指数　3. 质量指标指数　4. 总指数　5. 同度量因素
6. 指数体系

二、单项选择

1. 数量指标指数和质量指标指数的划分依据是（　）。
   A. 指数化指标的性质不同　B. 所反映的对象范围不同
   C. 编制指数的任务不同　D. 所比较的现象特征不同
2. 总指数有两种计算形式，即（　）。
   A. 个体指数和综合指数　B. 综合指数和平均指数
   C. 算术平均数指数和调和平均数指数　D. 综合指数和平均指标指数
3. 下列指数中属于质量指标指数的是（　）。
   A. 产量指数　B. 商品销售量指数
   C. 职工人数指数　D. 劳动生产率水平指数
4. 统计指数划分为个体指数和总指数的依据，是按指数（　）。
   A. 反映现象范围不同　B. 同度量因素不同
   C. 计算时是否进行加权　D. 指数化指标不相同
5. 编制数量指标综合指数的一般原则是采用（　）作同度量因素。
   A. 基期数量指标　B. 报告期数量指标
   C. 基期质量指标　D. 报告期质量指标
6. 下列指数是数量指标指数的是（　）。
   A. 商品物价指数　B. 单位产品成本指数
   C. 平均工资指数　D. 销售量指数
7. 总指数编制的两种基本形式是（　）。
   A. 算术平均数指数和调和平均数指数　B. 个体指数和综合指数
   C. 综合指数和平均数指数　D. 固定构成指数和结构影响指数
8. 某商品本年同上年比较，商品销售额没有变化，而各种商品价格平均上涨了7%，则商品销售量平均增加（或减少）的百分比为（　）。
   A. −6.5%　B. +3%　C. +6.00%　D. +14.29%
9. 如果生活费用指数上涨20%，则现在1元钱（　）。
   A. 只值原来的0.80元　B. 只值原来的0.83元
   C. 与原来的1元钱等值　D. 无法与过去比较
10. 如果零售价格上涨10%，销售量下降10%，则销售额（　）。
    A. 有所增加　B. 有所减少　C. 没有变化　D. 无法判断
11. 某地区2010年社会商品零售额为12 000万元，2014年为15 600万元，这5年中物价上涨了4%，则商品零售量指数为（　）。
    A. 130%　B. 104%　C. 80%　D. 125%

12. 编制质量指标综合指数时，同度量因素通常固定在（ ）。

A. 最初期 B. 报告期 C. 基期 D. 中间期

13. 某企业的职工工资水平比上年提高5%，职工人数增加2%，则企业工资总额增长（ ）。

A. 10% B. 7.1% C. 7% D. 11%

14. 若某商品销售量增加，销售额持平，则物价指数（ ）。

A. 降低 B. 增长 C. 不变 D. 趋势无法确定

15. 某市居民以同样多的人民币在物价上涨后少购某一种商品15%，则物价指数为（ ）。

A. 17.6% B. 85% C. 115% D. 117.6%

16. 在由3个指数所组成的指数体系中，两个因素指数的同度量因素通常（ ）。

A. 都固定在基期 B. 都固定在报告期

C. 一个固定在基期，一个固定在报告期 D. 采用基期和报告期的平均

17. 劳动生产率可变构成指数为134.2%，职工人数结构影响指数为96.3%，劳动生产率固定构成指数为（ ）。

A. 139.36% B. 129.23% C. 71.76% D. 39.36%

18. 商品价格降低后，现在的95元相当于原来的100元，用价格指数表示为（ ）。

A. 95% B. 190% C. 105% D. 110%

19. 某地区今年同去年相比，各种商品零售价格指数为105%，这说明该地区（ ）。

A. 商品零售价格平均上涨了5%

B. 商品销售量平均增长了5%

C. 价格提高使消费者比去年多支付了105%

D. 由于价格提高使销售量增长了5%

20. 以个体指数与报告期销售额计算的价格指数是（ ）。

A. 平均指标指数 B. 综合指数

C. 加权算术平均数指数 D. 加权调和平均数指数

21. 从广义上理解，指数泛指（ ）。

A. 平均数 B. 绝对数 C. 相对数 D. 动态相对数

22. 在统计实践和理论中，指数一般是指（ ）。

A. 广义的指数概念 B. 拉氏和派氏指数概念

C. 狭义的指数概念 D. 广义和狭义的指数两种概念

23. 某公司下属的三个企业生产同一种产品，要反映该公司所属3个企业该产品总产量的报告期比基期的发展速度，3个企业的产品产量（ ）。

A. 能够直接相加 B. 不能直接相加

C. 必须用基期价格作同度量因素 D. 必须用报告期价格作同度量因素

24. 指数因素分析中，选择对象指标和因素指标的要求是（ ）。

A. 必须都是总量指标 B. 必须都是相对指标

C. 各因素指标乘积必须等于对象指标 D. 各因素指标之和必须等于对象指标

25. 综合指数的特点是（ ）。

A. 先综合，后对比　　B. 先对比，后综合
C. 只对比，不综合　　D. 既可以先综合，也可以先对比

三、多项选择

1. 同度量因素的作用有（　　）。
A. 同度量作用　　B. 比较作用　　C. 权数作用　　D. 稳定作用
E. 平衡作用
2. 下列指数哪些属于数量指标指数（　　）。
A. 产品产量指数　　B. 劳动生产率指数
C. 商品销售量指数　　D. 职工人数指数
E. 单位成本指数
3. 对某商店某时期商品销售额的变动情况进行分析，其指数体系包括（　　）。
A. 销售量指数　　B. 销售价格指数
C. 总平均价格指数　　D. 销售额指数
E. 个体指数
4. 指数的作用是（　　）。
A. 综合反映总体现象的变动方向
B. 综合反映总体现象的变动程度
C. 分析总体现象总变动中各因素影响的方向和程度
D. 研究现象在长时期发展变化的趋势
E. 以上说法都正确
5. 下列指数中（　　）是总指数。
A. 个体指数　　B. 综合指数　　C. 平均数指数　　D. 平均指标指数
E. 上述指数均包括
6. 下列指数中属于狭义指数的有（　　）。
A. 多种商品的销售量指数　　B. 多种商品的销售额指数
C. 多种产品的产量指数　　D. 多种商品的销售价格指数
E. 多种产品的单位成本指数
7. 下列属于质量指标指数的是（　　）。
A. 产品产量指数　　B. 产品销售额指数
C. 产品成本指数　　D. 劳动生产率指数
E. 居民消费价格指数
8. 报告期指标数值和基期指标数值之比可称为（　　）。
A. 动态相对数　　B. 发展速度　　C. 增长速度　　D. 比例相对数
E. 统计指数
9. 对某商场某时期商品销售额的变动情况进行分析，其指数体系包括（　　）。
A. 销售量指数　　B. 销售价格指数
C. 销售额指数　　D. 总平均价格指数
E. 职工工资指数
10. 在我国的统计实践中，编制综合指数的一般原则是（　　）。

A. 质量指标指数以报告期数量指标作为同度量因素
B. 数量指标指数以报告期质量指标作为同度量因素
C. 质量指标指数以基期数量指标作为同度量因素
D. 数量指标指数以基期质量指标作为同度量因素
E. 随便确定

11. 某百货商店第二季度全部商品销售量为第一季度的105%，这个指数是（　　）。
A. 季节指数　B. 动态指数　C. 总指数　D. 数量指标指数
E. 质量指标指数

12. 加权算术平均数指数是一种（　　）。
A. 综合指数　B. 总指数　C. 平均数指数　D. 结构影响指数
E. 平均指标指数

13. 下列属于平均指标指数的是（　　）。
A. 可变构成指数　B. 固定构成指数
C. 结构影响指数　D. 算术平均指数
E. 调和平均指数

14. 某地区2006年（比2005年）社会商品零售价格总指数为103.2%，结果说明(　　)。
A. 商品零售价格平均上涨了3.2%
B. 商品零售额上涨了3.2%
C. 由于物价上涨使商品零售量下降了3.2%
D. 每种商品零售价各上涨了3.2%
E. 由于物价上涨使商品零售额提高了3.2%

15. 假设 p 表示商品的价格，q 表示商品的销售量，则公式 $\sum p_1q_1-\sum p_0q_1$ 的意义是（　　）。
A. 综合反映价格变动的绝对额
B. 综合反映由于多种商品价格变动而增减的销售额
C. 综合反映由于价格变动而使消费者增减的货币支出额
D. 综合反映销售额变动的绝对额
E. 综合反映由于多种商品销售量变动而增减的销售额

16. 某工业企业产品总成本2014年比2013年增加了14%，其原因是单位产品成本和产量两个因素的变化，这两个因素的变动方向和程度为（　　）。
A. 单位成本下降5%　B. 单位成本增加4%
C. 产量增加20%　D. 产量增加10%
E. 产量增加5%

17. 某企业2014年10月产品的生产总成本为20万元，比9月多支出0.4万元，单位成本10月比9月降低2%，则（　　）。
A. 生产总成本指数为102%　B. 单位成本指数为2%
C. 产品产量指数为104%　D. 单位成本指数为98%
E. 由于单位成本降低而节约的生产总成本为0.48万元

18. 综合指数从编制方法上看有如下特点（　　）。

A. 先综合后对比　　B. 对同度量因素加以固定

C. 分子分母研究对象的范围一致　　D. 需要全面的资料

E. 以上都不对

19. 指数体系中，指数之间的数量对等关系表现在（　　）。

A. 总量指数等于它的因素指数的乘积

B. 总量指数等于它的因素指数的代数和

C. 总量指数等于它的因素指数之间的比例

D. 与总量指数相应的绝对增长额等于它的各因素指数所引起的绝对增长额的乘积

E. 与总量指数相应的绝对增长额等于它的各因素指数所引起的绝对增长额的代数和

20. 用某企业职工人数和劳动生产率的分组资料来进行分析时，该企业总的劳动生产率的变动主要受到（　　）。

A. 企业全部职工人数变动的影响

B. 企业劳动生产率变动的影响

C. 企业各类职工人数占全部职工人数比重的变动影响

D. 企业各类工人劳动生产率的变动影响

E. 受各组职工人数占全部职工人数的比重和相应劳动生产率两因素的共同影响

四、判断题

1. 定基指数和环比指数是根据对比基期的选择不同而划分的。（　　）
2. 在实际应用中，计算价格指数通常以基期数量指标为同度量因素。（　　）
3. 综合指数的编制方法是先综合后对比。（　　）
4. 如果各种商品的销售量平均上涨5%，销售价格平均下降5%，则销售额不变。（　　）
5. 指数体系至少由3个相互联系的指数构成。（　　）
6. 平均指数是综合指数的一种变形。（　　）
7. 狭义统计指数是反映事物现象数量变动程度的相对数。（　　）
8. 平均指数也是编制总指数的一种重要形式，有它的独立应用意义。（　　）
9. 因素分析是借助指数体系来分析社会经济现象变动中各种因素变动发生作用的影响程度。（　　）
10. 分析复杂现象总体的数量变动，只能采用综合指数的方法。（　　）
11. 在分析平均指标变动时，若没有结构变动影响，则结构影响指数的值应为零。（　　）
12. 某厂职工工资总额2014年比2013年减少了2%，平均工资上升了5%，则职工人数减少了3%。（　　）
13. 指数可以反映事物的变动方向和变动程度。（　　）
14. 综合指数是一种加权指数。（　　）
15. 假设物价下降后，同样多的人民币可多购买商品10%，则价格指数为90%。（　　）
16. 从指数化指标的性质看，单位产品成本指数是数量指标指数。（　　）

17. 平均指标指数是由两个平均指标对比后形成的。 ( )
18. 结构影响指数是指消除总体内部结构变动影响后得到的指数。 ( )
19. 指数的实质是相对数，它能反映现象的变动和差异程度。 ( )
20. 算术平均指数是反映平均指标变动程度的相对数。 ( )

五、思考题

1. 什么是指数？有哪些作用？
2. 举例说明什么是复杂现象总体。
3. 什么是综合指数？它有什么特点？
4. 什么是同度量因素？它有什么作用？
5. 平均指数与综合指数之间有何区别和联系？
6. 平均数指数和平均指标指数有何区别？

六、综合训练

1. 同样多的人民币，今年比去年同期少购商品5%，请问物价是如何变动的？

2. 某厂2014年的产量比2013年增长了10.5%，产品成本总额增长了9%，问该厂2014年产品单位成本的变动情况如何？

3. 某百货商场销售的3种商品的有关资料如表7-7所示。

表7-7 某商场商品销售资料表

商品名称	单位	销售量		销售价格/元	
		基期 q_0	报告期 q_1	基期 p_0	报告期 p_1
甲	件	48	60	20	20
乙	kg	50	60	10	8
丙	m	20	18	30	36

要求：

(1) 计算3种商品的销售价格综合指数。

(2) 计算3种商品销售量综合指数。

4. 某企业生产的3种产品的产量和单位成本资料如表7-8所示。

表7-8 某企业产品产量和单位成本资料表

商品名称	单位	产量		单位成本/元	
		2013年	2014年	2013年	2014年
甲	件	2 000	2 400	40	38
乙	个	6 000	4 800	60	70
丙	kg	1 200	1 000	20	24

计算：

(1) 计算每种产品单位成本和产量的个体指数。

(2) 计算3种产品单位成本总指数、产量总指数。

(3) 计算总成本总指数，并从相对数和绝对数两方面分析单位成本和产量变动对总成本的影响。

5. 某企业 3 种产品的产值和产量资料如表 7-9 所示。

表 7-9　某企业 3 种产品的产值和产量资料

产　品	实际产值/万元		2014 年比 2010 年产量增加/%
	2010 年	2014 年	
A	200	240	25
B	450	485	10
C	350	480	40

计算：

(1) 3 种产品的总产值指数。

(2) 产量总指数及由于产量变动而增加的产值。

(3) 利用指数体系推算价格总指数。

6. 某店 4 种商品的销售额和价格资料如表 7-10 所示。

表 7-10　某店 4 种商品的销售额和价格资料

商品名称	单　位	基期销售额/万元	报告期销售额/万元	个体价格指数/%
甲	m	800	900	95
乙	cm	450	460	105
丙	件	900	1 200	110
丁	块	850	900	106

要求：

(1) 计算 4 种商品的价格总指数和销售量总指数。

(2) 利用指数体系，对总销售额的变动进行因素分析。

7. 某公司 3 种商品销售额及价格变动资料如表 7-11 所示。

表 7-11　某公司 3 种商品销售额及价格变动资料

商品名称	商品销售额/万元		价格变动百分比/%
	基期	报告期	
甲	500	650	2
乙	200	200	−5
丙	1 000	1 200	10

要求：计算 3 种商品价格总指数和销售量总指数。

8. 某产品生产总费用 2014 年为 12.9 万元，比 2013 年多 9 000 元，单位产品成本比 2013 年低 3%。试确定生产总费用指数；产品物量指数；由于成本降低而节约的绝对数。

9. 某工厂工人和工资情况如表 7-12 所示。

表 7-12 某工厂工人和工资情况

工人类别	平均人数/人		平均工资/元	
	基期	报告期	基期	报告期
技术工人	200	300	1 800	2 000
一般工人	400	900	1 500	1 600

要求：计算平均工资的可变构成指数、固定构成指数和结构影响指数，并分析。

10. 有某商场 3 种商品的销售情况如表 7-13 所示。

表 7-13 某商场 3 种商品的销售情况

商品名称	单　位	商品销售额/万元		2014 年销售量比 2013 年增减/%	2014 年价格比 2013 年增减/%
		2013 年	2014 年		
甲	件	40.0	54.0	+50.0	−10.0
乙	kg	50.0	43.20	10.0	−4.0
丙	台	160.0	137.76	+5.0	−18.0

试用指数法分析 3 种商品 2014 年与 2013 年相比，3 项指标（销售额、销售量、价格）各自总的变动程度。为了便于分析，用 q_0、q_1 分别表示 2013 年、2014 年的商品销售量，用 p_0、p_1 分别表示商品价格，用 qp 表示商品销售额。请逐项回答下列问题，从各题备选答案中选出正确答案。

(1) 下列选项中，指数体系可以成立的有（　　）。

A. 商品销售额指数=商品销售量指数÷价格指数

B. 商品销售额指数=商品销售量指数×价格指数

C. 商品销售额指数÷商品销售量指数=价格指数

D. 商品销售额指数×商品销售量指数=价格指数

(2)（1）中指数构成体系，按在指数体系中的作用分类，下列表述正确的是(　　)。

A. 商品销售额指数应属于反映总体的总量指标变动程度的指数

B. 商品销售价格指数是反映总体现象总变动程度的指数

C. 商品销售量指数与价格指数都属于因素指数

D. 只有价格指数才是影响商品销售额与销售量的因素指数

(3) 商品销售量总指数 (K_q) 的一般计算公式有（　　）。

A. $K_q=\dfrac{\sum q_1}{\sum q_0}$　　B. $K_q=\dfrac{\sum q_1p_0}{\sum q_0p_0}$

C. $K_q=\dfrac{\sum \frac{q_1}{q_0}q_0p_0}{\sum q_0p_0}$　　D. $K_q=\dfrac{\sum q_0p_0}{\sum \frac{1}{q_1/q_0}q_0p_0}$

(4) 商品价格总指数 (K_p) 的一般计算公式有 ( )。

A. $K_p = \dfrac{\sum p_1 q_1}{\sum p_0 q_1}$　　B. $K_q = \dfrac{\sum \frac{p_1}{p_0} q_1 p_1}{\sum q_1 p_1}$

C. $K_q = \dfrac{\sum q_1 p_1}{\sum \frac{1}{p_1/p_0} q_1 p_0}$　　D. $K_p = \dfrac{\sum p_1 q_1}{\sum \frac{p_0}{p_1} p_1 q_1}$

(5) 根据上述表中数据，已知商品销售额指数为 93.98%，计算 3 种商品销售量指数和商品价格指数，并求出由于商品销售量的变动对商品销售额影响的绝对额。请在下列选项中选出正确答案 ( )。

A. K_q =115%　　K_p =89.33%

B. K_q =109.2%　　K_p =86.07%

C. 由于商品销售量的变动，使商品销售额增加 23 万元

D. 由于商品销售量的变动，使商品销售额增加 37.5 万元。

11. 某商场 5 种商品的销售资料如表 7-14 所示，利用 Excel 计算价格总指数和销售量总指数。

表 7-14　某商场 5 种商品销售资料表

商品名称	单　位	销售价格/元		销　售　量	
		基期 p_0	报告期 p_1	基期 q_0	报告期 q_1
大　米	kg	3.00	3.60	2 400	2 600
猪　肉	kg	18.00	20.00	8 400	9 500
食　盐	袋	1.00	0.80	1 000	1 500
童　装	件	100.00	130.00	2 400	2 300
电视机	台	4 500.00	4 300.00	510	612

第八章　相关分析与回归分析

【任务驱动】

相关与回归分析，是研究和解释现象与现象、事物与事物彼此之间依存度、关联度和因果关系的统计方法。在现代管理科学、自然科学、特别是计量经济的研究中，相关与回归分析越来越重要。通过本章学习，掌握相关分析和回归分析的概念；熟悉相关系数的计算和应用；掌握回归分析方法，特别是简单直线回归，能够用最小平方法求回归方程，并正确计算估计标准误差；在实际工作中灵活地运用相关分析方法和回归分析方法。

引导案例

粮食生产对气候变化的敏感性研究——以宿州市为例

过去100多年里，全球平均气温升高了0.4℃～0.8℃，达到了100年以来的温度最高值，气候变化导致天气、气候极端事件增加的问题以及对人类社会可能造成的影响越来越受到全球社会的普遍关注。对主要利用自然资源进行生产的粮食生产而言，对气候变化的反应最为敏感和脆弱，因此，要保障人类赖以生存的粮食供应的长期安全，必须清晰认识气候变化对其粮食生产的影响，并采取相适应的对策。从安徽省宿州市粮食生产对气候变化的敏感性研究进行分析。

一、资料来源

气象资料来自安徽省宿州市气象台（1953—2003年）。粮食产量资料来自《宿州统计年鉴》，序列长度55年（1949—2003年）。

二、资料处理

（1）产量资料处理。影响粮食产量形成的各种自然和非自然因素，可以按影响的性质和时间尺度划分为农业技术措施、气象条件和“随机噪声”三大类，其中“随机噪声”类比较小，可忽略不计。与此对应，粮食产量序列可分解为两个周期不同的波动的合成，即

$$Y = Y_t + Y_w$$

式中：Y——粮食单产（kg/hm^2）；

Y_t——反映历史时期生产力发展水平的长周期产量分量，称为趋势产量；

Y_w——主要受以天气、气候要素影响为主，并包括市场价格、政治因素在内的短周期变化因子影响的产量分量，称为气象产量，以1年为周期。

本文采用正交多项式[6]逼近的方法，求出趋势产量 Y_t（多项式取 4 项），则气象产量：

$$Y_w = Y - Y_t$$

(2) 宿州市历年气象产量波动情况研究思路与方法。气候变化的表现形式，是多种气候要素的波动（或变率）和气候极端事件。就宿州市而言，气候变化对粮食生产的影响，可以看成两类：一类为极端气候事件，它包括影响全球气候异常的 ENSO 事件、大旱大涝、异常高温、极端低温或严寒等。这类事件的出现和影响易被人类感知的，如作物生长期内的严重涝灾会导致作物绝收、严重干旱会导致作物显著减产等。另一类是气候变率，即气候要素在平均值上下的波动，常导致粮食生产出现增减产变化，此种影响通常不易被人类所感知，一般通过对气候监测资料与粮食作物生长发育的生理需求，进行对比分析来认知。其对粮食生产的影响结果，最终反应是粮食产量的增多、减少和持平，即通常所称的粮食收获的丰、平、歉。

因此，本文气候极端事件，如 ENSO 事件等对宿州市粮食生产的影响，采用关键年法[5]进行研究。气候变化率对粮食生产的影响，则采用 Fisher 积分回归法，通过建立的积分回归模型，模拟分析宿州市逐月气温、降水量对粮食生产的影响。

三、分析方法

影响粮食产量的关键因子。通过相关分析，发现宿州粮食产量与每年旱涝成灾总面积（M_z）、每年日平均气温≥30℃日数（$T30$）、每年降水总量（R_n）具有较好的统计相关性，均达显著水平，尤其是每年的旱涝成灾总面积竟达到极显著水平，信度>0.001。由此建立了三者的各自数理统计模型为

$$Y_w = 154.4096 - 8.0212\,M_z$$
$$Y_w = -350.102 + 4.3838\,T30$$
$$Y_w = 508.0640 - 0.8172\,R_n + 0.00025\,R_n^2$$

此三种模型，并可用于评估或测算在现有生产力水平下，不同气候背景即气候均值、气候极大值、极小值时，对粮食产量的影响效应。

测算结果分析

测算结果分析发现，不同气候背景下，年降水量和每年旱涝成灾面积，对产量的影响最为显著，旱涝成灾面积和年降水均值、极大值时，均为负效应，说明旱涝总面积大于历年均值时，粮食产量即开始下降，到历年极大值时，约可减产 300 kg/hm²，年降水总量在均值时减产效应为 13 kg/hm²，到极大值时，减产效应可达 150 kg/hm² 以上。

然而，每年日平均气温≥30℃日数（$T30$）从均值以下为负效应，最大在极小值年份，减产效应可达 280 kg/hm²，但当 $T30$ 为历年极大值时，则能增产 100 kg/hm²，由此说明，对宿州市来说，夏季高温有利粮食增产，这和当前许多研究的结果相一致。

（资料来源：李德，王昉，祁宦，等．粮食生产对气候变化的敏感性研究：以宿州市为例［EB/OL］．［2010-12-25］．http：//www.ahqx.gov.cn/web/qxxh/showwz.asp?lclass_id=18&id=20）

讨论与思考

1. 结合案例说明什么是经济现象相关分析？应怎样进行分析？

2. 什么是回归分析？回归分析有哪些方法？

3. 案例中粮食产量受哪些因素影响？案例中对这些影响因素是采用什么方法进行分析的？

【教学内容】

第一节　相关分析

社会现象、经济现象和各种自然、生态现象都是在互相联系、互相制约中存在并不断发展变化的。一现象的发展变化受制于内部各个因素的彼此关联与变化推动，也受到外部环境及相关条件的制约与影响，这种现象的变化也会影响其他现象的产生和发展。相关与回归分析，正是研究和解释现象与现象、事物与事物彼此之间依存度、关联度和因果关系的统计方法。

一、相关关系概念

事物或现象间在数量上存在相互依存、相互制约的关系，这种关系可以分为两种类型，一种是确定性关系，即变量之间客观存在的确定性的数量对应关系，当自变量取一个值时，因变量就有一个完全确定的值与之对应，又称为函数关系。这种关系可以用一个数学表达式反映。用一定的方程 $y=f(x)$ 表现出来，例如，银行的 1 年期存款利率为年息 2.78%，存入的本金用 x 表示，到期本息用 y 表示，则 $y=x+2.78\%x$（不考虑利息税）；再如，距离＝速度×时间，商品销售额＝价格×销售量等，这都是函数关系。第二种是非确定性关系，现象间存在的不严格的数量依存关系，又称为相关关系，简称相关。依存关系不像函数关系那样确定严格，给自变量一个数值，因变量就有若干数值与之相对应，这些数值带有随机性，表现出一定的波动性，但总是围绕着它们的平均数并遵循一定的规律变动。例如，商品的需求量和商品的价格之间存在非常密切的关系。对一般的商品而言，如果商品的价格提高了，该种商品的需求量会下降；如果价格下降了，则该种商品的需求量会提高；但是商品需求量的变化值是不确定的。因为商品的需求量不仅受价格因素的影响，还受消费者收入，其他相关商品价格，消费者对未来的预期，以及一些不可控制的因素的影响，因此，不能根据该种商品的价格求出该种商品的需求量。在统计上，把现象之间存在的这种不确定的关系称为相关关系。从数量上研究现象之间相关关系的理论和方法称为相关分析。

二、相关关系类型

现象之间的相关关系按不同的标志划分，有不同的种类。

（一）按相关的因素多少来分，相关关系可分为单相关、复相关和偏相关

1. 单相关

单相关也叫简单相关，是指两个变量的相关关系，即一个变量与另一个变量之间的简单依存关系。例如，身高和体重之间的关系，销售量和销售价格之间的关系，关税收入与国民

经济增长之间关系等都是单相关。

2. 复相关

复相关是指3个或3个以上变量之间的相关关系。例如，经济增长率对进口增长率及出口增长率的关系；农作物的农产量与施肥量、浇水量、投入的劳动力人数、投入的资本等因素之间的相关等都是复相关。

3. 偏相关

偏相关是指在一个变量与两个或两个以上变量相关的情况下，假定其他变量不变时，其中两个变量之间的相关关系成为偏相关。例如，在假定影响需求量的其他因素不变时，需求量和价格之间的关系就是偏相关。

（二）按相关的形式来分，相关关系可分为线性相关和非线性相关

1. 线性相关

线性相关将两种相关数量画成散点图，点分布近似表现为直线形式，称为线性相关，如销售额与利润，青少年的身高与体重等都是线性关系。

2. 非线性相关

两种相关数量画成散点图，点分布近似表现为曲线形式，称为非线性相关，如单位面积播种量和单产近似抛物线等都是非线性相关。

（三）按相关方向来分，相关关系可分为正相关、负相关

1. 正相关

正相关是当自变量的数值增加或减少时，因变量的数值也相应增加或减少。例如，工人劳动生产率提高，产品产量也随之增加，固定资产增加，产量也增加；施肥量增加，亩产增加；广告费增加，销售收入增加；居民的收入增加，消费水平增加等都是正相关。

2. 负相关

负相关是当一现象量增加（减少）另一现象数量减少（增加），两种现象数量变动方向相反。例如，生产单位产品消耗时间少，劳动生产率就高；利润随单位成本的降低而增加；商品流转额越大，商品流通费用越低等都是负相关。

（四）按相关的程度来分，相关关系可分为完全相关、不完全相关和完全不相关

1. 完全相关

完全相关是指一个变量的数量完全由另一个变量的数量变化所确定，即函数关系。因此也可以说函数关系是相关关系的一个特例。例如，在价格不变的条件下，销售额与销售量之间相关关系即为完全相关，总产量＝亩产×播种面积等。

2. 不完全相关

不完全相关是指两个变量的关系介于完全相关和完全不相关之间，在统计学中，一般的相关关系指的就是这种关系，相关分析的主要对象是不完全的相关关系。

3. 完全不相关

完全不相关又称零相关，指两个变量的数值之间不存在任何依存关系，彼此独立，互不影响。例如，照相机的销售量与衣服的销售量没有任何关系；例如，股票价格的高低与气温的高低一般情况下是不相关的等都是完全不相关。

三、相关分析的步骤

（一）确定现象之间有无相关关系

判断现象间是否存在依存关系是相关分析的起始点。只有存在相互依存关系，才有必要进行相关分析。

（二）确定相关关系的表现形式

判明了现象相互关系的具体表现式，才能运用相应的相关分析方法去研究。如果把曲线相关误认为线性相关，按线性相关进行分析，便会导致错误的结论。

（三）判定相关关系的方向和密切程度

现象之间的相关关系是一个不严格的数量关系，相关分析就是要从这种松散的数量关系中，判定相关关系的方向和密切程度。

（四）确定相关数学表达式

为测定各变量间在数量上变化的一般关系，必须使用函数关系的数学表达式作为相关关系的数学模型，通常称为回归方程，以确定自变量与因变量之间数量变化的规律性。

（五）确定因变量估计值误差的程度

利用配合的相关方程，找出现象数量变化关系，检验估计值与实际值相差多大。测定数学模型的代表性大小，并根据自变量的数值，对因变量数量变化作出具有一定概率保证程度的推算和预测。

四、相关关系的测定

相关分析目的是找出现象间相关关系的密切程度和变化规律，以便进行统计预测和推算。相关关系的测定方法有两种，一种是定性分析，一种是定量分析。

（一）定性分析

定性分析是依据研究者的理论知识、专业知识和实践经验，对客观现象之间是否存在相关关系，以及有何种相关关系做出判断。定性分析可以通过编制相关表，绘制相关图来判别两个变量之间是否存在某种相关关系及相关的方向、形态和大致的密切程度。

1. 相关表

相关表是将某一变量的变量值按大小顺序排列，另一变量的变量值与之对应排列在统计表中，形成相关表。

（1）简单相关表。将两列成对的变量值不做任何加工而直接编制的相关表，如表 8－1 所示。

表 8-1 某企业固定资产价值与工业增加值相关表

企业序号	固定资产价值/百万元 x	工业增加值/百万元 y
1	6	28
2	6	30
3	7	36
4	8	37
5	9	42
6	9	40
7	10	45
合计	66	315

从表 8-1 中数据可以看出，固定资产价值增加，工业增加值也随之增加。

(2) 分组相关表。分组相关表分为单变量分组表和双变量分组表两种。

① 单变量分组表。只对自变量数值进行分组，计算出各组的次数和因变量的组平均数编制的相关表，如表 8-2 所示。

表 8-2 某企业工人劳动生产率统计表

工人看管织机台数/台 x	工人数/人 f	时劳动生产率/m y
5	11	15
7	13	18
9	18	23
11	28	26
13	31	33
15	29	38
17	17	43

② 双变量分组表。对两个变量都进行分组，交叉排列，并列出两个变量各组间的共同次数，就是双变量分组相关表。双变量分组表又分为单项式双变量分组相关表和组距式双变量分组相关表。如表 8-3 所示。

表 8-3 少年儿童身高与体重的相关表

身高/cm x	体重/kg y					人数合计/人 f
	25 以下	25～30	30～35	35～40	40 以上	
140 以下	1					1
145～150	3					3
150～155		6	4	2		12
155～160		2	9	3	1	15
160 以上		1	5	2	1	9
人数合计 f	4	9	18	7	2	30

2. 相关图

相关图又称散点图，它是用直角坐标系的 x 轴代表自变量，y 轴代表因变量，将两个变量间相对应的变量值用坐标点的形式描绘出来，用以表明相关点分布状况的图形，借助相关图可以直观而形象地显示现象之间相关的性质和程度。如图 8－1 所示。

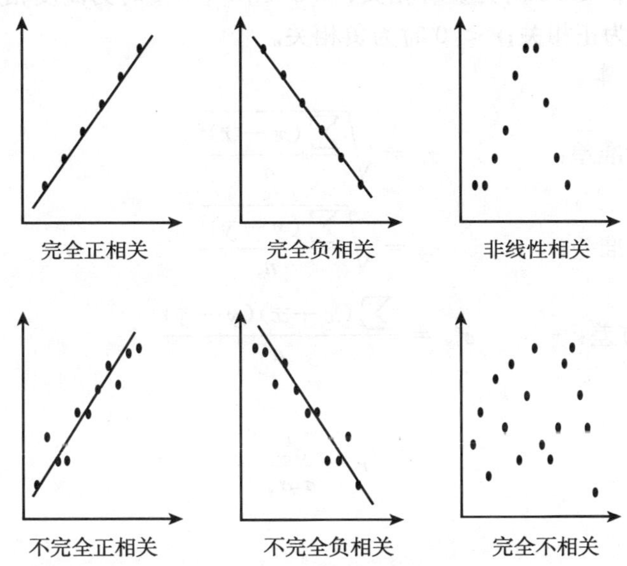

图 8－1　几种相关散点图

（二）定量分析

变量之间相关关系的定量分析主要通过相关系数分析进行。相关表和相关图可反映两个变量之间的相互关系及其相关方向，但无法确切地表明两个变量之间相关的程度。英国著名统计学家卡尔·皮尔逊提出的相关系数可以比较精确地计算和测定两个变量之间的相关程度。相关系数是用以反映变量之间相关关系密切程度的统计指标，又称为积矩相关系数或动差相关系数。即协方差与两个变量标准差乘积的比值，是没有量纲的、标准化的协方差。依据相关现象之间的不同特征，把反映两变量间线性相关关系的统计指标称为相关系数；把反映两变量间曲线相关关系的统计指标称为非线性相关系数、非线性判定系数；把反映多元线性相关关系的统计指标称为复相关系数、复判定系数等。这里只介绍相关系数。

1. 相关系数概念

相关系数是用来测定变量间相关密切程度的指标。有简单相关系数、复相关系数、非线性相关系数等。简单相关系数是用以描述在直线相关条件下，说明两个现象之间相关关系密切程度和相关方向的统计分析指标，用 r 表示。

2. 相关系数特点

(1) 参与相关分析的两个变量是对等的，不分自变量和因变量，因此相关系数只有一个。

(2) 相关系数有正负号反映相关关系的方向，正号反映正相关，负号反映负相关。

(3) 计算相关系数的两个变量都是随机变量。

3. 利用相关系数判别相关密切程度的方法

相关系数的取值范围为 $-1 \leqslant r \leqslant 1$。

(1) 当 $|r|=1$ 时为完全线性相关

(2) 当 $0<|r|<1$ 时为存在相关；$0<|r|<0.3$ 时为微弱；$0.3<|r|<0.5$ 时为低度相关；$0.5<|r|<0.8$ 时为显著相关；$0.8<|r|<1$ 时为高度相关。

(3) 当 $r>0$ 时为正相关；$r<0$ 时为负相关。

4. 相关系数的计算

自变量 x 数列标准差： $\sigma_x = \sqrt{\frac{\sum(x-\overline{x})^2}{n}}$

因变量 y 数列标准差： $\sigma_y = \sqrt{\frac{\sum(y-\overline{y})^2}{n}}$

xy 两个数列协方差： $\sigma_{xy}^2 = \frac{\sum(x-\overline{x})(y-\overline{y})}{n}$

相关系数公式为

$$r = \frac{\sigma_{xy}^2}{\sigma_x \sigma_y}$$

化简得

$$r = \frac{\sum(x-\overline{x})(y-\overline{y})}{\sqrt{\sum(x-\overline{x})^2}\sqrt{\sum(y-\overline{y})^2}}$$

在分组资料条件下

$$r = \frac{\sum(x-\overline{x})(y-\overline{y})f}{\sqrt{\sum(x-\overline{x})^2 f \sum(y-\overline{y})^2 f}}$$

利用相关系数的基本公式计算相当烦琐，但利用代数推演的方法可得到许多计算相关系数的简化式，如

$$r = \frac{n\sum xy - \sum x \sum y}{\sqrt{n\sum x^2 - (\sum x)^2}\sqrt{n\sum y^2 - (\sum y)^2}}$$

【例 8－1】某企业年销售额和年利润额资料如表 8－4 所示，要求分析年销售额和利润额是否相关？相关程度是怎样的？

解：将表 8－4 资料输入 Excel 中，绘制散点图显示年销售额和年利润额是直线正相关。如图 8－2 所示。

表 8-4　某企业年销售额和利润额情况

年　份	销售额／万元 x	利润额／万元 y	$x-\bar{x}$	$y-\bar{y}$	$(x-\bar{x})^2$	$(y-\bar{y})^2$	$(x-\bar{x})(y-\bar{y})$
2006	10	1.0	−20	−2	400	4	40
2007	20	2.2	−10	−0.8	100	0.64	8
2008	30	2.8	0	−0.2	0	0.04	0
2009	40	4.4	10	1.4	100	1.96	14
2010	50	4.8	20	1.8	400	3.24	36
合　计	150	15.2	—	—	1 000	9.88	98

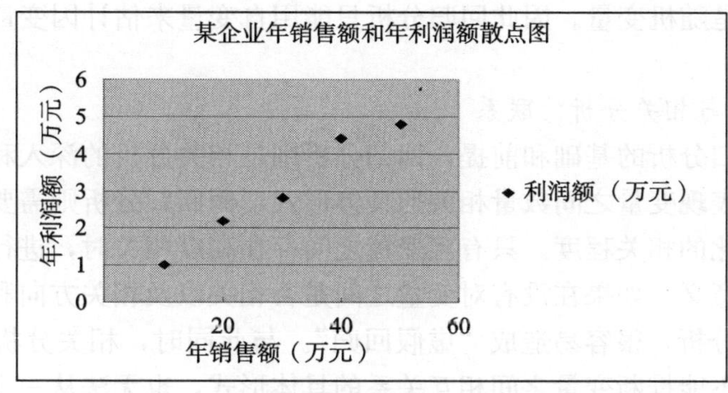

图 8-2　某企业年销售额和年利润额散点图

$$r=\frac{\sum(x-\bar{x})(y-\bar{y})}{\sqrt{\sum(x-\bar{x})^2}\sqrt{\sum(y-\bar{y})^2}}=\frac{98}{\sqrt{1\,000\times9.88}}=\frac{98}{99.4}=0.986$$

即年销售额和利润额呈高度相关。

第二节　回归分析

一、回归分析的概念

回归分析是对具有相关关系的两个或两个以上变量之间数量变化的一般关系进行测定，确定一个相应的数学表达式，以便从一个已知量来推测另一个未知量，为估计预测提供一个重要的方法。

二、回归分析与相关分析的区别与联系

（一）回归分析与相关分析的区别

（1）相关分析研究两个变量之间相关的方向和相关的密切程度。但是相关分析不能指出

两变量相互关系的具体形式，也无法从一个变量的变化来推测另一个变量的变化关系；回归分析则是通过一定的数学表达式来反映变量之间相互关系的具体形式，以便从一个已知量来推测另一个未知量。为估算预测提供一个重要的方法。

(2) 相关分析可以研究因果关系的现象也可以研究共变的现象，不必确定两变量中谁是自变量，谁是因变量；回归分析是研究两变量具有因果关系的数学形式，因此必须事先确定变量中自变量与因变量的地位。

(3) 计算相关系数的两变量是对等的，可以都是随机变量，各自接受随机因素的影响，改变两变量的地位并不影响相关系数的数值；在回归分析中因变量是随机的，自变量是可控制的解释变量，不是随机变量。因此回归分析只能用自变量来估计因变量，而不允许由因变量来推测自变量。

(二) 回归分析与相关分析的联系

相关分析是回归分析的基础和前提，回归分析则是相关分析的深入和继续。相关分析需要依靠回归分析来表现变量之间数量相关的具体形式，而回归分析则需要依靠相关分析来表现变量之间数量变化的相关程度。只有当变量之间存在高度相关时，进行回归分析寻求其相关的具体形式才有意义。如果在没有对变量之间是否相关以及相关方向和程度做出正确判断之前，就进行回归分析，很容易造成“虚假回归”。与此同时，相关分析只研究变量之间相关的方向和程度，不能推断变量之间相互关系的具体形式，也无法从一个变量的变化来推测另一个变量的变化情况，因此，在具体应用过程中，只有把相关分析和回归分析结合起来，才能达到研究和分析的目的。

回归按照自变量的个数划分为一元回归和多元回归。只有一个自变量的回归叫一元回归，有两个或两个以上自变量的回归叫多元回归。按照回归曲线的形态划分，有线性（直线）回归和非线性（曲线）回归两种。实际分析时应根据客观现象的性质、特点、研究目的和任务选取回归分析的方法。

三、回归分析的步骤

(一) 根据预测目标，确定自变量和因变量

明确预测的具体目标，也就确定了因变量。如预测具体目标是下一年度的销售量，那么销售量 Y 就是因变量。通过市场调查和查阅资料，寻找与预测目标的相关影响因素，即自变量，并从中选出主要的影响因素。

(二) 建立回归预测模型

依据自变量和因变量的历史统计资料进行计算，在此基础上建立回归分析方程，即回归分析预测模型。

(三) 进行相关分析

回归分析是对具有因果关系的影响因素（自变量）和预测对象（因变量）所进行的数理统计分析处理。只有当变量与因变量确实存在某种关系时，建立的回归方程才有意义。因此，作为自变量的因素与作为因变量的预测对象是否有关，相关程度如何，以及判断这种相关程度的把握性多大，就成为进行回归分析必须要解决的问题。进行相关分析，一般要求出相关关系，以相关系数的大小来判断自变量和因变量的相关的程度。

（四）检验回归预测模型，计算预测误差

回归预测模型是否可用于实际预测，取决于对回归预测模型的检验和对预测误差的计算。回归方程只有通过各种检验，且预测误差较小，才能将回归方程作为预测模型进行预测。

（五）计算并确定预测值

利用回归预测模型计算预测值，并对预测值进行综合分析，确定最后的预测值。

四、简单线性回归分析

简单线性回归方程式为

$$y_c = a + bx$$

式中：y_c——y 的估计值；

a——直线在 y 轴上的截距；

b——直线的斜率，又称为回归系数。回归系数的含义是，当自变量 x 每增加一个单位时，因变量 y 的平均增加值。当 b 的符号为正时，表示两个变量是正相关，当 b 的符号为负时，表示两个变量是负相关。a、b 都是待定参数，可以用最小二乘法求得。

用最小二乘法的中心思想是通过数学公式配合一条较为理想的趋势线，这条趋势线必满足两个条件：

（1）原数列与趋势线的离差平方之和为最小。

$$\sum (y - y_c)^2 = \text{最小值}$$

（2）原数列与趋势线的离差之和为零。

$$\sum (y - y_c) = 0$$

式中：y_c——趋势线；

y——原数列。

设直线方程为 $y_c = a + bx$，将其代入 $\sum (y - y_c)^2$ 得 $\sum (y - a - bx)^2 = \text{最小值}$。

可以把 Q 看成是 a 和 b 的函数，为使 Q 具有最小值，则其对 a 和 b 的偏导数应等于 0：

$$\frac{\partial Q}{\partial a} = 2\sum [(y - a - bx)(-1)] = 0$$

$$\frac{\partial Q}{\partial b} = 2\sum [(y - a - bx)(-x)] = 0$$

整理得

$$\sum y = na + b\sum x$$

$$\sum xy = a\sum x + b\sum x^2$$

解方程得

$$b = \frac{n\sum xy - \sum x \sum y}{n\sum x^2 - (\sum x)^2}$$

$$a = \overline{y} - b\overline{x}$$

【例 8－2】 通过例 8－1 资料计算得知某企业各年度销售额和利润额之间存在高度直线相关关系，要求建立直线回归方程并进行预测，当 2011 年销售额为 55 万元时，销售利润额为多少？如表 8－5 所示。

表 8－5　某企业销售额和利润额相关数据

年　　份	销售额 / 万元 x	销售利润额 / 万元 y	x^2	xy
2006	10	1.0	100	10
2007	20	2.2	400	44
2008	30	2.8	900	84
2009	40	4.4	1 600	176
2010	50	4.8	2 500	240
合　　计	150	15.2	5 500	554

解：设直线议程为 $y_c = a + bx$，用最小二乘法公式计算得

$$\sum y = na + b\sum x \qquad 15.2 = 5a + 150b$$

$$\sum xy = a\sum x + b\sum x^2 \qquad 554 = 150a + 5\,500b$$

解方程得 $a = 0.1, b = 0.098$。

则趋势直线为

$$y_c = 0.1 + 0.098x$$

当 2011 年销售额为 55 万元时，销售利润额为

$$y_c = 0.1 + 0.098 \times 55 = 5.49 \text{（万元）}$$

五、估计标准误差

回归方程的一个重要作用在于根据自变量的已知值，推算因变量的估计量（可能值），这个可能值和真正的实际值可能一致，也可能不一致。因而，就产生估计值的代表性问题，当 y 与 y_c 值基本一致，表明推断准确；而当 y 与 y_c 值相差甚远时，表明推断不准确；所以，将一系列 y 与 y_c 加以比较，可以发现其中存在一系列离差（$y - y_c$），其中有的是正离差，有的则是负离差。回归方程的代表性如何，一般是通过估计标准误差的计算来加以检验的。

估计标准误差是因变量的估计值与实际观察值之间的平均误差大小的指标。用来说明回归方程的代表性大小的统计指标。其值越小说明估计的值越接近实际值，估计得越准确。一元线性回归的估计标准误差用公式表示为

$$S_y=\sqrt{\frac{\sum(y-y_c)^2}{n-2}}$$

式中：S_y —— 估计标准误差；

y ——因变量实际观察值；

y_c——根据回归方程推算的因变量的估计值；

$n-2$ ——表示估计回归线失去两个自由度，即样本数据的个数减去自变量的个数（$m=1$），再减 1。在实际应用中，当 n 很大时，一般是 $n\geqslant 30$ 时，计算估计标准误差时就用 n 来代替 $n-2$。

简化公式为

$$S_y=\sqrt{\frac{\sum y^2-a\sum y-b\sum xy}{n-2}}$$

回归估计标准差与前面介绍的标准差的计算原理是一致的，两者都是反映平均差异程度和代表性的指标。一般标准差反映的是各变量值与其平均数的平均差异程度，表明其平均数对各变量值的代表性强弱；回归标准误差反映的是因变量各实际值与其估计值之间的平均差异程度，表明其估计值对各实际值的代表性强弱，其值越小，估计值 $\hat{y}$（或回归方程）的代表性越强，用回归方程估计或预测的结果越准确。

相关系数和估计标准误差的关系如下：估计标准误差越小，相关系数的绝对值就越大，表明现象之间相关关系越密切。如果估计标准误差的值等于 0，相关系数的绝对值等丁 1，表明完全相关。这两个指标在数量上有如下的关系：

$$r=\sqrt{1-\frac{S_{yx}^2}{{\sigma_y}^2}}$$

$$r^2=1-\sqrt{\frac{S_{yx}^2}{\sigma_y^2}}$$

$$S_{yx}^2=\sigma_y^2(1-r^2)$$

$$S_{yx}=\sqrt{\sigma_y^2(1-r^2)}$$

【例 8-3】 例 8-2 某企业各年度销售额和利润额之间存在高度直线相关关系，用最小二乘法建立的趋势直线为 $y_c=0.1+0.098x$，根据直线方程计算的估计标准误差如下（相关计算见表 8-6）。

表 8-6　某企业销售额和利润额估计标准误差计算数据

年　份	销售额 / 万元 x	销售利润额 / 万元 y	回归估计值 y_c	$y-y_c$	$(y-y_c)^2$
2006	10	1.0	1.08	−0.08	0.006 4
2007	20	2.2	2.06	0.14	0.019 6
2008	30	2.8	3.04	−0.24	0.057 6
2009	40	4.4	4.02	0.38	0.144 4
2010	50	4.8	5.00	−0.2	0.04
合　计	150	15.2	—	—	0.268

$$S_y=\sqrt{\frac{\sum(y-y_c)^2}{n-2}}$$

$$=\sqrt{\frac{0.268}{5-2}}=\sqrt{0.089\ 333}=0.298\ 89$$

第三节　Excel 在相关分析与回归分析中的应用

一、相关图的绘制

根据例 8－1 表 8－4 资料绘制相关图，其步骤如下。

（1）将表中资料输入 Excel 表中，如图 8－3 所示。

	A	B	C
1	年份	销售额/万元	利润额/万元
2		x	y
3	2006	10	1
4	2007	20	2.2
5	2008	30	2.8
6	2009	40	4.4
7	2010	50	4.8
8	合计	150	15.2

图 8－3　将表 8－6 资料建立 Excel 工作表

（2）选择区域 B1:C7，单击 Excel 图表向导；在“图表类型”中选择“XY 散点图”；如图 8－4 所示。

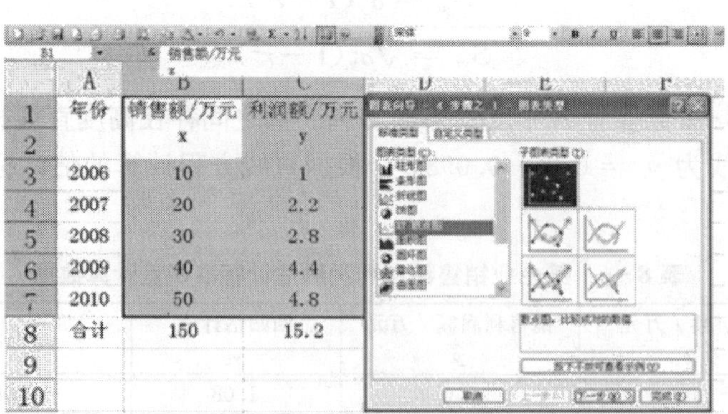

图 8－4　选择图表类型

（3）在“子图表类型”中选择第一种散点图，并单击“下一步”按钮，即可得到图8－5。

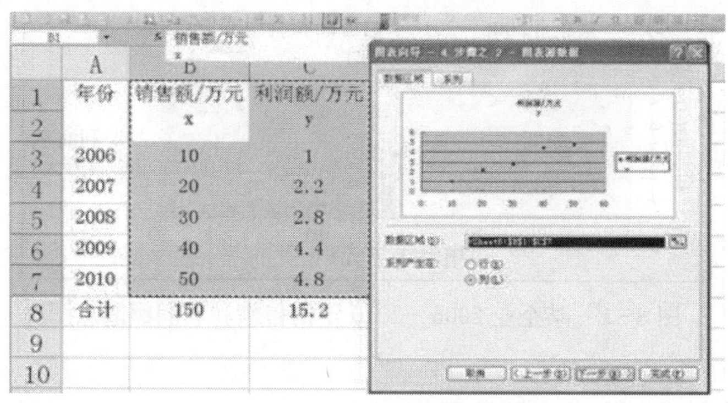

图 8-5　散点图的制作

（4）单击“下一步”按钮，进入“图表向导 4-步骤之 3-图表选项对话框”，设置图表标题、横轴标题和纵轴标题，如图 8-6 所示。

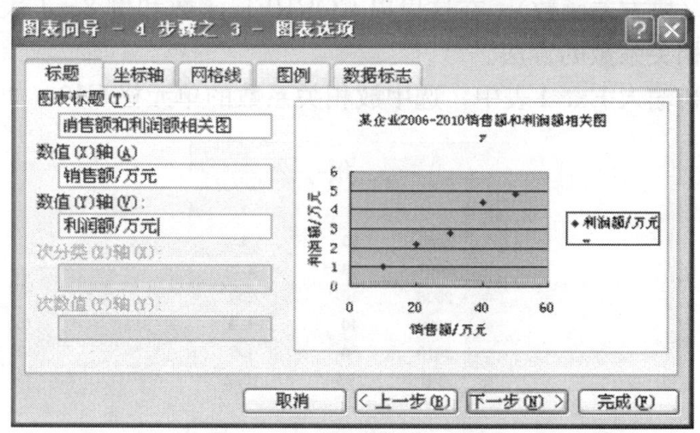

图 8-6　散点图图表选项

（5）单击“下一步”按钮，进入“图表向导 4-步骤之 4-图表位置”对话框，选中“作为其中的对象插入”，单击“完成”按钮，得到某企业 2006—2010 年销售额和利润额散点图，如图 8-7 所示，单击“完成”按钮得到如图 8-8 所示散点图。

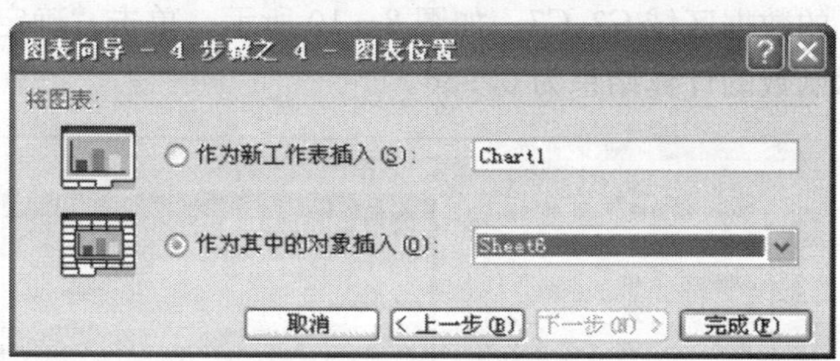

图 8-7　散点图图表位置

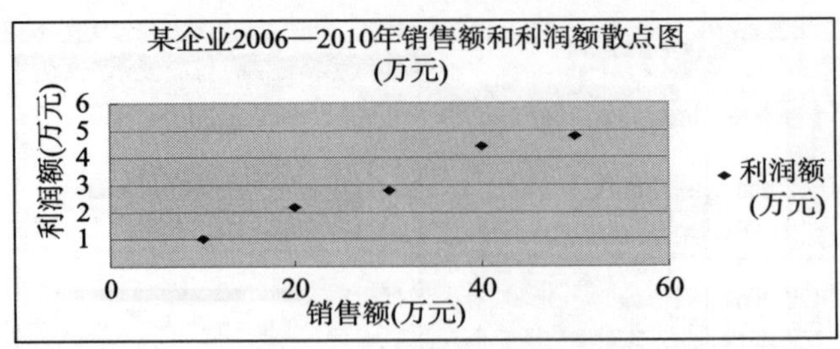

图 8-8　某企业 2006—2010 年销售额和利润额散点图

二、相关系数函数 CORREL

在 Excel 中，CORREL 函数和 PERSON 函数提供了计算两个变量之间的相关系数的方法，这两个函数是等价的。与相关系数有关的函数还有 RSQ（相关系数的平方，即判定系数 r^2）和 COVAR（协方差函数）。在这里以 CORREL 函数和例 8-1 表 8-4 中资料为例，介绍利用函数计算相关系数的方法。

（1）将表中资料输入 Excel 表中，选中放相关系数的单元格 C10。如图 8-9 所示。

	A	B	C
1	年份	销售额/万元	利润额/万元
2		x	y
3	2006	10	1
4	2007	20	2.2
5	2008	30	2.8
6	2009	40	4.4
7	2010	50	4.8
8	合计	150	15.2
9			
10		相关系数	

图 8-9　创建 Excel 表

（2）单击 Excel 函数图标“f_x”，选择“统计”函数；在统计函数单击“CORREL”，进入函数向导；

在“Array1”中输入第一个变量“销售额”的数据区域 B3:B7；在“Array2”中输入第二个变量“利润额”的数据区域 C3:C7，如图 8-10 所示，单击“确定”按钮，即可在当前光标所在单元格显示函数的计算结果为 0.986。

=CORREL(B3:B7,C3:C7)

	A	B	C
1	年份	销售额/万元	利润额/万元
2		x	y
3	2006	10	1
4	2007	20	2.2
5	2008	30	2.8
6	2009	40	4.4
7	2010	50	4.8
8	合计	150	15.2
9			
10		相关系数	C3:C7)

图 8-10　CORREL 函数计算相关系数

三、一元线性回归模型截距的估计值、斜率的估计值与趋势预测值

求一元线性回归模型截距的估计值、斜率的估计值与趋势预测值分别可以用 INTERCEPT 函数、SLOPE 函数和 TREND 函数。

这里以例 8－1 表 8－4 中资料为例，介绍直线方程两个参数 a 和 b 的计算方法。

（一）一元线性回归模型截距的估计值

（1）将表 8－4 中资料输入 Excel 表中，选中放一元线性回归模型截距的估计值的单元格 D9。如图 8－11 所示。

（2）单击 Excel 函数图标“f_x”，选择“统计”函数；在统计函数中选中“INTERCEPT”，单击“确定”按钮进入函数向导。如图 8－12 所示。

（3）在 INTERCEPT 函数对话框中的“Known_y's”文本框输入利润额的区域 C3:C7，在对话框中的“Known_x's”文本框输入销售额的区域 B3:B7，单击“确定”按钮，得到截距为 0.1 的数值。如图 8－13 所示。

	A	B	C	D
1	年份	销售额/万元	利润额/万元	
2		x	y	
3	2006	10	1	
4	2007	20	2.2	
5	2008	30	2.8	
6	2009	40	4.4	
7	2010	50	4.8	
8	合计	150	15.2	
9	一元线性回归模型截距的估计值			
10	一元线性回归模型斜率的估计值			

图 8－11　建立 Excel 表

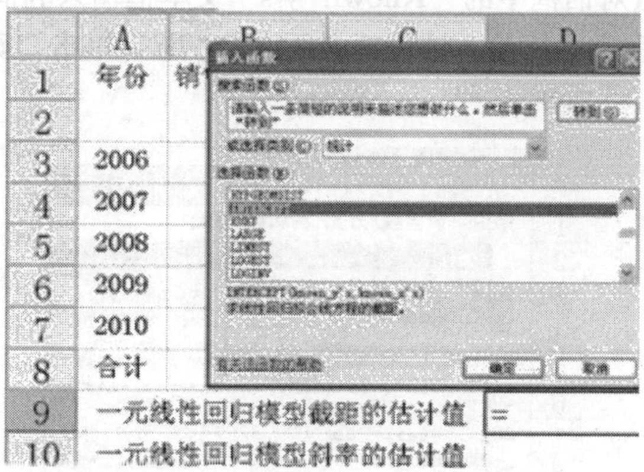

图 8－12　选择函数“INTERCEPT”

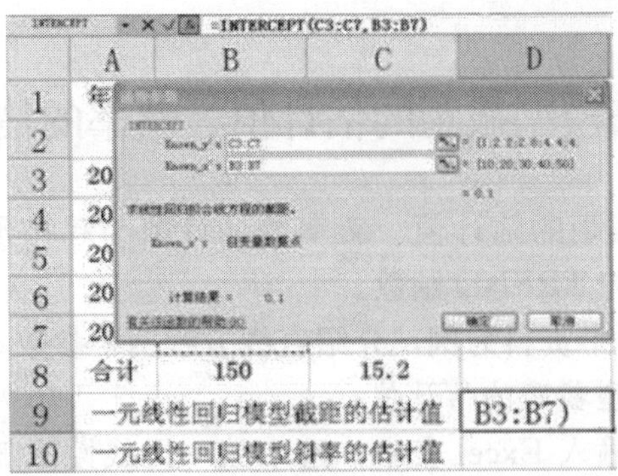

图 8-13　函数参数截距计算的对话框

（二）一元线性回归模型斜率的估计值 SLOPE 函数

（1）选中放一元线性回归模型斜率的估计值的单元格 D10，单击 Excel 函数图标“f_x”，选择“统计”函数；在统计函数中选中“SLOPE”，单击“确定”按钮进入函数向导。如图 8-14 所示。

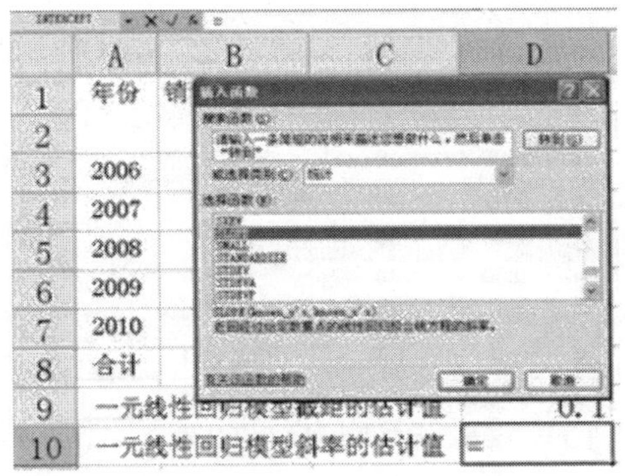

图 8-14　选择函数“SLOPE”

（2）在 SLOPE 函数对话框中的“Known _y's”文本框输入利润额的区域 C3:C7，在对话框中的“Known _x's”文本框输入销售额的区域 B3:B7，单击“确定”按钮，得到斜率为 0.098 的数值。如图 8-15 所示。

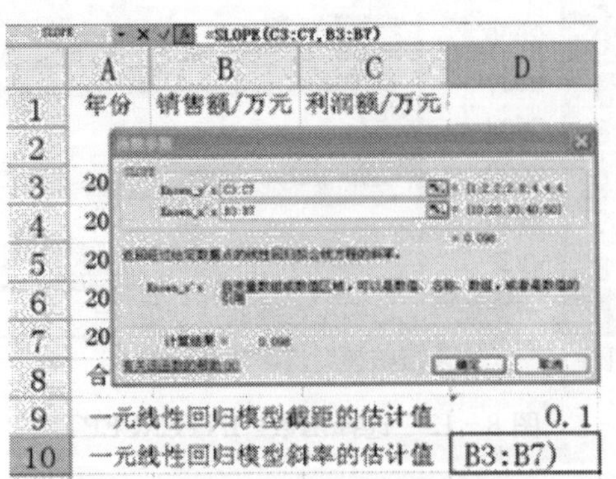

图 8-15　函数参数斜率计算对话框

（三）使用趋势函数 TREND 求预测值

（1）选中单元格 D1，输入“趋势值”字样，选定单元格 D3：D7 区域，单击 Excel 函数图标“f_x”，选择“统计”函数；在统计函数中选中“TREND”，如图 8－16 所示。

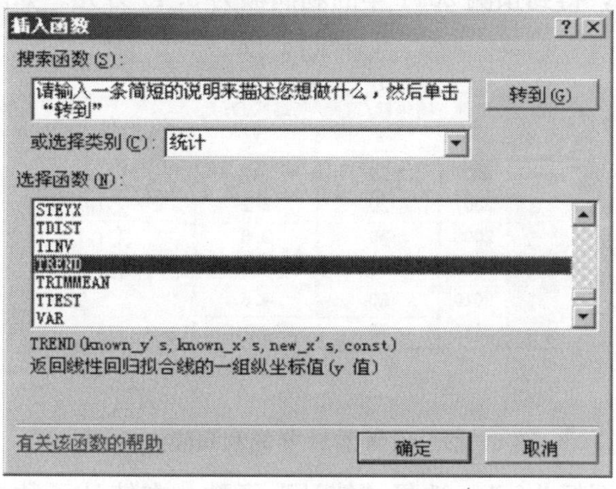

图 8－16 选择函数“TREND”

（2）单击“确定”按钮进入函数向导。在 TREND 函数对话框中的“Known_y's”文本框输入利润额的区域 C3：C7，在对话框中的“Known_x's”文本框输入销售额的区域 B3：B7，如图 8－17 所示。

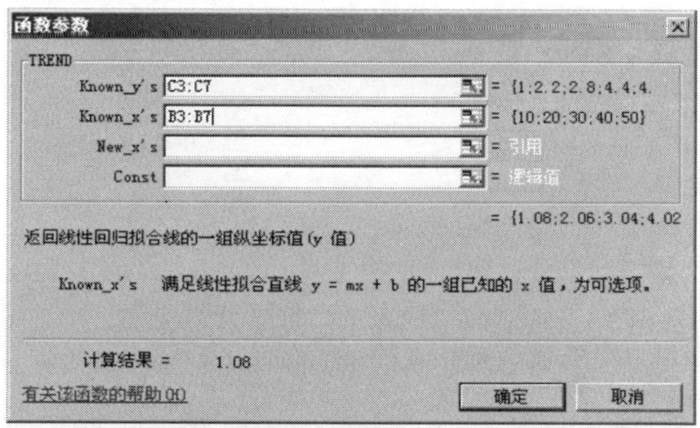

图 8－17 函数参数 TREND 的对话框

（3）按住 Ctrl＋Shift＋Enter 组合键，输出预测值，结果如图 8－18 所示。

B3 {=TREND(C3:C7,B3:B7)}

	A	B	C	D
1	年份	销售额/万元	利润额/万元	趋势值
2		x	y	
3	2006	10	1	1.08
4	2007	20	2.2	2.06
5	2008	30	2.8	3.04
6	2009	40	4.4	4.02
7	2010	50	4.8	5
8	合计	150	15.2	

图 8－18 2006—2010 年的利润额预测值

(4) 趋势预测。预测当 2011 年销售额为 55 万元时，利润额为多少？

在单元格 B8 中输入“55”，在单元格 C8 中输入公式“=TREND（C3:C7，B3:B7，B8)”，按 Enter 键确定，得到预测 2011 年的利润额为 5.49 万元。如图 8－19 所示。

=TREND(C3:C7,B3:B7,B8)

	A	B	C	D
1	年份	销售额/万元	利润额/万元	趋势值
2		x	y	
3	2006	10	1	1.08
4	2007	20	2.2	2.06
5	2008	30	2.8	3.04
6	2009	40	4.4	4.02
7	2010	50	4.8	5
8	2011	55	=TREND(C3:C7,B3:B7,B8)	
9				
10				

图 8－19　预测 2011 年的利润额为 5.49

或单击 Excel 函数图标“f_x”，选择“统计”函数；在统计函数中选中“TREND”，单击“确定”按钮进入函数向导。在 TREND 函数对话框中的“Known_y's”文本框输入利润额的区域 C3:C7，在对话框中的“Known_x's”文本框输入销售额的区域 B3:B7，在“New_x's”文本框中输入“B8”，单击“确定”按钮得到预测的利润额为 5.49 万元。如图 8－20所示。

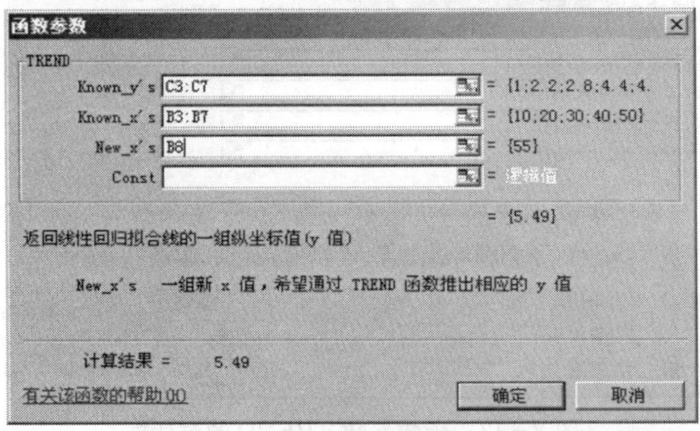

图 8－20　预测利润额 5.49

四、一元线性回归模型的预测值的标准误差

求一元线性回归模型的预测值的标准误差可以使用 STEYX 函数。

这里以例 8－1 表 8－4 中资料为例，介绍预测值的标准误差的计算方法。

(1) 将表中资料输入 Excel 表中，选中放一元线性回归模型的预测值的标准误差单元格 C9。如图 8－21 所示。

	A	B	C
1	年份	销售额/万元	利润额/万元
2		x	y
3	2006	10	1
4	2007	20	2.2
5	2008	30	2.8
6	2009	40	4.4
7	2010	50	4.8
8	合计	150	15.2
9	估计标准差		

图 8-21　创建 Excel 表

（2）单击 Excel 函数图标“f_x”，选择“统计”函数；在统计函数中选中“STEYX”，单击“确定”按钮进入函数向导。如图 8-22 所示。

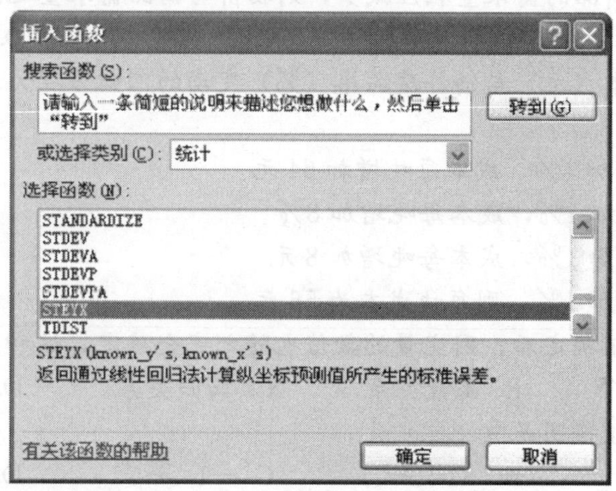

图 8-22　选择函数“STEYX”

（3）在 STEYX 函数对话框中的“Known_y's”文本框输入利润额的区域 C3:C7，在对话框中的“Known_x's”文本框输入销售额的区域 B3:B7，单击“确定”按钮，得到一元线性回归模型的预测值的标准误差的数值 0.298 89。如图 8-23 所示。

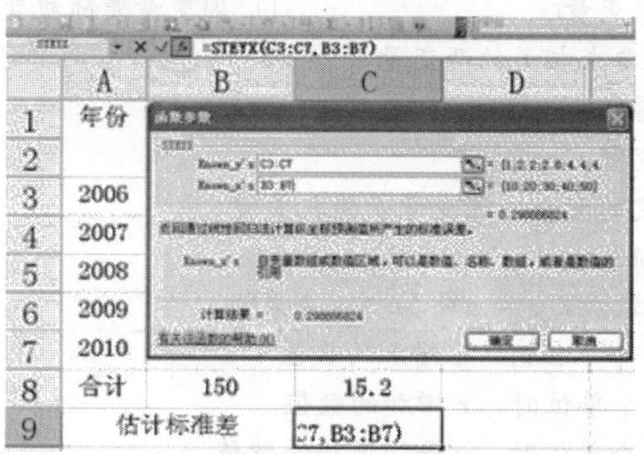

图 8-23　一元线性回归模型预测值的标准误差计算

【课后训练】

一、名词解释

1. 相关关系　2. 直线相关　3. 正相关　4. 相关系数　5. 估计标准误差
6. 回归分析

二、单项选择

1. 两个变量之间的变化方向相反，一个上升而另一个是下降，或者一个下降而另一个是上升，这是两变量（　　）。
   A. 完全相关　B. 负相关　C. 正相关　D. 不完全相关
2. 当相关关系的一个变量变动时，另一个变量相应地发生变动，但这种变动是不均等的，这称为（　　）。
   A. 线性相关　B. 直线相关　C. 非线性相关　D. 完全相关
3. 若物价上涨，商品的需求量相应减少，则物价与商品需求量之间的关系为（　　）。
   A. 不相关　B. 负相关　C. 正相关　D. 复相关
4. 每一吨铸铁成本（元）与铸件废品率（%）变动的回归方程为 $y_c=56+8x$，这意味着（　　）。
   A. 废品率每增加1%，成本每吨增加64元
   B. 废品率每增加1%，成本每吨增加8%
   C. 废品率每增加1%，成本每吨增加8元
   D. 废品率每增加1%，则每吨成本为56元
5. 当自变量的数值确定后，因变量的数值也随之完全确定，这种关系属于（　　）。
   A. 相关关系　B. 函数关系　C. 回归关系　D. 随机关系
6. 相关系数的取值范围是（　　）。
   A. $0\leqslant r\leqslant 1$　B. $-1<r<1$　C. $-1\leqslant r\leqslant 1$　D. $-1\leqslant r\leqslant 0$
7. 变量之间的相关程度越低，则相关系数的数值（　　）。
   A. 越小　B. 越接近于零　C. 越接近于−1　D. 越接近于1
8. 在相关分析中，要求相关的两变量（　　）。
   A. 都是随机变量　B. 都不是随机变量
   C. 自变量是随机变量　D. 因变量是随机变量
9. 在回归分析中，要求相关的两变量（　　）。
   A. 都是随机变量
   B. 都不是随机变量
   C. 自变量是给定的变量，因变量是随机变量
   D. 自变量是随机变量
10. 在简单回归直线方程 $\hat{y}=a+bx$ 中，b 表示（　　）。
    A. 当 x 增加1个单位时，y 增加的数值
    B. 当 y 增加1个单位时，x 增加的数值
    C. 当 x 增加1个单位时，y 平均增加的数值
    D. 当 y 增加1个单位时，x 平均增加的数值

11. 下列根据两现象计算的相关系数中，相关程度最高的是（　）。

A. $r=0.86$　B. $r=-0.92$　C. $r=0.68$　D. $r=-0.26$

12. 当所有的观察值 y 都落在直线 $y_c=a+bx$ 上时，则 x 与 y 之间的相关系数为（　）。

A. $r=0$　B. $|r|=1$　C. $-1<r<1$　D. $0<r<1$

13. 下面现象间的关系属于相关关系的是（　）。

A. 圆的周长和它的半径之间的关系

B. 价格不变条件下，商品销售额与销售量之间的关系

C. 正方形面积和它的边长之间的关系

D. 家庭收入越多，其消费支出也有增长的趋势

14. 某校对学生的考试成绩和学习时间的关系进行测定，建立了考试成绩与学习时间的直线回归方程为 $y_c=180-5x$，该方程（　）。

A. a 值的计算有误，b 值是对的　B. b 值的计算有误，a 值是对的

C. a 值和 b 值的计算都正确　D. a 值和 b 值的计算都有误

15. 若变量 x 的值增加，y 的值也增加，那么 x 与 y 之间存在（　）。

A. 正相关关系　B. 负相关关系　C. 线性相关关系　D. 曲线相关关系

16. 如果变量 x 和 y 之间的相关系数为-1，说明这两个变量之间（　）。

A. 不存在相关关系　B. 相关程度很低　C. 相关程度很高　D. 完全相关

17. 年劳动生产率 x（千元）和工人工资 y（元）之间的回归方程为 $y_c=30+60x$，意味着劳动生产率每提高 2 000 元，工人工资平均增加（　）。

A. 60 元　B. 120 元　C. 30 元　D. 90 元

18. 价格不变的条件下，商品销售额和销售量之间存在着（　）。

A. 不完全的依存关系　B. 不完全的随机关系

C. 完全的随机关系　D. 完全的依存关系

19. 回归系数和相关系数的符号是一致的，其符号均可用来判断现象（　）。

A. 线性相关还是非线性相关　B. 正相关还是负相关

C. 完全相关还是不完全相关　D. 单相关还是复相关

20. 下列关系中，属于正相关关系的现象有（　）。

A. 合理限度内，施肥量和平均单产量之间的关系

B. 产品产量与单位产品成本之间的关系

C. 生产单位产品所耗工时随着劳动生产率的提高而减少

D. 流通费用率随着商品销售量的增加而减少

21. 在回归直线方程 $y_c=a+bx$ 中，若 $b<0$，则 x 与 y 之间的相关系数（　）。

A. $r=0$　B. $r=1$　C. $0<r<1$　D. $-1<r<0$

22. 当相关系数 $r=0$ 时，表明（　）。

A. 现象之间完全无关　B. 现象间相关程度较小

C. 现象之间完全相关　D. 现象间无直线相关关系

23. 估计标准误差是反映（　）。

A. 平均数代表性大小的指标　B. 相关关系的指标

C. 回归直线代表性大小的指标　　D. 序时平均数代表性指标

24. 相关关系是指现象间确实存在的，但变量之间的数量变化（　）的相关依存关系。

A. 不完全确定　B. 可以确定　C. 不确定　D. 无法确定

25. 在相关分析中，由于两个变量的关系是对等的，从而变量 x 与变量 y 相关同变量 y 与变量 x 相关是（　）。

A. 同一个问题　　B. 完全不同的问题

C. 有一定联系但意义不同的问题　　D. 有时相同，但有时不同的问题

三、多项选择

1. 下列属于正相关的现象是（　）。

A. 家庭收入越多，其消费支出也越多

B. 某产品产量随工人劳动生产率的提高而增加

C. 流通费用率随商品销售额的增加而减少

D. 生产单位产品所耗工时随劳动生产率的提高而减少

E. 产品产量随生产用固定资产价值的减少而减少

2. 下列（　）是相关关系。

A. 圆的半径长度和周长的关系

B. 农作物收获和施肥量的关系

C. 商品销售额和利润率的关系

D. 产品产量与单位产品成本的关系

E. 家庭收入多少与消费支出增长的关系

3. 测定现象之间有无相关关系的常用方法是（　）

A. 编制相关表　　B. 绘制相关图

C. 对客观现象做定性分析　　D. 计算估计标准误

E. 配合回归方程

4. 相关关系按现象相关程度分为（　）。

A. 正相关　B. 完全相关　C. 不相关　D. 负相关

E. 不完全相关

5. 从变量之间相互关系的表现形态看，相关关系可分为（　）。

A. 正相关　B. 负相关　C. 线性相关　D. 非线性相关

E. 不相关和完全相关

6. 下列属于负相关的现象是（　）。

A. 商品流转的规模越大，流通费用水平越低

B. 流通费用率随商品销售额的增加而减少

C. 国民收入随投资额的增加而增长

D. 生产单位产品所耗工时随劳动生产率的提高而减少

E. 某产品产量随工人劳动生产率的提高而增加

7. 相关系数是零，说明两个变量之间的关系（　）。

A. 完全不相关　B. 高度相关　C. 低度相关　D. 不相关

E. 显著相关

8. 若两个变量之间的相关系数为−1，则这两个变量是（　　）。

A. 负相关关系　　B. 正相关关系　　C. 不相关　　D. 完全相关关系

E. 不完全相关关系

9. 在直线回归分析中，确定直线回归方程的两个变量必须是（　　）。

A. 一个是自变量，一个是因变量

B. 均为随机变量

C. 一个是随机变量，一个是可控制变量

D. 对等关系

E. 不对等关系

10. 确定直线回归方程必须满足的条件是（　　）。

A. 现象间存在数量上的相互依存关系

B. 相关系数 r 必须等于1

C. y 与 x 必须同方向变化

D. 现象间着较密切的直线相关关系

E. 相关系数 r 必须大于0

11. 相关分析特点有（　　）。

A. 两变量不是对等的

B. 两变量只能算出一个相关系数

C. 相关系数有正负号

D. 两变量都是随机的

E. 相关系数的绝对值介于0和1之间

12. 相关系数表明两个变量之间的（　　）。

A. 非线性关系　　B. 因果关系　　C. 变异程度　　D. 相关方向

E. 相关的密切程度

13. 拟合直线回归方程是为了（　　）。

A. 确定变量之间的变动关系

B. 确定变量之间的密切程度

C. 两个变量相互推算

D. 用自变量推算因变量

E. 用因变量推算自变量

14. 直线回归方程 $y_c=a+bx$ 中的 b 称为回归系数，回归系数可确定（　　）。

A. 两变量之间因果的数量关系

B. 两变量的相关方向

C. 因变量的实际值与估计值的变异程度

D. 两变量的相关密切程度

E. 当自变量增加一个单位时，因变量的平均增加值

15. 在直线回归分析中（　　）。

A. 自变量是可控制量，因变量是随机的

B. 两个变量不是对等的关系

C. 利用一个回归方程，两个变量可以互相推算

D. 根据回归系数可判定相关的方向

E. 有时可以根据研究目的不同分别建立两个不同的回归方程

16. 下列关系中，相关系数小于零的现象有（ ）。

A. 产品产量与耗电量的关系

B. 单位成本与产品产量的关系

C. 商品价格与销售量的关系

D. 纳税额与收入的关系

E. 商品流通费用率与商品销售额的关系

17. 可用来判断现象相关方向的指标有（ ）。

A. 相关系数

B. 回归系数

C. 回归方程参数 a

D. 估计标准误差

E. 变量 x、y 的平均数

18. 估计标准误的作用是表明（ ）。

A. 回归方程的代表性大小

B. 样本的变异程度

C. 估计值与实际值的平均误差

D. 样本指标的代表性

E. 总体的变异程度

19. 单位成本（元）依产量（千件）变化的回归方程为 $y_c=78-2x$，这表示（ ）。

A. 产量为1 000件时，单位成本76元

B. 产量为1 000件时，单位成本78元

C. 单位成本为72元时，产量为3 000件

D. 产量每增加1 000件，单位成本下降2元

E. 产量每增加1 000件，单位成本下降78元

20. 销售额与流通费用率，在一定条件下，存在相关关系，这种相关关系属于（ ）。

A. 正相关 B. 单相关 C. 负相关 D. 复相关

E. 完全相关

四、判断题

1. 两变量之间的相关关系是否存在，主要是由两者相关系数的大小决定的。（ ）

2. 若变量 x 的值减少时变量 y 的值也减少，说明变量 x 与 y 之间存在正相关关系。（ ）

3. 相关关系和函数关系都属于完全确定性的依存关系。（ ）

4. 当相关系数 $r=0$ 时，说明变量之间不存在直线相关关系。（ ）

5. 相关分析中，所分析的两变量都是随机变量。（ ）

6. 回归系数 b 与相关系数 r 都可用来判断现象之间的相关密切程度。（ ）

7. 两变量的相关系数越接近于0，直线相关的密切程度越低。 （ ）
8. 相关系数越大，则估计标准误差的值越大，从而直线回归方程的精确性越低。 （ ）
9. 按直线回归方程 $y_c=a+bx$ 配合的直线，是一条具有平均意义的直线。 （ ）
10. 相关系数是测定变量之间相关密切程度的唯一方法。 （ ）
11. 若直线回归方程 $y_c=170-2.5x$，则变量 x 和 y 之间存在负相关关系。 （ ）
12. 回归系数 b 的符号与相关系数 r 的符号是一致的。 （ ）
13. 在直线回归分析中，两个变量是对等关系，不需要区分因变量和自变量。 （ ）
14. 相关的两个变量，只能算出一个相关系数。 （ ）
15. 一种回归直线只能作一种推算，不能反过来进行另一种推算。 （ ）
16. 回归分析中，回归系数 b 表示自变量增加一个单位量时，因变量的变动数值。 （ ）
17. 回归系数 b 与相关系数 r 都可用来判断现象之间的相关方向。 （ ）
18. 正相关指的就是两个变量之间的变动方向都是上升的。 （ ）
19. 如果两个变量之间的相关系数为-1，说明这两个变量之间不存在相关关系。 （ ）
20. 估计标准误差 S_y 表明的就是实际值 y 与估计值 y_c 的平均误差。 （ ）

五、思考题

1. 什么是相关关系？相关关系与函数关系有何区别？
2. 什么是正相关和负相关？请各举一例说明。
3. 简述相关分析与回归分析的联系与区别。
4. 在相关与回归分析时应注意哪些基本原则？
5. 直线回归方程中 $y=a+bx$，参数 b 代表什么意义？
6. 构造直线回归模型应具备哪些条件？
7. 什么是估计标准误差？其作用如何？

六、综合训练

1. 为了调查某产品广告投入对销售收入的影响，企业搜集了7个月的销售收入 y（万元）和广告费用 x（万元）的资料如表8-7所示。

表8-7 销售收入和广告费用资料表

单位：万元

月 份	1	2	3	4	5	6	7
广告费用（x）	12	23	16	32	43	34	56
销售收入（y）	100	110	90	160	230	150	300

要求：

（1）编制相关表，绘制散点图；

（2）判断 x 与 y 之间的相关关系类型。

2. 为研究新产品销售额（x 万元）和利润（y 万元）之间的关系，某公司对6个企业进行调查得出

$$\sum x = 225, \sum x^2 = 9\ 823, \sum y = 13, \sum y^2 = 36.7, \sum xy = 593$$

要求：

(1) 计算相关系数并说明相关的类型；

(2) 建立直线回归方程，并指出 b 的具体含义；

(3) 若销售额为 50 万元，试估计利润为多少？

3. 某产品的产量和单位成本的资料如表 8-8 所示。

表 8-8 某产品的产量和单位成本

产量（x）/千件	2	3	4	3	4	5
单位成本（y）/（元/件）	73	72	71	73	69	68

要求：

(1) 计算相关系数，判断其相关方向与程度；

(2) 建立直线回归方程；

(3) 指出产量每增加 1 000 件时，单位成本平均变化多少。

4. 随机了解 10 个城市居民家庭关于收入与支出的情况，设家庭月收入为 x(百元)，月支出为 y(百元)，调查资料整理如下：

$$\sum x = 3\ 410, \sum x^2 = 1\ 211\ 900, \sum y = 2\ 180, \sum xy = 764\ 400$$

要求：

(1) 当家庭月收入为 3 800 元时，试运用回归分析估计月支出多少元；

(2) 说明回归系数 b 的经济含义。

5. 某地历年十一黄金周接待游客数量资料如表 8-9 所示。

表 8-9 某地历年十一黄金周接待游客数量

年 份	2008	2009	2010	2011	2012	2013	2014
游客/万人	100	112	125	140	155	168	180

要求：建立直线回归方程，并预测 2016 年的游客数量。

6. 在某个地区抽取了 9 家生产同类产品的企业，其月产量和单位产品成本的资料如表 8-10所示。

表 8-10 9 家企业的月产量和单位产品成本资料

月 编 号	1	2	3	4	5	6	7	8	9
月产量（x）/千件	4.1	6.3	5.4	7.6	3.2	8.5	9.7	6.8	2.1
单位产本（y）/元	80	72	71	58	86	50	42	63	91

要求：

(1) 绘制相关图、编制相关表，说明产品的月产量和单位成本之间的相关关系类型；

(2) 计算相关系数，并判断两变量相关的程度；

(3) 建立月产量 x 和单位产品成本 y 之间的直线方程。并估计当月产量 $x = 10$(千件) 时，单位产品成本是多少。

7. 某地高校教育经费(x)与高校学生人数(y)连续6年的统计资料如表8－11所示。

表8－11　某地高校教育经费与高校学生人数

教育经费/万元 x	在校学生数/万人 y
316	11
343	16
373	18
393	20
418	22
455	25

要求：

(1) 建立回归直线方程，估计教育经费为500万元的在校学生数；

(2) 计算估计标准误差。

8. 为研究居民收入与消费支出的关系，某乡镇抽取10户村民家庭进行调查，得到相关资料如表8－12所示。请利用Excel进行相关与回归分析。

表8－12　村民家庭收入与消费支出资料

家庭编号	1	2	3	4	5	6	7	8	9	10
家庭月收入(x)/元	1 500	1 800	2 000	2 500	3 000	400	6 200	7 500	8 800	9 200
消费支出(y)/元	1 200	1 500	1 800	2 000	2 800	3 600	4 200	5 300	6 000	6 500

要求：

(1) 绘制散点图、编制相关表；

(2) 计算相关系数；

(3) 建立直线回归方程；在其他条件相对稳定的情况下，预测如果某家庭月收入为15 000元，其消费支出是多少。

附录A　课后训练部分答案

第一章　总论部分参考答案

一、填空

1. 统计工作、统计资料、统计学
2. 社会经济现象数量方面
3. 总体单位、品质标志、数量标志
4. 统计总体、总体单位
5. 数量标志、品质标志
6. 离散变量、连续变量
7. 统计设计、统计调查、统计整理、统计分析
8. 指标名称
9. 离散变量、连续变量
10. 数量标志
11. 指标数值
12. 离散变量、连续变量
13. 统计总体、总体单位
14. 大量性　复杂性
15. 总体单位
16. 品质标志　数量标志
17. 统计总体　数量标志
18. 统计指标　总体单位
19. 统计标志、统计指标
20. 企业奖金总额、人均奖金额，个人奖金最高额、最低额

二、单项选择

1～5　CDBCB　　6～10　DBBBB　　11～15　ABAAB　　16～20　BDCBC

三、多项选择

1. CDE　2. ACD　3. ABCD　4. ABC　5. BCE　6. BCD　7. ACD　8. BDE
9. ACD　10. ABCD　11. ADE　12. BC　13. BC　14. AC　15. BCD

四、判断题

1～5　××××√　　6～10　√√×√√　　11～15　×××××　　16～20　√××√×

五、思考题

(略)

六、综合训练

(略)

第二章 统计调查

一、填空

1. 准确、及时、全面、系统
2. 统计报表制度、专门调查；全面调查、非全面调查；经常性调查、一次性调查；
3. 访问调查法、邮寄调查法、电话调查法、计算机辅助调查法
4. 询问法、观察法、实验法
5. 确定调查目的、确定调查对象和调查单位、确定调查项目和调查表、确定调查时间和地点、编制调查组织实施方案
6. 全部职工、每一名职工
7. 单一表、一览表
8. 国家统计报表、部门统计报表、地方统计报表
9. 普查、抽样调查、重点调查、典型调查
10. 标题、前言概要、正文、结尾、附件

二、单项选择

1～5 BBCBA　6～10 BDBDD　11～15 CBBCB　16～20 BBDBC
21～25 BBDBD

三、多项选择

1. AB　2. ABCDE　3. ABCDE　4. BCDE　5. ABC　6. AB　7. ABCDE
8. BDE　9. CE　10. CD　11. BCE　12. ABCDE　13. BCDE　14. ACE
15. BC

四、判断题

1～5 ×××××　6～10 ×√×××　11～15 √√√××　16～20 √××√√

五、思考题

（略）

六、综合训练

（略）

第三章 统计整理

一、名词解释

（略）

二、单项选择

1～5 DBBBC　6～10 DCACB　11～15 BBBAB　16～20 DCACD

三、多项选择

1. ADE　2. ABCE　3. AC　4. CE　5. DE　6. ABC　7. AE　8. ABC

9. BD　10. BCDE　11. ABCD　12. BCE　13. CD　14. ACD　15. BCE
16. ABC　17. BCD　18. AD　19. ABE　20. ABDE

四、判断题

1～5 ×√√××　6～10 ×××√√　11～15 ×√√×√　16～20 ×√√√×

五、思考题

（略）

六、综合训练

1. （1）属等距分组的次数分配数列。

（2）变量是“日产量”，变量值是“50～60；60～70；…；120～130”；
上限是“60，70，…，130”；下限是“50，60，…，120”；
次数是“6，12，…，8”；总体单位总数是 107。

（3）各组组距均为 10；
各组组中值为 55，65，75，85，95，105，115，125；
各组频率为 5.6%，11.2%，11.2%，13.1%，14%，16.8%，20.6%，7.5%。

2. 工人看管机器台数分配数列如附表 3－1 所示。

附表 3－1　工人看管机器台数分配数列

看管机器台数/台	工人数/人	频率/%
2	3	15
3	5	25
4	8	40
5	3	15
6	1	5
合　计	20	100

3. 某企业工人日产量分配数列如附表 3－2 所示。

附表 3－2　某企业工人日产量分配数列

日产量/件	人数/人	频率/%	向上累计		向下累计	
			次数/人	频率/%	次数/人	频率/%
80～100	6	12	6	12	50	100
100～120	19	38	25	50	44	88
120～140	18	36	43	86	25	50
140～160	7	14	50	100	7	14
合　计	50	100	—	—	—	—

组距、组中值的计算如附表 3－3 所示。

附表 3－3　组距、组中值的计算数据

日产量/件	组　距	组　中　值	人数/人
80～100	20	90	6
100～120	20	110	8
120～140	20	130	29
140～160	20	150	7
合　计	—	—	50

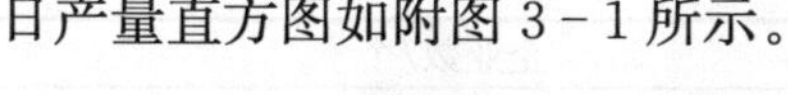

日产量直方图如附图 3-1 所示。

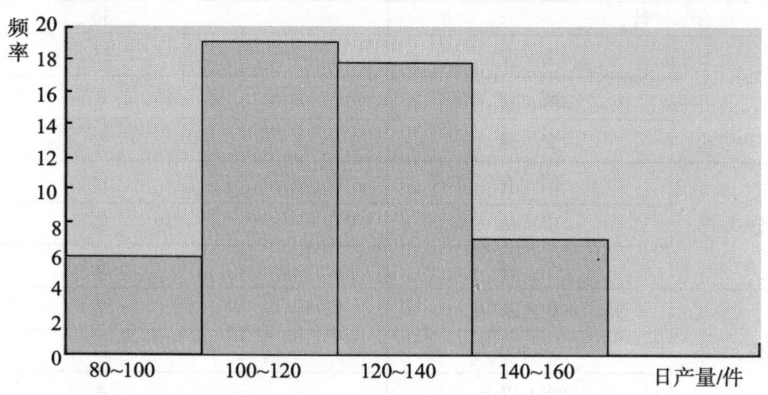

附图 3-1　日产量直方图

在全部50名工人中没有完成定额的工人为6人，占12%；超额完成任务者有44人，占88% 。其中略超定额者为19人，占38%；超额较多的工人为25人，占50%。说明该企业工人生产定额完成情况较好。

4. 某厂职工分组表如附表 3-4 所示。

附表 3-4　某厂职工分组表

车间	合计	男				女			
		小计	高级	中级	初级及以下	小计	高级	中级	初级及以下
甲	150	100	10	45	45	50	4	17	29
乙	200	145	19	56	70	55	10	15	30
合计	350	245	29	101	115	105	14	32	59

5. 某班级学生成绩统计表如附表 3-5 所示。

附表 3-5　某班级学生成绩表

成绩/分	人数/人	比重/%
60 以下	3	7.5
60～70	6	15
70～80	15	37.5
80～90	12	30
90 以上	4	10
合　　计	40	100

6. 某地区工业企业基本情况平行分组体系表如附表 3-6 所示。

附表 3-6　某地区工业企业基本情况平行分组体系表

指　标		企业数/个
合　计		30
按部门分	工　业	15
	商　业	9
	交　通	6
按经济类型分	国　有	14
	集　体	10
	个　体	6
按职工人数分	300 人以下	7
	300～500 人	17
	500 人以上	6

某地区工业企业基本情况复合分组表如附表 3-7 所示。

附表 3-7　某地区工业企业基本情况复合分组表

部　门		工　业	商　业	交　通
国有	300 人以下	2	1	0
	300～500 人	2	3	2
	500 人以上	2	1	1
集体	300 人以下	1	1	0
	300～500 人	4	2	0
	500 人以上	2	0	0
个体	300 人以下	0	0	2
	300～500 人	2	1	1
	500 人以上	0	0	0

透视表略。

7. 某企业职工月收入统计表如附表 3-8 所示。

附表 3-8　某企业职工月收入统计表

月工资/元	人数/人	频率/%	组 中 值
2 000 以下	20	10	1 750
2 000～2 500	52	26	2 250
2 500～3 000	96	48	2 750
3 500～4 000	24	12	3 750
4 000 以上	8	4	4 250
合　计	200	100	—

8. 绘制统计图（略）

第四章 综合指标

一、名词解释

（略）

二、单项选择

1～5 CCCDC 6～10 BBBDC 11～15 BCDBB 16～20 CDDDC

21～25 ABDDB 26～30 BCABB 31～33 ACB

三、多项选择

1. AB 2. ADE 3. ACDE 4. ABDE 5. BC 6. AB 7. ACDE 8. ADE
9. ABC 10. AC 11. AC 12. AB 13. CDE 14. ACD 15. ABC 16. DE
17. BCD 18. BD 19. ABC 20. ABCE 21. AB

四、判断题

1～5 ××√√× 6～10 ×√√×√ 11～15 ×√√×√ 16～20 ×√××√

五、思考题

（略）

六、综合训练

1. （1）企业今年的计划销售额是 9 936 万元，实际销售额是 10 368 万元。

（2）销售额计划完成程度为 104.35％ 。

2. 第四季度平均成本为 7.24 元/件。

3. （1）计划完成程度相对指标。甲地区 2014 年国民生产总值完成计划的 110％；第一、二、三产业分别完成计划的 120％、112.3％、104.4％ 。

（2）结构相对指标。2014 年第一、二、三产业完成国民生产总值占该地区国民生产总值的比重分别为 9.1％、55.3％、35.6％ 。

（3）比例相对指标。第一、二、三产业为 1∶6.08∶3.92。

（4）强度相对指标。2014 年甲地区人均国民生产总值为 2 200 元/人。

（5）动态相对指标。甲地区 2014 年国民生产总值是 2013 年的 108.2％。

（6）比较相对指标。2014 年甲地区国民生产总值是乙地区的 88％。

4. 某企业 2014 年 3 个车间上半年某产品计划产量及实际完成情况如附表 4－1 所示。

附表 4－1 某企业 2014 年 3 个车间上半年某产品计划产量及实际完成情况

车间	第一季度实际产量/万 t	第二季度					第二季度为上季度的/%
		计划		实际		计划完成/%	
		产量/万 t	比重/%	产量/万 t	比重/%		
一车间	150	160	21	175	22	109	117
二车间	210	240	32	264	34	110	126
三车间	320	357	47	350	44	98	109
合计	680	757	100	789	100	104	116

5. 用水平法计算第五年计划完成程度为 103.7%，从第四年第四季度累计到第五年第三季度共一年时间，产量达到 54 万 t 水平（13＋13＋14＋14＝54），所以，提前一个季度完成计划。

6. 该厂工人的平均工资为 1 625 元。

7. 3 个车间平均计划完成程度为 101.8%

8. 该地区职工家庭年收入的众数为 6.5 万元；中位数为 6.5 万元。

9. 甲乙两个生产小组工人的日产量均为 70 件/人；甲组的平均差为 3.5 件，乙组的平均差为 17.5 件。

10. (1) 乙班平均分数 78.6 分，标准差为 10.91 分。

(2) 甲班的标准差系数为 11.98%，乙班的标准差系数为 13.85%，因此，甲班的平均分数更有代表性。

11. 众数下限公式

$$M_o = 14\,000 + \frac{1\,050 - 480}{(1\,050 - 480) + (1\,050 - 600)} \times 2\,000$$
$$= 14\,000 + 1\,118 = 15\,118 \text{ 元。}$$

中位数上限公式

$$M_e = U_m - \frac{\frac{\sum f}{2} - S_{m+1}}{f_m} \times d_m$$
$$= 16\,000 - \frac{\frac{3\,000}{2} - 1\,230}{1\,050} \times 2\,000 = 15\,486 \text{ 元}$$

第五章　抽样推断

一、名词解释

(略)

二、单项选择

1～5　ABCBA　6～10　ABBAD　11～15　BABAD　16～20　BCCCC

三、多项选择

1. ABCE　2. ABD　3. ACD　4. ABCDE　5. ACE　6. ABDE　7. BC
8. BCD　9. BC　10. AB　11. BDE　12. BC　13. BCD　14. ACDE　15. AE

四、判断题

1～5　×√×√√　6～10　××√√√　11～15　×××√√　16～20　√√×√×

五、思考题

(略)

六、综合训练

1.（1）AC　（2）D　（3）D　（4）B　（5）A

2. 在95.45%的概率保证程度下，全年级学生考试成绩在74.91～82.59分。

3. 样本平均数609 kg，样本标准差77.77 kg；抽样平均误差4 kg；以95.45%概率保证，该乡水稻平均亩产量在601～617 kg，总产量在120.2万～123.4万kg（2 000×601，2 000×617）。

4. 在重复抽样条件下，$\mu_{\bar{x}}=10$ h；在不重复抽样条件下，$\mu_{\bar{x}}=9.95$ h。

5. 在重复抽样条件下，$\mu_p=0.88\%$；在不重复抽样条件下，$\mu_p=0.837\%$。

6. 以概率90%的保证程度，估计该市居民对此电视栏目喜爱的比率在57.33%～62.67%。

7. 在重复抽样条件下需抽查712口油井；在不重复抽样条件下需抽查525口油井。

8. 在95.45%的概率保证程度下，该公司职工月平均工资在2 300.66～2 399.34元。

9. 该市每户居民年平均文化用品消费支出在880～920元，其概率保证程度为95.45%。

10. 在概率保证程度为90%的条件下，估计学生平均成绩在76.93～82.47分。

第六章　时间数列

一、名词解释

（略）

二、单项选择

1～5　BDBDD　6～10　CACCC　11～15　CCACB　16～20　CBBAA

21～24　CDAC

三、多项选择

1. BDE　2. CE　3. BD　4. BC　5. ABD　6. AB　7. ABCD

8. BCD　9. BD　10. BC　11. AC　12. BCE　13. ACD　14. ABD

15. AE　16. ABC　17. ACDE　18. AD

四、判断题

1～5　××√×√　6～10　√×√√×　11～15　×××××　16～20　√√×√×

五、思考题

（略）

六、综合训练

1. 该公司10月上旬的平均在岗人数为256人。

2.（1）这是一个间隔相等的间断时点序列。

（2）可用首末折半法计算。

该银行2014年第1季度平均现金库存额480万元；第2季度平均现金库存额566.67万元；上半年的平均现金库存额523.33万元。

3. 数据属于时点数列，且间隔不相等。2014年已注册的私营企业的月平均数为527个。

4. 某化工企业2010—2014年的化肥产量资料如附表6-1所示。

附表 6-1 某化工企业 2010—2014 年化肥产量

年 份	2010	2011	2012	2013	2014
化肥产量/万 t	400	420	445.2	484	544.5
环比增长速度/%	—	5	6	8.7	12.5
定基发展速度/%	—	105	111.3	121.0	136.1

5. 该企业 2014 年第二季度平均每月生产计划的完成程度为 104%。
6. 商场商品销售额 2014 年比 2011 年增长了 42.95%。
7. 将时距扩大为一个季度，第一至四季度的销售额分别为 153、159、165、180 万元，可以明显地看出销售额呈不断上升趋势。
8. 到 2015 年利润将达到 8 565.26 万元。
9. 人口平均增长率为 1.11%，2010 年人口将达到 13.98 亿，未来 20 年中年平均增长率应不超过 7.18%。
10. (1) 因为逐期增长量基本相等，所以变动趋势符合直线趋势要求。
    (2) 拟合的直线趋势方程为 $y_c = 76.14 + 15.25t$
    (3) 预测该企业 2015 年的某产品产量为 137.14 万件。
11. 某地区 2009—2014 年社会商品零售总额如附表 6-2 所示。

附表 6-2 某地区 2009—2014 年社会商品零售总额

年 份	商品零售额/亿元	逐期增长量/亿元	累计增长量/亿元	环比发展速度/%	定基发展速度/%
2009	25.3	—	—	—	
2010	26.9	1.6	1.6	106.3	106.3
2011	29.5	2.6	4.2	109.7	116.6
2012	33.8	4.3	8.5	114.6	133.6
2013	37.2	3.4	11.9	110.1	147.0
2014	42.6	5.4	17.3	114.5	168.4

平均增长量为 3.46 亿元；平均发展速度为 111%。

第七章 指数分析

一、名词解释

(略)

二、单项选择

1～5 ABDAC 6～10 DCABB 11～15 DBBAD 16～20 CAAAD
21～25 CCACA

三、多项选择

1. AC 2. ACD 3. ABD 4. ABCDE 5. BCD 6. ACDE 7. CDE 8. ABE
9. ABC 10. AD 11. BCD 12. BC 13. ABC 14. AE 15. BC 16. BD
17. ACD 18. ABCD 19. AE 20. CDE

四、判断题

1～5 ×√√×√ 6～10 √×√√× 11～15 ××√√× 16～20 ×√××

五、思考题

（略）

六、综合训练

1. 物价上涨率5.26%。

2. 该厂2014年产品单位成本下降了1.36%。

3. (1) 计算3种商品的销售价格综合指数为99.49%；

(2) 计算3种商品销售量综合指数为113.59%。

4. (1) 甲、乙、丙3种产品的单位成本个体指数分别为95%、116.67%、120%；

甲、乙、丙3种产品的产量个体指数分别为120%、80%、83.33%。

(2) 3种产品单位成本总指数为111.68%；产量总指数为87.07%。

(3) 总成本总指数为97.24%。

2014年与2013年相比，3种产品的总成本下降了2.76%（减少12 800元），是由于3种产品的单位成本上升了11.68%（影响总成本增加47 200元），产量下降了12.93%（影响总成本减少60 000元）共同作用的结果。

5. (1) 3种产品的总产值指数为120.5%；

(2) 产量总指数为123.5%，由于产量变动而增加产值235万元。

(3) 价格总指数为97.6%。

6. (1) 四种商品的价格总指数为104.06%，销售量总指数为110.83%；

(2) 115.33% = 104.06%×110.83%；460 = 135 + 325。

7. 3种商品价格总指数为105.74%、销售量总指数为114.04%。

8. 生产总费用指数107.5%；产品物量指数110.82%；由于成本降低节约费用0.4万元。

9. 平均工资的可变构成指数106.25%（增加100元）、固定构成指数107.94%（增加125元）和结构影响指数98.44%（减少25元）。

118.9%=120.37%×98.76%；258=275－17

10. (1) BC (2) AC (3) BC (4) AD (5) BC

11. 价格总指数116.73%，销售量总指数99.56%。

第八章 相关分析与回归分析

一、名词解释

（略）

二、单项选择

1～5 BCBCB 6～10 CBACC 11～15 BBDDA 16～20 DBDBA

21～25 DDCAA

三、多项选择

1. ABE 2. BCDE 3. ABC 4. BCE 5. CD 6. ABD 7. AD

8. AD　9. ACE　10. AD　11. BCDE　12. DE　13. AD　14. ABE
15. ABDE　16. BE　17. AB　18. AC　19. AD　20. BC

四、判断题

1~5　×√×√√　6~10　×√×√×　11~15　√√×√√　16~20　×√××√

五、思考题

（略）

六、综合训练

1. (1) 散点图（略）。广告费用和销售收入情况如附表 8-1 所示。

附表 8-1　广告费用和销售收入情况

单位：万元

月　份	1	3	2	4	6	5	7
广告费用（x）	12	16	23	32	34	43	56
销售收入（y）	100	90	110	160	150	230	300

(2) 两个变量之间为正相关，线性相关关系。

2. (1) $r=0.97$，说明现象间存在正相关关系，且为高度直线相关关系。

(2) 直线回归方程为 $y_c=-0.68+0.076x$，回归系数 $b=0.076$ 表示销售额每增加 1 万元，利润平均增加 0.076 万元（760 元）。

(3) 若销售额为 50 万元，估计利润为 $y_c=-0.68+0.076\times50=3.12$（万元）。

3. (1) $r=0.91$，现象间存在高度正相关关系。

(2) $y_c=77.37-1.82x$

(3) 产量每增加 1 000 件时，单位成本平均减少 1.82 元。

4. (1) $y_c=71.37+0.43x$

(2) 当 $x=3\ 800$ 元时，月支出为 $y_c=71.37+0.43\times38=23.48$（百元）

5. 若 $\sum t=0$，则 $y_c=140+13.64t$；$y_{2016}=140+13.64\times5=208.2$（万人）

6. (1) 相关表和散点图（略），产品月产量和单位成本之间是负相关，且呈直线相关。

(2) $r=-0.988\ 6$，表明两变量存在高度直线相关关系。

(3) $\hat{y}=106.68-6.46x$

当 $x=10$（千件），$\hat{y}=106.68-6.46x=42.08$（元）。

7. (1) $\hat{y}=-17.92+0.095\ 5x$；当 $x=500$ 万元时，$\hat{y}=29.83$ 万人。

(2) $S_y=0.929\ 9$(万元)

8. (1) 绘制散点图、编制相关表。（略）

(2) $r=0.990\ 6$

(3) $y_c=515+0.639\ 8x$，当 $x=15\ 000$ 元，$y_c=10\ 111.79$(元)。